税务干部业务能力升级学习丛书

通用知识

《通用知识》编写组　编

中国经济出版社

图书在版编目（CIP）数据

通用知识／《通用知识》编写组编. --北京：中
国税务出版社，2020.1（2020.8重印）
ISBN 978－7－5678－0912－3

Ⅰ.①通… Ⅱ.①通… Ⅲ.①税收管理－中国－岗位
培训－教材 Ⅳ.①F812.423

中国版本图书馆 CIP 数据核字（2019）第 256715 号

书　　名：	通用知识	
作　　者：	《通用知识》编写组　编	
责任编辑：	杨　鹤　王　玥　孙晓萍	
责任校对：	姚浩晴	
技术设计：	刘冬珂	
出版发行：	中国税务出版社	
	北京市丰台区广安路 9 号国投财富广场 1 号楼 11 层	
	邮政编码：100055	
	http：//www.taxation.cn	
	E-mail：swcb@ taxation.cn	
	发行中心电话：（010）83362083/85/86	
	传真：（010）83362047/48/49	
印　　刷：	北京天宇星印刷厂	
规　　格：	787 毫米×1092 毫米　1/16	
印　　张：	36	
字　　数：	570000 字	
版　　次：	2020 年 1 月第 1 版　2020 年 8 月第 6 次印刷	
书　　号：	ISBN 978－7－5678－0912－3	
定　　价：	98.00 元	

如有印装错误　本社负责调换

编 者 说 明

为满足税务系统学习培训的需要，帮助税务干部提升业务能力，我们结合税收实际工作，组织编写了《通用知识》。

本书属于《税务干部业务能力升级学习丛书》之一，具有以下特点：一是内容全，覆盖税务干部通用类应知应会主要内容，尽最大可能为税务干部培训和学习提供参考；二是政策新，编写中注意内容的与时俱进，能够体现最新政策和工作要求；三是方便学，全书按照知识点进行编写，结构严谨、框架清晰，每章后均设置单项选择题、多项选择题、判断题等多种题型，帮助读者进一步巩固所学知识。

由于时间及能力所限，书中疏漏在所难免，不妥之处恳请读者批评指正。具体修改意见和建议，请填写书后调查问卷并发送至邮箱：ywnlcs@163. com，或者与QQ：2676857559 联系，以便修订时更正。

编 者

C^{ONTENTS} 目 录

第一篇　政治素质

第一章　新时代共产党人的党性修养　　　　　**1**

知识架构　　　　3
第一节　党的指导思想　　　　3
第二节　党的历史和传统　　　　4
第三节　党的理想和信念　　　　8
第四节　党的性质和宗旨　　　　10
第五节　党的纪律和规矩　　　　11
习题演练　　　　14

第二章　新时代党的建设　　　　　**31**

知识架构　　　　33
第一节　新时代党的建设的总要求和布局　　　　33
第二节　党的政治建设　　　　36
第三节　党的思想建设　　　　44
第四节　党的组织建设　　　　48
第五节　党的作风建设　　　　59
第六节　党的纪律建设　　　　63

第七节　党的制度建设　　　　　　　　　　　　65

第八节　党的反腐败斗争　　　　　　　　　　　69

习题演练　　　　　　　　　　　　　　　　　72

第三章　税务系统全面从严治党新格局　　　**87**

知识架构　　　　　　　　　　　　　　　　　89

第一节　目标要求　　　　　　　　　　　　　89

第二节　税务系统全面从严治党主体责任　　　91

第三节　监督责任　　　　　　　　　　　　　99

习题演练　　　　　　　　　　　　　　　　　102

第二篇　通用业务

第四章　管理学基础　　　　　　　　　　　**119**

知识架构　　　　　　　　　　　　　　　　　121

第一节　管理的内涵与本质　　　　　　　　　121

第二节　管理的基本原理与方法　　　　　　　129

习题演练　　　　　　　　　　　　　　　　　137

第五章　政务管理　　　　　　　　　　　　**143**

知识架构　　　　　　　　　　　　　　　　　145

第一节　公文处理　　　　　　　　　　　　　145

第二节　保密工作　　　　　　　　　　　　　149

第三节　应急管理　　　　　　　　　　　　　154

第四节　政府信息公开　　　　　　　　　　　157

第五节　解决形式主义突出问题　　　　　　　161

第六节　重大事项请示报告工作　165

习题演练　167

第六章　干部管理　183

知识架构　185

第一节　人事管理　185

第二节　考核考评管理　191

习题演练　201

第七章　监督管理　223

知识架构　225

第一节　党风廉政建设　225

第二节　税务机关权力监督制约　238

第三节　违纪违法行为惩处　250

习题演练　258

第八章　税收基础知识　275

知识架构　277

第一节　税收概论　278

第二节　增值税政策与管理　284

第三节　消费税政策与管理　292

第四节　企业所得税政策与管理　296

第五节　个人所得税政策与管理　303

第六节　土地增值税政策与管理　308

第七节　其他各税政策与管理　310

第八节　社会保险费征缴与管理　333

第九节　非税收入征缴与管理　　　　　　　　　338

习题演练　　　　　　　　　　　　　　　　341

第九章　税收征收管理　　　　　365

知识架构　　　　　　　　　　　　　　　　367

第一节　税务管理　　　　　　　　　　　　367

第二节　税款征收　　　　　　　　　　　　374

第三节　税务检查　　　　　　　　　　　　380

第四节　纳税服务　　　　　　　　　　　　382

习题演练　　　　　　　　　　　　　　　　389

第十章　法律基础知识　　　　　415

知识架构　　　　　　　　　　　　　　　　417

第一节　法理及行政法基础　　　　　　　　418

第二节　税务行政执法　　　　　　　　　　427

第三节　税务行政执法证据　　　　　　　　436

第四节　税收的刑法保障　　　　　　　　　440

第五节　税务行政法律救济　　　　　　　　445

第六节　税收执法者及其责任　　　　　　　457

习题演练　　　　　　　　　　　　　　　　467

第十一章　财会知识　　　　　479

知识架构　　　　　　　　　　　　　　　　481

第一节　会计基础知识　　　　　　　　　　481

第二节　企业主要经济业务的核算　　　　　487

第三节　会计凭证与账簿　　　　　　　　　494

第四节　财务会计报告　　　　　　　　　　　　　497

习题演练　　　　　　　　　　　　　　　　　505

第十二章　税收信息化　　　　　　　　517

知识架构　　　　　　　　　　　　　　　　519

第一节　计算机终端基础知识　　　　　　　520

第二节　常用软件应用　　　　　　　　　　528

第三节　网络与信息安全　　　　　　　　　536

第四节　"互联网＋税务"　　　　　　　　541

习题演练　　　　　　　　　　　　　　　　551

第一篇 政治素质

第一章 新时代共产党人的党性修养

>> 知识架构

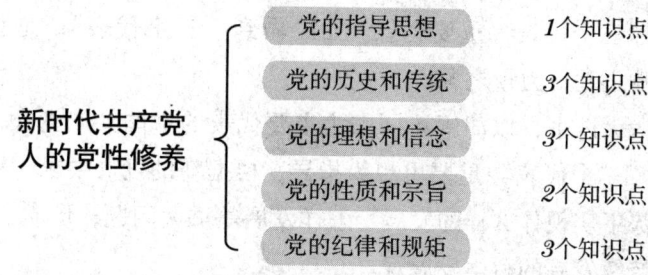

新时代共产党人的党性修养
- 党的指导思想　　　　　*1*个知识点
- 党的历史和传统　　　　*3*个知识点
- 党的理想和信念　　　　*3*个知识点
- 党的性质和宗旨　　　　*2*个知识点
- 党的纪律和规矩　　　　*3*个知识点

>> 第一节
党的指导思想

【知识点】 党的指导思想

中国共产党以马克思列宁主义、毛泽东思想、邓小平理论、"三个代表"重要思想、科学发展观、习近平新时代中国特色社会主义思想作为自己的行动指南。

马克思列宁主义揭示了人类社会历史发展的规律，它的基本原理是正确的，具有强大的生命力。中国共产党人追求的共产主义最高理想，只有在社会主义社会充分发展和高度发达的基础上才能实现。

以毛泽东同志为主要代表的中国共产党人，把马克思列宁主义的基本原理同中国革命的具体实践结合起来，创立了毛泽东思想。毛泽东思想是马克思列宁主义在中国的运用和发展，是被实践证明了的关于中国革命和建设的正确的理论原则和经验总结，是中国共产党集体智慧的结晶。

党的十一届三中全会以来，以邓小平同志为主要代表的中国共产党人，总结新中国成立以来正反两方面的经验，解放思想，实事求是，实现全党工作中心向经济建设的转移，实行改革开放，开辟了社会主义事业发展的新时期，逐步形成了建设中国特色社会主义的路线、方针、政策，阐明了在中国建设社会主义、巩固和发展社会主义的基本问题，创立了邓小平理论。

党的十三届四中全会以来，以江泽民同志为主要代表的中国共产党人，在建设中国特色社会主义的实践中，加深了对什么是社会主义、怎样建设社会主义和建设什么样的党、怎样建设党的认识，积累了治党治国新的宝贵经验，形成了"三个代表"重要思想。始终做到"三个代表"，是我们党的立党之本、执政之基、力量之源。

党的十六大以来，以胡锦涛同志为主要代表的中国共产党人，坚持以邓小平理论和"三个代表"重要思想为指导，根据新的发展要求，深刻认识和回答了新形势下实现什么样的发展、怎样发展等重大问题，形成了以人为本、全面协调可持续发展的科学发展观。

党的十八大以来，以习近平同志为主要代表的中国共产党人，顺应时代发展，从理论和实践结合上系统回答了新时代坚持和发展什么样的中国特色社会主义、怎样坚持和发展中国特色社会主义这个重大时代课题，创立了习近平新时代中国特色社会主义思想。习近平新时代中国特色社会主义思想是对马克思列宁主义、毛泽东思想、邓小平理论、"三个代表"重要思想、科学发展观的继承和发展，是马克思主义中国化最新成果，是党和人民实践经验和集体智慧的结晶，是中国特色社会主义理论体系的重要组成部分，是全党全国人民为实现中华民族伟大复兴而奋斗的行动指南，必须长期坚持并不断发展。在习近平新时代中国特色社会主义思想指导下，中国共产党领导全国各族人民，统揽伟大斗争、伟大工程、伟大事业、伟大梦想，推动中国特色社会主义进入了新时代。

>> 第二节
党的历史和传统

【知识点1】 党的初心和使命

中国共产党人的初心和使命，就是为中国人民谋幸福，为中华民族谋复兴。这个初心和使命是激励中国共产党人不断前进的根本动力。全党同志一定要永远与人民同呼吸、共命运、心连心，永远把人民对美好生活的向往作为奋斗目标，以永不懈怠的精神状态和一往无前的奋斗姿态，继续朝着实现中华民族伟大复兴的宏伟目标奋勇前进。

【知识点2】 党的历史和贡献

1. 党的历史

中国共产党一经成立，就把实现共产主义作为党的最高理想和最终目标，义无反顾肩负起实现中华民族伟大复兴的历史使命，团结带领人民进行了艰苦卓绝的斗争，谱写了气吞山河的壮丽史诗。我们党深刻认识到，实现中华民族伟大复兴，必须推翻压在中国人民头上的帝国主义、封建主义、官僚资本主义三座大山，实现民族独立、人民解放、国家统一、社会稳定。我们党深刻认识到，实现中华民族伟大复兴，必须建立符合我国实际的先进社会制度。我们党深刻认识到，实现中华民族伟大复兴，必须合乎时代潮流、顺应人民意愿，勇于改革开放，让党和人民事业始终充满奋勇前进的强大动力。

我们党团结带领人民找到了一条以农村包围城市、武装夺取政权的正确革命道路，进行了28年浴血奋战，完成了新民主主义革命，1949年建立了中华人民共和国，实现了中国从几千年封建专制政治向人民民主的伟大飞跃。我们党团结带领人民完成社会主义革命，确立社会主义基本制度，推进社会主义建设，完成了中华民族有史以来最为广泛而深刻的社会变革，为当代中国一切发展进步奠定了根本政治前提和制度基础，实现了中华民族由近代不断衰落到根本扭转命运、持续走向繁荣富强的伟大飞跃。我们党团结带领人民进行改革开放新的伟大革命，破除阻碍国家和民族发展的一切思想和体制障碍，开辟了中国特色社会主义道路，使中国大踏步赶上时代。

98年来，为了实现中华民族伟大复兴的历史使命，无论是弱小还是强大，无论是顺境还是逆境，我们党都初心不改、矢志不渝，团结带领人民历经千难万险，付出巨大牺牲，敢于面对曲折，勇于修正错误，攻克了一个又一个看似不可攻克的难关，创造了一个又一个彪炳史册的人间奇迹。

2. 党的贡献

中国共产党做了"三件大事"，那就是取得了新民主主义革命的胜利、建立了新中国，确立了社会主义制度，实行了改革开放，习近平总书记把这

"三件大事"上升到中国共产党作出了三个"伟大历史贡献"、实现了三个"伟大飞跃"的高度。

第一个伟大历史贡献是，党团结带领中国人民完成新民主主义革命，建立中华人民共和国。"这一伟大历史贡献的意义在于，彻底结束了旧中国半殖民地半封建社会的历史，彻底结束了旧中国一盘散沙的局面，彻底废除了列强强加给中国的不平等条约和帝国主义在中国的一切特权，实现了中国从几千年封建专制政治向人民民主的伟大飞跃"。

第二个伟大历史贡献是，党团结带领人民确立社会主义基本制度，消灭一切剥削制度，推进社会主义建设。"这一伟大历史贡献的意义在于，完成了中华民族有史以来最为广泛而深刻的社会变革，为当代中国一切发展进步奠定了根本政治前提和制度基础，为中国发展富强、中国人民生活富裕奠定了坚实基础，实现了中华民族由不断衰落到根本扭转命运、持续走向繁荣富强的伟大飞跃"。

第三个伟大历史贡献是，党团结带领人民进行改革开放新的伟大革命。"这一伟大历史贡献的意义在于，开辟了中国特色社会主义道路，形成了中国特色社会主义理论体系，确立了中国特色社会主义制度，使中国赶上了时代，实现了中国人民从站起来到富起来、强起来的伟大飞跃"。习近平总书记关于中国共产党作出了三个"伟大历史贡献"、实现了三个"伟大飞跃"的概括，将这三件大事及其伟大意义升华了，对于中国共产党的历史贡献在理论上分析得更深邃。

【知识点3】 党的传统和灵魂

1. 党的传统

党的优良传统是党在政治上、思想上、组织上、工作上、生活上等方面的精神特质和红色基因，具有穿越时空、辉映未来的永恒价值。

在土地革命和抗日战争时期，中国共产党凝练了"从群众中来，到群众中去"为主要内容的一整套优良传统。在抗日战争即将胜利的前夕，毛泽东在党的七大上首次概括了党的独特的三大优良作风：理论联系实际、密切联系群众、批评和自我批评。在中国共产党即将取得全国执政地位的前夕，毛泽东在党的七届二中全会上谆谆告诫全党：务必使同志们继续地保持谦虚、谨慎、不骄、不躁的作风，务必使同志们继续地保持艰苦奋斗的作风。党在红船精神的基础上形成的井冈山精神、苏区精神、长征精神、延安精神、西柏坡精神，保证了党同人民群众的血肉联系，赢得了民心，赢得了江山，实现了马克思主义与中国实际相结合的第一次历史性飞跃。

新中国成立后，中国共产党以"进京赶考"的姿态坚持以严格的纪律和规矩加强执政党的建设。依靠"两个务必"，在一穷二白的条件下，形成了比较完整的国民经济体系。在改革开放和现代化建设新时期即将来临的前夕，邓小平在党的十一大上，要求全党恢复和发扬党的优良传统和作风。在改革开放和现代化建设新的征途上，中国共产党继续发扬党的优良传统，取得了对外开放和发展社会主义市场经济条件下领导国家建设的硕果，实现了人民生活从温饱向小康的历史性转变。党的优良传统是共产党人必须遵循的党性原则。共产党人秉持对共产主义的共同理想、全心全意为人民服务的宗旨意识、中国特色社会主义的坚定信念，也就有了严格的政治纪律和政治规矩，做到"心中有党、心中有民、心中有责、心中有戒"。坚定崇高的政治理想、政治信念以及由此产生的忠贞不渝的革命意志，始终是中国共产党人战胜各种艰难险阻，保持政治本色，不断夺取革命、建设、改革胜利的强大力量源泉。

党历来重视干部思想教育。坚持以马克思主义为指导不断认识世界、改造世界是共产党人的思想遵循和制胜法宝。党成立时就把马克思主义鲜明地镌刻在自己的旗帜上，始终坚持理论联系实际的作风，始终坚持把马克思主义基本原理同中国具体实际相结合，不断形成革命、建设、改革的正确路线方针政策，不断开辟中国人民救国、建国、兴国的正确道路。也正是因为党将思想建设放在党的建设的首位，坚持用科学理论武装党员、教育人民，才能不断增强挽救祖国、振兴中华的自觉性和坚定性，一往无前地为实现国家富强和民族振兴而奋斗。

党的优良传统不但是党员个人的意识表现，更是党的整体共识。中国共产党按照马克思主义建党原则，建立了由党的中央组织、地方组织和基层组织构成的科学严密的组织体系，使全党形成一个统一整体，形成共同奋斗的合力。党在长期的革命、建设、改革的实践中，坚持民主基础上的集中和集中指导下的民主相结合，正确规范了党内政治生活和党内关系，保证了党的路线方针政策科学制定和有效执行，不断增强了党的创造力、凝聚力、战斗力，长期保证了国家统一、民族团结和社会稳定。

习近平总书记指出："坚持思想建党和制度治党紧密结合。从严治党靠教育，也靠制度，二者一柔一刚，要同向发力、同时发力。"古往今来，治国治党的规律在于德法合治，这是中华民族长期维系国家统一、民族团结和社会稳定的宝贵的政治文化传统。纪律是刚性的，是规范党员越轨行为之最后屏障；优良传统是柔性的，是抑制人的不良行为的内心防线，对人的行为和思想的作用主要是自律；二者如车之两轮，鸟之两翼，辩证统一于从严治党。

2. 党的灵魂

党的十八大报告指出："对马克思主义的信仰，对社会主义和共产主义的信念，是共产党人的政治灵魂，是共产党人经受住任何考验的精神支柱。"纵观98年来我们党团结奋斗的历史，不难看出，坚定的理想信念从来就是我们党的政治灵魂和精神脊梁，崇高的理想追求从来就是共产党人的不变初心和力量源泉。党的十八大以来，习近平总书记多次强调，革命理想高于天。他指出，我们既要坚定走中国特色社会主义道路的信念，也要胸怀共产主义的崇高理想，矢志不移贯彻执行党在社会主义初级阶段的基本路线和基本纲领，做好当前每一项工作。正是在共产主义远大理想和中国特色社会主义共同理想感召下，面对世界经济复苏乏力、局部冲突和动荡频发、全球性问题加剧的外部环境，面对我国经济发展进入新常态等一系列深刻变化，我们党带领人民迎难而上、开拓进取，取得了改革开放和社会主义现代化建设的历史性成就，推动党和国家事业发生历史性变革，推动中国特色社会主义进入新时代。

>> 第三节
党的理想和信念

【知识点1】 党的信仰与理想

《共产党宣言》是中国共产党人的信仰之源。习近平总书记指出："我们共产党人的根本，就是对马克思主义的信仰，对共产主义和社会主义的信念，对党和人民的忠诚。"

共产主义远大理想和中国特色社会主义共同理想，是中国共产党人的精神支柱和政治灵魂，也是保持党的团结统一的思想基础。要把坚定理想信念作为党的思想建设的首要任务，教育引导全党牢记党的宗旨，挺起共产党人的精神脊梁，解决好世界观、人生观、价值观这个"总开关"问题，自觉做共产主义远大理想和中国特色社会主义共同理想的坚定信仰者和忠实实践者。

【知识点2】 党的路线与政治原则

中国共产党在社会主义初级阶段的基本路线是：领导和团结全国各族人民，以经济建设为中心，坚持四项基本原则，坚持改革开放，自力更生，艰苦创业，为把我国建设成为富强民主文明和谐美丽的社会主义现代化强国而奋斗。

党在社会主义初级阶段的基本路线作为党的政治路线，是党和国家的生命线、人民的幸福线，必须坚决捍卫、坚定执行。

坚持社会主义道路、坚持人民民主专政、坚持中国共产党的领导、坚持马克思列宁主义毛泽东思想这四项基本原则，是我们的立国之本。在社会主义现代化建设的整个过程中，必须坚持四项基本原则，反对资产阶级自由化。

【知识点3】 党的纲领与根本性建设

1. 党的纲领

党的纲领包括最高纲领和基本纲领两部分。党的最高纲领是实现共产主义。现阶段党的基本纲领包括经济、政治、文化、社会和生态5个方面，即党在社会主义初级阶段的基本奋斗目标和基本政策，这是整个社会主义初级阶段的奋斗纲领。

2. 党的根本性建设

党的政治建设是党的根本性建设，决定党的建设方向和效果，事关统揽推进伟大斗争、伟大工程、伟大事业、伟大梦想。加强党的政治建设，目的是坚定政治信仰，强化政治领导，提高政治能力，净化政治生态，实现全党团结统一、行动一致。要以党章为根本遵循，把党章明确的党的性质和宗旨、指导思想和奋斗目标、路线和纲领落到实处。要突显党的政治建设的根本性地位，聚焦党的政治属性、政治使命、政治目标、政治追求持续发力。要以党的政治建设为统领，把政治标准和政治要求贯穿党的思想建设、组织建设、作风建设、纪律建设以及制度建设、反腐败斗争始终，以政治上的加强推动全面从严治党向纵深发展，引领带动党的建设质量全面提高。要坚持问题导向，注重"靶向治疗"，针对政治意识不强、政治立场不稳、政治能力不足、政治行为不端等突出问题强弱项补短板。要把党的政治建设融入党和国家重大决策部署的制定和落实全过程，做到党的政治建设与各项业务工作特别是中心工作紧密结合、相互促进。

>> 第四节
党的性质和宗旨

【知识点1】 党的性质与党内生活

1. 党的性质

中国共产党是中国工人阶级的先锋队，同时是中国人民和中华民族的先锋队，是中国特色社会主义事业的领导核心，代表中国先进生产力的发展要求，代表中国先进文化的前进方向，代表中国最广大人民的根本利益。

2. 党内政治生活

开展严肃认真的党内政治生活，是我们党的优良传统和政治优势。在长期实践中，我们党坚持把开展严肃认真的党内政治生活作为党的建设重要任务来抓，形成了以实事求是、理论联系实际、密切联系群众、批评和自我批评、民主集中制、严明党的纪律等为主要内容的党内政治生活基本规范，为巩固党的团结和集中统一、保持党的先进性和纯洁性、增强党的生机活力积累了丰富经验，为保证完成党在各个历史时期中心任务发挥了重要作用。

党的组织生活是党内政治生活的重要内容和载体，是党组织对党员进行教育管理监督的重要形式。必须坚持党的组织生活各项制度，创新方式方法，增强党的组织生活活力。

【知识点 2】 党的宗旨与党的作风

中国共产党的宗旨是全心全意为人民服务。

党的三大作风，是毛泽东同志在党的七大所作的《论联合政府》中提出来的，即理论联系实际、密切联系群众、批评与自我批评的作风。

>> 第五节
党的纪律和规矩

【知识点 1】 党的章程与党员

1. 党的章程

《中国共产党章程》是中国共产党为实现党的纲领、开展正规活动、规定党内事务所规定的根本法规，是党赖以建立和活动的法规体系的基础，是党的各级组织和全体党员必须遵守的基本准则和规定，具有最高党法、根本大法的效力。是管党治党的总章程、总规矩，是中国共产党最根本的党内法规。党章对党的性质和宗旨、路线和纲领、指导思想和奋斗目标、组织原则和组织机构、党员义务和权利以及党的纪律等作出根本规定。

现行的中国共产党章程由中国共产党第十九次全国代表大会部分修改，2017 年 10 月 24 日通过。

根据《中国共产党章程》规定，年满 18 岁的中国工人、农民、军人、知识分子和其他社会阶层的先进分子，承认党的纲领和章程，愿意参加党的一个组织并在其中积极工作、执行党的决议和按期交纳党费的，可以申请加入中国共产党。

2. 党员

中国共产党党员是中国工人阶级的有共产主义觉悟的先锋战士。中国共产党员必须全心全意为人民服务，不惜牺牲个人的一切，为实现共产主义奋斗终身。中国共产党党员永远是劳动人民的普通一员。除了法律和政策规定范围内的个人利益和工作职权以外，所有共产党员都不得谋求任何私利和特权。

党员必须履行下列义务：

（1）认真学习马克思列宁主义、毛泽东思想、邓小平理论、"三个代表"重要思想、科学发展观、习近平新时代中国特色社会主义思想，学习党的路线、方针、政策和决议，学习党的基本知识，学习科学、文化、法律和业务知识，努力提高为人民服务的本领。

（2）贯彻执行党的基本路线和各项方针、政策，带头参加改革开放和社会主义现代化建设，带动群众为经济发展和社会进步艰苦奋斗，在生产、工作、学习和社会生活中起先锋模范作用。

（3）坚持党和人民的利益高于一切，个人利益服从党和人民的利益，吃苦在前，享受在后，克己奉公，多做贡献。

（4）自觉遵守党的纪律，首先是党的政治纪律和政治规矩，模范遵守国家的法律法规，严格保守党和国家的秘密，执行党的决定，服从组织分配，积极完成党的任务。

（5）维护党的团结和统一，对党忠诚老实，言行一致，坚决反对一切派别组织和小集团活动，反对阳奉阴违的两面派行为和一切阴谋诡计。

（6）切实开展批评和自我批评，勇于揭露和纠正违反党的原则的言行和工作中的缺点、错误，坚决同消极腐败现象作斗争。

（7）密切联系群众，向群众宣传党的主张，遇事同群众商量，及时向党反映群众的意见和要求，维护群众的正当利益。

（8）发扬社会主义新风尚，带头实践社会主义核心价值观和社会主义荣辱观，提倡共产主义道德，弘扬中华民族传统美德，为了保护国家和人民的利益，在一切困难和危险的时刻挺身而出，英勇斗争，不怕牺牲。

党员享有下列权利：

（1）参加党的有关会议，阅读党的有关文件，接受党的教育和培训。

（2）在党的会议上和党报党刊上，参加关于党的政策问题的讨论。

（3）对党的工作提出建议和倡议。

（4）在党的会议上有根据地批评党的任何组织和任何党员，向党负责地揭发、检举党的任何组织和任何党员违法乱纪的事实，要求处分违法乱纪的党员，要求罢免或撤换不称职的干部。

（5）行使表决权、选举权，有被选举权。

（6）在党组织讨论决定对党员的党纪处分或作出鉴定时，本人有权参加和进行申辩，其他党员可以为他作证和辩护。

（8）对党的决议和政策如有不同意见，在坚决执行的前提下，可以声明保留，并且可以把自己的意见向党的上级组织直至中央提出。

（9）向党的上级组织直至中央提出请求、申诉和控告，并要求有关组织给以负责的答复。

【知识点2】 党的准则

2016年10月27日，中国共产党第十八届中央委员会第六次全体会议通过的《关于新形势下党内政治生活的若干准则》指出，新形势下加强和规范党内政治生活，重点是各级领导机关和领导干部，关键是高级干部特别是中央委员会、中央政治局、中央政治局常务委员会的组成人员。高级干部特别是中央领导层组成人员必须以身作则，模范遵守党章党规，严守党的政治纪律和政治规矩，坚持不忘初心、继续前进，坚持率先垂范、以上率下，为全党全社会作出示范。

2015年10月，中共中央印发的《中国共产党廉洁自律准则》指出，中国共产党全体党员和各级党员领导干部必须坚定共产主义理想和中国特色社会主义信念，必须坚持全心全意为人民服务根本宗旨，必须继承发扬党的优良传统和作风，必须自觉培养高尚道德情操，努力弘扬中华民族传统美德，廉洁自律，接受监督，永葆党的先进性和纯洁性。包括《党员廉洁自律规范》和《党员领导干部廉洁自律规范》两个部分。

《党员廉洁自律规范》

第一条 坚持公私分明，先公后私，克己奉公。

第二条 坚持崇廉拒腐，清白做人，干净做事。

第三条 坚持尚俭戒奢，艰苦朴素，勤俭节约。

第四条 坚持吃苦在前，享受在后，甘于奉献。

《党员领导干部廉洁自律规范》

第五条 廉洁从政，自觉保持人民公仆本色。

第六条 廉洁用权，自觉维护人民根本利益。

第七条 廉洁修身，自觉提升思想道德境界。

第八条　廉洁齐家，自觉带头树立良好家风。

【知识点3】　党的纪律

2018 年 8 月，中共中央新修订的《中国共产党纪律处分条例》指出，党章是最根本的党内法规，是管党治党的总规矩。党的纪律是党的各级组织和全体党员必须遵守的行为规则。党的纪律包括政治纪律、组织纪律、廉洁纪律、群众纪律、工作纪律、生活纪律等。

党组织和党员必须牢固树立政治意识、大局意识、核心意识、看齐意识，自觉遵守党章，严格执行和维护党的纪律，自觉接受党的纪律约束，模范遵守国家法律法规。

>> 习题演练

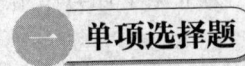

　单项选择题

1. 中国共产党人的初心和使命，是激励中国共产党人不断前进的根本动力。这个初心和使命就是(　　　)。

A. 为中国人民谋幸福，为中华民族谋解放

B. 为中国人民谋幸福，为中华民族谋未来

C. 为中国人民谋幸福，为中华民族谋复兴

D. 为中国人民谋生活，为中华民族谋未来

【参考答案】C

【答案解析】党的初心和使命，中国共产党人的初心和使命，就是为中国人民谋幸福，为中华民族谋复兴。这个初心和使命是激励中国共产党人不断前进的根本动力。

2. 中国特色社会主义新时代的社会主要矛盾是(　　　)。

A. 人民日益增长的美好生活需要和不充分不平衡的发展之间的矛盾

B. 人民日益增长的幸福生活需要和不平衡不充分的发展之间的矛盾

C. 人民日益增长的美好生活向往和不充分不平衡的发展之间的矛盾

D. 人民日益增长的美好生活需要和不平衡不充分的发展之间的矛盾

【参考答案】D

【答案解析】中国特色社会主义进入新时代，我国社会主要矛盾已经转化为人民日益增长的美好生活需要和不平衡不充分的发展之间的矛盾。

3. 指导党和人民实现中华民族伟大复兴的正确理论是(　　)。

A. 中国特色社会主义道路

B. 中国特色社会主义理论体系

C. 中国特色社会主义制度

D. 中国特色社会主义文化

【参考答案】B

【答案解析】中国特色社会主义道路是实现社会主义现代化、创造人民美好生活的必由之路，中国特色社会主义理论体系是指导党和人民实现中华民族伟大复兴的正确理论，中国特色社会主义制度是当代中国发展进步的根本制度保障，中国特色社会主义文化是激励全党全国各族人民奋勇前进的强大精神力量。

4. 中国特色社会主义的本质要求和重要保障是(　　)。

A. 全面依法治国　　　　　　B. 全面从严治党

C. 全面发展经济　　　　　　D. 全面可持续发展

【参考答案】A

【答案解析】全面依法治国是中国特色社会主义的本质要求和重要保障。必须把党的领导贯彻落实到依法治国全过程和各方面，坚定不移走中国特色社会主义法治道路，完善以宪法为核心的中国特色社会主义法律体系，建设中国特色社会主义法治体系，建设社会主义法治国家，发展中国特色社会主义法治理论，坚持依法治国、依法执政、依法行政共同推进，坚持法治国家、法治政府、法治社会一体建设，坚持依法治国和以德治国相结合，依法治国和依规治党有机统一，深化司法体制改革，提高全民族法治素养和道德素质。

5. 把习近平新时代中国特色社会主义思想写入我们党的行动指南，这是党的十九大的一个重大历史贡献。习近平新时代中国特色社会主义思想回答的重大时代课题是(　　)。

A. 新形势下实现什么样的发展，怎样发展

B. 新时代坚持和发展什么样的中国特色社会主义、怎样坚持和发展中国特色社会主义

C. 什么是社会主义、怎样建设社会主义和建设什么样的党、怎样建设党

D. 我国正处于并将长期处于社会主义初级阶段

【参考答案】B

【答案解析】党的十八大以来，以习近平同志为主要代表的中国共产党人，顺应时代发展，从理论和实践结合上系统回答了新时代坚持和发展什么样的中国特色社会主义、怎样坚持和发展中国特色社会主义这个重大时代课题，创立了习近平新时代中国特色社会主义思想。

6. 中国特色社会主义最本质的特征和中国特色社会主义制度的最大优势是（　　）。

A. 中国共产党的领导　　　　B. 坚持改革开放

C. 以经济建设为中心　　　　D. 坚持依法治国

【参考答案】A

【答案解析】《中国共产党章程》总纲指出，中国共产党的领导是中国特色社会主义最本质的特征，是中国特色社会主义制度的最大优势。党政军民学，东西南北中，党是领导一切的。

7. 党的纲领包括最高纲领和基本纲领两部分。现阶段中国共产党的基本纲领是（　　）。

A. 实现共产主义　　　　　　B. 中国特色社会主义事业总体布局

C. 实现中华民族伟大复兴　　D. 全面依法治国

【参考答案】B

【答案解析】党的基本纲领是党在社会主义初级阶段的基本路线在经济、政治、文化、社会、生态文明等方面的展开，是建设有中国特色社会主义的基本目标和基本政策，即中国特色社会主义事业总体布局。

8. 全党同志要坚定"四个自信"，贯彻党的基本理论、基本路线、基本方略。"四个自信"是指（　　）。

A. 路线自信、理论自信、制度自信、文化自信

B. 道路自信、理论自信、制度自信、文化自信

C. 道路自信、理论自信、体制自信、文化自信

D. 道路自信、理论自信、制度自信、思想自信

【参考答案】B

【答案解析】习近平在庆祝中国共产党成立 95 周年大会上的重要讲话指出，全党要坚定道路自信、理论自信、制度自信、文化自信。

9. 党的根本性建设，决定党的建设方向和效果，事关统揽推进伟大斗争、伟大工程、伟大事业、伟大梦想。党的根本性建设是(　　)。

A. 政治建设　　　B. 思想建设　　　C. 作风建设　　　D. 纪律建设

【参考答案】A

【答案解析】党的政治建设是党的根本性建设，决定党的建设方向和效果，事关统揽推进伟大斗争、伟大工程、伟大事业、伟大梦想。

10.《中国共产党章程》总纲指出，我们党的最大政治优势是(　　)，党执政后的最大危险是(　　)。

A. 密切联系群众　脱离群众　　　B. 为人民服务　脱离人民

C. 批评和自我批评　消极腐败　　　D. 全面从严治党　脱离群众

【参考答案】A

【答案解析】《中国共产党章程》总纲指出，坚持全心全意为人民服务。党除了工人阶级和最广大人民群众的利益，没有自己特殊的利益。党在任何时候都把群众利益放在第一位，同群众同甘共苦，保持最密切的联系，坚持权为民所用、情为民所系、利为民所谋，不允许任何党员脱离群众，凌驾于群众之上。我们党的最大政治优势是密切联系群众，党执政后的最大危险是脱离群众。党风问题、党同人民群众联系问题是关系党生死存亡的问题。党在自己的工作中实行群众路线，一切为了群众，一切依靠群众，从群众中来，到群众中去，把党的正确主张变为群众的自觉行动。

11. 党的建设的首位是(　　)。

A. 政治建设　　　B. 思想建设　　　C. 作风建设　　　D. 纪律建设

【参考答案】B

【答案解析】注重从思想上建党，即将思想建设放在党的建设的首位，这是中国共产党自身建设的显著特点和政治优势，是马克思主义中国化的重大突破，是我们党加强自身建设的基本原则和重要法宝，也是全面从严治党的

鲜明特色。

12. 中国共产党在长期的革命斗争中形成了一整套优良作风。毛泽东把它们概括为三大作风，具体为：理论联系实际的作风、密切联系群众的作风和(　　)。

　　A. 用于自我革命的作风　　　　　B. 为人民服务的作风

　　C. 艰苦奋斗的作风　　　　　　　D. 批评与自我批评的作风

【参考答案】D

【答案解析】中国共产党的三大作风是：理论联系实际、密切联系群众、批评与自我批评的作风。

13. 《中国共产党章程》是中国共产党管党治党的总章程、总规矩，是中国共产党最根本的党内法规。现行的《中国共产党章程》经中国共产党第十九次全国代表大会部分修改后于(　　)通过。

　　A. 2018 年 10 月 18 日　　　　B. 2017 年 10 月 24 日

　　C. 2017 年 10 月 26 日　　　　D. 2018 年 10 月 24 日

【参考答案】B

【答案解析】现行的中国共产党章程由中国共产党第十九次全国代表大会部分修改，2017 年 10 月 24 日通过。

14. 现行的《中国共产党章程》，增写了必须坚持以(　　)为中心的发展思想。

　　A. 改革　　　　　B. 创新　　　　　C. 人民　　　　　D. 政治建设

【参考答案】C

【答案解析】《中国共产党章程》总纲指出，必须坚持以人民为中心的发展思想，坚持创新、协调、绿色、开放、共享的发展理念。

15. 四项基本原则是我们的立国之本。四项基本原则包括：坚持社会主义道路、坚持人民民主专政、坚持马克思列宁主义毛泽东思想和(　　)。

　　A. 坚持中国共产党的领导　　　　B. 坚持改革开放

　　C. 坚持以经济建设为中心　　　　D. 坚持全心全意为人民服务

【参考答案】A

【答案解析】《中国共产党章程》总纲指出，坚持社会主义道路、坚持人民民主专政、坚持中国共产党的领导、坚持马克思列宁主义毛泽东思想这四项基本原则，是我们的立国之本。在社会主义现代化建设的整个过程中，必须坚持四项基本原则，反对资产阶级自由化。

16. 现行的《中国共产党章程》，增写了培育和践行社会主义核心价值观的内容。在社会主义核心价值观中，个人层面的价值取向是(   )。

A. 爱国、敬业、诚信、友善　　B. 富强、民主、文明、和谐

C. 自由、平等、公正、法治　　D. 爱国、守法、明礼、诚信

【参考答案】A

【答案解析】党的十八大提出，倡导富强、民主、文明、和谐，倡导自由、平等、公正、法治，倡导爱国、敬业、诚信、友善，积极培育和践行社会主义核心价值观。富强、民主、文明、和谐是国家层面的价值目标，自由、平等、公正、法治是社会层面的价值取向，爱国、敬业、诚信、友善是公民个人层面的价值准则，这24个字是社会主义核心价值观的基本内容。

17. 中国共产党执政兴国的第一要务是(   )。

A. 发展　　　　B. 创新　　　　C. 改革　　　　D. 复兴

【参考答案】A

【答案解析】《中国共产党章程》总纲指出，发展是我们党执政兴国的第一要务。必须坚持以人民为中心的发展思想，坚持创新、协调、绿色、开放、共享的发展理念。

18. 中国特色社会主义事业"五位一体"总体布局是经济建设、政治建设、文化建设、社会建设和(   )。

A. 制度建设　　　B. 生态文明建设　C. 作风建设　　　D. 法治

【参考答案】B

【答案解析】《中国共产党章程》总纲指出，必须按照中国特色社会主义事业"五位一体"总体布局和"四个全面"战略布局，统筹推进经济建设、政治建设、文化建设、社会建设、生态文明建设，协调推进全面建成小康社会、全面深化改革、全面依法治国、全面从严治党。

19. 《关于新形势下党内政治生活的若干准则》指出，我们党的优良传统和政治优势是(   )。

A. 密切联系群众　　　　　　B. 批评和自我批评

C. 开展严肃认真的党内政治生活　　D. 自我革命

【参考答案】C

【答案解析】开展严肃认真的党内政治生活，是我们党的优良传统和政治优势。在长期实践中，我们党坚持把开展严肃认真的党内政治生活作为党的建设重要任务来抓，形成了以实事求是、理论联系实际、密切联系群众、批评和自我批评、民主集中制、严明党的纪律等为主要内容的党内政治生活基本规范，为巩固党的团结和集中统一、保持党的先进性和纯洁性、增强党的生机活力积累了丰富经验，为保证完成党在各个历史时期中心任务发挥了重要作用。

20. 中国特色社会主义事业"四个全面"战略布局是全面建成小康社会、（　　　）、全面依法治国和全面从严治党。

A. 全面深化改革　　　　　　　B. 全面改革开放

C. 全面脱贫攻坚　　　　　　　D. 全面建设中国特色社会主义

【参考答案】A

【答案解析】2014年12月习近平总书记在江苏调研时则将"三个全面"上升到了"四个全面"，要"协调推进全面建成小康社会、全面深化改革、全面推进依法治国、全面从严治党，推动改革开放和社会主义现代化建设迈上新台阶"，新增了"全面从严治党"。

二　多项选择题

1. 习近平总书记在学习贯彻党的十九大精神研讨班开班式上发表重要讲话时提出"五个过硬"是（　　　）。

A. 信念过硬　　B. 政治过硬　　C. 经济过硬　　　　D. 责任过硬

E. 素质过硬　　F. 能力过硬　　G. 作风过硬

【参考答案】ABDFG

【答案解析】2018年1月5日，习近平总书记在学习贯彻党的十九大精神研讨班开班式上发表重要讲话，强调要把我们党建设好，必须抓住"关键少数"。中央委员会成员和省部级主要领导干部必须做到信念过硬，政治过硬，责任过硬，能力过硬，作风过硬。

2. 新形势下加强和规范党内政治生活，必须以党章为根本遵循，坚持党的政治路线、思想路线、组织路线、群众路线，着力增强党内政治生活的政治性、时代性、原则性、战斗性，着力增强党的"四种能力"，具体包括(　　)。

A. 自我净化的能力　　　　　　B. 自我完善的能力

C. 自我革新的能力　　　　　　D. 自我提高的能力

【参考答案】ABCD

【答案解析】新形势下加强和规范党内政治生活，必须以党章为根本遵循，坚持党的政治路线、思想路线、组织路线、群众路线，着力增强党内政治生活的政治性、时代性、原则性、战斗性，着力增强党自我净化、自我完善、自我革新、自我提高能力，着力提高党的领导水平和执政水平、增强拒腐防变和抵御风险能力，着力维护党中央权威、保证党的团结统一、保持党的先进性和纯洁性，努力在全党形成又有集中又有民主、又有纪律又有自由、又有统一意志又有个人心情舒畅生动活泼的政治局面。

3. 中国共产党的性质是(　　)。

A. 中国工人阶级的先锋队　　　　B. 中国人民和中华民族的先锋队

C. 中国特色社会主义事业的领导核心　D. 全心全意为人民服务

E. 代表全体共产党员的利益

【参考答案】ABC

【答案解析】《中国共产党章程》规定，中国共产党是中国工人阶级的先锋队、中国人民和中华民族的先锋队、中国特色社会主义事业的领导核心、代表中国先进生产力的发展要求、代表中国先进文化的前进方向、代表中国最广大人民的根本利益。

4. 坚持和加强党的全面领导，最重要的是坚决做到"两个维护"，具体指的是(　　)。

A. 坚决维护党中央权威和集中统一领导

B. 坚决维护中国特色社会主义道路的指导作用

C. 坚决维护习近平总书记党中央的核心、全党的核心地位

D. 坚决维护党章这一根本遵循

【参考答案】AC

【答案解析】坚持和加强党的全面领导，最重要的是坚决维护党中央权威

和集中统一领导；坚决维护党中央权威和集中统一领导，最关键的是坚决维护习近平总书记党中央的核心、全党的核心地位。

5. 习近平总书记对推进中央和国家机关党的政治建设作出重要指示中对于中央和国家机关各级党组织和广大党员干部提出要做到"三个表率，一个模范"的要求。"三个表率"是指( )。

A. 在深入学习贯彻新时代中国特色社会主义思想上作表率

B. 在始终同党中央保持高度一致上作表率

C. 在坚决贯彻落实党中央各项决策部署上作表率

D. 在要彰显政治统领，坚持问题导向，融入业务工作，健全制度机制，严格责任落实上作表率

【参考答案】ABC

【答案解析】习近平总书记在 2018 年全国组织工作会议上强调，对于中央和国家机关各级党组织和广大党员干部，要做到"三个表率，一个模范"：在深入学习贯彻新时代中国特色社会主义思想上作表率；在始终同党中央保持高度一致上作表率；在坚决贯彻落实党中央各项决策部署上作表率；建设让党中央放心、让人民群众满意的模范机关。

6. 习近平总书记在庆祝中国共产党成立 95 周年大会上的讲话中论证中国共产党作出了三个"伟大历史贡献"，具体包括( )。

A. 团结带领中国人民完成新民主主义革命，建立中华人民共和国

B. 团结带领人民确立社会主义基本制度，消灭一切剥削制度，推进社会主义建设

C. 团结带领人民实现全面小康社会

D. 团结带领人民进行改革开放新的伟大革命

【参考答案】ABD

【答案解析】习近平总书记在庆祝中国共产党成立 95 周年大会上的讲话中论证中国共产党作出了三个"伟大历史贡献"。第一个伟大历史贡献是，党团结带领中国人民完成新民主主义革命，建立中华人民共和国。第二个伟大历史贡献是，党团结带领人民确立社会主义基本制度，消灭一切剥削制度，推进社会主义建设。第三个伟大历史贡献是，党团结带领人民进行改革开放新的伟大革命。

7. 根据《中国共产党章程》，以下属于党员必须履行的义务的有(　　)。

A. 认真学习马克思列宁主义、毛泽东思想、邓小平理论、"三个代表"重要思想、科学发展观、习近平新时代中国特色社会主义思想，学习党的路线、方针、政策和决议，学习党的基本知识，学习科学、文化、法律和业务知识，努力提高为人民服务的本领

B. 切实开展批评和自我批评，勇于揭露和纠正违反党的原则的言行和工作中的缺点、错误，坚决同消极腐败现象作斗争

C. 自觉遵守党的纪律，首先是党的政治纪律和政治规矩，模范遵守国家的法律法规，严格保守党和国家的秘密，执行党的决定，服从组织分配，积极完成党的任务

D. 在党的会议上有根据地批评党的任何组织和任何党员，向党负责地揭发、检举党的任何组织和任何党员违法乱纪的事实，要求处分违法乱纪的党员，要求罢免或撤换不称职的干部

【参考答案】ABC

【答案解析】"在党的会议上有根据地批评党的任何组织和任何党员，向党负责地揭发、检举党的任何组织和任何党员违法乱纪的事实，要求处分违法乱纪的党员，要求罢免或撤换不称职的干部"是党员的权利。选项A、选项B、选项C为党员必须履行的义务。

8. 中国共产党在社会主义初级阶段的基本路线包括(　　)。

A. 领导和团结全国各族人民

B. 以经济建设为中心，坚持四项基本原则，坚持改革开放

C. 自力更生，艰苦创业

D. 为把我国建设成为富强民主文明和谐美丽的社会主义现代化强国而奋斗

【参考答案】ABCD

【答案解析】《中国共产党章程》总纲指出，中国共产党在社会主义初级阶段的基本路线是：领导和团结全国各族人民，以经济建设为中心，坚持四项基本原则，坚持改革开放，自力更生，艰苦创业，为把我国建设成为富强民主文明和谐美丽的社会主义现代化强国而奋斗。

9. 2016年10月27日中国共产党第十八届中央委员会第六次全体会议通过的《关于新形势下党内政治生活的若干准则》指出，新形势下加强和规范

党内政治生活，重点对象包括(　　)。

 A. 各级领导机关   B. 各级领导干部

 C. 县处级以上领导干部 D. 全体党员

【参考答案】AB

【答案解析】2016 年 10 月 27 日中国共产党第十八届中央委员会第六次全体会议通过的《关于新形势下党内政治生活的若干准则》指出，新形势下加强和规范党内政治生活，重点是各级领导机关和领导干部，关键是高级干部特别是中央委员会、中央政治局、中央政治局常务委员会的组成人员。

10. 党的纪律是党的各级组织和全体党员必须遵守的行为规则。党的纪律主要包括(　　)。

 A. 政治纪律、组织纪律 B. 廉洁纪律、群众纪律

 C. 工作纪律、生活纪律 D. 经济纪律

【参考答案】ABC

【答案解析】2018 年 8 月中共中央新修订的《中国共产党纪律处分条例》指出，党章是最根本的党内法规，是管党治党的总规矩。党的纪律是党的各级组织和全体党员必须遵守的行为规则。党的纪律包括政治纪律、组织纪律、廉洁纪律、群众纪律、工作纪律、生活纪律等。

11. 下列属于对党员纪律处分的有(　　)。

 A. 严重警告 B. 降职   C. 留党察看   D. 开除党籍

【参考答案】ACD

【答案解析】《中国共产党纪律处分条例》第八条规定，对党员的纪律处分种类包括：①警告；②严重警告；③撤销党内职务；④留党察看；⑤开除党籍。

12. 改革开放以来我们取得一切成绩和进步的根本原因，归结起来有(　　)。

 A. 开辟了中国特色社会主义道路

 B. 形成了中国特色社会主义理论体系

 C. 确立了中国特色社会主义制度

 D. 发展了中国特色社会主义文化

【参考答案】ABCD

【答案解析】《中国共产党章程》总纲指出，改革开放以来我们取得一切成绩和进步的根本原因，归结起来就是：开辟了中国特色社会主义道路，形成了中国特色社会主义理论体系，确立了中国特色社会主义制度，发展了中国特色社会主义文化。

13. 关于党员，以下说法正确的有(　　)。

A. 年满18岁的中国工人、农民、军人、知识分子和其他社会阶层的先进分子，承认党的纲领和章程，愿意参加党的一个组织并在其中积极工作、执行党的决议和按期交纳党费的，可以申请加入中国共产党

B. 中国共产党党员必须全心全意为人民服务，必须牺牲个人的一切，为实现共产主义奋斗终身

C. 中国共产党党员永远是劳动人民的普通一员

D. 中国共产党党员是中国工人阶级的有共产主义觉悟的先锋战士

【参考答案】ACD

【答案解析】选项B的正确表述应为"中国共产党党员必须全心全意为人民服务，不惜牺牲个人的一切，为实现共产主义奋斗终身。"

14. 中国共产党人的精神支柱和政治灵魂是保持党的团结统一的思想基础。中国共产党人的理想信念包括(　　)。

A. 共产主义远大理想　　　　　　B. 中国特色社会主义共同理想
C. 中国特色社会主义远大理想　　D. 实现中华民族的伟大复兴

【参考答案】AB

【答案解析】共产主义远大理想和中国特色社会主义共同理想，是中国共产党人的理想信念，是中国共产党人的精神支柱和政治灵魂，也是保持党的团结统一的思想基础。

15. 党的十九大指出我国当今的三大历史任务是(　　)。

A. 推进现代化建设　　　　　　　B. 完成祖国统一
C. 全面建成小康社会　　　　　　D. 维护世界和平与促进共同发展

【参考答案】ABD

【答案解析】党的十九大指出，全党全国各族人民要紧密团结在党中央周围，高举中国特色社会主义伟大旗帜，锐意进取，埋头苦干，为实现推进现代化建设、完成祖国统一、维护世界和平与促进共同发展三大历史任务，为

决胜全面建成小康社会、夺取新时代中国特色社会主义伟大胜利、实现中华民族伟大复兴的中国梦、实现人民对美好生活的向往继续奋斗!

16. 批评和自我批评是我们党强身治病、保持肌体健康的锐利武器,也是加强和规范党内政治生活的重要手段。关于批评和自我批评,下列说法正确的有( )。

A. 批评和自我批评必须坚持实事求是,讲党性不讲私情、讲真理不讲面子

B. 要坚持"批评—团结—批评",按照"照镜子、正衣冠、洗洗澡、治治病"的要求

C. 党员、干部必须严于自我解剖,对发现的问题要深入剖析原因,认真整改。对待批评要有则改之、无则加勉,不能搞无原则的纷争

D. 党内工作会议的报告、讲话以及各类工作总结,上级机关和领导干部检查指导工作,不要讲成绩和经验,要多讲问题和不足

【参考答案】AC

【答案解析】选项 B 表述应为坚持"团结—批评—团结",选项 D 表述应为既要讲成绩和经验,又要讲问题和不足。

17. 习近平新时代中国特色社会主义思想,明确了全面深化改革总目标是( )。

A. 坚持党对一切工作的领导

B. 决胜全面建成小康社会,开启全面建设社会主义现代化国家新征程

C. 完善和发展中国特色社会主义制度

D. 推进国家治理体系和治理能力现代化

【参考答案】CD

【答案解析】党的十八届三中全会审议通过的《中共中央关于全面深化改革若干重大问题的决定》提出,全面深化改革的总目标是完善和发展中国特色社会主义制度,推进国家治理体系和治理能力现代化。

18. 关于党员的权利,以下说法正确的有( )。

A. 党员有参加党的有关会议,阅读党的有关文件,接受党的教育和培训的权利

B. 党员可以在党的会议上有根据地批评党的任何组织和任何党员,向党

负责地揭发、检举党的任何组织和任何党员违法乱纪的事实，要求处分违法乱纪的党员，要求罢免或撤换不称职的干部

C. 党员行使表决权、选举权，有被选举权

D. 除党中央外，其他党的任何组织无权剥夺党员的权利

【参考答案】ABC

【答案解析】《中国共产党章程》第四条指出，党的任何一级组织直至中央都无权剥夺党员的上述权利。

19. 党员领导干部廉洁自律规范包括( )。

A. 廉洁从政，自觉保持人民公仆本色

B. 廉洁用权，自觉维护人民根本利益

C. 廉洁修身，自觉提升思想道德境界

D. 廉洁齐家，自觉带头树立良好家风

【参考答案】ABCD

【答案解析】2015 年 10 月中共中央印发的《中国共产党廉洁自律准则》包括《党员廉洁自律规范》和《党员领导干部廉洁自律规范》两个部分。《党员领导干部廉洁自律规范》规定：第五条 廉洁从政，自觉保持人民公仆本色；第六条 廉洁用权，自觉维护人民根本利益；第七条 廉洁修身，自觉提升思想道德境界；第八条 廉洁齐家，自觉带头树立良好家风。

三 判断题

1. 艰苦奋斗是共产党人的政治本色，是中国共产党和人民军队在长期革命和建设过程中形成的优良传统。 ( )

【参考答案】正确

2. 切实开展批评和自我批评，勇于揭露和纠正工作中的缺点、错误，坚决同消极腐败现象作斗争是党员必须履行的义务。 ( )

【参考答案】错误

【答案解析】《中国共产党章程》第一章第三条规定，"纠正工作中的缺点"应为"纠正违反党的原则的言行和工作中的缺点"。

3. 发展党员，必须把政治标准放在首位，经过党的支部，坚持全面吸收

的原则。   （   ）

【参考答案】错误

【答案解析】《中国共产党章程》第五条规定，发展党员，必须把政治标准放在首位，经过党的支部，坚持个别吸收的原则。

4. 党的纪律是党的各级组织和全体党员必须遵守的行为规则。（   ）

【参考答案】正确

5. 中国特色社会主义远大理想，是中国共产党人的精神支柱和政治灵魂，也是保持党的团结统一的思想基础。   （   ）

【参考答案】错误

【答案解析】共产主义远大理想和中国特色社会主义共同理想，是中国共产党人的精神支柱和政治灵魂，也是保持党的团结统一的思想基础。

6. 我国正处于并将长期处于社会主义初级阶段。   （   ）

【参考答案】正确

7. 党除了工人阶级和最广大人民群众的利益，没有自己特殊的利益。

（   ）

【参考答案】正确

8. 延长预备党员预备期是党纪处分的一种。   （   ）

【参考答案】错误

【答案解析】《中国共产党发展党员工作细则》第三十二条规定，预备党员预备期满，党支部应当及时讨论其能否转为正式党员。认真履行党员义务、具备党员条件的，应当按期转为正式党员；需要继续考察和教育的，可以延长一次预备期，延长时间不能少于半年，最长不超过 1 年；不履行党员义务、不具备党员条件的，应当取消其预备党员资格。

党纪处分种类分为 5 种：即警告、严重警告、撤销党内职务、留党察看、开除党籍。

9.《中国共产党章程》明确，坚持正确利益观，推动构建人类命运共同体。   （   ）

【参考答案】错误

【答案解析】"利益观"应为"义利观"。

10. 坚持党的领导、人民当家作主、改革开放有机统一是社会主义政治发

展的必然要求。　　　　　　　　　　　　　　　　　　（　　）

【参考答案】错误

【答案解析】习近平在中国共产党第十九次全国代表大会上的报告指出，坚持党的领导、人民当家作主、依法治国有机统一是社会主义政治发展的必然要求。

四 简答题

1. 中共中央政治局在 2018 年 12 月 25 日至 26 日召开民主生活会强调，树牢"四个意识"，坚定"四个自信"，坚决做到两个维护，勇于担当作为，以求真务实作风把党中央决策部署落到实处。请结合"四个意识""四个自信"及"两个维护"的具体内容，谈谈你的认识。

【参考答案】（1）"四个意识"，是指政治意识、大局意识、核心意识、看齐意识。

（2）"四个自信"，是指道路自信、理论自信、制度自信、文化自信。

（3）"两个维护"，是指维护习近平总书记党中央的核心、全党的核心地位，维护党中央权威和集中统一领导。

可根据参考答案的提示谈谈认识。

2. 中国共产党要领导全国各族人民实现"两个一百年"奋斗目标、实现中华民族伟大复兴的中国梦，必须紧密围绕党的基本路线，坚持党要管党、全面从严治党，加强党的长期执政能力建设、先进性和纯洁性建设，以改革创新精神全面推进党的建设新的伟大工程，以党的政治建设为统领，全面推进党的政治建设、思想建设、组织建设、作风建设、纪律建设，把制度建设贯穿其中，深入推进反腐败斗争，全面提高党的建设科学化水平。党的建设必须实现哪些基本要求？

【参考答案】（1）坚持党的基本路线。全党要用邓小平理论、"三个代表"重要思想、科学发展观、习近平新时代中国特色社会主义思想和党的基本路线统一思想，统一行动，并且毫不动摇地长期坚持下去。

（2）坚持解放思想，实事求是，与时俱进，求真务实。一切从实际出发，理论联系实际，实事求是，在实践中检验真理和发展真理。

（3）坚持全心全意为人民服务。党在自己的工作中实行群众路线，一切为了群众，一切依靠群众，从群众中来，到群众中去，把党的正确主张变为群众的自觉行动。

（4）坚持民主集中制。必须充分发扬党内民主，尊重党员主体地位，保障党员民主权利，发挥各级党组织和广大党员的积极性创造性。必须实行正确的集中，牢固树立政治意识、大局意识、核心意识、看齐意识，坚定维护以习近平同志为核心的党中央权威和集中统一领导，保证全党的团结统一和行动一致，保证党的决定得到迅速有效的贯彻执行。

（5）坚持从严管党治党。要把严的标准、严的措施贯穿于管党治党全过程和各方面。坚持依规治党、标本兼治，坚持把纪律挺在前面，加强组织性纪律性，在党的纪律面前人人平等。

五　论述题

习近平总书记在全国组织工作会议上指出，我们党历来高度重视选贤任能，始终把选人用人作为关系党和人民事业的关键性、根本性问题来抓。好干部要做到信念坚定、为民服务、勤政务实、敢于担当、清正廉洁。总书记用 20 个字画出一幅好干部"标准像"，赋予新时期好干部以新的时代内涵。请谈谈你对好干部标准的理解？如何做一名让党和人民都放心的好干部？

【参考答案】（1）要把理想信念高高举过"头"顶。好干部的第一标准，必须坚持"革命理想高于天"，做共产主义远大理想和中国特色社会主义共同理想的坚定信仰者，志愿为实现民族复兴的"中国梦"而奋斗。

（2）要把为民服务深深烙在"心"里。作为一名好的基层干部，必须时刻牢记党的宗旨，把全心全意为人民服务作为自己的终生追求和义不容辞的责任，诚心诚意为人民谋利益。

（3）要把勤政务实牢牢抓在"手"中。以实为要，把务求实效作为工作要求。

（4）要把责任担当稳稳扛在"肩"上。担当大小，体现一名税务干部的胸怀、勇气和格调，有多大担当，才能干多大事业。

（5）要把名利地位远远抛在"身"后。

第一篇　政治素质

第二章　新时代党的建设

>> **知识架构**

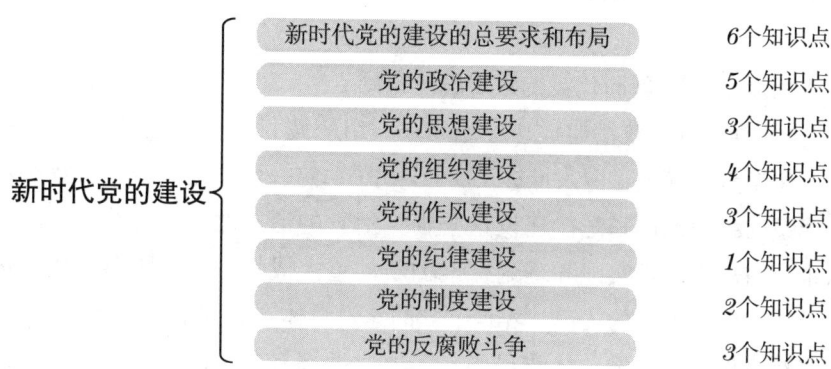

新时代党的建设
- 新时代党的建设的总要求和布局 　　6个知识点
- 党的政治建设 　　5个知识点
- 党的思想建设 　　3个知识点
- 党的组织建设 　　4个知识点
- 党的作风建设 　　3个知识点
- 党的纪律建设 　　1个知识点
- 党的制度建设 　　2个知识点
- 党的反腐败斗争 　　3个知识点

>> **第一节**
新时代党的建设的总要求和布局

　　习近平总书记在党的十九大报告中与时俱进地提出了新时代党的建设总要求。这个总要求具有高度的思想性、理论性和很强的政策性、指导性，充分体现了党的十八大以来以习近平同志为核心的党中央坚持党的领导、加强党的建设、推进全面从严治党的创新成果和新鲜经验，丰富发展了马克思主义建党学说，进一步回答了"建设什么样的党、怎样建设党"这一历史性课题，标志着我们党对执政党建设规律的认识达到新的高度，对于深入推进党的建设新的伟大工程具有纲领性作用。

　　【知识点1】 新时代党的建设总要求

　　新时代党的建设总要求是：坚持和加强党的全面领导，坚持党要管党、全面从严治党，以加强党的长期执政能力建设、先进性和纯洁性建设为主线，以党的政治建设为统领，以坚定理想信念宗旨为根基，以调动全党积极性、主动性、创造性为着力点，全面推进党的政治建设、思想建设、组织建设、作风建设、纪律建设，把制度建设贯穿其中，深入推进反腐败斗争，不断提高党的建设质量，把党建设成为始终走在时代前列、人民衷心拥护、勇于自我革命、经得起各种风浪考验、朝气蓬勃的马克思主义执政党。

【知识点2】 新时代党的建设总体布局

"全面推进党的政治建设、思想建设、组织建设、作风建设、纪律建设，把制度建设贯穿其中，深入推进反腐败斗争"，这一党的建设总体布局突出了政治建设的统领地位和纪律建设这个管党治党的治本之策，反映了党的十八大以来全面从严治党实践和理论探索创新的重大成果，抓住了新时代推进党的建设新的伟大工程的关键，实现了党的建设总体布局的重大发展。

在新时代党的建设总体布局中，各项建设都有各自的地位和作用。政治建设是根本性建设，具有统领地位，发挥统领作用；思想建设是基础性建设，筑牢中国共产党人的精神支柱和政治灵魂。同时，各项建设又相互支撑、相互贯通，从而成为一个有机统一的整体。比如，无论是政治建设、思想建设、组织建设、作风建设、纪律建设，还是深入推进反腐败斗争，都离不开制度建设，制度建设必然要体现在党的各项建设中。深入推进反腐败斗争，不断反腐惩恶、激浊扬清，涵养风清气正的政治生态，既与作风建设、纪律建设紧密相关，也与政治建设、思想建设、组织建设密切相关，更离不开制度建设的支撑。因此，全面推进新时代党的建设新的伟大工程，必须按照新时代党的建设总体布局，将党的建设作为一个有机整体来推进，任何一个方面都不能偏废。

【知识点3】 新时代党的建设的根本目的和根本原则

坚持和加强党的全面领导。这明确了新时代党的建设的根本目的和根本原则。党的领导是中国特色社会主义最本质特征和最大优势。党政军民学，东西南北中，党是领导一切的。在当今中国，我们党是中国最高政治领导力量，居于总揽全局、协调各方的领导地位。哪个领域、哪个方面、哪个环节缺失了弱化了党的领导，都会削弱党的力量，损害党和人民事业。在坚持和发展中国特色社会主义、实现中华民族伟大复兴的整个历史进程中，必须毫不动摇地全面加强和改善党的领导，绝不能削弱、更不能放弃党的领导。

【知识点4】 新时代党的建设的根本方针

坚持党要管党和全面从严治党。这是新时代党的建设的根本方针。纵观我们党98年辉煌历程，坚持党要管党、从严治党，是承前启后、一脉相承、一以贯之的，也是党从小到大、由弱到强，不断从挫折中奋起、在苦难中铸就辉煌的根本保证。面对"四大考验"的长期性和复杂性、"四种危险"的尖锐性和严峻性，各级党组织必须增强忧患意识、坚持问题导向，牢固树立抓好党建是最大政绩的理念，坚决扛起管党治党的重大政治责任，深入贯彻"基础在全面，关键在严，要害在治"的基本要求，推动全面从严治党不断向纵深发展。

【知识点5】 新时代党的建设的主线

加强党的长期执政能力建设、先进性和纯洁性建设。这是新时代党的建设的主线。党的执政地位不是与生俱来的，也不是一劳永逸的。始终保持党的先进性和纯洁性，历来是马克思主义政党建设的根本要求和永恒主题，也是我们党赢得人民信赖和拥护的根本条件。党的十九大报告对党的建设主线实现了继承基础上的发展，这蕴含着对实现执政使命长期性、艰巨性的深远考量，昭示了长期执政条件下提高党的执政能力和领导水平、保持党的先进性和纯洁性永远在路上、一刻不能停歇。各级党组织和广大党员干部特别是主要领导干部要坚持忠诚、干净、担当，切实提高政治能力和执政本领，始终保持正视问题的自觉和刀刃向内的勇气，清除一切侵蚀党的健康肌体的病毒，不断厚植执政基础、巩固执政地位、完成执政使命。

【知识点6】 新时代党的建设的根本目标

把党建设成为始终走在时代前列、人民衷心拥护、勇于自我革命、经得起各种风浪考验、朝气蓬勃的马克思主义执政党。这是新时代党的建设的根本目标或者叫总目标。这"五句话"既有各自丰富的内涵，更构成了一个统一的整体，集中体现了党的性质、宗旨、纲领和新时代共产党人的价值取向、政治定力、使命担当，充分彰显了我们党作为马克思主义执政党的先进性纯洁性，彰显了我们党引领时代潮流、与时俱进的鲜明品格，彰显了我们党为中国人民谋幸福、为中华民族谋复兴的立党初心。

>> 第二节
党的政治建设

【知识点1】 加强党的政治建设的总体要求

加强党的政治建设，必须高举中国特色社会主义伟大旗帜，全面贯彻党的十九大精神，坚持以马克思列宁主义、毛泽东思想、邓小平理论、"三个代表"重要思想、科学发展观、习近平新时代中国特色社会主义思想为指导，坚持党的基本理论、基本路线、基本方略，落实新时代党的建设总要求，增强"四个意识"，坚定"四个自信"，坚决维护习近平总书记党中央的核心、全党的核心地位，坚决维护党中央权威和集中统一领导，把准政治方向，坚持党的政治领导，夯实政治根基，涵养政治生态，防范政治风险，永葆政治本色，提高政治能力，把我们党建设得更加坚强有力，确保我们党始终成为中国特色社会主义事业的坚强领导核心，为实现"两个一百年"奋斗目标和中华民族伟大复兴的中国梦提供坚强政治保证。

【知识点2】 坚定政治信仰

加强党的政治建设，必须坚持马克思主义指导地位，坚持用习近平新时代中国特色社会主义思想武装全党、教育人民，夯实思想根基，牢记初心使命，凝聚同心共筑中国梦的磅礴力量。

1. 坚持用党的科学理论武装头脑

要深入学习习近平新时代中国特色社会主义思想，加强思想政治教育，推动学习教育往深里走、往心里走、往实里走，真正做到学深悟透、融会贯通、真信笃行，巩固全党全国人民团结奋斗的共同思想基础。要坚定理想信念，牢固树立共产主义远大理想和中国特色社会主义共同理想，挺起共产党人的精神脊梁，坚决防止不信马列信鬼神、不信真理信金钱，坚决反对各种歪曲、篡改、否定马克思主义的错误思想。要坚定"四个自信"，坚信中国特色社会主义是科学社会主义理论逻辑和中国社会发展历史逻辑的辩证统一，是当代中国发展进步的根本方向，是全面建成小康社会、全面建成社会主义现代化强国、实现中华民族伟大复兴的必由之路。领导干部要带头学理论、强信念，筑牢信仰之基，补足精神之钙，把稳思想之舵。实施年轻干部理想信念宗旨教育计划，大力培养造就具有坚定共产主义信仰和较高马克思主义理论素养的社会主义建设者和接班人。

2. 坚定执行党的政治路线

党在社会主义初级阶段的基本路线作为党的政治路线，是党和国家的生命线、人民的幸福线，必须坚决捍卫、坚定执行。越是面临严峻复杂的国际国内形势，越是处于中华民族伟大复兴的关键时期，越要保持清醒头脑和战略定力，全面贯彻执行党的政治路线，把以经济建设为中心同坚持四项基本原则、坚持改革开放两个基本点统一于中国特色社会主义伟大实践，绝不能有丝毫偏离和动摇。坚持党的政治路线，必须全面贯彻实施新时代中国特色社会主义基本方略，统筹推进"五位一体"总体布局和协调推进"四个全面"战略布局，为实现"两个一百年"奋斗目标不懈努力。全党制定执行大政方针，要从党的政治路线出发；部署推进党和国家事业发展重大战略、重大任务、重大工作，要紧紧围绕党的政治路线来进行。各地区各部门确定工作思路、工作部署、政策措施，要自觉同党的政治路线对标对表、及时校准偏差。要坚决同一切违背、歪曲、否定党的政治路线的言行作斗争。

3. 坚决站稳政治立场

政治立场事关根本。全党必须始终坚定马克思主义立场，坚持党性和人民性相统一，坚决站稳党性立场和人民立场。要坚持以党的旗帜为旗帜、以党的方向为方向、以党的意志为意志，始终做到在党言党、在党忧党、在党为党，任何时候都同党同心同德。要坚持以人民为中心，立党为公、执政为民，践行全心全意为人民服务的根本宗旨，树立真挚的人民情怀，把人民放在心中最高位置，始终相信人民，紧紧依靠人民，把人民对美好生活的向往作为奋斗目标。要把对党负责和对人民负责高度统一起来，想问题、作决策、办事情都从人民利益出发，崇尚实干、勤政为民，把精力和心思用在稳增长、促改革、调结构、惠民生、防风险、保稳定上，着力解决人民群众最关心最直接最现实的利益问题，努力让人民群众有更多获得感、幸福感、安全感。

【知识点3】 坚持党的政治领导

党是最高政治领导力量，党的领导是中国特色社会主义最本质的特征，是中国特色社会主义制度的最大优势。加强党的政治建设，必须坚持和加强党的全面领导，完善党的领导体制，改进党的领导方式，承担起执政兴国的政治责任。

1. 坚决做到"两个维护"

事在四方，要在中央。坚持和加强党的全面领导，最重要的是坚决维护党中央权威和集中统一领导；坚决维护党中央权威和集中统一领导，最关键的是坚决维护习近平总书记党中央的核心、全党的核心地位。要教育引导党员干部从历史和现实、理论和实践、国内和国际的结合上深刻认识、强化认同，不断增强拥护核心、跟随核心、捍卫核心的思想自觉政治自觉行动自觉，始终同以习近平同志为核心的党中央保持高度一致，做到党中央提倡的坚决响应、党中央决定的坚决执行、党中央禁止的坚决不做。要以党章为根本依据，不断完善保障"两个维护"的制度机制，严格执行《关于新形势下党内政治生活的若干准则》《中国共产党重大事项请示报告条例》等党内法规，加强对贯彻执行党的路线方针政策和决议情况的督促检查，完善党中央重大决策部署和习近平总书记重要指示批示贯彻落实的督查问责机制。要以正确的认识、正确的行动坚决做到"两个维护"，坚决防止和纠正一切偏离"两个维护"的错误言行，不得搞任何形式的"低级红""高级黑"，决不允许对党中央阳奉阴违做两面人、搞两面派、搞"伪忠诚"。

2. 完善党的领导体制

坚持党总揽全局、协调各方，建立健全坚持和加强党的全面领导的制度体系，为把党的领导落实到改革发展稳定、内政外交国防、治党治国治军各领域各方面各环节提供坚实制度保障。研究制定党领导经济社会各方面重要工作的党内法规。健全党中央集中统一领导重大工作的体制机制。完善地方党委、党组、党的工作机关实施党的领导的体制机制。建立健全国有企业党委（党组）和农村、事业单位、街道社区等的基层党组织发挥领导作用的制度规定。贯彻落实宪法规定，制定和修改有关法律法规要明确规定党领导相关工作的法律地位。将坚持党的全面领导的要求载入人大、政府、法院、检察院的组织法，载入政协、民主党派、工商联、人民团体、国有企业、高等学校、有关社会组织等的章程，健全党对这些组织实施领导的制度规定，确保其始终在党的领导下积极主动、独立负责、协调一致地开展工作。

3. 改进党的领导方式

着眼于党把方向、谋大局、定政策、促改革，强化战略思维、创新思维、辩证思维、法治思维、底线思维，正确制定和坚决执行党的路线方针政策，不断增强党的政治领导力、思想引领力、群众组织力、社会号召力。要坚持民主集中制这一根本领导制度，善于运用民主的办法汇集意见、科学决策，善于通过协商的方式增进共识、凝聚力量，同时善于集中、敢于担责，防止议而不决、决而不行。要坚持群众路线这一基本领导方法，不断增强群众工作本领，大兴调查研究之风，改进和创新联系群众的途径方法，坚持走好网上群众路线，汇集民智民力，善于通过群众喜闻乐见方式宣传党的理论和路线方针政策，把党的主张变为群众自觉行动。坚决反对"四风"特别是形式主义、官僚主义。要坚持依法执政这一基本领导方式，注重运用法治思维和法治方式治国理政，善于使党的主张通过法定程序成为国家意志、转化为法律法规，自觉把党的领导活动纳入制度轨道。

【知识点4】 提高政治能力

加强党的政治建设，关键是要提高各级各类组织和党员干部的政治能力。必须进一步增强党组织政治功能，彰显国家机关政治属性，发挥群团组织政治作用，强化国有企事业单位政治导向，不断提高党员干部特别是领导干部政治本领。

1. 增强党组织政治功能

政治属性是党组织的根本属性，政治功能是党组织的基本功能，要认真贯彻落实新时代党的组织路线，不断强化各级各类党组织的政治属性和政治功能。党中央是党的最高领导机关，是党的组织体系的大脑和中枢，对党和国家事业发展重大工作实行集中统一领导，涉及全党全国性的重大方针政策问题只能由党中央作出决定和解释。地方党委要在党中央和上级党委领导下，全面领导本地区经济社会发展，全面负责本地区党的建设，坚决纠正党的领导弱化、党的建设缺失、全面从严治党不力问题。党的基层组织要着力提升组织力，突出政治功能、强化政治引领，下大气力解决软弱涣散问题。党支部要担负起直接教育党员、管理党员、监督党员和组织群众、宣传群众、凝聚群众、服务群众的职责，发挥好战斗堡垒作用。党组要在批准其设立的党组织领导下，在本部门本单位发挥好把方向、管大局、保落实的重要作用，确保党中央和上级党组织决策部署在本部门本单位贯彻落实。党的各级纪委要进一步强化党内监督专责机关的职能定位，全面监督执纪问责，坚决维护党章党规党纪的严肃性和权威性。党的工作机关要更好发挥党委参谋助手作用，提高履职尽责的政治性和有效性，力求参当其时、谋当其用，更好服务党委决策、抓好决策落实。党员要强化党的意识和组织观念，自觉做到思想上认同组织、政治上依靠组织、工作上服从组织、感情上信赖组织。所有党组织和全体党员都必须牢固树立"一盘棋"意识，在党中央集中统一领导下齐心协力、步调一致开展工作，形成党的组织体系整体合力。

2. 彰显国家机关政治属性

中央和地方各级人大机关、行政机关、政协机关、监察机关、审判机关、检察机关本质上都是政治机关，旗帜鲜明讲政治是应尽之责。要始终坚持在党的领导下依法实施经济社会管理活动，坚决贯彻落实党的基本理论、基本路线、基本方略，积极主动将党的领导主张和重大决策部署转化为法律法规和政策政令，转化为对经济社会管理的部署安排和工作活动，转化为领导体制、工作机制和管理方式方法创新，转化为推动经济社会发展的实际效果。国家机关履行职责、开展工作，要提高政治站位，把准政治方向，注重政治效果，考虑政治影响，坚决防止和纠正把政治与业务割裂开来、对立起来的错误认识和做法，确保政治和业务融为一体、高度统一。

3. 发挥群团组织政治作用

工会、共青团、妇联等群团组织是党领导下的政治组织，政治性是群团组织的灵魂。各群团组织要认真履行政治职责，充分发挥联系人民群众的桥梁和纽带作用，加大政治动员、政治引领、政治教育工作力度，更好承担起引导群众听党话、跟党走的政治任务，把自己联系的群众最广泛最紧密地团结在党的周围。要坚定不移坚持党的领导，坚定不移走中国特色社会主义群团发展道路，不折不扣落实党中央关于群团改革的决策部署，切实增强群团组织的政治性、先进性、群众性。

4. 强化国有企事业单位政治导向

国有企业是中国特色社会主义的重要物质基础和政治基础，事业单位承担着满足人民群众日益增长的公益服务需求职责，都是我们党执政兴国的重要依靠力量。国有企事业单位必须始终坚持党的领导，坚决贯彻执行党的路线方针政策，认真落实党中央关于推进国有企事业单位改革发展的决策部署，切实加强本单位党的建设工作，充分发挥党组织重要作用，保证本单位工作坚持正确政治方向、取得良好政治效果。

5. 提高党员干部政治本领

党员干部特别是领导干部要加强政治能力训练和政治实践历练，切实提高把握方向、把握大势、把握全局的能力和辨别政治是非、保持政治定力、驾驭政治局面、防范政治风险的能力。要在大是大非面前态度鲜明、立场坚定，始终在政治立场、政治方向、政治原则、政治道路上同以习近平同志为核心的党中央保持高度一致。要善于从政治上研判形势、分析问题，自觉在党和国家工作大局下想问题、做工作，做到一切服从大局、一切服务大局。要强化忧患意识、风险意识，增强政治敏锐性和政治鉴别力，对容易诱发政治问题特别是重大突发事件的敏感因素、苗头性倾向性问题，对意识形态领域各种错误思潮、模糊认识、不良现象，保持高度警惕，做到眼睛亮、见事早、行动快。要提高风险处置能力，及时阻断不同领域风险转换通道，防止非公共性风险扩大为公共性风险、非政治性风险演变为政治风险。要增强斗争精神，强化政治担当，敢于亮剑、善于斗争，发现违反政治纪律、危害政治安全的行为坚决抵制，做勇于斗争的"战士"，不做爱惜羽毛的"绅士"，严防对挑战政治底线的错误言论和不良风气听之任之、逃避责任、失职失察。

【知识点5】净化政治生态

加强党的政治建设，必须把营造风清气正的政治生态作为基础性、经常性工作，浚其源、涵其林，养正气、固根本，锲而不舍、久久为功，实现正气充盈、政治清明。

1. 严肃党内政治生活

营造良好政治生态，必须严格执行《关于新形势下党内政治生活的若干准则》，着力提高党内政治生活质量，努力在全党形成又有集中又有民主、又有纪律又有自由、又有统一意志又有个人心情舒畅生动活泼的政治局面。增强党内政治生活的政治性，强化政治教育和政治引领，让党员干部经常接受政治体检，打扫政治灰尘，净化政治灵魂，增强政治免疫力，坚决防止和克服党内政治生活忽视政治、淡化政治、不讲政治的倾向。增强党内政治生活的时代性，主动适应信息时代新形势和党员队伍新变化，积极运用互联网、大数据等新兴技术，创新党组织活动内容方式，推进"智慧党建"，使党内政治生活始终充满活力，坚决防止和克服党内政治生活不讲创新、不讲活力、照搬照套的倾向。增强党内政治生活的原则性，坚持按原则开展党的工作和活动，按原则处理党内各种关系，按原则解决党内矛盾和问题，严格执行党的组织生活制度，认真召开民主生活会和组织生活会，提高"三会一课"质量，落实谈心谈话、民主评议党员和主题党日等制度，坚持和完善重温入党誓词、党员过"政治生日"等政治仪式，使党内生活庄重、严肃、规范，坚决防止和克服党内政治生活不讲原则、平淡化庸俗化随意化的倾向。增强党内政治生活的战斗性，坚持以整风精神开展批评和自我批评，勇于思想交锋、揭短亮丑，旗帜鲜明坚持真理、修正错误，统一意志、增进团结，建立健全民主生活会列席指导、及时叫停、责令重开、整改通报等制度，坚决防止和克服党内政治生活一团和气、评功摆好、明哲保身的倾向。

2. 严明党的政治纪律和政治规矩

政治纪律是党最根本、最重要的纪律，是净化政治生态的重要保证。要把坚决做到"两个维护"作为首要政治纪律，在全党持续深入开展忠诚教育，开展"守纪律、讲规矩"模范机关创建和先进个人评选活动，教育督促党员干部始终对党忠诚老实，决不允许在重大政治原则问题上、大是大非问题上同党中央唱反调，搞自由主义。严格执行《中国共产党纪律处分条例》，严肃查处违反政治纪律的行为，通过严明政治纪律带动党的其他纪律严起来。坚持"五个必须"，必须维护党中央权威，决不允许背离党中央要求另搞一套；必须维护党的团结，决不允许在党内培植个人势力；必须遵循组织程序，决不允许擅作主张、我行我素；必须服从组织决定，决不允许搞非组织活动；必须管好领导干部亲属和身边工作人员，决不允许他们擅权干政、谋取私利。严肃查处"七个有之"问题，把政治上蜕变的两面人及时辨别出来、清除出去，坚决防止党内形成利益集团攫取政治权力、改变党的性质，坚决防止山头主义和宗派主义危害党的团结、破坏党的集中统一。

3. 发展积极健康的党内政治文化

营造良好政治生态，离不开党内政治文化的浸润滋养。坚持"三严三实"，大力弘扬忠诚老实、公道正派、实事求是、清正廉洁等价值观，充分利用各类爱国主义教育基地和党性教育基地对广大党员干部进行教育和熏陶，增强党员干部的政治定力、纪律定力、道德定力、拒腐定力。大力倡导清清爽爽的同志关系、规规矩矩的上下级关系、干干净净的政商关系，弘扬正气、树立新风。推动中华优秀传统文化创造性转化、创新性发展，培育党员干部政治气节、政治风骨。发扬革命文化，传承红色基因，弘扬革命精神，教育党员干部正确处理公和私、义和利、是和非、正和邪、苦和乐的关系。弘扬社会主义先进文化，推进社会主义核心价值观宣传教育，引导党员干部带头做社会主义核心价值观的坚定信仰者、积极传播者、模范践行者。坚决抵制庸俗腐朽的政治文化，自觉抵制商品交换原则对党内生活的侵蚀，狠刹权权交易、权钱交易、权色交易等不正之风，破除关系学、厚黑学、官场术等封建糟粕，坚决防止和反对个人主义、分散主义、自由主义、本位主义、好人主义，坚决防止和反对宗派主义、圈子文化、码头文化。

4. 突出政治标准选人用人

选人用人是政治生态的风向标。要坚持党管干部原则，贯彻新时期好干部标准，始终把政治标准放在第一位，注重选拔任用牢固树立"四个意识"、自觉坚定"四个自信"、坚决做到"两个维护"、全面贯彻执行党的理论和路线方针政策、忠诚干净担当的干部，对政治不合格的干部实行"一票否决"，已经在领导岗位的坚决调整。严格执行《党政领导干部选拔任用工作条例》，在选人用人中进一步突出政治标准，强化政治把关。制定实施《党政领导干部考核工作条例》，建立健全领导干部政治素质识别和评价机制，强化对干部政治忠诚、政治定力、政治担当、政治能力、政治自律等方面的深入考察考核，坚决把政治上的两面人挡在门外。匡正选人用人风气，坚持不懈整治选人用人上的不正之风，对任人唯亲、说情打招呼、跑官要官、买官卖官、拉票贿选等行为发现一起查处一起，对"带病提拔"的干部实行倒查，对政治标准把关不严的严肃处理。严格执行干部选拔任用工作纪实制度，对私自干预下级或者原任职地方和单位选人用人的，记录在案并严肃追究责任。

5. 永葆清正廉洁的政治本色

坚决反对腐败，建设廉洁政治，是涵养政治生态的必要条件和重要任务。强化不敢腐的震慑，坚持反腐败无禁区、全覆盖、零容忍，坚持重遏制、强高压、长震慑，运用监督执纪"四种形态"，重点查处党的十八大以来不收敛、不收手，问题线索反映集中、群众反映强烈，政治问题和经济问题交织的腐败案件，严肃查处违反中央八项规定精神的问题，持续保持反腐败高压态势。扎紧不能腐的笼子，健全党和国家监督体系，加强对权力运行的制约和监督，通过改革和制度创新切断利益输送链条。特别要针对管人管钱管物管项目的单位和岗位，查找廉政风险点，通过科学管理、严格监督和发挥巡视利剑作用，切实管住权力，坚决反对特权行为和特权现象，让人民群众真正感受到清正干部、清廉政府、清明政治就在身边。增强不想腐的自觉，领导干部特别是高级干部要带头加强党性修养，知敬畏、存戒惧、守底线，坚决防范被利益集团"围猎"，持之以恒锤炼政德，明大德、守公德、严私德，带头遵守《中国共产党廉洁自律准则》，注重家庭家教家风，自觉做廉洁自律、廉洁用权、廉洁齐家的模范。

>> 第三节
党的思想建设

党的十八大以来，以习近平同志为核心的党中央着眼于中国特色社会主义的伟大实践、着眼于全面深化改革过程中党肩负的历史使命、着眼于中国共产党自身建设所面临的实际问题，积极探索党的建设新规律，在理论性创新和实践性创新两条维度同时展开，提出了一系列新思想和新观点，一方面体现出时代性、系统性、创新性等鲜明特征，另一方面展示出新时期以习近平同志为核心的党中央充满政治定力、富有担当精神的品格，厚植知识储备，葆有思维活力以及厉行严细认真、长抓实干的作风。

【知识点1】 思想理论创新

党的十八大以来，以习近平同志为核心的党中央，围绕新的重大时代课题进行了艰辛的理论探索，取得了重大理论创新成果，形成了习近平新时代中国特色社会主义思想。党的十九大明确把习近平新时代中国特色社会主义思想确立为党的指导思想，为在新时代坚持和发展中国特色社会主义提供了思想武器和行动指南。

新时代中国特色社会主义思想，是对党的十八大以来习近平同志治国理政新理念新思想新战略的高度概括，是党和人民实践经验和集体智慧的结晶。报告提出了新时代中国特色社会主义思想的"8个明确"和"14条坚持"构成的新时代坚持和发展中国特色社会主义的基本方略，两者相互统一，共同构成新时代中国特色社会主义思想框架。

【知识点2】 思想政治教育

1. 学习习近平新时代中国特色社会主义思想

把用习近平新时代中国特色社会主义思想武装全党作为党员教育的首要政治任务，引导党员充分认识学习贯彻习近平新时代中国特色社会主义思想的重大意义，自觉学懂弄通做实。

组织党员读原著、学原文、悟原理，深入学习领会习近平新时代中国特色社会主义思想的核心要义、基本精神、实践要求，掌握贯穿其中的马克思主义立场观点方法，增强政治自觉、理论自信、情感融入。建立以学习贯彻习近平新时代中国特色社会主义思想为中心内容的党员教育教材体系。

教育引导党员把学习习近平新时代中国特色社会主义思想同学习马克思列宁主义、毛泽东思想、邓小平理论、"三个代表"重要思想、科学发展观紧密结合起来，不断提高马克思主义思想觉悟和理论水平。

坚持集中教育和经常性教育相结合，组织培训和个人自学相结合，采取集中轮训、党委（党组）理论学习中心组学习、理论宣讲、组织生活、在线学习培训等方式，形成习近平新时代中国特色社会主义思想学习教育长效机制，推动党员学深悟透、入脑入心。

弘扬理论联系实际的马克思主义学风，引导党员把自己摆进去、把职责摆进去、把工作摆进去，学以致用、知行合一，提高政治站位，强化责任担当，增强过硬本领，做好本职工作，自觉做习近平新时代中国特色社会主义思想坚定信仰者和忠实实践者。

党员领导干部应当坚持更高标准、更严要求，全面学、系统学、贯通学、深入学、跟进学，自觉用以武装头脑、指导实践、推动工作，发挥示范带动作用。

2. "不忘初心、牢记使命"主题教育

2017年10月18日，习近平总书记在党的十九大报告中指出，在全党开展"不忘初心、牢记使命"主题教育，用党的创新理论武装头脑，推动全党更加自觉地为实现新时代党的历史使命不懈奋斗。2019年5月13日，中共中央政治局召开会议，决定从2019年6月开始，在全党自上而下分两批开展"不忘初心、牢记使命"主题教育。

"不忘初心、牢记使命"主题教育总要求是：守初心、担使命，找差距、抓落实。根本任务是：深入学习贯彻习近平新时代中国特色社会主义思想，锤炼忠诚干净担当的政治品格，团结带领全国各族人民为实现伟大梦想共同奋斗。具体目标是：实现理论学习有收获、思想政治受洗礼、干事创业敢担当、为民服务解难题、清正廉洁作表率。

【知识点3】 加强党的意识形态工作

1. 重要意义

意识形态工作是党的一项极端重要的工作。党的十九大报告提出，要牢牢掌握意识形态工作领导权。2018年8月21日，习近平总书记在全国宣传思想工作会议上强调，要始终坚持党对意识形态工作的领导权，建设具有强大凝聚力和引领力的社会主义意识形态。加强党对意识形态工作的全面领导，要切实解决对意识形态工作"不想抓""不敢抓""不会抓"的问题。

2. 做好意识形态工作的具体任务

（1）明确党前进的方向。中国特色社会主义是中国共产党和中国人民团结的旗帜、奋进的旗帜、胜利的旗帜，是当代中国发展进步的根本方向。面对种种干扰，意识形态工作必须通过各种途径、各种方式、各种手段加强对中国特色社会主义思想的宣传教育，讲清楚我们走中国特色社会主义道路的历史必然性，坚定推进中国特色社会主义事业的信念。

（2）推进马克思主义中国化时代化。中国共产党自成立时起，就以马克思主义为行动指南。马克思主义是科学的理论，是人民的理论，是实践的理论，是不断发展的开放的理论。总书记指出："理论的生命力在于不断创新，推动马克思主义不断发展是中国共产党人的神圣职责。我们要坚持用马克思主义观察时代、解读时代、引领时代，用鲜活丰富的当代中国实践来推动马克思主义发展，用宽广视野吸收人类创造的一切优秀文明成果，坚持在改革中守正出新、不断超越自己，在开放中博采众长、不断完善自己，不断深化对共产党执政规律、社会主义建设规律、人类社会发展规律的认识，不断开辟当代中国马克思主义、21世纪马克思主义新境界。"这是新时期意识形态工作的重要使命。

（3）凝聚全面深化改革的共识。党的十八大以来，中央出台了全面深化改革的一系列重大举措，在这些重大改革面前，思想认识上的分歧必然制约改革措施的施行。加强意识形态工作，就是要讲清楚中央决策的科学性和必然性，引导人们从党和国家事业发展全局和最大多数人利益出发来认识问题，最大限度地达成共识。

（4）大力弘扬社会主义核心价值观。培育和弘扬核心价值观，有效整合社会意识，是社会系统得以正常运转、社会秩序得以有效维护的重要途径，也是国家治理体系和治理能力的重要方面。因此，必须广泛开展社会主义核心价值观宣传教育，积极引导人们讲道德、尊道德、守道德，追求高尚的道德理想，不断夯实中国特色社会主义的思想道德基础。

（5）强化党员干部的纪律观念。党的纪律是党的各级组织和全体共产党员必须遵守的行为准则，是维护党的团结统一，完成党的任务的重要保证，广大党员干部要注重强化纪律意识。总书记反复强调加强纪律建设，特别是一再强调党员领导干部要守纪律守规矩，尤其是守政治纪律和政治规矩，要求强化纪律教育，增强党员干部遵守纪律的自觉性。

3. 加强意识形态工作的有效措施

（1）牢牢掌握意识形态工作主动权。

（2）不断推动意识形态工作创新。

（3）坚持团结稳定鼓劲、正面宣传为主。

（4）坚持以理服人、以德服人、以文服人的工作方法。

>> 第四节
党的组织建设

【知识点1】 党组织设置及其职责

1. 党的中央组织

党的全国代表大会每5年举行一次，由中央委员会召集。中央委员会认为有必要，或者有1/3以上的省一级组织提出要求，全国代表大会可以提前举行；如无非常情况，不得延期举行。

党的全国代表大会的职权是：

（1）听取和审查中央委员会的报告；

（2）审查中央纪律检查委员会的报告；

（3）讨论并决定党的重大问题；

（4）修改党的章程；

（5）选举中央委员会；

（6）选举中央纪律检查委员会。

党的全国代表会议的职权是：讨论和决定重大问题；调整和增选中央委员会、中央纪律检查委员会的部分成员。调整和增选中央委员及候补中央委员的数额，不得超过党的全国代表大会选出的中央委员及候补中央委员各自总数的1/5。

党的中央委员会每届任期5年。中央委员会全体会议由中央政治局召集，每年至少举行一次。中央政治局向中央委员会全体会议报告工作，接受监督。

在全国代表大会闭会期间，中央委员会执行全国代表大会的决议，领导党的全部工作，对外代表中国共产党。

党的中央政治局、中央政治局常务委员会和中央委员会总书记，由中央委员会全体会议选举。中央委员会总书记必须从中央政治局常务委员会委员中产生。中央政治局和它的常务委员会在中央委员会全体会议闭会期间，行使中央委员会的职权。

中央书记处是中央政治局和它的常务委员会的办事机构；成员由中央政治局常务委员会提名，中央委员会全体会议通过。

中央委员会总书记负责召集中央政治局会议和中央政治局常务委员会会议，并主持中央书记处的工作。

党的中央军事委员会组成人员由中央委员会决定，中央军事委员会实行主席负责制。

每届中央委员会产生的中央领导机构和中央领导人，在下届全国代表大会开会期间，继续主持党的经常工作，直到下届中央委员会产生新的中央领导机构和中央领导人为止。

中国人民解放军的党组织，根据中央委员会的指示进行工作。中央军事委员会负责军队中党的工作和政治工作，对军队中党的组织体制和机构作出规定。

2. 党的地方组织

党的省、自治区、直辖市的代表大会，设区的市和自治州的代表大会，县（旗）、自治县、不设区的市和市辖区的代表大会，每5年举行一次。

党的地方各级代表大会的职权是：

（1）听取和审查同级委员会的报告；

（2）审查同级纪律检查委员会的报告；

（3）讨论本地区范围内的重大问题并作出决议；

（4）选举同级党的委员会，选举同级党的纪律检查委员会。

党的省、自治区、直辖市、设区的市和自治州的委员会，每届任期5年。党的县（旗）、自治县、不设区的市和市辖区的委员会，每届任期5年。

党的地方各级委员会全体会议，每年至少召开两次。党的地方各级委员会在代表大会闭会期间，执行上级党组织的指示和同级党代表大会的决议，领导本地方的工作，定期向上级党的委员会报告工作。

党的地方各级委员会全体会议，选举常务委员会和书记、副书记，并报上级党的委员会批准。党的地方各级委员会的常务委员会，在委员会全体会议闭会期间，行使委员会职权；在下届代表大会开会期间，继续主持经常工作，直到新的常务委员会产生为止。

党的地方各级委员会的常务委员会定期向委员会全体会议报告工作，接受监督。党的地区委员会和相当于地区委员会的组织，是党的省、自治区委员会在几个县、自治县、市范围内派出的代表机关。它根据省、自治区委员会的授权，领导本地区的工作。

3. 党的基层组织

企业、农村、机关、学校、科研院所、街道社区、社会组织、人民解放军连队和其他基层单位，凡是有正式党员3人以上的，都应当成立党的基层组织。党的基层组织，根据工作需要和党员人数，经上级党组织批准，分别设立党的基层委员会、总支部委员会、支部委员会。基层委员会由党员大会或代表大会选举产生，总支部委员会和支部委员会由党员大会选举产生，提出委员候选人要广泛征求党员和群众的意见。党的基层委员会、总支部委员会、支部委员会每届任期3年至5年。

党的基层组织是党在社会基层组织中的战斗堡垒，是党的全部工作和战斗力的基础。党的基层组织的基本任务是：

（1）宣传和执行党的路线、方针、政策，宣传和执行党中央、上级组织和本组织的决议，充分发挥党员的先锋模范作用，积极创先争优，团结、组织党内外的干部和群众，努力完成本单位所担负的任务。

（2）组织党员认真学习马克思列宁主义、毛泽东思想、邓小平理论、"三个代表"重要思想、科学发展观、习近平新时代中国特色社会主义思想，推进"两学一做"学习教育常态化制度化，学习党的路线、方针、政策和决议，学习党的基本知识，学习科学、文化、法律和业务知识。

（3）对党员进行教育、管理、监督和服务，提高党员素质，坚定理想信念，增强党性，严格党的组织生活，开展批评和自我批评，维护和执行党的纪律，监督党员切实履行义务，保障党员的权利不受侵犯。加强和改进流动党员管理。

（4）密切联系群众，经常了解群众对党员、党的工作的批评和意见，维护群众的正当权利和利益，做好群众的思想政治工作。

（5）充分发挥党员和群众的积极性创造性，发现、培养和推荐他们中间的优秀人才，鼓励和支持他们在改革开放和社会主义现代化建设中贡献自己的聪明才智。

（6）对要求入党的积极分子进行教育和培养，做好经常性的发展党员工作，重视在生产、工作第一线和青年中发展党员。

（7）监督党员干部和其他任何工作人员严格遵守国家法律法规，严格遵守国家的财政经济法规和人事制度，不得侵占国家、集体和群众的利益。

（8）教育党员和群众自觉抵制不良倾向，坚决同各种违纪违法行为作斗争。

各级党和国家机关中党的基层组织，协助行政负责人完成任务，改进工作，对包括行政负责人在内的每个党员进行教育、管理、监督，不领导本单位的业务工作。

【知识点2】 民主集中制建设

民主集中制是无产阶级政党和社会主义国家机构的根本组织原则和领导制度，其基本含义是民主基础上的集中和集中指导下的民主相结合。

《中国共产党章程》规定，党的民主集中制的基本原则是：

（1）党员个人服从党的组织，少数服从多数，下级组织服从上级组织，全党各个组织和全体党员服从党的全国代表大会和中央委员会。

（2）党的各级领导机关，除它们派出的代表机关和在非党组织中的党组外，都由选举产生。

（3）党的最高领导机关，是党的全国代表大会和它所产生的中央委员会。党的地方各级领导机关，是党的地方各级代表大会和它们所产生的委员会。党的各级委员会向同级的代表大会负责并报告工作。

（4）党的上级组织要经常听取下级组织和党员群众的意见，及时解决他们提出的问题。党的下级组织既要向上级组织请示和报告工作，又要独立负责地解决自己职责范围内的问题。上下级组织之间要互通情报、互相支持和互相监督。党的各级组织要按规定实行党务公开，使党员对党内事务有更多的了解和参与。

（5）党的各级委员会实行集体领导和个人分工负责相结合的制度。凡属重大问题都要按照集体领导、民主集中、个别酝酿、会议决定的原则，由党的委员会集体讨论，作出决定；委员会成员要根据集体的决定和分工，切实履行自己的职责。

（6）党禁止任何形式的个人崇拜。要保证党的领导人的活动处于党和人民的监督之下，同时维护一切代表党和人民利益的领导人的威信。

【知识点3】 党的基层组织建设

1.《中国共产党党和国家机关基层组织工作条例》

2019 年修订的《中国共产党党和国家机关基层组织工作条例》共 9 章 43 条。主要内容包括：

（1）机关党员 100 人以上的，设立党的基层委员会。机关党员 50 人以上、100 人以下的，设立党的总支部委员会。党员人数不足，因工作需要，经上级党组织批准，也可以设立党的基层委员会或党的总支部委员会。

（2）机关正式党员 3 人以上的，成立党支部。正式党员 7 人以上的党支部，设立支部委员会，正式党员不足 7 人的党支部，设 1 名书记，必要时可以设 1 名副书记。党的支部委员会和不设支部委员会的支部书记、副书记，每届任期一般为 3 年。

（3）机关党的基层委员会应当设立机关党的纪律检查委员会。机关党的总支部委员会和支部委员会设立纪律检查委员。

（4）机关党的基层委员会的基本职责，总结起来就是：宣传和执行党的路线、方针、政策，宣传和执行各项决议；建设学习型党组织；对党员进行教育、管理、监督和服务；密切联系群众；做好发展党员工作；做好思想政治工作和意识形态工作；协助党组（党委）管理干部，对机关干部的选拔任用和奖惩提出意见；领导机关工会、共青团、妇委会等群团组织；领导直属单位党的工作。

（5）机关党的纪律检查委员会的职责主要包括：维护党章和其他党内法规，经常对党员进行遵守纪律的教育；检查党组织和党员贯彻执行党的路线、方针、政策和决议的情况；协助机关党的基层委员会推进全面从严治党、加强党风建设和组织协调反腐败工作；按照有关规定，检查、处理党组织和党员违反党章和其他党内法规的案件，决定或取消对这些案件中的党员的处分；受理党员的控告和申诉。

（6）严格执行党的组织生活制度，确保党的组织生活经常、认真、严肃。开好民主生活会和组织生活会，认真开展批评和自我批评。经常分析党员思想状况，提高"三会一课"质量，落实谈心谈话、民主评议党员和主题党日等制度，完善重温入党誓词、入党志愿书等活动。党员领导干部应当自觉参加双重组织生活，推动所在党支部建设成为先进党支部。稳妥有序处置不合格党员。

（7）党组（党委）领导机关和直属单位党组织的工作，履行全面从严治党主体责任。党组（党委）应当定期研究机关党建工作，督促落实各项任务。通过机关基层党组织了解机关工作人员的思想情况，以及对重要决策和领导干部廉洁自律等方面的反映和意见，支持机关基层党组织对党员特别是党员领导干部进行监督。建立健全党建工作制度体系，加强党建工作保障。

2.《中国共产党支部工作条例（试行）》

2018 年 11 月印发的《中国共产党支部工作条例（试行）》是我们党历史上第一部关于党支部工作的基础主干法规，是新时代党支部建设的基本遵循。主要内容包括：

（1）党支部是党的基础组织，是党组织开展工作的基本单元，是党在社会基层组织中的战斗堡垒，是党的全部工作和战斗力的基础，担负直接教育党员、管理党员、监督党员和组织群众、宣传群众、凝聚群众、服务群众的职责。

（2）成立党支部的要求：凡是有正式党员 3 人以上的，都应当成立党支部。党支部党员人数一般不超过 50 人。正式党员不足 3 人的单位，应当按照地域相邻、行业相近、规模适当、便于管理的原则，成立联合党支部。为期 6 个月以上的工程、工作项目等，符合条件的，应当成立党支部。为执行某项任务临时组建的机构,党员组织关系不转接的,经上级党组织批准,可以成立临时党支部,临时党支部一般不发展党员、处分处置党员,不收缴党费,不选举党代表大会代表和进行换届。

(3)各级党和国家机关中的党支部承担的重点任务是:围绕服务中心、建设队伍开展工作,发挥对党员的教育、管理、监督作用,协助本部门行政负责人完成任务、改进工作。

(4)党员大会:党支部党员大会是党支部的议事决策机构,由全体党员参加,一般每季度召开1次。党支部党员大会议题提交表决前,应当经过充分讨论。表决必须有半数以上有表决权的党员到会方可进行,赞成人数超过应到会有表决权的党员的半数为通过。

(5)党支部委员会:有正式党员7人以上的党支部,应当设立党支部委员会,作为党支部日常工作的领导机构。党支部委员会由3~5人组成,一般不超过7人。党支部委员会设书记和组织委员、宣传委员、纪检委员等,必要时可以设1名副书记。村、社区党支部委员会每届任期5年,其他基层单位党支部委员会一般每届任期3年。

党支部委员会会议一般每月召开1次,会议须有半数以上委员到会方可进行。重要事项提交党员大会决定前,一般应当经党支部委员会会议讨论。

(6)党小组:党员人数较多或者党员工作地、居住地比较分散的党支部,按照便于组织开展活动原则,应当划分若干党小组,并设立党小组组长。党小组组长由党支部指定,也可以由所在党小组党员推荐产生。党小组会一般每月召开1次,组织党员参加政治学习、谈心谈话、开展批评和自我批评等。

(7)主题党日:党支部每月相对固定1天开展主题党日,组织党员集中学习、过组织生活、进行民主议事和志愿服务等。

(8)民主评议党员:党支部一般每年开展1次民主评议党员,组织党员进行党性分析,可以结合组织生活会一并进行。程序为:个人自评、党员互评、民主测评,最后由党支部委员会会议或者党员大会根据评议情况和党员日常表现情况,提出评定意见。

(9)谈心谈话:党支部应当经常开展谈心谈话。党支部委员之间、党支部委员和党员之间、党员和党员之间，每年谈心谈话一般不少于 1 次。

（10）党支部书记的职责：主持党支部全面工作，督促党支部其他委员履行职责、发挥作用，抓好党支部委员会自身建设，向党支部委员会、党员大会和上级党组织报告工作。党支部书记应当具备良好政治素质，一般应当具有 1 年以上党龄。机关、国有企业、事业单位，党支部书记一般由本部门本单位主要负责人担任，也可以由本部门本单位其他负责人担任。党支部书记每年应当至少参加 1 次县级以上党组织举办的集中轮训。党支部书记每年应当向上级党组织和党支部党员大会述职，接受评议考核。

（11）领导和保障：各级党委（党组）应当把党支部建设作为最重要的基本建设，定期研究讨论、加强领导指导，切实履行主体责任。县级党委每年至少专题研究 1 次党支部建设工作。各级党委（党组）书记应当带头建立党支部工作联系点，带头深入基层调查研究，发现和解决问题，总结推广经验。抓党支部建设情况应当列入各级党委书记抓基层党建工作述职评议考核的重要内容。

【知识点 4】 党员教育管理

1. 党员教育管理是党的建设基础性经常性工作

党组织应当加强党员教育管理，引导党员坚定共产主义远大理想和中国特色社会主义共同理想，增强"四个意识"、坚定"四个自信"、做到"两个维护"，增强党性，提高素质，认真履行义务，正确行使权利，充分发挥先锋模范作用。

2. 党员教育管理遵循的原则

（1）坚持党要管党、全面从严治党，将严的要求落实到党员教育管理工作全过程和各方面，党员领导干部带头接受教育管理。

（2）坚持以党的政治建设为统领，突出党性教育和政治理论教育，引导党员遵守党章党规党纪，不忘初心、牢记使命。

（3）坚持围绕中心、服务大局，注重党员教育管理质量和实效，保证党的理论和路线方针政策、党中央决策部署贯彻落实。

（4）坚持从实际出发，加强分类指导，尊重党员主体地位，充分发挥党支部直接教育、管理、监督党员作用。

3. 党员教育基本任务

（1）加强政治理论教育，突出党的创新理论学习，组织党员学习党的基本理论、基本路线、基本方略，学习马克思主义基本原理和党的基本知识，引导党员坚定理想信念，增强党性修养，努力掌握并自觉运用马克思主义立场观点方法。

（2）突出政治教育和政治训练，严格党内政治生活锻炼，教育党员旗帜鲜明讲政治，提高政治觉悟和政治能力，严守政治纪律和政治规矩，永葆共产党人政治本色，做到"四个服从"，在思想上政治上行动上同以习近平同志为核心的党中央保持高度一致。

（3）强化党章党规党纪教育，引导党员牢记入党誓词，坚持合格党员标准，自觉遵守党的纪律，带头践行社会主义核心价值观，培养高尚道德情操，培育良好思想作风、学风、工作作风、生活作风和家风。加强宪法法律法规教育，引导党员尊法学法守法用法。

（4）加强党的宗旨教育，引导党员践行全心全意为人民服务的根本宗旨，贯彻党的群众路线，提高群众工作本领，密切联系服务群众。

（5）进行革命传统教育，引导党员学习党史、国史、改革开放史、社会主义发展史和中华优秀传统文化，铭记党的奋斗历程，弘扬党的优良传统，传承红色基因，践行共产党人价值观，激发爱国主义热情。

（6）开展形势政策教育，围绕贯彻执行党和国家重大决策、推进落实重大任务，宣讲党的路线方针政策，解读世情国情党情，回应党员关注的问题，引导党员正确认识形势，把思想和行动统一到党中央要求上来。

（7）注重知识技能教育，根据党员岗位职责要求和工作需要，组织引导党员学习掌握业务知识、科技知识、实用技术等，帮助党员提高综合素质和履职能力，增强服务本领。

4. 党员日常教育管理主要方式

（1）"三会一课"制度。党员领导干部应当参加双重组织生活。

（2）党支部每月开展1次主题党日，组织党员集中学习、过组织生活、进行民主议事和开展志愿服务等。

（3）党员应当按期交纳党费。党组织应当做好党费收缴、使用和管理工作。

（4）党支部每年至少召开1次组织生活会，也可以根据工作需要随时召开，一般以党员大会、党支部委员会会议或者党小组会形式进行。

（5）党支部一般每年开展 1 次民主评议党员。民主评议党员可以结合组织生活会一并进行。

（6）基层党组织应当注重分析党员思想状况和心理状态，党组织负责人应当经常同党员谈心谈话，有针对性地做好思想政治工作。

（7）市、县党委或者基层党委每年应当组织党员集中轮训，党员每年集中学习培训时间一般不少于 32 学时。

（8）党组织应当按照党中央部署要求，组织党员认真参加党内集中学习教育。

（9）党组织应当树立、学习身边的榜样，设立党员示范岗、党员责任区，开展设岗定责、承诺践诺等，引导党员做好本职工作，干在实处、走在前列。

（10）党组织应当坚持从严教育管理和热情关心爱护相统一，从政治、思想、工作、生活上激励关怀帮扶党员。

5. 党籍和党员组织关系管理

（1）经党支部党员大会通过、基层党委审批接收的预备党员，自通过之日起，即取得党籍。

（2）对因私出国并在国外长期定居的党员，出国学习研究超过 5 年仍未返回的党员，一般予以停止党籍。停止党籍的决定由保留其组织关系的党组织按照有关规定作出。对与党组织失去联系 6 个月以上、通过各种方式查找仍然没有取得联系的党员，予以停止党籍。停止党籍的决定由所在党支部或者上级党组织按照有关规定作出。停止党籍 2 年后确实无法取得联系的，按照自行脱党予以除名。

对停止党籍的党员，符合条件的，可以按照规定程序恢复党籍。对劝其退党、劝而不退除名、自行脱党除名、退党除名、开除党籍的，原则上不能恢复党籍，符合条件的可以重新入党。

（3）每个党员都必须编入党的一个支部、小组或者其他特定组织。有固定工作单位并且单位已经建立党组织的党员，一般编入其所在单位党组织。没有固定工作单位，或者单位未建立党组织的党员，一般编入其经常居住地或者公共就业和人才服务机构、园区、楼宇等党组织。

（4）党员工作单位、经常居住地发生变动的，或者外出学习、工作、生活 6 个月以上并且地点相对固定的，应当转移组织关系。

税务系统外出超过 6 个月的党员应按规定转接组织关系，异地执行稽查检查、巡视巡察、督查督导等专项工作任务，党员超过 3 人、时间超过 1 个月的团队要设立临时党支部。

6. 党员监督和组织处置

（1）对党员不按照规定参加党的组织生活、不按时交纳党费、流动到外地工作生活不与党组织主动保持联系的，以及存在其他与党的要求不相符合的行为、情节较轻的，党组织应当采取适当方式及时进行批评教育，帮助其改进提高。

（2）对缺乏革命意志，不履行党员义务，不符合党员条件，但本人能够正确认识错误、愿意接受教育管理并且决心改正的党员，党组织应当作出限期改正处置，限期改正时间不超过 1 年。对给予限期改正处置的党员应当采取帮助教育措施。

（3）党员理想信念缺失，政治立场动摇，已经丧失党员条件的；信仰宗教，经党组织帮助教育仍没有转变的；因思想蜕化提出退党，经教育后仍然坚持退党的；为了达到个人目的以退党相要挟，经教育不改的，劝其退党，劝而不退的；限期改正期满后仍无转变的，劝其退党，劝而不退的，具有上述情形之一，按照规定程序给予除名处置。

（4）没有正当理由，连续 6 个月不参加党的组织生活，或者不交纳党费，或者不做党所分配的工作，按照自行脱党予以除名。

7. 流动党员管理

（1）基层党组织应当加强流动党员管理，对外出 6 个月以上并且没有转移组织关系的流动党员，应当保持经常联系，跟进做好教育培训、管理服务等工作。

（2）流入地党组织应当协助做好流动党员日常管理。按照组织关系一方隶属、参加多重组织生活的方式，组织流动党员就近就便参加组织生活。流动党员可以在流入地党组织或者流动党员党组织参加民主评议。

（3）对具备转移组织关系条件的流动党员，流出地和流入地党组织应当衔接做好转接工作。高校党组织对组织关系保留在学校的高校毕业生流动党员，应当继续履行管理职责。党员组织关系保留时间一般不超过 2 年，对符合转出组织关系条件的及时转出。对出国（境）学习研究党员，由原就读高校或者工作单位党组织保留其组织关系，每半年至少与其联系 1 次。出国（境）学习研究党员返回后按照规定恢复组织生活。

>> 第五节
党的作风建设

【知识点1】 党的作风建设的意义和内容

1. 党的作风建设的意义

我们党来自人民、植根人民、服务人民，一旦脱离群众，就会失去生命力。加强作风建设，必须紧紧围绕保持党同人民群众的血肉联系，增强群众观念和群众感情，不断厚植党执政的群众基础。凡是群众反映强烈的问题都要严肃认真对待，凡是损害群众利益的行为都要坚决纠正。坚持以上率下，巩固拓展落实中央八项规定精神成果，继续整治"四风"问题，坚决反对特权思想和特权现象。重点强化政治纪律和组织纪律，带动廉洁纪律、群众纪律、工作纪律、生活纪律严起来。坚持开展批评和自我批评，坚持惩前毖后、治病救人，运用监督执纪"四种形态"，抓早抓小、防微杜渐。赋予有干部管理权限的党组相应纪律处分权限，强化监督执纪问责。加强纪律教育，强化纪律执行，让党员、干部知敬畏、存戒惧、守底线，习惯在受监督和约束的环境中工作生活。

2. 党的优良传统作风

党的三大优良作风是：理论联系实际，密切联系群众，批评与自我批评的作风。

理论联系实际的作风，就是把马克思主义的基本原理同中国革命、建设和改革的具体实际相结合，一切从实际出发，实事求是的作风。理论联系实际的作风，是我们党的思想路线的基本内容，是党具有旺盛创造力的关键所在，是我们党的胜利之本。

密切联系群众的作风，就是一切为了群众，一切依靠群众，从群众中来，到群众中去。它是我们党的优良作风和政治优势，是党的群众路线，是我们战胜敌人、克服困难的法宝。

批评与自我批评的作风，是指开展积极的思想斗争，坚持真理，修正错误。它是解决党内矛盾和人民内部矛盾的基本方法，是保持党的纯洁性和提高党的战斗力的有力武器，是我们取得革命、建设和改革胜利的可靠保证。

3. 反对"四风"

"四风"问题是：形式主义、官僚主义、享乐主义和奢靡之风。

2013 年 6 月 18 日，在北京召开中国共产党的群众路线教育实践活动工作会议。习近平在会议上强调，这次教育实践活动的主要任务聚焦到作风建设上，集中解决形式主义、官僚主义、享乐主义和奢靡之风这"四风"问题。要对作风之弊、行为之垢来一次大排查、大检修、大扫除。这"四风"是违背党的性质和宗旨的，是当前群众深恶痛绝、反映最强烈的问题，也是损害党群干群关系的重要根源。"四风"问题解决好了，党内其他一些问题解决起来也就有了更好条件。

【知识点2】 中央八项规定

2012 年 12 月 4 日，中共中央政治局召开会议，审议通过了中央政治局关于改进工作作风、密切联系群众的八项规定。

（1）要改进调查研究，到基层调研要深入了解真实情况，总结经验、研究问题、解决困难、指导工作，向群众学习、向实践学习，多同群众座谈，多同干部谈心，多商量讨论，多解剖典型。

（2）要精简会议活动，切实改进会风，严格控制以中央名义召开的各类全国性会议和举行的重大活动，不开泛泛部署工作和提要求的会，未经中央批准一律不出席各类剪彩、奠基活动和庆祝会、纪念会、表彰会、博览会、研讨会及各类论坛；提高会议实效，开短会、讲短话，力戒空话、套话。

（3）要精简文件简报，切实改进文风，没有实质内容、可发可不发的文件、简报一律不发。

（4）要规范出访活动，从外交工作大局需要出发合理安排出访活动，严格控制出访随行人员，严格按照规定乘坐交通工具，一般不安排中资机构、华侨华人、留学生代表等到机场迎送。

（5）要改进警卫工作，坚持有利于联系群众的原则，减少交通管制，一般情况下不得封路、不清场闭馆。

（6）要改进新闻报道，中央政治局同志出席会议和活动应根据工作需要、新闻价值、社会效果决定是否报道，进一步压缩报道的数量、字数、时长。

（7）要严格文稿发表，除中央统一安排外，个人不公开出版著作、讲话单行本，不发贺信、贺电，不题词、题字。

（8）要厉行勤俭节约，严格遵守廉洁从政有关规定，严格执行住房、车辆配备等有关工作和生活待遇的规定。

【知识点3】 解决形式主义突出问题为基层减负

党的十八大以来，习近平总书记就加强党的作风建设，力戒形式主义、官僚主义作出一系列重要指示。习近平总书记还专门作出重要批示，强调2019年要解决一些困扰基层的形式主义问题，切实为基层减负。为贯彻落实习近平总书记重要指示批示精神，更好为基层干部松绑减负，激励广大干部担当作为、不懈奋斗，经中央领导同志同意，决定将2019年作为"基层减负年"。2019年3月，中共中央办公厅印发了《关于解决形式主义突出问题为基层减负的通知》，主要内容为：

（1）以党的政治建设为统领加强思想教育，着力解决党性不纯、政绩观错位的问题。坚持用习近平新时代中国特色社会主义思想武装头脑，在深化消化转化上下功夫，把理论学习的成效体现到增强党性修养、提高工作能力、改进工作作风、推动党的事业发展上。将力戒形式主义、官僚主义作为全党开展的"不忘初心、牢记使命"主题教育重要内容，教育引导党员干部牢记党的宗旨，坚持实事求是的思想路线，树立正确政绩观，把对上负责与对下负责统一起来。从领导机关首先是中央和国家机关做起，开展作风建设专项整治行动，发扬斗争精神，对困扰基层的形式主义问题进行大排查，着重从思想观念、工作作风和领导方法上找根源、抓整改。严明政治纪律和政治规矩，认真汲取秦岭北麓西安境内违建别墅问题的深刻教训，坚决防止和纠正落实党中央决策部署不用心、不务实、不尽力，口号喊得震天响、行动起来轻飘飘的问题，真正把树牢"四个意识"、做到"两个维护"的要求落到实处。

（2）严格控制层层发文、层层开会，着力解决文山会海反弹回潮的问题。认真贯彻落实中央八项规定及其实施细则精神，从中央层面做起，层层大幅度精简文件和会议，确保发给县级以下的文件、召开的会议减少30%~50%。发扬"短实新"文风，坚决压缩篇幅，防止穿靴戴帽、冗长空洞，中央印发的政策性文件原则上不超过10页，地方和部门也要按此从严掌握。地方各级、基层单位贯彻落实中央和上级文件，可结合实际制定务实管用的举措，除有明确规定外，不再制定贯彻落实意见和实施细则。科学确定中央文件密级和印发范围，能公开的公开。少开会、开短会，开管用的会。上级会议原则上只开到下一级，经批准直接开到县级的会议，不再层层开会。严禁随意拔高会议规格、扩大会议规模，未经批准不得要求党委和政府主要负责同志以及部门"一把手"参会，减少陪会。提倡合并开会、套开会议，多采用电视电话、网络视频会议等形式。提高会议实效，不搞照本宣科，不搞泛泛表态，不刻意搞传达不过夜，坚决防止同一事项议而不决、反复开会。进一步改革会议公文制度，选择一些地方和单位开展治理文山会海工作试点。

（3）加强计划管理和监督实施，着力解决督查检查考核过多过频、过度留痕的问题。抓好《中共中央办公厅关于统筹规范督查检查考核工作的通知》贯彻落实，严格控制总量，实行年度计划和审批报备制度，中央和国家机关有关部门原则上每年搞1次综合性督查检查考核，对县乡村和厂矿企业学校的督查检查考核事项减少50%以上的目标要确保执行到位。强化结果导向，考核评价一个地方和单位的工作，关键看有没有解决实际问题、群众的评价怎么样。坚决纠正机械式做法，不得随意要求基层填表报数、层层报材料，不得简单将有没有领导批示、开会发文、台账记录、工作笔记等作为工作是否落实的标准，不得以微信工作群、政务APP上传工作场景截图或录制视频来代替对实际工作评价。严格控制"一票否决"事项，不能动辄签"责任状"，变相向地方和基层推卸责任。对涉及城市评选评比表彰的各类创建活动进行集中清理，该撤销的撤销，该合并的合并。对巡视巡察、环保督察、脱贫攻坚督查考核、政府大督查、党建考核等，牵头部门也要倾听基层意见进行完善，提出优化改进措施。调查研究、执法检查等要轻车简从、务求实效，不干扰基层正常工作。

（4）完善问责制度和激励关怀机制，着力解决干部不敢担当作为的问题。坚持严管和厚爱结合，实事求是、依规依纪依法严肃问责、规范问责、精准问责、慎重问责，真正起到问责一个、警醒一片的效果。修订《中国共产党问责条例》。有效解决问责不力和问责泛化简单化等问题。正确对待被问责的干部，对影响期满、表现好的干部，符合有关条件的，该使用的要使用。制定纪检监察机关处理检举控告工作规则，保障党员权利，及时为干部澄清正名，严肃查处诬告陷害行为。改进谈话和函询工作方法，有效减轻干部不必要的心理负担。把"三个区分开来"的要求具体化，正确把握干部在工作中出现失误错误的性质和影响，切实保护干部干事创业的积极性，为担当者担当，为负责者负责。对基层干部特别是困难艰苦地区和奋战在脱贫攻坚第一线的干部，给予更多理解和支持，在政策、待遇等方面给予倾斜。

（5）加强组织领导，为解决困扰基层的形式主义问题提供坚强保障。在党中央集中统一领导下，建立中央层面整治形式主义为基层减负专项工作机制，由中央办公厅牵头，中央纪委国家监委机关、中央组织部、中央宣传部、中央改革办、中央和国家机关工委、全国人大常委会办公厅、国务院办公厅、全国政协办公厅等参加，负责统筹协调推进落实工作。各地区各部门党委（党组）要切实履行主体责任，一把手负总责，党委办公厅（室）负责协调推进落实，把力戒形式主义、官僚主义作为重要任务，拿出有效管用的整治措施。加强政治巡视和政治督查，加大舆论监督力度，对形式主义、官僚主义典型问题点名道姓通报曝光，对干实事、作风好的先进典型及时总结推广，为广大党员干部作示范、树标杆。

>> 第六节
党的纪律建设

【知识点】 党的六大纪律

党的六大纪律包括政治纪律、组织纪律、廉洁纪律、群众纪律、工作纪律、生活纪律。习近平总书记指出："全面从严治党，重在加强纪律建设。"党的十九大把纪律建设纳入党的建设总体布局，突出了纪律建设这一治本之策。十九届中央纪委二次全会再次强调"全面加强党的纪律建设",体现了新时代全面从严治党的新要求。全面加强党的纪律建设,用严明的纪律管全党治全党,对于探索实现党的自我净化的有效途径,推动全面从严治党向纵深发展具有十分重要的意义。

1. 严明党的政治纪律,维护党的团结和集中统一

政治纪律是各级党组织和全体党员在政治立场、政治方向、政治言论、政治行为方面必须遵守的规矩,是牵头的管总的纪律,遵守党的政治纪律是遵守党的全部纪律的重要基础。要遵守和维护党章,落实新形势下党内政治生活若干准则,把政治纪律和政治规矩摆在首位,强化党内监督,引导党员领导干部增强政治敏锐性和政治鉴别力,自觉维护党中央权威和集中统一领导,维护全党团结统一。

2. 严明党的组织纪律,增强全党组织纪律性

组织纪律是规范和处理党的各级组织之间、党组织与党员之间以及党员与党员之间关系的行为规则,是维护党的集中统一、保持党的战斗力的基本条件。要把"四个服从"作为最基本的纪律,督促党员干部强化组织意识,严格遵守组织制度和程序,严格执行民主集中制和请示报告制度,严格按组织原则和组织程序办事,自觉接受组织安排和纪律约束。

3. 严明党的廉洁纪律,遏制腐败蔓延势头

廉洁纪律是党组织和党员在从事公务活动或者其他与行使职权有关的活动中应当遵守的廉洁用权的行为规则,是干部清正、政府清廉、政治清明的重要保障。腐败是党长期执政面临的最大威胁。要严肃查处权权交易、权钱交易和权色交易行为,超标准、超范围接待以及收受礼品、礼金、消费卡等行为,永葆共产党人清正廉洁政治本色。

4. 严明党的群众纪律,保持党同人民群众的血肉联系

群众纪律是党的各级组织和全体党员贯彻执行党的群众路线和处理党群关系必须遵守的行为规则,是党的先进性的重要体现。要坚守人民立场,增强群众感情,提高群众工作本领,严肃查处超标准、超范围向群众摊派费用以及克扣群众财物、拖欠群众钱款等行为,严肃查处在社会保障、救灾救济款物分配等事项中优亲厚友、显失公平的行为,严肃查处对待群众消极应付、推诿扯皮、态度恶劣等行为,始终保持党同人民群众的血肉

联系。

5. 严明党的工作纪律，压实管党治党政治责任

工作纪律是党的各级组织和全体党员在党的各项具体工作中必须遵守的行为规则，是党的各项工作正常开展的重要保证。要紧紧抓住全面从严治党主体责任这个"牛鼻子"，严肃追究对主体责任认识不清、落实不力，或者不敢担当、不愿负责的行为，严肃追究党组织负责人不负责任或者疏于管理，对存在的问题装聋作哑、避重就轻等行为，确保全面从严治党政治责任落到实处。

6. 严明党的生活纪律，自觉培养高尚道德情操

生活纪律是党员在日常生活和社会交往中应当遵守的行为规则，涉及个人品德、家庭美德、社会公德等各个方面，直接关系党的形象。要严肃查处享乐主义、奢靡之风、追求低级趣味等行为，严肃查处违背家庭伦理和社会公序良俗的行为，督促党员干部在生活上作好表率。

以上六大纪律相互联系、相互统一，涵盖党的纪律各个方面，体现了对党员的高标准严要求，为保持党的肌体健康、维护党的团结统一提供了有力武器，为贯彻党的路线方针政策、完成党的各项任务提供了重要保证。

>> 第七节
党的制度建设

【知识点1】 现行党内法规制度体系

党内法规制度体系，是以党章为根本，以民主集中制为核心，以准则、条例等中央党内法规为主干，由各领域各层级党内法规制度组成的有机统一整体。

1. 党章

作为立党管党治党的总依据总遵循，党章是"万规之基"，整个党内法规制度体系大厦建筑于党章这个"基石"之上；党章是"万规之首"，具有最高权威，依规治党首先是依据党章管党治党。改革开放以来，党的全国代表大会先

后 8 次修订完善党章，推动党章与时俱进，为党和国家事业发展注入强大制度动力。2017 年，党的十九大修订的党章将习近平新时代中国特色社会主义思想确立为党的指导思想，把党的十九大报告确立的管党治党、治国理政重大理论观点和重大战略思想写入党章，为党的根本大法注入新时代血液。

2. 准则条例

准则集中体现党章精神，地位仅次于党章，对于构建党内法规制度体系具有重要作用。党中央一直将制定准则条例作为构建党内法规制度体系的主体工程，在不同历史时期有针对性地制定有关准则条例。2016 年，党中央制定《关于新形势下党内政治生活的若干准则》，从 12 个方面对新时代严肃党内政治生活提出明确要求、作出刚性规定，具有里程碑意义。同时，党中央制定 32 部现行有效条例，为规范党组织工作活动和党员行为提供了基本遵循。

3. 配套法规

配套法规主要包括规则、规定、办法、细则等。当前，党内法规制度体系中已经形成若干个以准则条例为龙头，以配套性的规则、规定、办法、细则为细化补充的制度群。截至 2018 年 8 月底，现行有效的党内法规约 4200 部，其中规则、规定、办法、细则超过 4100 部，对贯彻落实基础主干法规起着重要作用，增强了主干法规的针对性和可操作性。

【知识点 2】 党的制度建设规划

2017 年印发的《关于加强党内法规制度建设的意见》（以下简称《意见》）提出，到建党 100 周年时，形成比较完善的党内法规制度体系、高效的党内法规制度实施体系、有力的党内法规制度建设保障体系，党依据党内法规管党治党的能力和水平显著提高。实现这一目标，就要以党章为统领，统筹推进各位阶党内法规制度建设。

1. 坚持以党章为根本遵循

党章是党的根本大法，是管党治党的总章程。党内法规制度是从党章开始的，在党内法规制度体系中，党章的位阶最高，处于最顶层，准则、条例和规则、规定、办法、细则等其他党内法规制度都源于党章，都能在党章中找到直接或者间接依据。习近平总书记在《认真学习党章　严格遵守党章》中鲜明指出，党章就是党的根本大法，是全党必须遵循的总规矩。建立健全党内法规制度体系，要以党章为根本依据。从党章出发，以党章为根本依据是制定党内法规制度必须遵循的重要原则。党的十八届六中全会审议通过的《关于新形势下党内政治生活的若干准则》和《中国共产党党内监督条例》，就是把党章关于党内政治生活和党内监督的要求具体化，推动党内政治生活和党内监督制度化、规范化、程序化。推进党内法规制度体系建设，必须牢固树立政治意识、大局意识、核心意识、看齐意识，坚持正确政治方向，始终高举党章、尊崇党章，坚决维护以习近平同志为核心的党中央权威和集中统一领导，确保党的领导更加坚强、党的执政地位更加巩固。

2. 坚持继承与创新相结合

"法与时转则治，治与世宜则有功。"既坚持过去行之有效的制度和规定，又结合新的时代特点，不断与时俱进，拿出新的办法和规定，这是党的十八大以来党内法规制度建设的一个鲜明特点。比如，2015 年修订的《中国共产党地方委员会工作条例》就是在保留原条例基本框架和主要原则的基础上，针对新情况新问题作出新规定。推进党内法规制度体系建设，必须深入贯彻党的十八大以来以习近平同志为核心的党中央治国理政新理念新思想新战略，反映党中央推进全面从严治党的新经验新举措，在理论创新、实践创新基础上实现制度创新，形成全面从严治党新的制度安排，大力推进工作理念、思路和方法创新，把新发展理念贯彻落实到党内法规工作中去，把握规律性，体现时代性、创新性。同时，要认真总结我们党在管党治党实践中的经验教训，继承和发扬我们党在长期实践中形成的制度规定和优良传统，不搞推倒重来、另起炉灶。

3. 坚持探索在前、总结在后

习近平总书记指出，要把实践中行之有效的做法和经验用法规制度的形式固化下来、坚持下去，实现党内法规的与时俱进，这深刻揭示了制度源于实践，探索在前、总结在后的内在规律。党的十八大以来，我们党坚持有腐必反、有贪必肃，在深入推进党风廉政建设和反腐败斗争实践中，坚持标本兼治，逐渐向治本发力，制定修订了巡视工作条例、纪律处分条例、问责条例等一系列重大法规制度，扎紧扎牢了制度笼子，就是一个很好的例子。推进党内法规制度体系建设，必须遵循探索在前、实践在先，看看哪些做法可以上升为制度规定，以党内法规的形式固化下来；哪些制度经过实践检验是好的，必须长期坚持；哪些制度不适应实践需要，要结合新的情况继续完善。要鼓励基层试点，对于一些暂不适宜全面施行的重大制度设计，可以授权一些地方开展试点，及时总结经验，为全党全国提供可复制、可推广的制度成果。《意见》提出探索赋予副省级城市和省会城市党委在基层党建、作风建设等方面的党内法规制定权，就是为了鼓励有关地方党委先行先试、积极探索，为依规管党治党提供更多基层实践样本。

4. 坚持立改废释并举

构建完善的党内法规制度体系是一个系统工程，需要协同推进立改废释工作，坚持科学立规、民主立规、依法立规，着力提高党内法规质量。要统筹"立"规，着眼于到建党 100 周年时形成比较完善的党内法规制度体系，编制中央党内法规制定工作第二个五年规划（2018—2022 年），按照轻重缓急进行分类梳理，确定重点制定项目，增强立规工作的系统性和前瞻性。要及时"改"规，根据党的建设实践的发展变化，及时修改完善那些不适应全面从严治党新形势新要求的法规制度，对相关联的党内法规制度探索开展一揽子修订，使已有的法规制度焕发新的生机活力。要适时"废"规，建立健全法规制度退出机制，通过集中清理、即时清理、专项清理，废止已经滞后于时代、不再具有现实规范意义的党内法规制度，避免"超期服役"。要积极"释"规，按照相关要求，加大解释力度，明确条文含义，推动法规制度精准实施。

5. 坚持中央党内法规制度和部门、地方党内法规制度建设协调推进

党内法规制度体系，是以党章为根本，以准则、条例等中央党内法规制度为主干，以中央部委和有关地方党委制定的党内法规制度为配套，由各层级党内法规制度组成的有机统一整体。推进党内法规制度体系建设，必须坚持上下一体、统筹推进。要按照"1＋4"的基本框架，抓紧做好"立柱架梁"工作，把主干性、支撑性的中央党内法规制度先建起来，抓紧制定出台相关准则和一批条例，比如，在党的领导法规制度板块，要制定党的宣传工作、群团工作、人才工作、政法工作、外事工作等方面的条例，其他板块也要根据实际研究制定或修订相关条例。要完善配套法规制度，凡是中央法规制度明确要求配套的，都要及时制定具体的配套法规制度，确保形成上下衔接、严密科学的制度体系。比如，《关于新形势下党内政治生活的若干准则》提出建

立和完善近 20 项配套制度的任务，包括建立和完善民意调查、容错纠错、权力清单、领导干部个人重大事项报告、领导干部配偶子女从业行为等制度。

6. 确保党内法规制度落实落地

贯彻执行法规制度没有绝招，关键在真抓、靠的是严管。要抓住领导干部这个"关键少数"，发挥领导机关和领导干部的示范引领作用。要加大监督检查力度，用监督传导压力，用压力推动落实。要发挥党内政治文化的支撑作用，弘扬社会主义法治精神，以良好的政治文化提升法规制度的执行力影响力。同时，探索开展党内法规执行情况和实施效果的评估，推动法规制度进一步完善和落实。党内法规制度建设政治性、政策性、理论性很强，需要高素质的干部人才队伍作保障。要建设好党内法规专门工作队伍、理论研究队伍、后备人才队伍三支队伍，为党内法规事业长远发展提供强有力的人才支撑。

>> 第八节
党的反腐败斗争

【知识点 1】 反腐败斗争的基本任务

1. 总体任务

党的十九大报告指出，坚持无禁区、全覆盖、零容忍，坚持重遏制、强高压、长震慑，坚持受贿行贿一起查，坚决防止党内形成利益集团。在市县党委建立巡察制度，加大整治群众身边腐败问题力度。不管腐败分子逃到哪里，都要缉拿归案、绳之以法。推进反腐败国家立法，建设覆盖纪检监察系统的检举举报平台。强化不敢腐的震慑，扎牢不能腐的笼子，增强不想腐的自觉，通过不懈努力换来海晏河清、朗朗乾坤。

中国共产党第十九届中央纪律检查委员会第三次全体会议指出："取得全面从严治党更大战略性成果，巩固发展反腐败斗争压倒性胜利"。

2. 继续推进全面从严治党，继续推进党风廉政建设和反腐败斗争的 6 项具体任务

一是深入贯彻落实党的十九大精神，不断强化思想武装。坚持用新时代

中国特色社会主义思想武装头脑，经常对表对标，及时校准偏差。各级党组织要旗帜鲜明坚持和加强党的全面领导，坚持党中央重大决策部署到哪里，监督检查就跟进到哪里，确保党中央令行禁止。

二是加强党的政治建设，保证全党集中统一、令行禁止。要贯彻落实新形势下党内政治生活若干准则，发展积极健康的党内政治文化。要把力戒形式主义、官僚主义作为重要任务。各地区各部门党委（党组）要履行主体责任，紧盯形式主义、官僚主义新动向新表现，拿出有效管用的整治措施。

三是弘扬优良作风，同心协力实现小康。要把刹住"四风"作为巩固党心民心的重要途径，对享乐主义、奢靡之风等歪风陋习要露头就打，对"四风"隐形变异新动向要时刻防范。

四是坚决惩治腐败，巩固发展压倒性胜利。要坚持靶向治疗、精确惩治，聚焦党的十八大以来着力查处的重点对象，紧盯事关发展全局和国家安全的重大工程、重点领域、关键岗位，加大金融领域反腐力度，对存在腐败问题的，发现一起坚决查处一起。要深化标本兼治，夯实治本基础，一体推进不敢腐、不能腐、不想腐。

五是强化主体责任，完善监督体系。要深化国家监察体制改革，高质量推进巡视巡察全覆盖，发挥派驻机构职能作用。各级党委（党组）特别是书记要强化政治担当、履行主体责任，把每条战线、每个领域、每个环节的党建工作抓具体、抓深入。

六是向群众身边不正之风和腐败问题亮剑，维护群众切身利益。要做深做实做细市县巡察和纪委监委日常监督，在实践中拓展整治群众身边腐败和作风问题工作，从具体人、具体事着手，将问题一个一个解决。

【知识点2】 "三不" 体制机制建设

习近平总书记指出，要把权力关进制度的笼子里，形成不敢腐的惩戒机制、不能腐的防范机制、不易腐的保障机制；要健全权力运行制约和监督体系，有权必有责，用权受监督，失职要问责，违法要追究，保证人民赋予的权力始终用来为人民谋利益。这些重要论述从确保干部清正、政府清廉、政治清明的高度，突出了权力运行制约和监督体系建设的重要性和紧迫性，为更加科学有效地防治腐败、从根本上遏制腐败提供了科学指引，使反腐败斗争的基本方向更加明确。

新形势下巩固发展反腐败斗争压倒性胜利，各级纪检监察机关强化系统集成、注重协同高效，加快构建一体推进不敢腐、不能腐、不想腐体制机制，不断推进反腐败工作向高质量发展。一是突出重点减存量、遏增量，持续强化不敢腐的震慑。二是坚持查改并进、以案促改，构建不能腐的制度体系。三是发挥综合效应、促进形成良好氛围，筑牢不想腐的堤坝。

不敢腐、不能腐、不想腐是一个密不可分的有机整体，必须一体推进、同向发力。在高压惩治的震慑和党性教育的感召下，向纪检监察机关主动投案的人数大幅增加，充分彰显了"三不"的叠加效应。

【知识点3】狠抓群众身边腐败和作风问题

坚持以人民为中心的政治立场，把整治发生在群众身边的腐败和作风问题作为重要政治任务，不断厚植群众基础。以正风反腐的实际成效，不断提高人民群众的获得感、幸福感、安全感。

一是深入推进扶贫领域腐败和作风问题专项治理，为高质量打赢脱贫攻坚战提供坚强纪律保障。

二是聚焦教育医疗、环境保护、食品药品安全等民生领域，严厉惩治"蝇贪""蚁腐"，确保中央惠民政策落地生根。

三是聚力扫黑除恶"打伞破网"，保障人民群众安居乐业。

中共中央、国务院于2018年1月发出《关于开展扫黑除恶专项斗争的通知》（以下简称《通知》）。《通知》指出，为深入贯彻落实党的十九大部署和习近平总书记重要指示精神，保障人民安居乐业、社会安定有序、国家长治久安，进一步巩固党的执政基础，党中央、国务院决定，在全国开展扫黑除恶专项斗争。《通知》指出，把扫黑除恶与反腐败斗争和基层"拍蝇"结合起来，深挖黑恶势力"保护伞"。纪检监察机关要将治理党员干部涉黑涉恶问题作为整治群众身边腐败问题的一个重点，纳入执纪监督和巡视巡察工作内容。纪检监察机关和政法各机关建立问题线索快速移送反馈机制，对每起涉黑涉恶违法犯罪案件及时深挖其背后的腐败问题，防止就案办案、就事论事。各级纪检监察机关要将党员干部涉黑涉恶问题作为执纪审查重点，对扫黑除恶专项斗争中发现的"保护伞"问题线索优先处置，发现一起、查处一起，不管涉及谁，都要一查到底、绝不姑息。加大督办力度，把打击"保护伞"与侦办涉黑涉恶案件结合起来，做到同步侦办，尤其要抓住涉黑涉恶和腐败长期、深度交织的案件以及脱贫攻坚领域涉黑涉恶腐败案件重点督办。

>> 习题演练

 单项选择题

1. 中国特色社会主义最本质的特征，中国特色社会主义制度的最大优势是( )。

A. 党的领导　　B. 依法治国　　C. 以人民为中心　D. 改革开放

【参考答案】A

【答案解析】党是最高政治领导力量，党的领导是中国特色社会主义最本质的特征，是中国特色社会主义制度的最大优势。

2. 政治纪律是党最根本、最重要的纪律，是净化政治生态的重要保证。党的首要政治纪律是( )。

A. 坚定共产主义理想信念　　　　B. 坚决做到"两个维护"

C. 严明党的政治规矩　　　　　　D. 坚持民主集中制

【参考答案】B

【答案解析】《中共中央关于加强党的政治建设的意见》指出，要把坚决做到"两个维护"作为首要政治纪律。

3. 党现阶段的奋斗目标是( )。

A. 实现共产主义　　　　　　　　B. 全面建成小康社会

C. 实现共同富裕　　　　　　　　D. 人民对美好生活的向往

【参考答案】D

【答案解析】要坚持以人民为中心，立党为公、执政为民，践行全心全意为人民服务的根本宗旨，树立真挚的人民情怀，把人民放在心中最高位置，始终相信人民，紧紧依靠人民，把人民对美好生活的向往作为奋斗目标。

4. 《关于解决形式主义突出问题为基层减负的通知》规定，2019 年从中

央层面做起，层层大幅度精简文件和会议，确保发给县级以下的文件、召开的会议减少（　　　）。

A. 30%～50%　　　B. 60% 以上　　　　C. 20%～30%　　　　D. 50%

【参考答案】A

【答案解析】《关于解决形式主义突出问题为基层减负的通知》规定，2019 年从中央层面做起，层层大幅度精简文件和会议，确保发给县级以下的文件、召开的会议减少 30%～50%。

5. 异地执行税务稽查检查、巡视巡察、督察督导等专项工作任务，党员超过 3 人、超过一定时间的团队要设立临时党支部，确保党员日常教育管理监督无盲区。这个一定时间指的是（　　　）。

A. 半年　　　　B. 1 个月　　　　C. 15 日　　　　D. 3 个月

【参考答案】B

【答案解析】国家税务总局党委在关于加强新形势下税务系统党的建设的意见中提出，异地执行稽查检查、巡视巡察、督察督导等专项工作任务，党员超过 3 人、时间超过 1 个月的团队要设立临时党支部。

6. 党在社会主义初级阶段的基本路线作为党的政治路线，是党和国家的生命线、人民的幸福线，必须坚决捍卫、坚定执行。党在社会主义初级阶段的基本路线具体指的是（　　　）。

A. 以改革开放为中心，坚持四项基本原则，坚持中国特色社会主义道路

B. 以经济建设为中心，坚持全面从严治党，坚持改革开放

C. 以经济建设为中心，坚持四项基本原则，坚持改革开放

D. 以改革开放为中心，坚持四项基本原则，坚持全面从严治党

【参考答案】C

【答案解析】党在社会主义初级阶段的基本路线即"一个中心、两个基本点"，以经济建设为中心，坚持四项基本原则，坚持改革开放。

7. 2019 年 5 月 13 日，中共中央政治局召开会议，决定从 2019 年 6 月开始，在全党自上而下分两批开展"不忘初心、牢记使命"主题教育。"不忘初心、牢记使命"主题教育的总要求是（　　　）。

A. 守初心、担使命，找问题、抓落实

B. 守初心、担使命，找差距、抓落实

C. 守初心、担使命，找差距、抓整改

D. 守初心、担使命，查问题、抓落实

【参考答案】B

【答案解析】"不忘初心、牢记使命"主题教育的总要求是"守初心、担使命，找差距、抓落实"。

8. 构成新时代坚持和发展中国特色社会主义基本方略的是( )。

A. "十四个坚持"   B. "十四个构想"

C. "十四个规律"   D. "十四个要求"

【参考答案】A

【答案解析】党的十九大报告阐述习近平新时代中国特色社会主义思想指出的"十四个坚持"构成新时代坚持和发展中国特色社会主义基本方略。

9. 《中国共产党章程》明确，党的市（地、州、盟）和县（市、区、旗）委员会建立( )制度。

A. 巡视   B. 巡察   C. 监察   D. 督察

【参考答案】B

【答案解析】《中国共产党章程》第二章第十四条规定："党的市（地、州、盟）和县（市、区、旗）委员会建立巡察制度"。

10. 企业、农村、机关、学校、科研院所、街道社区、社会组织、人民解放军连队和其他基层单位，正式党员达到一定人数的，都应当成立党的基层组织，上述一定人数是指( )人以上。

A. 2   B. 3   C. 4   D. 5

【参考答案】B

【答案解析】根据《中国共产党章程》第三十条的规定，企业、农村、机关、学校、科研院所、街道社区、社会组织、人民解放军连队和其他基层单位，凡是有正式党员3人以上的，都应当成立党的基层组织。

11. 某市税务局预备党员小明在微信公开发表反对"两个维护"的文章，党组织经过程序，认定其情节较重，给予留党察看处分，小明认为处分过重，可以提出( )。

A. 申辩   B. 复议   C. 申诉   D. 诉讼

【参考答案】C

【答案解析】根据《中国共产党章程》第四十三条的规定，党员对党组织作出的处分决定不服，可以提出申诉，有关党组织必须负责处理或者迅速转递，不得扣压。

12. 党组织讨论决定问题，必须执行的原则是(　　)。

A. 民主集中制原则　　　　　　　B. 党员大会决定制度

C. 少数服从多数　　　　　　　　D. 支委会表决制度

【参考答案】C

【答案解析】根据《中国共产党章程》第十七条的规定，党组织讨论决定问题，必须执行少数服从多数的原则。

13. 某税务局小李是预备党员，2017年6月30日预备期已满，但是党组织认为需要继续考察和教育，准备延长其预备期，预备期延期最长不能超过(　　)。

A. 2017年7月31日　　　　　　B. 2017年9月30日

C. 2017年12月31日　　　　　　D. 2018年6月30日

【参考答案】D

【答案解析】根据《中国共产党章程》第七条的规定，预备党员的预备期为1年。预备党员预备期满，党的支部应当及时讨论他能否转为正式党员。认真履行党员义务，具备党员条件的，应当按期转为正式党员；需要继续考察和教育的，可以延长预备期，但不能超过1年。

14. 《中国共产党章程》规定，党的基层委员会、总支部委员会、支部委员会每届任期(　　)。

A. 2年　　　　B. 2年至3年　　　C. 3年至5年　　　D. 4年

【参考答案】C

【答案解析】根据《中国共产党章程》第三十一条的规定，党的基层委员会、总支部委员会、支部委员会每届任期3年至5年。

15. 现行党内法规制度体系，是以(　　)为根本，以民主集中制为核心，以准则、条例等中央党内法规为主干，由各领域各层级党内法规制度组成的有机统一整体。

A. 党章　　　　　B. 宪法　　　　C. 党章和宪法　　　D. 制度建设

【参考答案】A

【答案解析】作为立党管党治党的总依据总遵循，党章是"万规之基"，整个党内法规制度体系大厦建筑于党章这个"基石"之上。

16. 每个党员，不论职务高低，都必须编入党的（　　），参加党的组织生活，接受党内外群众的监督。

　　A. 一个支部、小组　　　　　　B. 一个支部或其他特定组织

　　C. 小组或其他特定组织　　　　D. 一个支部、小组或其他特定组织

【参考答案】D

【答案解析】根据《中国共产党章程》第八条的规定，每个党员，不论职务高低，都必须编入党的一个支部、小组或其他特定组织，参加党的组织生活，接受党内外群众的监督。

17. 《中国共产党章程》规定，对党员的纪律处分，必须经过（　　）讨论决定，报党的基层委员会批准。

　　A. 支部大会　　　　　　　　　B. 委员会会议

　　C. 总支部委员会会议　　　　　D. 以上都不是

【参考答案】A

【答案解析】根据《中国共产党章程》第四十二条的规定，对党员的纪律处分，必须经过支部大会讨论决定，报党的基层委员会批准；如果涉及的问题比较重要或复杂，或给党员以开除党籍的处分，应分别不同情况，报县级或县级以上党的纪律检查委员会审查批准。

18. 以下关于党员的义务与权利表述不正确的是（　　）。

　　A. 从《中国共产党章程》规定看，义务先于权利

　　B. 在党的会议上有根据地批评党的任何组织和任何党员

　　C. 对党的决议和政策如有不同意见，可以声明保留

　　D. 党组织讨论决定对党员的党纪处分时，本人有权参加，但不得进行申辩

【参考答案】D

【答案解析】首先，党章的性质决定了党员义务先于党员权利。共产党员必须是先进优秀的模范，必须自觉履行先锋队员的义务，只有这样才能加入党组织，享有党员权利。《中国共产党章程》规定，在党的会议上有根据地批评党的任何组织和任何党员。对党的决议和政策如有不同意见，可以声明保

留。在党组织讨论决定对党员的党纪处分或作出鉴定时，本人有权参加和进行申辩。

19. 党的纪律是多方面的，但(   )是最重要、最根本、最关键的纪律。

A. 政治纪律　　B. 组织纪律　　C. 人事纪律　　D. 工作纪律

【参考答案】A

【答案解析】根据《中国共产党章程》第七章第四十条的规定，党的纪律主要包括政治纪律、组织纪律、廉洁纪律、群众纪律、工作纪律、生活纪律。必须严明政治纪律。政治纪律是党的纪律中最重要、最根本、最关键的纪律，遵守党的政治纪律是遵守党的全部纪律的重要基础。

20. 根据《中国共产党党员教育管理工作条例》，党员每年参加集中学习培训的时间一般不少于(   )学时。

A. 30　　　　B. 32　　　　C. 48　　　　D. 50

【参考答案】B

【答案解析】市、县党委或者基层党委每年应当组织党员集中轮训，党员每年集中学习培训时间一般不少于32学时。

二 多项选择题

1. 关于《党政机关厉行节约反对浪费条例》，以下说法正确的有(   )。

A. 党政机关依法取得的罚没收入、行政事业性收费、政府性基金、国有资产收益和处置等非税收入，必须按规定及时足额上缴国库

B. 党政机关应当遵循先有预算、后有支出的原则，严格执行预算，严禁超预算或者无预算安排支出，严禁虚列支出、转移或者套取预算资金

C. 党政机关应当建立公务接待审批控制制度，接待无公函的公务活动，要在公务接待清单中详细说明情况

D. 严禁在培训经费中列支公务接待费、会议费等与培训无关的任何费用

【参考答案】ABD

【答案解析】党政机关应当建立公务接待审批控制制度，对无公函的公务活动不予接待。

2. 下列不属于构成新时代坚持和发展中国特色社会主义基本方略的

有(　　)。

A. "十四个坚持"　　　　　B. "十四个构想"

C. "十四个规律"　　　　　D. "十四个要求"

【参考答案】BCD

【答案解析】党的十九大报告阐述习近平新时代中国特色社会主义思想指出的"十四个坚持"构成新时代坚持和发展中国特色社会主义基本方略。

3. 关于批评和自我批评，以下说法正确的有(　　)。

A. 坚持"团结—批评—团结"，按照"照镜子、正衣冠、洗洗澡、治治病"的要求，严肃认真提意见，绝不能把自我批评变成自我表扬、把相互批评变成相互吹捧

B. 党的领导机关和领导干部对各种不同意见都必须听取，鼓励下级反映真实情况

C. 党内工作会议的报告、讲话以及各类工作总结，上级机关和领导干部检查指导工作，只讲问题和不足，不讲成绩和经验

D. 批评必须出于公心，不主观武断，不发泄私愤

【参考答案】ABD

【答案解析】党内工作会议的报告、讲话以及各类工作总结，上机关和领导干部检查指导工作，既要讲成绩和经验，又要讲问题和不足。

4.《中共中央关于加强党的政治建设的意见》指出，党员干部特别是领导干部要加强政治能力训练和政治实践历练，切实提高(　　)。

A. 把握方向、把握大势、把握全局的能力

B. 辨别政治是非、保持政治定力、驾驭政治局面、防范政治风险的能力

C. 政治历练、政治经验和政治智慧

D. 积极主动、独立负责地开展工作的能力

【参考答案】AB

【答案解析】党员干部特别是领导干部要加强政治能力训练和政治实践历练，切实提高把方向、把握大势、把握全局的能力和辨别政治是非、保持政治定力、驾驭政治局面、防范政治风险的能力。

5. 党支部书记要认真落实谈心谈话制度，做到(　　)。

A. 干部入职必谈　　　　　B. 入党必谈

C. 职务晋升和岗位调整必谈   D. 离职退休必谈

E. 受到批评处分必谈

【参考答案】ABCDE

【答案解析】国家税务总局党委在关于加强新形势下税务系统党的建设的意见中提出，党支部书记要做到"五必谈"，即干部入职必谈、入党必谈、职务晋升和岗位调整必谈、离职退休必谈、受到批评处分必谈。

6. 根据《中国共产党党组工作条例》，下列属于党组讨论和决定的本单位重大问题的有(　　)。

A. 资金使用、资产处置、预算安排

B. 重要人事任免等事项

C. 重大思想动态的政治引导

D. 职能配置、机构设置、人员编制事项

【参考答案】BCD

【答案解析】选项A应该为"大额资金使用、大额资产处置、预算安排"。

7. 税务系统实行集体领导和个人分工相结合的制度，执行该制度的流程包括(　　)。

A. 领导班子成员的分工由主要负责人提出初步意见

B. 征求其他领导班子成员意见

C. 经党委会讨论决定

D. 及时公布并向地方党委报告

【参考答案】ABC

【答案解析】选项D应为及时公布并向上级党委报告。

8. 关于党员组织关系管理，下列说法正确的有(　　)。

A. 外出超过6个月的党员应按规定转接组织关系

B. 党员异地执行稽查检查、巡视巡察、督查督导等专项工作任务，时间超过1个月的团队要设立临时党支部

C. 党员工作单位、经常居住地发生变动的，或者外出学习、工作、生活6个月以上并且地点相对固定的，应当转移组织关系

D. 对与党组织失去联系6个月以上、通过各种方式查找仍然没有取得联系的党员，予以停止党籍

【参考答案】ACD

【答案解析】异地执行稽查检查、巡视巡察、督查督导等专项工作任务，党员超过 3 人、时间超过 1 个月的团队要设立临时党支部。

9. 各级税务局党委承担本单位本系统党的建设、全面从严治党主体责任，重点履行(　　)。

A. 政治领导责任　　　　　　　B. 统筹落实责任

C. 压力传导责任　　　　　　　D. 组织保障责任

【参考答案】ABCD

【答案解析】《税务系统落实全面从严治党主体责任和监督责任实施办法(试行)》指出，各级税务局党委承担本单位本系统党的建设、全面从严治党主体责任，重点履行政治领导、统筹落实、压力传导、组织保障责任。

10. 以下工作内容属于党委压力传导责任的有(　　)。

A. 每年听取 1 次党委委员、机关各单位和下一级税务局党委落实全面从严治党主体责任情况汇报

B. 每年开展 1 次"两个责任"落实情况检查

C. 省以下税务局党委每年向上一级税务局党委、纪检组书面报告 1 次履行管党治党责任情况

D. 严肃党内政治生活，认真贯彻《关于新形势下党内政治生活的若干准则》，着力提高党内政治生活质量

【参考答案】ABC

【答案解析】国家税务总局党委在关于加强新形势下税务系统党的建设的意见中指出，严肃党内政治生活，认真贯彻《关于新形势下党内政治生活的若干准则》，着力提高党内政治生活质量属于党委落实政治领导责任。

11. 根据《中国共产党重大事项请示报告条例》，以下属于党员应当向党组织请示的事项有(　　)。

A. 从事党组织所分配的工作中的重要问题

B. 代表党组织发表主张或者作出决定

C. 发现党员、领导干部违纪违法线索情况

D. 转移党的组织关系

【参考答案】ABD

【答案解析】选项 C 属于党员应当向党组织报告事项。

12. 党支部每月相对固定 1 天开展主题党日，可以组织党员开展的活动有(　　)。

A. 集中学习　　　　　　　　B. 过组织生活

C. 进行民主议事　　　　　　D. 志愿服务

【参考答案】ABCD

【答案解析】根据《中国共产党支部工作条例（试行)》第十六条的规定，党支部每月相对固定 1 天开展主题党日，组织党员集中学习、过组织生活、进行民主议事和志愿服务等。

13. 党的组织应当根据党务与党员和群众的关联程度合理确定公开范围，以下说法正确的有(　　)。

A. 领导经济社会发展、涉及人民群众生产生活的党务，向社会公开

B. 涉及党的建设重大问题或者党员义务权利，需要全体党员普遍知悉和遵守执行的党务，在全党公开

C. 各地区、各部门、各单位的党务，在本地区、本部门、本单位公开

D. 涉及特定党的组织、党员和群众切身利益的党务，对特定党的组织、党员和群众公开

【参考答案】ABCD

【答案解析】依据《中国共产党党务公开条例（试行)》第八条。

14. 申请加入中国共产党，须符合的条件有(　　)。

A. 年满 18 岁的中国工人、农民、军人、知识分子和其他社会阶层的先进分子

B. 承认党的纲领和章程

C. 愿意参加党的一个组织并在其中积极工作、执行党的决议

D. 愿意按期交纳党费的

【参考答案】ABCD

【答案解析】根据《中国共产党发展党员工作细则》第五条的规定，年满 18 岁的中国工人、农民、军人、知识分子和其他社会阶层的先进分子，承认党的纲领和章程，愿意参加党的一个组织并在其中积极工作、执行党的决议和按期交纳党费的，可以申请加入中国共产党。

15. 全党要更加自觉地增强（　　　），既不走封闭僵化的老路，也不走改旗易帜的邪路，保持政治定力，坚持实干兴邦，始终坚持和发展中国特色社会主义。

　　A. 道路自信　　　　B. 理论自信　　　　C. 制度自信　　　　D. 文化自信

　　E. 思想自信

【参考答案】ABCD

【答案解析】"四个自信"是：道路自信、理论自信、制度自信、文化自信。

16. 下列属于党的十九大党章新写入的内容有（　　　）。

　　A. "一带一路"建设

　　B. 致力于中华民族伟大复兴的爱国者

　　C. 不断增强人民群众获得感

　　D. 军民融合发展战略

【参考答案】ABCD

【答案解析】《中国共产党章程》一共新增了十大方面的内容：

（1）习近平新时代中国特色社会主义思想写入党章。

（2）中国特色社会主义文化写入党章。

（3）实现中华民族伟大复兴的中国梦写入党章。

（4）党章根据我国社会主要矛盾的转化作出相应修改。

（5）推进国家治理体系和治理能力现代化写入党章。

（6）供给侧结构性改革、"绿水青山就是金山银山"写入党章。

（7）人类命运共同体、"一带一路"写入党章。

（8）全面从严治党、"四个意识"写入党章。

（9）"党是领导一切的"写入党章。

（10）实现巡视全覆盖、推进"两学一做"学习教育写入党章。

17. 党小组会一般每月召开1次，内容包括（　　　）。

　　A. 政治学习　　　　　　　　　　　B. 谈心谈话

　　C. 开展批评和自我批评　　　　　　D. 业务学习

【参考答案】ABC

【答案解析】根据《中国共产党支部工作条例（试行)》第十三条的规定，

党小组主要落实党支部工作要求，完成党支部安排的任务。党小组会一般每月召开1次，组织党员参加政治学习、谈心谈话、开展批评和自我批评等。

18. 关于党费，党支部应做好的工作有( )。

A. 党费收缴   B. 党费使用   C. 党费管理   D. 党费返还

【参考答案】ABC

【答案解析】《中国共产党支部工作条例（试行)》第九条规定："党支部的基本任务是……（三）对党员进行教育、管理、监督和服务……做好党费收缴、使用和管理工作。"

19. 党委要发挥本部门、本系统的领导核心作用，准确把握职责定位，充分发挥( )的重要作用。

A. 把方向   B. 管大局   C. 抓重点   D. 保落实

【参考答案】ABD

【答案解析】国家税务总局党委在关于加强新形势下税务系统党的建设的意见中提出，发挥党委在本部门、本系统的领导核心作用，准确把握各级税务局党委的职责定位，充分发挥把方向、管大局、保落实的重要作用。

三 判断题

1. 预备党员具有表决权、选举权和被选举权。 ( )

【参考答案】错误

【答案解析】"具有"应为"没有"。

2. 进行选举时，有选举权的到会人数超过应到会人数的4/5，会议有效。因故未出席会议的党员或党员代表委托他人代为投票，必须采取书面委托的形式。 ( )

【参考答案】错误

【答案解析】《中国共产党基层组织选举工作暂行条例》规定，因故未出席会议的党员或党员代表不能委托他人代为投票。

3. 设立机关党的基层委员会的部门，同时应设立机关党的纪律检查委员会。 ( )

【参考答案】错误

【答案解析】设立机关党的基层委员会的部门，一般应当设立机关党的纪律检查委员会，不设机关党的纪律检查委员会的，应当设立纪律检查委员。

4. 机关党员 50 人以上的，设立党的基层委员会。　　　　（　　）

【参考答案】错误

【答案解析】根据《中国共产党党和国家机关基层组织工作条例》第五条的规定，机关党员 100 人以上的，设立党的基层委员会。党员不足 100 人的，因工作需要，经上级党组织批准，也可以设立党的基层委员会。

5. 机关党的基层委员会和不设党的基层委员会的总支部委员会的书记，可以由本单位党员负责人担任。　　　　（　　）

【参考答案】错误

【答案解析】根据《中国共产党党和国家机关基层组织工作条例》第八条的规定，机关党的基层委员会和不设党的基层委员会的总支部委员会的书记，应当由本单位党员负责人担任。

6.《党政机关厉行节约反对浪费条例》规定，严格控制和规范各类评比达标表彰活动，实行中央、省、市三级审批制度。　　　　（　　）

【参考答案】错误

【答案解析】严格控制和规范各类评比达标表彰活动，实行中央和省（自治区、直辖市）两级审批制度。

7. 党组成员除应当具备党章和《党政领导干部选拔任用工作条例》规定的党员领导干部的基本条件外，还应当有 2 年以上党龄，其中厅局级以上单位的党组成员应当有 3 年以上党龄。　　　　（　　）

【参考答案】错误

【答案解析】根据《中国共产党党组工作条例（试行）》第八条的规定，党组成员除应当具备党章和《党政领导干部选拔任用工作条例》规定的党员领导干部的基本条件外，还应当有 3 年以上党龄，其中厅局级以上单位的党组成员应当有 5 年以上党龄。

8. 党组会议一般每月召开 1 次，遇有重要情况可以随时召开。应当有2/3以上党组成员到会方可召开。　　　　（　　）

【参考答案】错误

【答案解析】根据《中国共产党党组工作条例（试行）》第二十六条的规

定，党组会议应当有半数以上党组成员到会方可召开，讨论决定干部任免事项必须有 2/3 以上党组成员到会。

9. 党支部书记一般应当具有 3 年以上党龄。 （ ）

【参考答案】错误

【答案解析】根据《中国共产党支部工作条例（试行）》第二十三条的规定，党支部书记应当具备良好政治素质，热爱党的工作，具有一定的政策理论水平、组织协调能力和群众工作本领，敢于担当、乐于奉献，带头发挥先锋模范作用，在党员、群众中有较高威信，一般应当具有 1 年以上党龄。

10. 上级党组织可以跨地域或者从机关和企事业单位选派党支部书记。

（ ）

【参考答案】正确

四 简答题

1. 如何理解习近平提出的新时代中国特色社会主义发展的"两个阶段"战略安排？

【参考答案】综合分析国际国内形势和我国发展条件，从 2020 年到 21 世纪中叶可以分两个阶段来安排。第一个阶段，从 2020 年到 2035 年，在全面建成小康社会的基础上，再奋斗 15 年，基本实现社会主义现代化。第二个阶段，从 2035 年到 21 世纪中叶，在基本实现现代化的基础上，再奋斗 15 年，把我国建成富强民主文明和谐美丽的社会主义现代化强国。

2. 党的十九大新修改的《中国共产党章程》具体作了哪些方面的修改？

【参考答案】（1）习近平新时代中国特色社会主义思想写入党章。

（2）中国特色社会主义文化写入党章。

（3）实现中华民族伟大复兴的中国梦写入党章。

（4）党章根据我国社会主要矛盾的转化作出相应修改。

（5）推进国家治理体系和治理能力现代化写入党章。

（6）供给侧结构性改革、"绿水青山就是金山银山"写入党章。

（7）人类命运共同体、"一带一路"写入党章。

（8）全面从严治党、"四个意识"写入党章。

（9）"党是领导一切的"写入党章。

（10）实现巡视全覆盖、推进"两学一做"学习教育写入党章。

五　案例分析题

某电视台原主持人张某是中共党员。2019 年，其在某酒店与多家单位人员聚餐，言谈间极力丑化中国共产党的形象，引起社会强烈反响。请援引《中国共产党纪律处分条例》相应条款进行分析。

【参考答案】（1）张某丑化毛泽东和中国共产党形象的行为属于违反政治纪律的行为，应根据情节轻重给予纪律处分。

（2）《中国共产党纪律处分条例》规定，通过信息网络、广播、电视、报刊、书籍、讲座、论坛、报告会、座谈会等方式，丑化党和国家形象，或者诋毁、诬蔑党和国家领导人，或者歪曲党史、军史的，情节较轻的，给予警告或者严重警告处分；情节较重的，给予撤销党内职务或者留党察看处分；情节严重的，给予开除党籍处分。

第一篇　政治素质

第三章　税务系统全面从严治党新格局

>> 知识架构

税务系统全面
从严治党新格局
{
目标要求   3个知识点
税务系统全面从严治党主体责任   4个知识点
监督责任   4个知识点
}

>> 第一节
目标要求

【知识点1】加强新形势下税务系统党的建设的方向与意义

党的十九大以来，以习近平同志为核心的党中央对坚持和加强党的领导、加强党的建设作出一系列新部署，为加强税务系统党建工作指明了方向。中共中央办公厅、国务院办公厅印发的《国税地税征管体制改革方案》明确，国税地税机构合并后，实行以国家税务总局为主、与省区市党委和政府双重领导的管理体制，并将税务部门党组改设为党委，承担党的建设、全面从严治党主体责任。当前和今后一个时期，税收改革发展任务艰巨而繁重，补齐税务系统党的建设存在的短板弱项需做大量工作，各级税务局党委管党带队治税的责任更加重大。坚持和加强党对税收工作的全面领导，加强新形势下税务系统党建工作，对于干好税务、带好队伍，保证税收改革顺利进行，充分发挥税收在国家治理中的基础性、支柱性、保障性作用，高质量推进新时代税收现代化，具有十分重要的意义。

【知识点2】加强新形势下税务系统党的建设的总体要求与基本原则

1. 总体要求

以习近平新时代中国特色社会主义思想为指导，深入贯彻党的十九大和十九届二中、三中全会精神，全面落实新时代党的建设总要求，认真落实新时代党的组织路线，坚持党要管党、全面从严治党，以党的政治建设为统领全面推进税务系统党的各项建设，切实增强各级税务机关党组织的创造力、凝聚力、战斗力，充分调动广大税务党员干部的积极性、主动性、创造性，为高质量推进新时代税收现代化提供坚强政治保证。

2. 基本原则

坚持政治引领，加强党对税收工作的全面领导，确保税收事业始终沿着正确的方向前进；

坚持服务中心，努力实现党的建设与税收中心工作融合共进；

坚持以上率下，抓机关带系统，充分发挥领导机关和领导干部的示范作用；

坚持问题导向，着力解决党建工作中存在的突出问题，补齐短板弱项；

坚持改革创新，既继承和弘扬好的工作经验和做法，又把握时代脉搏，不断与时俱进、创新方式方法。

【知识点3】税务系统构建"新纵合横通强党建机制体系"的具体内涵

新纵合横通强党建机制体系，即"条主责、块双重，纵合力、横联通，齐心抓、党建兴"，在双重领导管理体制下，汇聚各方面力量，共抓税务系统党建工作，提高党建工作质量。

条主责：各级税务局党委要落实"条主责"要求，认真抓好本部门、本系统党的建设、全面从严治党工作。

块双重：各级税务局党委要按照"块双重"要求，认真落实地方党委对党建工作的部署要求，积极争取纪委监委、组织部、宣传部、统战部、机关工委等部门支持，做好税务系统党建工作。

纵合力：各级税务局党委要落实"纵合力"要求，层层传导压力、压实责任。每年组织开展1次"两个责任"落实情况专项检查，听取1次机关各单位和下级税务局党委主要负责同志履行主体责任情况汇报。深化落实"下抓两级、抓深一层"工作机制，国家税务总局、省税务局、市税务局党委委员分别选取一定数量的市税务局、县税务局、乡镇税务分局（所）作为基层党建联系点，每年实地调研指导党建工作至少1次，并给联系点党员干部上党课，共过组织生活。

横联通：各级税务局党委要落实"横联通"要求，凝聚党建工作合力，增强党建工作实效。成立党建工作领导小组，由党委书记任组长，相关党委委员任副组长，系统党建、机关党委、纪检、巡视巡察、办公室、督察内审、人事、考核考评、宣传教育等部门为成员单位。

>> 第二节
税务系统全面从严治党主体责任

【知识点1】 党委需要履行的责任

各级税务局党委承担本单位本系统党的建设、全面从严治党主体责任，重点履行政治领导、统筹落实、压力传导、组织保障责任。

1. 政治领导责任

把加强党的政治建设摆在首位，坚决维护习近平总书记党中央的核心、全党的核心地位，坚决维护党中央权威和集中统一领导，始终在思想上政治上行动上同以习近平同志为核心的党中央保持高度一致。深入贯彻落实《中共中央关于加强党的政治建设的意见》，以党的政治建设为统领，把政治标准和政治要求贯穿党的思想建设、组织建设、作风建设、纪律建设以及制度建设、反腐败斗争始终，全面提高党的建设质量。对落实党的政治建设责任不到位、推进党的政治建设工作不力的严肃问责。

深入学习贯彻习近平新时代中国特色社会主义思想，特别是习近平总书记关于税收工作的重要论述和重要指示批示精神，认真研究贯彻落实具体举措，把"两个维护"体现到税收工作中。紧盯不敬畏、不在乎、喊口号、装样子的问题，坚决破除形式主义、官僚主义，推动党中央、国务院重大决策部署落地见效。坚持党委理论学习中心组学习制度，每季度集中研讨不少于1次，每年开展全面从严治党专题学习不少于2次。加强对下一级党委理论学习中心组学习的督促指导，建立党委理论学习中心组学习通报制度。

严肃党内政治生活，认真贯彻《关于新形势下党内政治生活的若干准则》，着力提高党内政治生活质量，建立健全民主生活会列席指导、及时叫停、责令重开、整改通报等制度，增强党内政治生活的政治性时代性原则性战斗性。严格执行民主集中制原则，建立健全议事决策规则和重大事项决策程序，完善并落实"三重一大"决策监督机制。

严明党的政治纪律和政治规矩，把学习和遵守党章作为基础性经常性工作来抓，教育督促本单位本系统党员干部始终做政治上的明白人、老实人，坚持"五个必须"，严防"七个有之"。加强对遵守政治纪律和政治规矩情况的监督检查，严肃查处违反政治纪律和政治规矩的问题。

发展积极健康的党内政治文化，增强党员干部的政治定力、纪律定力、道德定力、拒腐定力，大力倡导清清爽爽的同志关系、规规矩矩的上下级关系、干干净净的税企关系，涵养风清气正的政治生态。探索建立政治生态评价机制体系，将政治建设工作情况纳入各级党组织书记抓党建述职评议和党建考核评价体系，并突出其权重。

2. 统筹落实责任

坚持全面从严治党工作与税收工作同部署、同落实、同检查、同考核。每年年初研究制定全面从严治党工作要点或计划，抓好任务分解，建立责任清单，加强督促落实。每半年与同级纪检机构共同分析研究全面从严治党、党风廉政建设和反腐败工作1次，遇有重大问题或上级安排的重要工作，及时研究部署。

推进"两学一做"学习教育常态化制度化，深入开展"不忘初心、牢记使命"主题教育，开展经常性党性党风党纪教育、先进典型示范教育和反面典型警示教育。培育和践行社会主义核心价值观，弘扬"忠诚担当、崇法守纪、兴税强国"的中国税务精神。落实党委意识形态工作责任制，定期分析研判意识形态领域情况，牢牢掌握意识形态工作领导权。

贯彻落实《中国共产党支部工作条例（试行）》，把党支部建设作为最重要的基本建设，定期研究讨论、加强领导指导，每年至少专题研究1次党支部建设工作。将抓党支部建设情况纳入各级税务局党委书记抓基层党建述职评议考核的重要内容，作为评判其履行管党治党政治责任的重要依据。

坚持党管干部原则，贯彻新时期好干部标准，始终把政治标准放在第一位。严格执行《党政领导干部选拔任用工作条例》，坚持"凡提四必"，严把选人用人政治关、品行关、作风关、廉洁关。坚持不懈整治选人用人上的不正之风，严格执行干部选拔任用工作纪实制度，对任人唯亲、说情打招呼、跑官要官、买官卖官、拉票贿选等行为发现一起查处一起，对"带病提拔"的干部实行倒查，对政治标准把关不严的严肃处理。

落实《关于进一步激励广大干部新时代新担当新作为的意见》，按照"三个区分开来"的要求，建立容错纠错机制，宽容干部在改革创新中的失误错误，旗帜鲜明为敢于担当的干部撑腰鼓劲。严肃查处诬告陷害行为，及时为受到不实反映的干部澄清正名。

深入贯彻中央八项规定及其实施细则精神，聚焦违规收受礼金、违规公款吃喝、违规操办婚丧喜庆事宜等突出问题，加大查处通报力度。持续整治领导干部利用名贵特产类特殊资源谋取私利问题。健全重要时间节点常态化提醒、明察暗访、专项治理等机制，驰而不息纠正"四风"。严明工作纪律和工作作风，重点整治不服从工作安排、庸政懒政、消极怠工等行为，大力倡导真抓实干、担当作为。

严格执行《中国共产党廉洁自律准则》《中国共产党纪律处分条例》等党内法规，强化纪律教育，以政治纪律和组织纪律带动廉洁纪律、群众纪律、工作纪律、生活纪律严起来，使铁的纪律成为党员干部的日常习惯和自觉遵循。准确把握和运用监督执纪"四种形态"，特别是在第一种形态上下功夫，使咬耳扯袖和红脸出汗成为常态。

建立并完善权责清单，推进党务公开、政务公开，规范权力运行流程，强化对权力运行的制约和监督。分类排查廉政风险，及时研究解决政策落实、税收执法和内部管理中存在的问题。深入推进内控机制建设，全面提升内控信息化水平，坚持"制度＋科技"，实现风险的自动防范和源头防控。

加强对税务师行业党建工作的指导，健全税务师行业党建工作管理体制和工作机制，推进党的组织和党的工作在税务师行业有效覆盖，不断提高税务师行业党建工作整体水平。

3. 压力传导责任

每年听取1次党委委员、机关各单位和下一级税务局党委落实全面从严治党主体责任情况汇报，与党委书记抓基层党建述职评议考核工作统筹安排。每年开展1次"两个责任"落实情况检查。针对苗头性、倾向性问题，及时约谈下一级党委主要负责人和纪检组组长，督促其履行管党治党责任。

各省级税务局党委每年向国家税务总局党委书面报告 1 次履行管党治党责任情况，包括落实全面从严治党主体责任、落实党风廉政建设责任制、落实监督执纪"四种形态"、问责等情况；省以下税务局党委每年向上一级税务局党委、纪检组书面报告 1 次履行管党治党责任情况。

贯彻落实《中国共产党党内监督条例》，加强对党内监督工作的领导，落实述职述责述廉、民主生活会、组织生活会、谈话、函询和领导干部报告个人有关事项等党内监督制度。主动接受和支持同级纪检机构对本级领导班子及成员的监督。督促领导干部在民主生活会上把群众反映、巡视巡察反馈、组织约谈函询的问题说清楚、谈透彻。

贯彻落实《中国共产党巡视工作条例》和国家税务总局巡视巡察工作制度，深化政治巡视巡察。聚焦"六个围绕、一个加强""五个持续"，着力发现问题、形成震慑，推动改革、促进发展。每年专题研究巡视巡察工作，及时听取巡视巡察情况汇报，坚持发现问题、整改落实和成果运用并重，切实发挥巡视巡察标本兼治战略作用。

严格执行《中国共产党问责条例》及国家税务总局党委实施办法，严肃追究失职失责党组织和党员领导干部的主体责任、监督责任和领导责任，对典型问题进行通报曝光。加强对本系统各级党组织落实问责情况的监督检查，对该问责而不问责的，严肃追究责任，对不敢问责、不愿问责的，约谈党委书记和纪检组长。

4. 组织保障责任

围绕"条主责、块双重，纵合力、横联通，齐心抓、党建兴"的要求，构建新纵合横通强党建机制体系。每年至少向所在地党委及其有关工作部门汇报 2 次党建工作。与下一级税务局所在地党委建立重要情况相互通报、重要文件相互交换、有关工作联合开展、考核结果相互推送等机制，每年至少到相关部门走访 2 次。深化"下抓两级、抓深一层"工作机制，选取一定数量的下一级税务局（分局、所）作为基层党建联系点，每年至少实地调研指导工作 1 次。健全党建工作领导小组例会制度和各成员单位协作配合机制，形成齐抓共管合力。

领导机关各单位党组织的工作，讨论基层党组织设置调整和发展党员、处分党员等重要事项，为基层党组织活动提供经费保障。配齐配强党务干部，重视对党务干部的培养、使用和交流。

加强对纪检工作的领导，旗帜鲜明支持纪检机构聚焦监督执纪问责主业。重大案件及时研究，重大问题及时解决，重要情况及时听取汇报。重视纪检干部队伍建设，加强教育培训和实践锻炼，关心纪检干部成长，提供必要的工作条件，协调解决工作中遇到的困难和问题。

【知识点2】 党委书记需要履行的责任

党委书记履行全面从严治党"第一责任人"职责，重点履行统筹推进、管好干部、严格把关、示范引领责任。

1. 统筹推进责任

带头学习和推动落实党中央、国务院和中央纪委国家监委关于全面从严治党的工作部署，结合上级党组织要求，研究具体贯彻落实措施，做到重要工作亲自部署、重大问题亲自过问、重点环节亲自协调、重要案件亲自督办。

主持召开党委专题会议或党建工作领导小组会议，分析研判本单位本系统全面从严治党、党风廉政建设和反腐败工作形势，研究决定重大事项，部署安排相关工作。

督促、指导、支持班子成员抓好分管单位全面从严治党工作，每年听取1次班子其他成员和下一级党委书记抓全面从严治党工作情况汇报，对落实责任不力的，及时进行约谈。每年至少实地调研指导工作1次。

认真督办上级有关部门、地方纪委监委转办以及本级纪检机构接收的重要信访件、案件线索。及时批转信访举报，随时听取重要事项汇报。

带头建立党支部工作联系点，带头调查研究本单位本系统基层党组织建设情况，发现和解决问题，总结推广经验。

2. 管好干部责任

对领导班子其他成员、机关各单位和下一级税务局党委主要负责人严格要求、严格教育、严格管理、严格监督，发现问题及时纠正。坚持党内谈话制度，经常性开展谈心谈话，认真开展提醒谈话、诫勉谈话，每年与机关各单位、下一级税务局党委主要负责人至少开展1次廉政谈话。发现有思想、作风、纪律等方面苗头性、倾向性问题的，应当及时对其提醒谈话；发现轻微违纪问题的，应当对其诫勉谈话。

落实党委意识形态工作责任制，经常分析意识形态领域的动态动向，正确判断意识形态领域形势，不断研究新情况、解决新问题，带头批评错误观点和错误倾向。

3. 严格把关责任

对本单位本系统全面从严治党、党风廉政建设和反腐败工作的安排部署、推进落实以及专项工作开展情况等严格审核把关，提出明确意见。严格审核党组织和党员领导干部民主生活会对照检查材料、班子成员被函询问题说明材料、述职述责述廉报告、个人有关事项报告等。

按规定对涉及人事、财务、资产和征收、管理、稽查等重要事项和重大问题，亲自过问把关，认真组织研究。坚持党管干部原则，切实把好用人标准关、识别考察关、选人用人关、培养锻炼关，确保选好人、用对人。

主持召开党委会、巡视巡察工作领导小组会议，研究制定巡视巡察规划，年度计划和其他重要问题，听取巡视巡察情况专题汇报，听取汇报时要点人点事点问题，有关情况按规定报上一级巡视巡察工作领导小组备案。

4. 示范引领责任

严格执行民主集中制，充分发扬民主，善于管理，敢于担责，自觉维护团结，做到科学、民主、依法决策。每年在规定范围内述职述责述廉，接受评议。述职述责述廉重点是执行政治纪律和政治规矩、履行管党治党责任、推进党风廉政建设和反腐败工作以及执行廉洁纪律情况。

严格党内组织生活，组织召开领导班子民主生活会，带头开展批评和自我批评，对班子其他同志的缺点错误应当敢于指出，帮助改进。参加指导下级党委民主生活会，自觉参加双重组织生活。每年至少为本单位或本系统的党员干部讲党课1次。每年至少对基层党建联系点全面从严治党工作进行1次调研和指导。

提高政治能力，加强党性锻炼和政治历练，增强政治免疫力、敏锐性和鉴别力，弘扬斗争精神，及时有效化解重大风险。模范遵守党纪国法特别是严守党的政治纪律和政治规矩，带头接受和支持纪检机构、干部监督部门及干部群众的监督，带头树立良好作风，注重家庭、家教、家风。严格请示报告，及时报告个人及家庭重大情况，事先请示报告离开岗位或者工作所在地等。操办本人及直系亲属婚丧喜庆等事项应向纪检组组长通报，并向上一级纪检机构报告。

【知识点3】 党委委员责任

党委委员履行"一岗双责"，负责抓好分管部门、联系点税务局全面从严治党工作。

学习贯彻党中央、国务院和中央纪委国家监委关于全面从严治党、党风廉政建设部署和要求，结合职责分工研究具体贯彻落实措施，自觉把全面从严治党要求融入分管业务工作。

贯彻落实本级党委全面从严治党工作部署，对照职责分工和责任清单，研究部署和推动落实分管部门、联系点税务局的全面从严治党工作，每年向党委报告1次履行"一岗双责"情况。每年在党委扩大会议上进行述职述责述廉，并在一定范围内公开，接受评议和监督。

加强对分管部门、联系点税务局全面从严治党、党风廉政建设工作的监督检查，重大事项及时向主要负责人报告。定期听取分管单位全面从严治党工作汇报，加强督促指导和分析研判，帮助解决问题。

研究安排涉及"三重一大"等重要工作，同步制定并落实相应廉政风险防控措施。对分管部门、联系点税务局全面从严治党、党风廉政建设重要事项严格审核把关，督促分管部门、联系点税务局抓好内控机制建设。

督促指导分管部门、联系点税务局落实中央八项规定及其实施细则精神、加强基层党组织建设、推进党风廉政建设和反腐败工作。对落实全面从严治党责任不力的，及时约谈其主要负责人。

加强对分管部门、联系点税务局党员干部特别是负责人的教育、管理和监督，发现苗头性、倾向性问题，及时咬耳扯袖、红脸出汗，有针对性地采取防范预警措施。与分管范围的党员干部开展经常性谈心谈话，每年至少与分管单位负责人开展1次廉政谈话。

以普通党员身份参加所在党支部或党小组的组织生活会，过好双重组织生活，严肃认真开展批评和自我批评。每年至少为分管单位党员干部讲党课1次。每年至少深入基层党建联系点调研指导全面从严治党工作1次。

模范遵守党纪国法特别是严守党的政治纪律和政治规矩，自觉接受纪检机构、干部监督部门及干部群众的监督，带头树立良好作风。严格落实请示报告、个人有关事项报告等制度。发生婚丧喜庆事项，必须按照规定时限、程序、内容主动、如实报告，不得瞒报、漏报、虚假报告。

【知识点4】 税务机关各职能部门责任

系统党建工作部门承担党建工作领导小组办公室职责，协助本级党委落实全面从严治党主体责任，督促下一级税务局党委落实管党治党责任。

机关党委负责本级机关党建和党风廉政建设工作，组织开展机关意识形态、思想政治工作和精神文明建设、作风建设，领导机关工会、共青团、妇委会开展工作。

办公厅（室）负责协助党委领导班子和党委书记落实全面从严治党责任。协助组织安排履行全面从严治党主体责任的重要活动和重要会议，配合起草党组织履行主体责任情况相关报告，协调落实有关事项。将落实全面从严治党工作情况纳入督查督办。

人事部门负责协助党委落实选好用好管好干部责任。严明组织人事纪律，防范和纠正选人用人上的不正之风。抽查核实领导干部个人有关事项报告情况。严格审核领导干部因私出国（境）等事项。按规定受理处置反映选人用人等方面问题的信访举报。监督税务系统执行干部人事政策，加强巡视巡察成果运用，把巡视巡察成果作为干部考核评价、选拔任用的重要依据。加强对巡视巡察整改情况的日常监督，及时向党委提出调整不适宜担任现职领导干部的意见。

考核考评部门负责协助党委将党中央、国务院重大决策部署及上一级税务局党委重点工作安排纳入绩效考评，发挥绩效管理抓班子作用，推动各项任务落地见效。与党建部门协作配合，抓好对下一级税务局全面从严治党工作的绩效考评、综合分析和结果运用。探索运用"数字人事"加强党员干部日常教育监督管理，推动"数字人事"和党建工作有机融合、相互促进。

督察内审部门负责协助党委履行规范权力运行的责任。组织协调各业务主责部门建立健全内部控制运行机制，防范各类税收执法风险、行政管理风险以及由此带来的廉政风险。强化内部监督，认真组织实施税收执法督察、内部财务审计和领导干部经济责任审计。全面落实税收执法责任制。对涉及的一般性违规违纪的，可直接向党委提出追究建议；构成严重违纪违法的，按规定移交有关部门处理。

巡视巡察部门负责协助党委对下级党组织开展巡视巡察监督。制定并严格执行巡视巡察计划，协调巡视（巡察）组在巡视巡察结束后形成巡视巡察工作报告，组织巡视（巡察）组按规定向有关部门移交问题线索，加强对整改的统筹协调和督促检查。

教育部门负责协助党委加强理论教育和党性教育，及时将党建部门有关培训需求列入培训计划，确保中央有关规定执行到位，并配合有关部门做好课程开发、师资队伍建设、廉政基地建设等工作。举办党务干部、纪检干部培训班。理论教育和党性教育课程占各类培训班总课时的比例不低于规定要求。在培训中组织全面从严治党知识测试。

宣传部门负责协助党委宣传弘扬社会主义核心价值观和中华优秀传统文化，做大做强主流思想舆论，唱响主旋律，壮大正能量。加强涉税舆情、廉政舆情分析研判和处置管理，严格对网站、微博、微信、客户端等网络媒体审核把关，及时化解风险。

>> 第三节
监督责任

纪检组协助党委推进全面从严治党，承担监督检查、纪律审查、问责追究责任。机关纪委按照党章及有关党内法规赋予的职责开展工作，参照本章的有关规定履行监督责任。

【知识点1】协助推进责任

向同级党组织汇报上级党组织和纪检机构有关全面从严治党、党风廉政建设和反腐败工作的部署和要求，提出具体贯彻落实意见。

建立向本级党委通报日常监督中发现的普遍性问题或突出问题，纪检组组长经常与本级党委书记就作风建设、廉政风险、问题线索等交换意见，每半年至少会同本级党委专题研究 1 次全面从严治党、党风廉政建设和反腐败工作等协调配合机制。

加强对下级党组织实施责任追究情况的监督检查，发现有应当追究而未追究或者责任追究处理决定不落实等问题的，应当及时督促下级党组织予以纠正。

加强纪检工作标准化、规范化建设，履行加强纪检机构自身建设主体责任，加强教育、监督、管理，严格规范线索处置、谈话函询、初步核实、立案审查、审理等工作，确保权力受到严格约束。

【知识点 2】 监督检查责任

把监督作为基本职责、第一职责，维护党的章程和其他党内法规，检查党的路线、方针、政策和决议的执行情况；经常对党员进行遵守纪律的教育，作出关于维护党纪的决定；对党的组织和党员领导干部履行职责、行使权力进行监督。

严明党的政治纪律和政治规矩，坚决纠正和查处上有政策、下有对策，有令不行、有禁不止、口是心非、阳奉阴违，搞团团伙伙、拉帮结派，欺骗组织、对抗组织等行为，强化纪律约束，确保政令畅通。

监督党委及领导班子成员执行民主集中制、"三重一大"等重大事项决策、落实议事程序和工作规则等情况，制止和纠正违规决策行为。

监督中央八项规定及其实施细则精神和反对"四风"情况落实，根据上级要求开展专项整治活动，协助党委做好"月报告""零报告""双签字背书"、重大问题 24 小时内报告等制度。

紧盯"关键少数"，强化对党委及领导班子成员、部门（单位）主要负责人和下级领导班子"一把手"的监督，发现本级领导班子成员一般性违规违纪问题，应当及时向本人提出，重要问题向上一级纪检机构报告。对部门（单位）主要负责人和下级的监督中，要突出对管人管钱管物、权力集中、廉洁风险高或群众反映较多的部门（单位）"一把手"的监督。

强化对职能部门履行日常监管职责情况的监督，督促职能部门把风险点及时纳入内控系统，及时纠正和查处职能部门监管缺位、失职失责行为。

加强对选人用人情况的监督，重点监督是否坚持党管干部原则，是否坚持新时期好干部标准，是否坚持正确选人用人导向，特别是紧盯动议、民主推荐、考察考核等关键环节开展监督，坚决防止任人唯亲、封官许愿，搞亲亲疏疏、团团伙伙等问题。

对公职人员依法履职、秉公用权、廉洁从政从业以及道德操守等情况强化监督检查。

加强对巡视巡察整改情况的日常监督，持续深入推进巡视巡察发现问题的整改落实，切实提高巡视巡察整改质量。

【知识点3】 纪律审查责任

规范信访举报，对实名举报和违反中央八项规定及其实施细则精神、"四风"问题等信访举报优先办理。定期分析研判信访举报情况，对典型性、普遍性问题提出有针对性的处置意见，督促信访举报比较集中的单位（部门）查找分析原因并认真整改。

按照谈话函询、初步核实、暂存待查、予以了结四类方式，统一处置和管理问题线索。坚持问题线索集体排查制度，线索处置、谈话函询、初步核实、立案审查、案件审理、处置执行中的重要问题，应当集体研究。

依规依纪开展执纪审查，重点查处党的十八大以来不收敛、不收手，问题线索反映集中、群众反映强烈，政治问题和经济问题交织的腐败案件，以及违反中央八项规定及其实施细则精神的问题。准确运用监督执纪"四种形态"。

加大税收违法案件"一案双查"力度，结合打击偷逃骗税和虚开增值税发票案件，严肃查处税务人员与不法分子内外勾结、谋取私利的违纪违法问题，并倒查领导责任。

发挥查办案件的治本功能，按规定对重大腐败案件和违反中央八项规定及其实施细则精神的典型问题进行剖析通报，加强警示教育，提出加强管理、堵塞漏洞、完善制度的意见和建议。

【知识点4】 问责追究责任

对党的领导弱化、党的建设缺失、全面从严治党不力、维护党的纪律不力、推进党风廉政建设和反腐败工作不坚决不扎实，造成严重后果的，按照有关规定和干部管理权限，提出问责建议，履行问责程序，落实问责决定。

对违反中央八项规定及其实施细则精神的，严重违纪被立案审查开除党籍的，严重失职失责被问责的，以及发生在群众身边、影响恶劣的不正之风和腐败问题，按照有关规定和干部管理权限，点名道姓通报曝光。

执纪审查工作以上一级纪检机构领导为主，线索处置和执纪审查情况在向本级党委报告的同时向上级纪检机构报告。

省税务局纪检组每半年向国家税务总局党委、党风廉政建设领导小组书面报告1次履行监督责任情况；省以下税务局纪检组每半年向上一级税务局党委、纪检组书面报告1次履行监督责任情况。加强与地方纪委监委的密切联系，建立完善日常沟通协调机制，纪检组长每半年要主动上门汇报1次工作。

>> 习题演练

 单项选择题

1. 关于严肃税务系统党内政治生活，以下说法错误的是(　　)。

A. 认真贯彻执行《关于新形势下党内政治生活的若干准则》，严格落实党内组织生活制度，坚持用好批评和自我批评武器，增强党内政治生活的政治性时代性原则性战斗性

B. 党委民主生活会、党支部（党小组）专题组织生活会每年召开2次，无计划不得随意召开

C. 民主生活会、专题组织生活会要把群众反映、巡视反馈、组织约谈函询的问题说清楚、谈透彻。进一步完善民主生活会问题整改落实通报制度，自觉接受干部群众监督

D. 上级税务局党委要派员督导下级税务局党委领导班子民主生活会，对民主生活会效果要有分析、有评价、有报告

【参考答案】B

【答案解析】党委民主生活会、党支部（党小组）专题组织生活会每年召开1次，遇到重要或者普遍性问题应当专门召开。

2. 国家税务总局要求，各级党委要大兴调查研究之风，每年深入基层一线和矛盾突出、情况复杂的地方开展调查研究不少于(　　)日。

A. 30　　　　　B. 10　　　　　C. 15　　　　　D. 20

【参考答案】A

【答案解析】各级税务局党委班子成员要自觉强化党性锻炼和政治历练，不断提升政治能力，做到信念过硬、政治过硬、责任过硬、能力过硬、作风过硬。带头转变工作作风，力戒形式主义和官僚主义。大兴调查研究之风，每年深入基层一线和矛盾突出、情况复杂的地方开展调查研究不少于30日。

3. 作为国务院部门中唯一开展全部行政执法公示、执法全过程记录、重大执法决定法制审核"三项制度"试点的部门是(　　)。

A. 公安部　　　B. 财政部　　　C. 国家税务总局　　D. 海关总署

【参考答案】C

【答案解析】国家税务总局作为国务院部门中唯一开展全部行政执法公示、执法全过程记录、重大执法决定法制审核"三项制度"试点的部门，在31家单位开展了试点，为全面推行积累了经验。依据是国家税务总局局长王军在全国税务工作会议上的讲话。

4. 国家税务总局党委2019年上半年和下半年分两轮对所管理的18个党组织开展常规巡视，各省税务局对所管理党组织的巡察面要高于(　　)。

A. 10%　　　　B. 20%　　　　C. 30%　　　　D. 50%

【参考答案】B

【答案解析】国家税务总局党委2019年上半年和下半年分两轮对所管理的18个党组织开展常规巡视，各省税务局对所管理党组织的巡察面要高于20%。依据是国家税务总局局长王军在全国税务工作会议的讲话。

5. 国家税务总局开展的"万份问卷问成效"无记名调查问卷结果显示，税务干部和纳税人对改革整体满意度均达到(　　)。

A. 75%　　　　B. 85%　　　　C. 95%　　　　D. 100%

【参考答案】C

【答案解析】依据是国家税务总局局长王军在 2018 年全国税务系统党建工作会议上的讲话。

6. 中央将在全党部署开展新一轮主题教育，各级税务机关要精心安排组织好，深入扎实开展好，且要努力走在前、作标杆，充分展示新党委的新作为、新税务的新形象。主题教育的名称是(   )。

A. "勇担当、善作为"   B. "不忘初心、牢记使命"

C. "新税务、新服务、新形象"   D. "重品行、树形象、做榜样"

【参考答案】B

【答案解析】依据是国家税务总局局长王军在 2019 年全国税务系统党建工作会议上的讲话。

7. 下列选项中体现持续深化"放管服"改革成效的是(   )。

A. 2018 年全国税务部门组织税收收入 137967 亿元（已扣减出口退税），比上年增长 9.5%

B. 认真落实两次提高出口退税率政策，全国共办理出口退税 15014 亿元，增长 9.7%

C. 新办纳税人申领发票时间大幅压缩，一半以上地区实现 1 日办结

D. 2018 年纳税人投诉量下降，同比降低 11%

【参考答案】C

【答案解析】选项 A、B、D 与题目无关。依据是国家税务总局局长王军 2019 年 1 月 17 日在全国税务工作会议上的讲话。

8. 习近平总书记强调，加强党的全面领导，是深化党和国家机构改革必须坚持的重要原则。国家税务总局和各级税务机关始终坚持把加强党的全面领导贯穿国税地税征管体制改革各方面和全过程，确保改革始终沿着正确方向推进。关于在如何将坚持党的全面领导贯穿于改革全过程的具体做法方面，下列说法不正确的是(   )。

A. 学深悟透中央精神确保不折不扣落实落细

B. 切实加强各级党委（党组）对改革工作的领导

C. 积极发挥党内政治生活强党性促改革作用

D. 加快涉税业务从"一厅通办"向"一窗通办"升级

【参考答案】D

【答案解析】选项 D 与题目不直接相关。依据是《国税地税征管体制改革辅导读本》。

9. 全国税务系统党建工作会议 2018 年 9 月在北京召开，关于此次会议有关精神，下列说法中错误的是(   )。

　　A. 以纳税人为中心是做好税收工作的根本保证

　　B.《国税地税征管体制改革方案》明确各级税务部门党组改设为党委，完善了税务系统党的建设领导体制，强化了税务系统党的全面领导，使税务系统党建工作迎来新机遇

　　C. 全国税务系统要迅速形成旗帜鲜明、大张旗鼓抓党建的浓厚氛围

　　D. 各级税务局党委要迅速向地方党委政府汇报，形成地方党政大力支持税务党建的生动局面

【参考答案】A

【答案解析】国家税务总局局长王军强调，加强党的领导是做好税收工作的根本保证。

10. 2019 年全国税收工作主题是(   )。

　　A. 统筹推进优化税收执法方式与健全税务监管体系

　　B. 确保减税降费政策落地生根

　　C. 圆满完成预算确定的税费收入任务

　　D. 扩大国税地税征管体制改革成果，建设高素质专业化税务干部队伍

【参考答案】B

【答案解析】国家税务总局把确保减税降费落地生根作为 2019 年税收工作的主题。

11. 坚持政治引领，是加强新形势下税务系统党的建设的基本原则之一。具体是指(   )。

　　A. 建立纵合横通强党建机制

　　B. 加强党对税收工作的全面领导，确保税收事业始终沿着正确的方向前进

　　C. 加强税务系统党内政治生活

　　D. 一切工作到支部

【参考答案】B

【答案解析】坚持政治引领，加强党对税收工作的全面领导，确保税收事业始终沿着正确的方向前进。

12. 关于党建工作领导小组，以下说法错误的是(　　)。

A. 由分管党建的党委委员任组长

B. 系统党建、机关党委、纪检、巡视巡察、办公室、督察内审、人事、考核考评、宣传教育等部门为成员单位

C. 党建工作领导小组要定期召开会议

D. 党建工作领导小组不是一级机构

【参考答案】A

【答案解析】国家税务总局规定，党建工作领导小组应由党委书记任组长，相关党委委员任副组长，系统党建、机关党委、纪检、巡视巡察、办公室、督察内审、人事、考核考评、宣传教育等部门为成员单位。

13. 税务系统履行全面从严治党"第一责任人"职责的是(　　)。

A. 党委书记　　　B. 纪委书记　　　C. 党支部书记　　　D. 纪检组长

【参考答案】A

【答案解析】党委书记履行全面从严治党"第一责任人"职责，重点履行统筹推进、管好干部、严格把关、示范引领责任。

14. 各级税务机关党委委员应履行"一岗双责"，负责抓好分管部门、联系点税务局全面从严治党工作。以下不属于党委委员职责的是(　　)。

A. 学习贯彻党中央、国务院和中央纪委国家监委关于全面从严治党、党风廉政建设部署和要求，结合职责分工研究具体贯彻落实措施，自觉把全面从严治党要求融入分管业务工作

B. 贯彻落实本级党委全面从严治党工作部署，对照职责分工和责任清单，研究部署和推动落实分管部门、联系点税务局的全面从严治党工作，每年向党委报告1次履行"一岗双责"情况。每年在党委扩大会议上进行述职述责述廉，并在一定范围内公开，接受评议和监督

C. 加强对分管部门、联系点税务局全面从严治党、党风廉政建设工作的监督检查，重大事项及时向主要负责人报告。定期听取分管单位全面从严治党工作汇报，加强督促指导和分析研判，帮助解决问题

D. 带头学习和推动落实党中央、国务院和中央纪委国家监委关于全面从

严治党的工作部署，结合上级党组织要求，研究具体贯彻落实措施，做到重要工作亲自部署、重大问题亲自过问、重点环节亲自协调、重要案件亲自督办

【参考答案】D

【答案解析】"带头学习和推动落实党中央、国务院和中央纪委国家监委关于全面从严治党的工作部署，结合上级党组织要求，研究具体贯彻落实措施，做到重要工作亲自部署、重大问题亲自过问、重点环节亲自协调、重要案件亲自督办"属于党委书记职责。

15. 根据税务系统新纵合横通强党建机制体系要求，各级税务机关党委每年要向所在地党委及其有关工作部门汇报党建工作的次数是( )。

A. 至少 1 次　　　B. 至少 12 次　　　C. 至少 4 次　　　D. 至少 2 次

【参考答案】D

【答案解析】围绕"条主责、块双重，纵合力、横联通，齐心抓、党建兴"的要求，构建新纵合横通强党建机制体系，每年至少向所在地党委及其有关工作部门汇报 2 次党建工作。

16. 党委书记要做严格党内组织生活的表率，以下说法错误的是( )。

A. 组织召开领导班子民主生活会，带头开展批评和自我批评

B. 对班子其他同志的缺点错误应当包容

C. 参加指导下级党委民主生活会，自觉参加双重组织生活

D. 每年至少为本单位或本系统的党员干部讲党课 1 次。每年至少对基层党建联系点全面从严治党工作进行 1 次调研和指导

【参考答案】B

【答案解析】党委书记的示范引领责任包括：严格党内组织生活，组织召开领导班子民主生活会，带头开展批评和自我批评，对班子其他同志的缺点错误应当敢于指出，帮助改进。参加指导下级党委民主生活会，自觉参加双重组织生活。每年至少为本单位或本系统的党员干部讲党课 1 次。每年至少对基层党建联系点全面从严治党工作进行 1 次调研和指导。

17. 党委书记履行全面从严治党"第一责任人"职责，重点履行统筹推进、( )、严格把关、示范引领责任。

A. 监督指导　　　B. 开拓进取　　　C. 管好干部　　　D. 防微杜渐

【参考答案】C

【答案解析】党委书记履行全面从严治党"第一责任人"职责，重点履行统筹推进、管好干部、严格把关、示范引领责任。

18. 税务机关纪检组协助党委推进全面从严治党，承担责任包括：监督检查、纪律审查和（　　　）。

A. 管好干部　　　B. 咬耳扯袖　　　C. 问责追究　　　D. 防范预警

【参考答案】C

【答案解析】纪检组协助党委推进全面从严治党，承担监督检查、纪律审查、问责追究责任。

19. 在2018年与2019年全国两会"部长通道"上，国家税务总局局长王军同志多次提出，在国税地税征管体制改革中，税务部门将在改革中努力做到"四合"，"四合"不包括（　　　）。

A. 事合　　　　　B. 人合　　　　　C. 情合　　　　　D. 力合

【参考答案】C

【答案解析】"四合"是指"事合、人合、力合、心合"。

20. 深化党和国家机构改革，是以习近平同志为核心的党中央着眼党和国家事业发展全局作出的重大改革部署。深化党和国家机构改革的重要任务是（　　　）。

A. 精简机构，合理压缩行政人员编制

B. 提高行政效率，简化行政管理内部环节

C. 转变政府职能，优化政府机构设置和职能配置

D. 降低行政风险，科学改善内部管理成本结构

【参考答案】C

【答案解析】本题考查的是深化党和国家机构改革的重要任务。习近平总书记在党的第十九届三中全会上指出："转变政府职能，优化政府机构设置和职能配置，是深化党和国家机构改革的重要任务。"

二 多项选择题

1. 探索构建纵合横通强党建机制体系要做到"四个相融"。"四个相融"是指(　　)。

A. 上下相融,国家税务总局和各级税务机关共同抓党建,并建立"下抓两级、抓深一层"机制,推动责任层层落地

B. 条块相融,建立"条主责、块双重"机制

C. 部门相融,税务机关内部各部门按照"六个打通"要求一起抓党建

D. 内外相融,与税收工作联系较多的有关部门以及非公组织、企业联合开展党建共建,形成了齐心协力抓党建的生动局面

【参考答案】ABCD

【答案解析】依据是国家税务总局局长王军在 2018 年全国税务系统党建工作会议上的讲话。

2. 近年来,税务系统结合自身实际,创造性地加强党建工作,摸索了不少抓党建的创新成果,比如(　　)。

A. 积极探索实施绩效管理抓班子的机制性措施,突出指标引领,责任共担,结果导向,持续改进,推动各级税务机关领导班子担当作为

B. 探索推行数字人事制度,促进干部从日常工作做起,一心向上、一生向善

C. 创新巡视巡察方式,探索建立了"一个定位、两个闭环、三级联动、四项建设,五大提升"的税务系统巡视巡察格局,5 年实现全覆盖

D. 按照"制度加科技、管队又治税"的思路,搭建了税务系统内控制度框架和监督管理平台,实现由"人防"向"机控"的转变,有效促进了干部依法行政、廉洁从税

【参考答案】ABCD

【答案解析】国家税务总局局长王军在 2018 年全国税务系统党建工作会议上的讲话总结出四个方面的成果。

3. 专题民主生活会要从四个方面体现出高质量、好效果,具体是指(　　),要通过民主生活会巩固良好的政治生态,引领良好的改革生态,形

成一个良性循环，把广大干部引导到促改革谋发展上来。

    A. 要开出更深的团结　　　　B. 要开出更大的干劲

    C. 要开出更好的表率　　　　D. 要开出更优的生态

【参考答案】ABCD

【答案解析】依据是国家税务总局局长王军在山西省税务局联合党委专题民主生活会上的讲话。

4. 国家税务总局局长王军指出，围绕机构改革召开民主生活会，就是要将成果运用到改革中来，其中，强化"四个导向"至关重要。"四个导向"是指(　　)。

    A. 强化政治导向，坚持党的全面领导绝不动摇

    B. 强化问题导向，坚持全面深入整改绝不含糊

    C. 强化目标导向，坚持步步稳扎稳打绝不松劲

    D. 强化人文导向，坚持激发精神力量绝不懈怠

【参考答案】ABCD

【答案解析】国家税务总局局长王军在山西省税务局联合党委专题民主生活会上的讲话指出，强化政治导向，坚持党的全面领导绝不动摇；强化问题导向，坚持全面深入整改绝不含糊；强化目标导向，坚持步步稳扎稳打绝不松劲；强化人文导向，坚持激发精神力量绝不懈怠。

5. 国家税务总局提出的新纵合横通强党建机制体系的内涵包括(　　)。

    A. 条主责、块双重　　　　B. 两结合，互为补

    C. 纵合力、横联通　　　　D. 齐心抓、党建兴

【参考答案】ACD

【答案解析】新纵合横通强党建机制体系，即"条主责、块双重，纵合力、横联通，齐心抓、党建兴"。

6. 关于税务系统党委理论学习中心组学习制度，下列说法正确的有(　　)。

    A. 每季度集中研讨不少于1次

    B. 每年开展全面从严治党专题学习不少于2次

    C. 加强对下一级党委理论学习中心组学习的督促指导，建立党委理论学习中心组学习通报制度

D. 中心组学习应突出税务业务

【参考答案】ABC

【答案解析】依据党委理论学习中心组学习制度，每季度集中研讨不少于1次，每年开展全面从严治党专题学习不少于2次。加强对下一级党委理论学习中心组学习的督促指导，建立党委理论学习中心组学习通报制度。

7. 2018年2月，习近平总书记在《关于深化党和国家机构改革决定稿和方案稿的说明》中指出(　　)。

A. 全面加强党的领导同坚持以人民为中心是高度统一的

B. 优化就是机构职能要科学合理、权责一致，协同就是要有统有分、有主有次，高效就是要履职到位、流程通畅

C. 这次深化党和国家机构改革，是要统筹推进"脖子"以上机构改革和"脖子"以下机构改革，充分发挥中央和地方两个积极性，构建从中央到地方各级机构政令统一、运行顺畅、充满活力的工作体系

D. 改革和法治是两个轮子，这就是全面深化改革和全面依法治国的辩证关系

【参考答案】ABCD

【答案解析】依据是《关于深化党和国家机构改革决定稿和方案稿的说明》。

8. 关于"下抓两级、抓深一层"工作机制，以下说法正确的有(　　)。

A. 市以上税务局选取一定数量的下一级税务局（分局、所）作为基层党建联系点

B. 每年至少实地调研指导工作1次

C. 每月按时参加基层联系点组织生活

D. 以上都是

【参考答案】AB

【答案解析】深化"下抓两级、抓深一层"工作机制，选取一定数量的下一级税务局（分局、所）作为基层党建联系点，每年至少实地调研指导工作1次。

9. 国务院机构改革第二次推进会2018年5月7日在北京召开，中共中央政治局常委、国务院副总理韩正出席会议并讲话。韩正要求要严格落实主体

责任，各部门主要负责同志要亲力亲为，坚定不移把党中央明确的改革任务落实到位。具体有（　　）。

A. 严格执行机构改革政治纪律、组织纪律、机构编制纪律、干部人事纪律、财经纪律、保密纪律

B. 加强重大分歧问题统筹协调，着眼于促进事业发展和提高政府整体效能，理顺部门职责关系，避免政出多门、责任不明、推诿扯皮

C. 把思想政治工作贯穿改革全过程，教育引导广大党员干部坚持党性原则和全局观念，牢固树立"四个意识"，坚定"四个自信"，以实际行动拥护改革、支持改革、参与改革，为推动机构改革和经济社会发展不断作出新的贡献

D. 要加强政府公共服务、社会管理职能，更好保障和改善民生、维护公共安全，把为人民造福的事办好办实

【参考答案】AC

【答案解析】中共中央政治局常委、国务院副总理韩正表示，要严格落实主体责任，各部门主要负责同志要亲力亲为，坚定不移把党中央明确的改革任务落实到位。严格执行机构改革政治纪律、组织纪律、机构编制纪律、干部人事纪律、财经纪律、保密纪律。把思想政治工作贯穿改革全过程，教育引导广大党员干部坚持党性原则和全局观念，牢固树立"四个意识"，坚定"四个自信"，以实际行动拥护改革、支持改革、参与改革，为推动机构改革和经济社会发展不断作出新的贡献。

10. 各级税务局党委承担本单位本系统党的建设、全面从严治党主体责任，重点履行政治领导、统筹落实、压力传导、组织保障责任。其中，属于政治领导责任的有（　　）。

A. 把加强党的政治建设摆在首位

B. 深入学习贯彻落实近平新时代中国特色社会主义思想，特别是习近平总书记关于税收工作的重要论述和重要指示批示精神，认真研究贯彻落实具体举措，把"两个维护"体现到税收工作中

C. 严肃党内政治生活

D. 坚持全面从严治党工作与税收工作同部署、同落实、同检查、同考核

【参考答案】ABC

【答案解析】选项 D 属于统筹落实责任。

11. 改革国税地税征管体制是以习近平同志为核心的党中央作出的重大决策，是深化党和国家机构改革的重要内容，是中国税收发展史上具有里程碑意义的大事，也是利国利民利企利税的大好事。关于为什么要改革国税地税征管体制，下列说法正确的有(　　)。

A. 这是切实加强党对税收工作全面领导的必然要求

B. 这是更好顺应新时代人民群众新期待的必然要求

C. 这是充分发挥税收服务国家治理作用的必然要求

D. 这是加大地方政府财政收入统筹力度的必然要求

【参考答案】ABC

【答案解析】选项 D 说法错误。税务部门实行双重领导体制，实际上要求税务部门更好地承担起双重服务的职责，既要坚决服从服务好党中央、国务院的决策部署，又要进一步做好服务经济社会发展工作。

12. 中共中央办公厅、国务院办公厅印发了《国税地税征管体制改革方案》，下列选项属于国税地税征管体制改革原则的有(　　)。

A. 坚持党的全面领导

B. 坚持为民便民利民

C. 坚持优化高效统一

D. 坚持依法协同稳妥

【参考答案】ABCD

【答案解析】《国税地税征管体制改革方案》指出，国税地税征管体制改革的基本原则为坚持党的全面领导、坚持为民便民利民、坚持优化高效统一、坚持依法协同稳妥。

13. 2019 年全国税务系统的工作重点包括(　　)。

A. 深入学习贯彻习近平新时代中国特色社会主义思想，坚决做到"两个维护"

B. 优化税收执法方式，健全税务监管体系

C. 坚持优化完善再升级，不断巩固和扩大国税地税征管体制改革成果

D. 持续开展"便民办税春风行动"，不断提升纳税人和缴费人满意度、获得感

【参考答案】ABC

【答案解析】全国税务工作会议强调，2019年全国税务系统要重点做好以下工作：一是深入学习贯彻习近平新时代中国特色社会主义思想，坚决做到"两个维护"；二是确保减税降费政策措施落地生根，促进经济高质量发展；三是确保圆满完成预算确定的税费收入任务，为经济社会发展提供财力保障；四是优化税收执法方式，健全税务监管体系；五是坚持优化完善再升级，不断巩固和扩大国税地税征管体制改革成果；六是进一步加强国际税收合作，推动全方位对外开放；七是激发活力提高素质，切实加强税务干部队伍建设；八是毫不放松推进税务系统全面从严治党，着力营造风清气正的良好政治生态。

14. 国家税务总局2019年全面从严治党会议明确，要进一步构建税务大监督格局，要统筹推进三类监督。关于三类监督下列选项中说法正确的有（　　）。

A. 纪检机构的"专责监督"

B. 巡视巡察、督查审计、干部监督3个部门的"职能监督"

C. 机关内设各部门的"日常监督"

D. 广大群众的"舆论监督"

【参考答案】ABC

【答案解析】选项D不合题意。全国税务系统从严治党会议明确要进一步构建税务大监督格局。要统筹推进纪检机构的"专责监督"，巡视巡察、督察审计、干部监督3个部门的"职能监督"和机关内设各部门的"日常监督"，在早、准、严上下功夫，提高监督质量。

三　判断题

1. 针对机构改革中稳定队伍压力较大的实际情况，国家税务总局专门下发做好改革期间思想政治工作的通知，强化思想政治工作责任制，层层实现正职与副职、上级与下级、领导与干部谈心覆盖面要达到80%以上。（　　）

【参考答案】错误

【答案解析】针对机构改革中稳定队伍压力较大的实际情况，国家税务总局专门下发做好改革期间思想政治工作的通知，强化思想政治工作责任制，层层实现正职与副职、上级与下级、领导与干部谈心"全覆盖"。依据是国家税务总局局长王军在 2018 年全国税务系统党建工作会议上的讲话。

2. 中共中央办公厅、国务院办公厅印发的《国税地税征管体制改革方案》明确国家税务总局承担税务系统党的建设、全面从严治党主体责任，地方党委负责指导加强各地税务部门党的基层组织建设和党员教育管理监督、群团组织建设、精神文明创建等工作。　　　　　　　　（　　）

【每考答案】正确

3. 税务系统要着力构建"条主责、块为主，两结合、互为补，抓党建、带队伍"的新纵合横通强党建机制体系，以在双重领导管理体制下，汇聚各方面力量，共抓税务系统党建工作，提高党建工作质量。　　（　　）

【参考答案】错误

【答案解析】"条主责、块双重，纵合力、横联通，齐心抓、党建兴"的新纵合横通强党建机制体系，以在双重领导管理体制下，汇聚各方面力量，共抓税务系统党建工作，提高党建工作质量。

4. 各级党委书记每年与机关各单位、下一级税务局党委主要负责人至少开展 1 次廉政谈话。　　　　　　　　　　　　　　（　　）

【参考答案】正确

5. 国家税务总局要会同省级党委和政府加强税务系统党的领导、做好党的建设、思想政治建设和干部队伍建设工作。　　　　　　（　　）

【参考答案】正确

6. 税务系统"不忘初心、牢记使命"主题教育自上而下分两批进行，第一批为总局，各省、自治区、直辖市和计划单列市税务局，总局驻各地特派员办事处，副省级城市税务局及其直属单位，从 2019 年 6 月开始，8 月底基本结束；第二批为市局、县局及所属单位，从 2019 年 9 月开始，11 月底基本结束。　　　　　　　　　　　　　　　　　　　　（　　）

【参考答案】正确

7. 支部工作第一责任人是支部书记、支部副书记、支部委员、党小组组长，全体党员都要认真履行责任，共同抓好支部工作，主动出主意、想办法、添氛围、增动力，使支部更有活力。　　　　　　　　　　（　　）

【参考答案】错误

【答案解析】支部工作第一责任人首先是支部书记，支部副书记、支部委员、党小组组长乃至全体党员都要认真履行责任，共同抓好支部工作，主动出主意、想办法、添氛围、增动力，使支部更有活力。

8. 2018 年 5 月，中共中央政治局常委、国务院副总理韩正在北京市税务部门调研时强调，改革国税地税征管体制是以习近平同志为核心的党中央作出的重大决策，是深化党和国家机构改革的重要内容，是推进国家治理体系和治理能力现代化的重要举措。 （　　）

【参考答案】正确

9. 《国税地税征管体制改革方案》明确将各级税务部门党组改设为党委，完善了税务系统党的建设领导体制，强化了税务系统党的全面领导，使税务系统党建工作迎来新机遇。 （　　）

【参考答案】正确

10. 国家税务总局在"不忘初心、牢记使命"主题教育中突出税务特色方面提出了抓好"六项行动"。一是党建引领夯基础的行动。二是服务大局促发展的行动。三是为民服务解难题的行动。四是干事创业勇担当的行动。五是深化"四合"激活力的行动。六是转化成果谋思路的行动。 （　　）

【参考答案】正确

四　简答题

1. 简要回答加强新形势下税务系统党的建设的基本原则。

【参考答案】（1）坚持政治引领，加强党对税收工作的全面领导，确保税收事业始终沿着正确的方向前进。

（2）坚持服务中心，努力实现党的建设与税收中心工作融合共进；坚持以上率下，抓机关带系统，充分发挥领导机关和领导干部的示范作用。

（3）坚持问题导向，着力解决党建工作中存在的突出问题，补齐短板弱项。

（4）坚持改革创新，既继承和弘扬好的工作经验和做法，又把握时代脉搏，不断与时俱进、创新方式方法。

2. 某区税务局领导干部全面从严治党不力、维护党的纪律不力、推进党风廉政建设和反腐败工作不坚决不扎实，造成严重后果。纪检监察部门如何履行问责追究责任？

【参考答案】属于纪检监察职权范围的，由纪检监察机构直接作出问责决定，属于党委或其他部门职权范围的，由纪检监察机构及时提出问责建议。在纪律审查中发现党的领导干部严重违纪涉嫌违法犯罪的，应当先作出党纪处分决定，再移送行政机关、司法机关处理。

五 论述题

《中国共产党纪律处分条例》3 年内 2 次修订，再次释放出以铁的纪律管党治党的强烈信号。新修订的《中国共产党纪律处分条例》坚持的党的纪律处分工作原则是什么？

【参考答案】新修订的《中国共产党纪律处分条例》坚持的党的纪律处分工作原则是：①坚持党要管党、全面从严治党。②党纪面前一律平等。③实事求是。④民主集中制。⑤惩前毖后、治病救人。

第二篇　通用业务

第四章
管理学基础

>> 知识架构

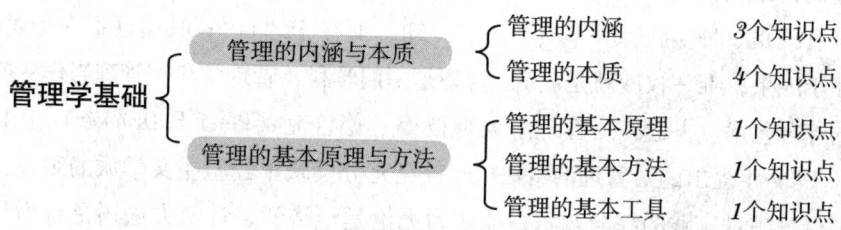

>> 第一节
管理的内涵与本质

一 管理的内涵

【知识点 1】 管理的概念

任何人类有组织的群体活动都需要管理。管理的实质是如何合理分配和协调各种资源，激励组织中的成员高效地实现组织目标。在这个过程中，管理者需要遵循一定的原理、借助一定的方法和工具。而管理学正是研究人类管理活动一般规律的科学。时代背景不同、环境特征不同，管理活动的规律就会表现出不同的特征。管理学学习和研究的目的就是在揭示管理活动一般规律的基础上，分析这种规律在特定时期的表现形式，探讨如何根据这种规律指导不同情景下的管理实践。

何谓管理？作为管理学研究的基本概念，自这个学科萌芽以来，不同的研究者就有着各种各样的见解。以下是具有代表性的 6 种观点。

管理是由计划、组织、指挥、协调及控制等职能为要素组成的活动过程。

这是由现代管理理论创始人法国实业家法约尔（Henri Fayol）于 1916 年提出的。他的论点经过许多人多年的研究和实践，尽管由于时代的变迁，管理的内容、形式和方法已发生了巨大的变化，但其观点基本上是正确的，并成为后来管理定义的基础。

管理就是通过其他人来完成工作。这是美国学者福莱特（Follett）于 1942 年提出的最精简明晰的定义。

管理是一种实践，其本质不在于"知"而在于"行"；其验证不在于逻辑，而在于成果；唯一权威就是成就。管理是一门学科，管理学科把管理当作一门真正的综合艺术。这是美国管理学大师彼得·德鲁克（Peter F. Drucker）于 1954 年和 1989 年提出的对管理的看法。德鲁克充分反映了经验主义学派的观点，一再强调管理是实践的综合艺术，他认为无论是经济学、计量方法还是行为科学都只是管理人员的工具。

管理就是决策。这是 1978 年诺贝尔经济学奖获得者赫伯特·西蒙（Herburt Simon）提出的观点。

管理就是设计并保持一种良好环境，使人在群体里高效率地完成既定目标的过程。这是美国著名管理学家哈罗德·孔茨（Harold Koontz）和海因茨·韦里克（Heinz Weihrich）在 1993 年《管理学》第 10 版中仍坚持的观点。这一定义真正的闪光点在于它首次提出了管理定义中包含了设计并保持一种良好环境。它满足了组织行为学和管理伦理学对管理提出的最基本的要求，也体现了管理对人的起码的尊重和关怀。这正是时代进步的一种标志。

管理是通过协调其他人的工作，有效率和有效果地实地组织目标的过程。这是斯蒂·P. 罗宾斯（Stephen P. Robbins）和玛丽·库尔特（Mary Coulter）于 2005 年《管理学》第 8 版中所表达的观点。

这些定义从不同角度描述了管理活动某个或某些方面的特征。综合这些学者的观点，本书认为，管理是指组织通过计划、组织、领导、控制、创新等职能活动，高效实现组织目标的过程。

【知识点 2】 管理的基本特征

管理的目的是有效地实现组织预定的目标。管理本身不是目的，管理是为高效实现组织目标服务的。"高效"主要是指通过管理以较少的资源消耗以实现组织目标。强调管理是为实现组织目标服务的，一方面，意味着明确了管理的工具或手段属性。既然首先是工具，是手段，那么任何主体都可以运用它来为自己服务。另一方面，意味着作为工具和手段，管理的具体实践必然会体现其运用主体的意志和特征，必然会带有其运用主体的目的和行为烙印。

管理的主体是具有专门知识、利用专门技术和方法进行专门活动的管理者。管理劳动是社会生产过程中分离出来的一种专门活动，管理者是一种专门的职业，不是任何人都可以成为管理者的，只有具备一定素质和技能的人，才有可能从事管理工作。

管理的客体是组织活动及其参与要素。组织需要通过特定的活动实现其目标，活动的过程是不同资源的消耗和利用的过程。为促进组织目标的有效实现，管理需要研究怎样允分地利用各种资源，如何合理地安排组织的目标活动。

管理是一个包括多阶段、多项工作的综合过程。决策虽然在管理劳动中占有十分重要的地位，但是管理不仅是决策，管理者制定了正确的决策后，还要组织决策的实施，激发组织成员的工作热情，追踪决策的执行进展，并根据内外环境的变化进行决策调整。因此，管理是一个包括决策，组织领导、控制以及创新等一系列工作的综合过程。

【知识点3】管理工作的内容

为了提高组织可支配资源的利用效率，管理者首先需要为组织利用资源的活动选择正确的方向，即决策工作，然后根据目标活动的要求设计合理的职位系统，招聘合适的人员，即组织工作；把合适的人员安排在合适的岗位后，需要激励每一位员工，激发其潜能，使其持续地保持旺盛的工作热情，即领导工作；不同成员的行为不一定都符合组织的预定要求，所以要进行及时的追踪和检查，即控制；资源利用的效率在很大程度上取决于活动方法或技术是否合理，随着人们对客观世界认识能力的提升，活动方法需要不断改进。实际上，不仅仅活动方法，组织活动的方向，从事具体活动的人的安排也应随着活动环境与条件的变化而及时调整或创新。因此，组织要通过管理努力保证始终让正确的人用正确的方法在正确的岗位上从事正确的工作。管理包括计划、组织、领导，控制以及创新等一系列工作。

1. 计划

决策是组织在未来众多的行动可能中选择一个比较合理的方案。为选择正确的行动方向，确定合理的行动目标。管理者首先要分析研究组织活动的内部条件，外部环境，要判断组织外部的环境特征及其变化趋势。分析组织内部在客观上拥有的资源状况以及在主观上利用资源的能力，判断组织在资源拥有和利用上有哪些劣势或优势；通过外部环境研究，分析不断变化的环境中可能给组织构成什么威胁，提供何种机会。制定了正确的决策后，还要详细分析为了实现决策目标，需要采取哪些具体的行动，这些行动对组织的各个部门和环节在未来各个时期的工作提出了哪些具体的要求。因此，编制行动计划的工作实质上是将决策目标在时间上和空间上分解到组织的各个部门和环节，对每个单位、每个成员的工作提出具体要求。组织中所有层次的管理者，包括高层管理者、中层管理者和基层管理者，都必须从事计划活动。所谓计划，就是指"制定目标并确定为达成这些目标所必需的行动"。虽然组织中的高层管理者负责制定总体目标和战略，但所有层次的管理者都必须为其工作小组制定经营计划，以便为组织作贡献。所有管理者必须制定符合并支持组织的总体战略目标。另外，他们必须制定支配和协调他们所负责的资源计划，且在计划过程中必须进行决策。决策是计划和修正计划的前提，而计划又是实施决策的保证，计划与决策密不可分。总之，计划是为决策服务的，是实施决策的工具和保证。

2. 组织

为了保证决策活动的有效实施，管理者要根据目标活动的要求设计合理的组织，包括在目标活动分解的基础上分析需要设置哪些岗位，即职务设计；根据一定的标准将不同岗位加以组合形成不同的部门，即机构设计；并根据业务活动及其环境的特点规定不同部门在活动过程中的相互关系，即结构设计；然后根据不同岗位所从事的活动要求或组织现有成员的素质特征，将适当的人员安置在组织结构的适当岗位上，实现人岗匹配；在此基础上向配备在各岗位上的人员发布工作指令，并提供必要的物质和信息条件，以开动并维持组织的运转；在组织运行过程中，要借助不同手段和方法，整合正式组织与非正式组织、直线与参谋以及不同层级管理人员的贡献，并根据业务活动及其环境特点的变化，研究与实施组织结构的调整和变革。

3. 领导

把组织的每个成员安排在适当的岗位上，还要努力使每个成员以高昂的士气、饱满的热情投身到组织活动中去，这便是领导工作。所谓领导是指利用组织赋予的权力和自身的能力、人格魅力去指挥和影响下属，为实现组织目标而努力工作的管理活动过程。有效的领导可以采用适当的方式，运用合理的制度，针对组织成员的需要及特点，采取一系列措施去提高和维持组织成员的工作积极性。

4. 控制

控制是为了保证组织系统按预定要求运作而进行的一系列工作，包括根据预先制定的标准检查和监督各部门、各环节的工作，判断工作结果与目标要求是否相符；如果存在偏差，则要分析偏差产生的原因以及偏差产生后对目标活动的影响程度；在此基础上，还要针对原因，制定并实施纠正偏差的措施，以确保决策活动的顺利进行和决策目标的有效实现。

5. 创新

控制使组织活动按预定的目标和要求进行，维持了组织活动的有序性，从而为效率的提高提供了保证。但是，组织活动是一种伸向外部、面向未来的活动。组织外部的环境以及企业内部与之相关的可以利用的资源是不断变化的。即便环境与资源不变，组织中的管理者对资源与环境的认识也可能发生改变。这些变化要求组织内部的活动技术与方法不断变革，组织活动与人的安排不断优化，甚至组织活动的方向、内容与形式选择也需要不断地进行调整。这些变革、优化和调整是通过管理的创新职能来实现的。

如果说管理的工作内容包括计划、组织、领导、控制以及创新，那么管理学理论的研究也就是沿着这样的思路来展开。

二 管理的本质

管理究竟是管人还是管事？管理研究中对这个问题有不同的认识。实际上，任何活动都是要靠人来完成的，活动的选择和组织实施都是人的行为，因此管理首先是对人或人的行为的管理，管理的本质从某种意义上说是对组织成员在活动中的行为进行协调。组织成员的行为能够被有效协调的前提是他们愿意接受这种协调，而且他们的行为具有一定程度的可协调性。

【知识点1】 管理是对人或对人的行为的管理

毫无疑问，管理需要管事。在管理活动的内容中我们分析指出了为有效利用组织可支配的资源，首先需要选择活动的方向与内容，需要制定正确的决策，需要做对的事情。但是，这个选择本身是作为管理者的人去完成的，作为选择结果的企业决策是要靠组织中的所有人来努力落实的。管理者对事的管理的目标是通过对人的管理来实现的。管理者的主要工作是选择对的人去做对的事情，并努力让这些人在做事情的过程中表现出符合组织需要的行为。只要组织中的每个人都能在合适的岗位上从事符合组织需要的事并始终表现出符合组织要求的行为，决策目标的实现就会是必然的结果。管理者的工作主要是对人的管理，意味着管理者的成功、管理者的职业生涯发展，在很大程度上不仅仅取决于自己的个人素质、能力以及努力程度，而且更多地取决于他们识人和用人的能力，取决于他们调动和维持人的积极性的能力。

【知识点2】 管理的本质是对人的行为进行协调

由于认知和行动能力的限制，个人在参与组织活动中表现出的行为不一定完全符合组织的要求，管理者首先要努力引导组织成员的行为使之与组织的目标要求相一致。同样，由于认知和行动能力的差异，不同组织成员在不同时空表现出的行为虽然单个地分析都是符合组织要求的，但从整体上来看，他们的行为以及在此基础上对组织提供的贡献之间也可能出现不平衡。因此，管理者的任务是协调不同成员在组织活动中的行为和贡献。正如马克思在《1844年经济学哲学手稿》中所指出的："凡是直接生产过程具有社会结合过程的形态，而不是表现为独立生产者的孤立劳动的地方，都必然会产生监督和指挥的劳动。"

协调组织成员的行为是以组织成员愿意接受协调和组织成员的行为可以协调为前提的。巴纳德曾经强调，组织是一个协作系统。协作系统能够存在并持续的第一个基本要素就是组织成员的协作意愿。协作意愿的实质是组织成员愿意在一定时期内把对自己一定程度的控制权交由组织行使，愿意根据组织的要求提供组织所需的服务。因此，只要组织成员还留在组织内就意味着他们愿意接受管理者对他们行为的协调。可协调性是指组织成员能够根据管理者的指令或要求表现出相应行为。管理者之所以向某个或某些组织成员发出某个指令，是因为他估计相关组织成员会根据这个指令表现出某种相应的行为。也就是说，管理者与作为被管理者的组织成员的关系是互动的。实际上，不仅是管理者与被管理者之间，而且持续交往的社会成员之间的关系都是互动的。

上述分析表明，行为可协调性的前提是行为的可预测性。管理者之所以能对组织中不同成员的行为进行有效的协调，是因为他自己和作为协调对象的组织成员的行为都具有一定程度的可预测性。人们的行为之所以可预测是因为人们的行为呈现出一定的规律性，而人们的行为之所以表现出这种规律性是因为人们在行为过程中自觉或不自觉、有意识或无意识地遵循了一定的行为规则。按规则办事，行为可预测，人们才会愿意继续交往下去，稳定的社会关系才会形成。因此，行为可预测要求存在规则，大家了解规则、接受规则、愿意根据规则来选择自己的行为表现。因此，从某种意义上也可以说，实质表现为协调的管理活动要围绕着规则的设立、运行以及不断改进来组织展开。

【知识点3】 管理的科学性与艺术性

讨论管理活动的本质，人们马上会想到管理研究中多年来一直争论的一个问题：管理究竟是科学还是艺术？对这个问题至少存在3种不同的观点：有学者认为管理是科学，有学者认为管理是艺术，有学者认为管理既是科学又是艺术。主张管理是科学的人通常强调管理研究总结了管理活动的一般规律，形成了系统管理理论。在管理工作中，我们也可以借助许多科学的手段、工具以及方法。强调管理是艺术的人则认为，对于相同的理论、相同的原则、相同的手段，不同的人有不同的理解。即使有相同的理解，在管理实践中也可能有不同的运用；即使有相同的运用，产生的效果也可能是不一样的。我们认为困扰我们多年的这个争论是源于问题表述的不严谨。管理是科学还是艺术？这里的管理指的是管理理论（或管理学）还是管理工具（手段与方法），或是管理实践？如果非常明确地表述了上述3种不同指向，那么答案是不言自明的。管理理论和管理工具毫无疑问是科学的，或者可以是科学的，而管理实践则明显地表现出艺术性的特征。在管理实践中，管理者需要根据活动环境、活动条件以及活动对象等因素的特征及其变化艺术地运用那些科学的理论、手段和方法。实际上，管理活动的有效性在很大程度上正是取决于管理者能否艺术地运用以及在何种程度上艺术地运用那些科学的理论、手段和方法。

【知识点4】 管理的自然属性与社会属性

管理是对组织中人的活动进行整合和协调。组织活动过程是一系列资源的组合过程。这些资源及其利用方法都与一定的技术相联系。不同的时代背景下技术发展水平不同，对整合资源利用过程的管理也必然体现出不同的特征。这些特征与管理的自然属性相关。在不同社会制度背景下对不同类型组织不同活动的管理会表现出相似的自然属性特征，在不同背景实践中抽象出的与之相关的管理理论与方法也因此具有一般借鉴意义。

对组织中人的活动的整合必然会涉及对活动中人的关系的协调。管理是为了达到预期目的而进行的特殊活动。管理的预期目的是管理主体的利益和意志的体现。具体组织的具体管理总是为一定的管理主体或他们所代表的社会阶级的利益服务的。代表的利益不同，管理需要达成的目的就不一样，管理过程中管理主体对需要协调的人的关系的假设以及协调人的关系的方法和手段就有可能不同。正如马克思在分析资本主义企业管理时所指出的："资本家的管理不仅是一种由社会劳动过程的性质产生并属于社会劳动过程的特殊职能，它同时也是剥削一种社会劳动过程的职能，因而也是由剥削者和他所剥削的原料之间不可避免的对抗决定的。"管理为管理主体利益服务，是管理主体为实现其预期目的而需借助手段的特点决定了管理具有特殊的社会属性。管理社会属性的特征决定了在特殊背景下产生的理论与方法总是与这个特殊背景有着密不可分的关系，其他社会背景下的组织借鉴和运用这些理论和方法时必须考虑到社会制度、主体性质、服务目的以及主客体关系等方面的差异。

>> 第二节
管理的基本原理与方法

 **管理的基本原理**

在组织和协调群体活动的过程中，管理者必须遵循人本、系统、效益及适度等基本原理，利用理性分析和直觉判断等基本方法，借助权力和组织文化等基本工具，从而使组织高效地实现目标。

【知识点】 管理的基本原理

管理的基本原理是管理者在组织管理活动的实践中必须遵循的基本规律。这些规律主要有人本原理、系统原理、效益原理以及适度原理。

1. 人本原理

组织是人的集合体，组织活动是由人来进行的，组织活动的管理既是对人的管理，也是通过人进行的管理。人是组织的中心，也是管理的中心，人本原理当是管理的首要原理。以人为中心的人本原理要求对组织活动的管理既是"依靠人的管理"，也是"为了人的管理"。"依靠人的管理"一方面强调组织需要管理者参与管理，参与组织活动方向、目标以及内容的选择、实施和控制，另一方面强调根据人的特性对组织、对人进行管理，重视管理的人性化。活动方向（做正确的事）与方式（用正确的方法做事）的选择影响着组织活动的效益水平。这种选择是否正确，在很大程度上取决于选择者是否拥有与选择有关的各种情报信息。管理者对这些信息的掌握可能受到时间、角度、层次以及个人能力等方面的限制。组织被管理者参与决策，用执行者在具体业务活动中了解的组织各环节活动能力及其利用情况以及相关环境特点的情况来弥补管理者的信息不足，可以提高组织活动方向和方式选择的正确性，同时会使他们在活动过程中产生某种认同感，从而可以诱发他们自觉地为实现自己参与选择的组织活动而努力。此外，我们还知道，人是参与组织活动的各种要素中的最活跃者。如果说其他要素是被动、消极地参与组织活动的话，人则是积极、主动地投入这种活动中的。因此，人的态度和积极性直接关系到活动中其他要素的利用效果，从而决定着组织活动的效率。激发人的积极性、纠正人的工作态度，要求管理者研究行为和态度的影响因素，考虑到人的物质的和精神的各种需要，根据人的特点来进行领导和激励，实行"人性化的管理"。

"为了人的管理"，是指管理的根本目的是为人服务的。管理的为人服务不仅应包括通过管理工作来提高组织业务活动的效率，从而使组织能够更好地满足服务对象的要求，而且应包括通过管理工作，充分实现组织成员的社会价值，促进组织成员的个人发展。在经济发达的今天，人们参与某个组织活动的目的，绝不仅仅是解决生计问题，能在社会活动中有所作为并使自己的社会价值得到充分实现已成为许多社会成员非常重要的心理需要。这种需要的满足，不仅要求管理者组织民主决策，而且要求管理者根据每个组织成员的素质特点安排恰当的工作，同时要求通过这种安排使每个人都有机会在组织的业务活动中增加知识、提高能力、完善素质，从而实现自身的不断发展。"为了人的管理"还应体现在全体组织成员共享由于管理而促进的组织绩效的改善。组织绩效成果的改善是全体组织成员共同努力的结果。只有让全体成员分享劳动成果，才能在根本上保证每一个人的利益，调动每一个人参与组织活动的积极性。

2. 系统原理

系统，是指由若干相互依存、相互作用的要素或子系统组合而成的具有特定功能的有机整体。客观世界中存在形形色色的系统。根据不同的标准，系统可以分成不同类型。从系统形成方式看，可分为自然系统与人造系统。自然系统是由自然物质组成的系统，人造系统则是人为了实现某种目的而有意识建立的系统。从系统是否与环境交互作用看，可分成封闭系统与开放系统。封闭系统是指不与外界进行物质、信息、能量交换的系统，开放系统则在存在与运行过程中不断地与外界发生交互作用。从系统状态是否发生变化这个角度来分析，可以分成静态系统与动态系统。静态系统的结构和状态不随时间而改变，动态系统的结构和状态随时间而改变。显然，我们研究的组织、组织所从事的活动以及对组织活动的管理都是人造、开放、动态的系统类型。

人造、开放、动态的社会经济组织系统虽然存在多种形式，但一般来说具有以下共同特征：①整体性。整体性是系统的基本特征，主要表现在 2 个方面。一是，从构成上来看，系统是由若干既相互联系又相互区别的要素（子系统）构成的整体；二是，从功能上来看，系统的整体功能实现依赖于要素的相互作用。②相关性。相关性是指系统各要素之间相互制约、相互影响、相互依存的关系。③有序性。系统的有序性是指系统在相对稳定的结构状态下有序运行。主要表现在 2 个方面。一是，系统内各要素相互作用的层次性，即构成系统的各要素在不同的层次上发挥作用；二是，系统要素相互作用的方向性，即系统各要素在纵向的各层次之间和横向的各环节之间朝一定的方向交互作用。④与外部环境的互动性。系统与外部环境的关系是互动的。一方面，系统要根据环境的特点及变化选择并调整自己的活动；另一方面，系统会通过自己的活动去影响和改造环境，使环境朝有利于自己的方向变化。

根据系统论的观点，我们在组织管理活动时应注意以下 3 个方面：

（1）管理活动所要处理的每一个问题都是系统中的问题。因此，解决每一个具体的问题，不仅要考虑该问题的解决对直接相关的人和事的影响，还要顾及对其他相关因素的影响；不仅要考虑到对目前的影响，还要考虑到对未来可能产生的影响。只有把局部与整体、内部与外部、目前与未来统筹兼顾、综合考虑才能妥善地处理组织中的每一个问题，避免顾此失彼。

（2）管理必须有层次观点。组织及其管理活动是一个多元、多级的复杂系统。在这个系统中，不同层次的管理者有着不同的职责和任务。各管理层次必须职责清楚、任务明确，并在实践中各司其职，各行其权，各负其责，以正确发挥各自的作用，实现管理的目标。如果管理工作层次不清、职责不明，或者虽然层次分明，但上级越权指挥、下级越权请示，不按组织层次展开工作，则可能使管理系统变得一片混乱。

（3）管理工作必须有开发观点。组织与环境的作用是交互的，管理者不仅应根据系统论的观点，注意研究和分析环境的变化，及时调整内部的活动和内容以适应市场环境特点及变化的要求，而且应努力通过自己的活动去改造和开发环境，引导环境朝着有利于组织的方向去发展变化。

3. 效益原理

任何组织在任何时期的存在都是为了实现一定的目标。同时，任何组织在任何时期的目标活动都需要组合和利用一定的资源，从而付出一定的代价。效益是指组织目标的实现与实现组织目标所付代价之间的一种比例关系。追求组织活动的效益就是以尽量较少的资源消耗去实现组织的既定目标。

追求效益是人类一切活动均应遵循的基本规则，这是由资源的有限性所决定的。我们知道，在特定的历史时期，人类认识自然和改造自然的能力总是有限的。因此人们能够从自然界取得的物质资源以及利用这些资源生产的物质产品的数量也是有限的。而与此相对应，人们希望通过这些资源和产品的利用来满足的需要总是无限的。解决资源的有限性与人类需要的无限性之间的矛盾，是经济学与管理学的古典课题和永恒任务。为了缓和这个矛盾，人类必须在一切社会活动特别是经济活动中遵循效益的原理。

效益即是目标实现与实现目标的代价这两者之间的关系，追求效益就应该向这两个方面去努力。组织目标能否实现，实现的程度高低，通常与目标活动的选择有关。活动的内容选择不当，与组织的环境特点或变化规律不相适应，那么，即使活动过程中组织成员的效率很高，结果也只能是南辕北辙，组织目标无法实现。组织实现目标的代价与目标活动过程中的资源消耗有关，而资源消耗的高低则取决于活动正确与否。方法正确，资源则可能得到合理配置、充分利用；方法失当，则可能导致资源的浪费。因此，"做正确的事"是追求效益的前提，"用正确的方法做正确的事"则是实现效益的保证，管理者必须注意提高自己和下属的"做正确的事的能力"和"用正确的方法做事的能力"。

4. 适度原理

管理活动中存在许多相互矛盾的选择。例如，在业务活动范围的选择上专业化与多角化的对立。专业化经营可以使企业稳定业务方向和顾客队伍，从而有利于企业完善管理、改进技术；多角化经营则可以使企业有广阔的市场，分散经营风险。又如，在组织结构的安排上，有管理幅度宽窄之分。较宽的管理幅度可以减少管理层次，从而加快信息的传递速度，提高组织高层决策的及时性，同时可避免上级对下级工作的过多干预，从而有利于发挥下级在工作中的主动性；较窄的管理幅度则可以减少每个层次的管理者需要处理的信息量，从而有利于有价值的信息被及时识别和利用，同时可以使管理者有较多的时间去指导下属，从而有利于下属工作能力的提高。再如，在管理权力的分配上，有集权与分权的矛盾。集权可以保证组织总体政策的统一以及决策的迅速执行，而分权则可增强组织的适应能力，提高较低层次管理者的积极性。在这些相互对立的选择中，前者的优点恰好是后者的局限之所在，而后者的贡献恰好构成了前者的劣势。因此，组织在业务活动范围的选择上既不能过宽，也不能过窄；在管理幅度的选择上，既不能过大，也不能过小；在权力的分配上既不能完全集中，也不能绝对分散，必须在两个极端之间找到最恰当的点，进行适度管理，实现适度组合。正因为存在这些相互对立的选择才使得管理者的劳动显得更加重要，同时正因为这些对立的存在从而寻求最佳组合的必要，才决定了管理者的工作效率更多的不是取决于对管理的理论知识和方法的掌握程度，而是取决于对所掌握的知识和方法的应用能力。也许正是这个原因，管理的有效性才更多地取决于管理者艺术地运用科学的管理理论与方法的能力。

二 管理的基本方法

【知识点】 管理的基本方法

管理者在组织管理活动的过程中，需要借助大量的方法。根据管理对象的不同，这些方法包括与人有关的管理方法、与物有关的管理方法、与资金管理有关的管理方法以及与活动组织有关的管理方法；根据活动选择与组织实施的阶段不同，这些方法涉及方案的制定、方案的比较、方案的组织实施以及实施过程中的控制；根据管理的层次，这些方法可分成宏观的管理方法、中观的管理方法以及微观的管理方法；根据属性的不同，管理方法可分成法律方法、行政方法、经济方法以及教育方法；等等。抽象地看，这些方法或者以理性分析为基础，或者以直觉判断为依据。

1. 理性分析

自泰勒以来，管理研究中就一直强调管理的科学性，强调用科学的手段与方法来科学地组织管理的过程，管理的科学性是以理性分析为基础的。理性分析不仅仅是大量严格的定量方法的运用，而且是以严密的逻辑思维为基础。毫无疑问，科学地组织管理活动过程，要求我们对组织活动的外部环境和内部条件进行充分分析，在这个基础上制定不同的方案，对这些不同方案进行充分比较后选择实施方案，并进一步论证所选方案的可行性与合理性，为方案的组织实施提供支持。方案的制定、比较以及论证过程中需要借助大量科学的定量分析方法，正是因为定量分析方法的这种普遍需要才催生了以探讨模型的构建和运用为主要特征的管理科学和管理工程的迅速发展。

但是，严格的定量分析方法的构建与运用是以严密的逻辑思维为基础的。数学模型抽象地反映了参与组织活动的各种要素之间相互关系的一般特征，或者抽象地反映了这些要素组合过程的一般规律。这些特征和规律的抽象是通过对管理实践中的大量相关因素及其相互关系的观察、分析、归纳、演绎后才得出的。科学的观察、分析、归纳、演绎过程是一个严密的逻辑思维过程。实际上，不仅这些模型的构建要求以逻辑严密的分析为基础，其运用更需要管理者清晰地思考和辨识各要素之间的因果或相关等关系性质，准确地选择恰当的方法来对相关活动进行分析和计算。

以定量分析方法运用及严密的逻辑思维为基础的理性分析是管理过程中比较普遍采用的方法，有的人甚至认为这是唯一的科学管理方法。

2. 直觉判断

我们在进行理性分析的同时，也不能忽视直觉的作用。直觉的运用表面上来看不那么精确、不那么科学，有人甚至认为根据直觉判断来进行决策是一种"拍脑袋"的方法。但是在组织的管理实践中，甚至在个人的日常生活中，许多重要问题的处理，直觉或者说以直觉为基础的判断，仍发挥着重要的作用。对个人来说，生活并不总是理性的；对组织来说，组织环境的变化并不总是依循既有的规律，即便依循一定的规律，因相关因素的错综复杂，这种变化的规律也可能未能被迅速揭示，特别是组织活动中需要处理的许多问题时间敏感性很强，以直觉判断为基础的决策就显示出优越性。

德国军事学家克劳塞维茨在分析拿破仑战略思想时曾指出，拿破仑许多战略行动的成功是源于他在广泛阅读历史战例、思维沉淀的基础上，在关键时刻能够结合当时的自然地理特点"闪现灵感"。尽管环境异常复杂，"极端黑暗"，依然能"发生一线内心的光明，足以指出真实的方向"。熊彼特曾经强调："个人的直觉与力量是企业能否成功的关键"。实际上，许多科学家也非常强调直觉的作用。爱因斯坦曾经指出，真正有价值的东西是直觉；门捷列夫也曾强调，元素周期表的发现依靠的主要是直觉；牛顿在苹果树下的重大理论发现也曾借助了直觉性质的顿悟。

直觉，表面上看没有切实的数据，没有定量的模型，没有精确的计算，因而没有形式上的科学性。但实际上，直觉仍是一个快速的逻辑思维过程的结果。虽然我们目前还无法用科学的语言严谨地描述和揭示直觉思维的科学特征，但是毫无疑问，直觉思维有着非常丰富的科学内涵。揭示管理者直觉思维的科学内涵研究如何通过管理教育去提升管理者以直觉判断为基础的决策能力，应当成为管理研究的重要课题。

三　管理的基本工具

【知识点】管理的基本工具

管理者在管理活动中可以借助许多工具。如果说管理的本质是规范和协调人的行为，那么管理者影响人的行为的手段无非两类：一类与权力有关，另一类与组织文化有关。管理者既需要运用权力直接规范被管理者在组织中必须表现的行为，并对其进行追踪和控制，也需要借助组织文化引导组织成员在参与组织活动过程中不同时空的行为选择。

1. 作为管理工具的权力

权力本是政治学研究的一个基本概念，它描述的是组织中的相关个体在一定时期内相对稳定的一种关系。这种关系的性质，有学者认为是"命令—服从"关系，也有学者认为是一种影响关系。把权力的实质理解为命令与服从，则权力关系是单向的，权力的主体根据自己的意志决定权力指向的客体的行为，权力指向的客体必须根据权力主体的要求表现出符合其旨意的行为。把权力的实质理解为影响力，则权力关系必然是双向的。权力主体在某些问题的处理上对权力指向的客体可能产生一定的影响，但与此同时，权力指向的客体可能在另一些问题的处理上影响权力主体的行为。当然，即使从命令与服从的角度去理解，权力关系中相关主体的行为也是互动的，影响是双向的。权力指向对象的服从是权力关系得以维系的基本前提，但是需要指出的是，不论我们如何强调权力关系中的互动性，不同权力主体影响对方行为的能力或可能性是不同的，有的主体是主动施与，有的主体是被动接受；有的主体有更多的选择，有的主体选择空间非常有限。有的主体影响能力大一些，话语权多一些，有的主体则影响力小一些，话语权少一些，不完全平等的权力地位是权力关系的基本特征。实际上，在完全平等的权力关系下，行为主体间的互动是无法继续的，组织也因此无法有序地运行。权力关系中相对权力地位或相对影响力不一样的原因是行为主体拥有的权力资源不同。

行为主体的权力资源可能包括：具有为组织活动所必需的某种专门知识或技能；在组织的以往活动中，取得过明显的成功，表现出丰富的经验和能力办事公正，待人诚恳，表现出被普遍赞誉的个人品质；在组织中所担任的职位提供了某种奖励或惩罚他人的可能性。从某种意义上说，特殊的知识、能力经验、品质以及组织中的职务都是稀缺性资源，所以用经济学的术语去表述一个人在组织中的权力或影响力是其能够支配的相关稀缺资源的函数。这些资源有的与行为主体在组织中担任的职位有关，有的则来自行为主体自身或自身的学习与工作经历。我们把前者称为正式的职位或职务权力，把后者称为非正式的个人影响力、人格魅力。虽然任何管理者都需要借助个人影响力在组织中发挥作用但是决定他在组织中权力地位的首先是职位所赋予他的正式权力。在不同岗位任职，决定了任职者应该承担的责任以及拥有的权限，决定了他与相关岗位任职者的权力关系。

2. 作为管理工具的组织文化

组织文化是一个内涵非常丰富的概念。有学者认为组织文化是组织的基本规则，有学者认为组织文化不仅包括以价值观为主体内容的核心文化，还包括以组织成员行为特征和组织物质形式为外在表现的行为文化和物质文化。编者认为，组织文化的核心是组织成员普遍认同、共同接受的价值观念以及由这种价值观念所决定的行为准则。价值观是组织文化的内核，价值观的性质决定了组织文化的基本特征。行为准则体现了核心价值观的具体要求，为组织成员的日常行为选择提供了具体的依据。价值观和行为准则的广泛认同、普遍接受决定了组织文化是一种内化于组织成员的管理工具，而不是一种外在的管理手段。

组织文化一旦形成，对组织成员的行为影响就会是持续的、普遍的，而且是低成本的。依据共同的价值观念和行为准则，人们在组织中不同时空自觉的行为选择将不仅符合组织的目标要求，而且相互之间是协调的，即使出现某种或某些不协调，他们也会自觉地相互协调适应。

作为一种低成本的管理工具，文化的发挥作用曾经是无意识的。实际上，不论我们是否意识到，任何组织都存在一定的文化；不管我们是否愿意，这样的文化对组织成员的行为进而对组织活动的效果都会产生一定的影响。在组织成功影响因素的研究中，人们发现了文化的存在及其作用，如何构建合理的组织文化以引导组织成员的积极行为也因此成为当今管理者的一个重要任务。

>> 习题演练

 单项选择题

1. 管理是一种实践，其本质不在于"知"而在于"行"，其验证不在于逻辑，而在于成果；唯一权威就是成就。这是美国管理学大师(　　)提出的观点。

A. 亚当·斯密　　　　　　　　B. 罗伯特·欧文

C. 亨利·法约尔　　　　　　　　D. 彼得·德鲁克

【参考答案】D

【答案解析】这是美国管理学大师彼得·德鲁克于 1954 年和 1989 年提出的对管理的看法。

2. 保证组织中进行的一切活动符合所制定的计划和下达的命令，这是管理的(　　)职能。

A. 控制　　　　B. 组织　　　　C. 领导　　　　D. 决策

【参考答案】A

【答案解析】控制是为了保证组织系统按预定要求运作而进行的一系列工作，包括根据预先制定的计划标准检查和监督各部门、各环节的工作。

3. 通过方案的产生和选择表现出来的管理职能是(　　)。

A. 计划　　　　B. 组织　　　　C. 领导　　　　D. 决策

【参考答案】D

【答案解析】决策是组织在未来众多的行动可能中选择一个比较合理的方案。

4. 组织目标的实现与实现组织目标所付代价之间的一种比例关系是指(   )。

A. 效益　　　　　B. 效果　　　　　C. 效率　　　　　D. 成效

【参考答案】A

【答案解析】效益，是指组织目标的实现与实现组织目标所付代价之间的一种比例关系。

5. 在组织中，(   )构成组织沟通最基本的内容，也是最基本的协调工作。

A. 群体间沟通　　B. 个体间沟通　　C. 组织间沟通　　D. 单向沟通

【参考答案】B

【答案解析】管理者是群体活动的发起者和管理活动的组织核心，承担着大量的沟通工作。管理沟通是管理者为了实现管理和组织目标，运用各种传播手段，与管理环境中的各种组织和人员交流信息，以期达到一致行动的过程。

6. 组织文化的特征不包括(   )。

A. 超个体的独特性　　　　　　　B. 相对稳定性

C. 融合继承性　　　　　　　　　D. 绝对性

【参考答案】D

【答案解析】组织文化具有的特征包括：超个体的独特性、相对稳定性、融合继承性和发展性。

7. 在各种沟通方式中，快速传递，快速反馈，信息量很大，但传递中经过层次愈多，信息失真愈严重，核实越困难的沟通方式是(   )。

A. 电子媒介　　B. 非语言　　C. 书面　　　　D. 口头

【参考答案】D

【答案解析】口头沟通方式的优点是：快速传递；适合表达感觉和感情；更加个性化；成本较低；可以根据反馈及时进行改正和调整。缺点是：传递中经过层次愈多信息失真愈严重；话一出口就很难收回；有时难以控制时间；

易带有个人色彩而影响信息的可靠性。

8. 在各种沟通方式中，具有持久、有形、可以核实等优点；但效率低，缺乏反馈的沟通方式是(　　)。

A. 电子媒介　　B. 非语言　　C. 书面　　D. 口头

【参考答案】C

【答案解析】书面沟通的优点是：持久、有形；适合传达复杂或困难的信息；可以回顾；便于存档保管以便日后查证；在发送信息前可以进行细致的考虑和检查。缺点是：耗时；反馈有限且缓慢；缺乏有助于理解的非语言暗示；有时人们不愿意阅读书面的东西；无法了解所写的内容是否被人阅读。

9. 不属于行政执行的方法是(　　)。

A. 法律　　B. 经济　　C. 教育　　D. 诉讼

【参考答案】D

【答案解析】行政执行的方法包括：①行政手段。即依靠行政机关内部层级节制的机制，通过命令、指挥、控制、规定、指令等实施政策执行的方法。②法律手段。即行政机关通过制定行政法律、法规、法令等，对行政执行的实施过程进行规范的方法。③经济手段。即行政机关运用包括税收、罚款、政府开支、政府合同、利息在内的各种经济杠杆，在尊重经济规律的前提下，通过调节经济变量的关系，达到行政执行的目的。④教育手段。即行政机关通过宣传、动员、感化、鼓舞等沟通方式，将政策理念输入人们脑海之中，使之理解政策的内容和意义，自觉地为行政执行服务。

10. 学习型组织的特征是(　　)。

A. 系统思考　　B. 思维能力　　C. 团队学习　　D. 思考和创新

【参考答案】A

【答案解析】学习型组织的特征是系统思考，只有站在系统的角度认识系统，认识系统面对的环境，才能避免陷入系统动力的旋涡之中。

二 判断题

1. 管理的本质是对人的行为进行协调。　　(　　)

【参考答案】正确

2. 管理既不是科学，也不是艺术。　　　　　　　　　　　　（　　）

【参考答案】错误

【答案解析】管理理论和管理工具毫无疑问是科学的，或者可以是科学的，而管理实践则明显地表现出艺术性的特征。

3. 政府流程再造通常应该坚持 ESIAB 原则。　　　　　　　（　　）

【参考答案】错误

【答案解析】政府流程再造通常应该坚持 ESIA 原则。

4. 战略管理是组织寻求成长的机会以及识别威胁的过程。　（　　）

【参考答案】正确

5. 行政执行是行政机关及工作人员依法执行行政决策，以实现行政目标和社会目标的活动和过程。　　　　　　　　　　　　　　　（　　）

【参考答案】正确

6. 广义的文化，是指人类在社会历史实践过程中所创造的物质财富和精神财富的总和，其中物质文化可称为"软文化"，精神文化可称为"硬文化"。　　　　　　　　　　　　　　　　　　　　　　　　　（　　）

【参考答案】错误

【答案解析】广义的文化，是指人类在社会历史实践过程中所创造的物质财富和精神财富的总和，其中物质文化可称为"硬文化"，精神文化可称为"软文化"。

7. 文化识别是税务文化建设的基础性、经常性、先导性的工作，是税务文化建设的重要内容之一。　　　　　　　　　　　　　　　（　　）

【参考答案】错误

【答案解析】文化诊断是税务文化建设的基础性、经常性、先导性的工作，是税务文化建设的重要内容之一。

8. ABC 时间管理法是把事情的重要程度分为 A、B、C 三个等级，并按照这个顺序来依次完成各项任务。　　　　　　　　　　　　（　　）

【参考答案】正确

9. 联想思维，是指人脑记忆表象系统中，由于某种诱因导致不同表象之间发生联系的一种没有固定思维方向的自由思维活动。　　　　　（　　）

【参考答案】正确

10. 协调作为一门艺术，还有许多深奥的东西，管理者须在实践中用心地摸索、体会并灵活运用。 （   ）

【参考答案】正确

三 简答题

简要回答管理的含义及其管理工作的内容是什么？

【参考答案】管理是指组织通过计划、组织、领导、控制、创新等职能活动，高效实现组织目标的过程。

管理包括计划、组织、领导、控制以及创新等一系列工作。具体内容是：

（1）为了提高组织可支配资源的利用效率，管理者首先需要为组织利用资源的活动选择正确的方向，之后将决策目标在时间上和空间上分解到组织的各个部门和环节，对每个单位、每个成员的工作提出具体要求，即计划工作。

（2）根据目标活动的要求设计合理的职位系统，招聘合适的人员，即组织工作。

（3）把合适的人员安排在合适的岗位后，需要激励每一位员工，激发其潜能，使其持续地保持旺盛的工作热情，即领导工作。

（4）不同成员的行为不一定都符合组织的预定要求，所以要进行及时的追踪和检查，即控制。

（5）资源利用的效率在很大程度上取决于活动方法或技术是否合理，随着人们对客观世界认识能力的提升，活动方法需要不断改进，实际上，不仅仅活动方法，组织活动的方向，从事具体活动的人的安排也应随着活动环境与条件的变化而及时调整或创新。因此，组织要通过管理努力保证始终让正确的人用正确的方法在正确的岗位上从事正确的工作。

四 案例分析题

如何提高效率？

美国某钢铁公司总裁舒瓦浦向一位效率专家利请教："如何更好地执行计

划的方法？"利声称可以给舒瓦浦一样东西，在 10 分钟内能把他公司业绩提高 50%。接着，利递给舒瓦浦一张白纸说："请你在这张纸上写下你明天要做的 6 件最重要的事。"舒瓦浦用了约 5 分钟的时间写完。利接着说："现在用数字标明每件事情对于你和公司的重要性次序。"舒瓦浦又花了约 5 分钟做完。利说："好了，现在这张纸就是我要给你的。明天早上第一件事是把纸条拿出来，做第一项最重要的。不看其他的，只做第一项，直到完成为止。然后用同样的办法对待第二项、第三项……直到下班为止。即使只做完第一件事，那也不要紧，因为你总是在做最重要的事。你可以试着每天这样做，直到相信这个方法有价值的。请将你认为的价值给我寄支票。"1 个月后，舒瓦浦给利寄去一张 2.5 万美元的支票，并在他的员工中普及这种方法。5 年后，当年这个不为人知的小钢铁公司成为世界最大钢铁公司之一。

问题：（1）为什么总裁舒瓦浦有计划却难以执行？效率专家利的方法的关键在哪里？

（2）效率专家利认为"即使只做完第一件事，那也不要紧，因为你总是在做最重要的事。"你认为制定计划光做最重要的事够吗？

（3）效率专家利执行计划的方法使这个不为人知的小钢铁公司成为世界最大的钢铁公司之一。为什么计划能有这么大的作用？

【参考答案】（1）计划工作的内容不仅要制定计划，还包括原因、人员、时间、地点、手段等。总裁舒瓦浦没有列出执行计划的具体时间、地点等，当然难以执行，而效率专家利恰恰抓住了这些关键，即即时、即地要实现的目标是什么，马上完成这些计划。

（2）效率专家利的做法说明制定计划应遵循重点原则，切忌眉毛胡子一把抓，否则难以有效地制定、执行计划。除重点原则外，我们在制定计划时还应遵循统筹、发展、便于控制和经济原则。如果一味地强调重要，就一直盯着做。而事实上难以完成或荒废了太多时间与精力，则得不偿失。

（3）计划作为管理的首要职能，是组织实施的纲要，为控制提供标准，领导在计划实施中确保计划取得成功。计划的作用主要表现在：弥补不肯定性和变化带来的问题，有利于管理人员把注意力集中于目标，有利于提高组织的工作效率，有利于有效地进行控制。

第二篇　通用业务

第五章
政务管理

>> **知识架构**

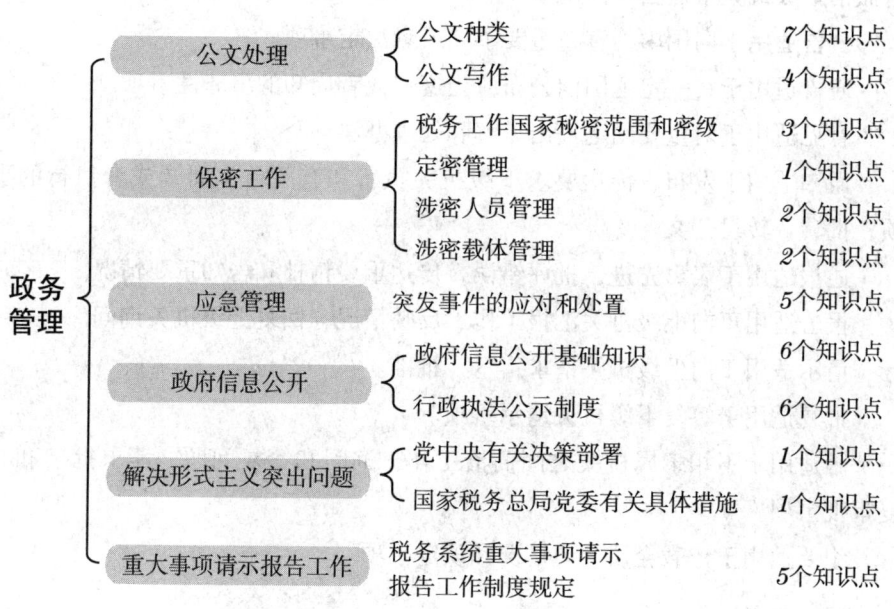

	公文处理	公文种类	7个知识点
		公文写作	4个知识点
	保密工作	税务工作国家秘密范围和密级	3个知识点
		定密管理	1个知识点
		涉密人员管理	2个知识点
政务管理		涉密载体管理	2个知识点
	应急管理	突发事件的应对和处置	5个知识点
	政府信息公开	政府信息公开基础知识	6个知识点
		行政执法公示制度	6个知识点
	解决形式主义突出问题	党中央有关决策部署	1个知识点
		国家税务总局党委有关具体措施	1个知识点
	重大事项请示报告工作	税务系统重大事项请示报告工作制度规定	5个知识点

>> **第一节**
公文处理

一 **公文种类**

【知识点1】 税务机关常用公文种类

2012 年 10 月 10 日，国家税务总局印发《全国税务机关公文处理办法》（国税发〔2012〕92 号）规定税务机关的公文种类主要有：命令（令）、决议、决定、公告、通告、意见、通知、通报、报告、请示、批复、函、纪要。

命令（令）适用于依照有关法律、行政法规发布税务规章，宣布施行重大强制性行政措施，嘉奖有关单位及人员。

决议适用于会议讨论通过的重大决策事项。

决定适用于对重要事项作出决策和部署、奖惩有关单位和人员、变更或者撤销下级机关不适当的决定事项。

公告适用于向国内外宣布重要事项或者法定事项。

通告适用于在一定范围内公布应当遵守或者周知的事务性事项。

意见适用于对重要问题提出见解和处理办法。

通知适用于发布、传达要求下级机关执行和有关单位周知或者执行的事项，批转、转发公文。

通报适用于表彰先进，批评错误，传达重要精神和告知重要情况。

报告适用于向上级机关汇报工作、反映情况，回复上级机关询问。

请示适用于向上级机关请求指示、批准。

批复适用于答复下级机关请示事项。

函适用于不相隶属机关之间商洽工作、询问和答复问题、请求批准和答复审批事项。

纪要适用于记载会议主要情况和议定事项。

【知识点2】 正确选用文种

1. 根据行文方向选用文种

向上级机关的请示、汇报工作或对重要问题提出建议时用"请示""报告""意见"；同平级机关商洽工作，请求批准有关事项用"函"；向下级机关行文可用"通知""批复""通报""决定""意见"；对社会公开发布可用"令""公告""通告"。

2. 根据隶属关系选用文种

对有隶属关系的下级税务机关来文请示有关事项，使用"批复"直接答复，若请示的问题具有普遍性，可使用"通知"或其他文种行文，不再单独批复请示单位。其中，上级税务机关针对下级税务机关有关特定税务行政相对人的特定事项如何适用税收法律、法规、规章或税收规范性文件的答复或者解释，需要普遍执行的，应当按照《税务规范性文件制定管理办法》（国家税务总局令第41号公布，根据国家税务总局令第50号修正）的规定制定税务规范性文件；对没有隶属关系的平级单位或其他单位来文请求批准有关事项，不能使用"批复"，应当采用"通知"或"函"，可以根据工作需要主送相关税务机关，抄送来文单位。

向有关单位请求批准事项、答复有关单位询问事项、向外单位咨询有关事项、与有关单位商洽工作、向有关单位报送工作进展情况、答复外单位来文征求意见使用"函"。

【知识点3】 公文的组成

公文一般由份号、密级和保密期限、紧急程度、发文机关标志、发文字号、签发人、标题、主送机关、正文、附件说明、发文机关署名、成文日期、印章、附注、附件、抄送机关、承办部门名称、印发部门名称和印发日期、页码等组成。

【知识点4】 公文的密级

公文的密级分为绝密、机密和秘密3个等级。尽可能根据公文的内容规定为"长期"或确定保密的最佳期限，如"秘密★6个月""机密★5年""绝密★长期"。不确定具体保密期限的，保密期限一般为绝密30年，机密20年，秘密10年。公文起草时，如引用标有密级公文的标题、文号或内容，必须按原公文的密级标注密级；回复标有密级的来文时，必须按来文的密级标注密级。

【知识点5】 公文的紧急程度

公文的紧急程度分特急、加急2种。特急，是指内容重要并特别紧急，已临近规定的办结时限，需特别优先传递处理的公文。加急，是指内容重要并紧急，需打破工作常规，优先传递处理的公文。

电报的紧急程度分4种，即：特提（即刻办理），特急（2天内办理），加急（4天内办理），平急（6天内办理）。

【知识点6】 公文的标题

公文的标题由发文机关、发文事由和文种组成。公文标题中除法律、法规、规章和规范性文件名称加书名号外，一般不用标点符号。标题一般用2号小标宋体字，排列应使用梯形或菱形，回行时要做到词意完整、排列对称、长短适宜、间距恰当。转发公文标题一般为：本机关名称＋转发＋被转发文件的标题＋的通知；多层转发的，根据主要事由自拟标题，但标题中应含"转发"字样；不得以被转发文件的发文字号作为标题。

【知识点7】 主送机关和抄送机关

主送机关、抄送机关应当使用全称或规范化的简称，其中主送和抄送为税务机关时应当使用全称。抄送机关按上级机关、平级机关、下级机关次序排列；同级机关之间一般按照党委、人大、政府、政协、监委、军队、法院、检察院、人民团体、民主党派等次序排列。

 **公文写作**

【知识点1】 公文拟制

公文拟制包括公文的起草、审核、签发等程序。凡需会签的公文，主办部门应当与会办部门取得一致意见后行文。以机关名义制发的公文，由机关负责人签发。其中，以本机关名义制发的上行文，由主要负责人或者主持工作的负责人签发；以本机关名义制发的平行文或下行文，由主要负责人或者主要负责人授权的其他负责人签发；对涉及重要税收政策或重大问题的，由其他负责人审阅后送主要负责人签发。签发人签发公文，应当签署意见、姓名和完整日期；圈阅或者签名的，视为同意。联合发文由所有联署机关的负责人会签。

【知识点2】 发文办理

发文办理，是指以本机关名义制发公文的过程，包括复核、编号、校对、印制、用印、登记、封发等程序。

【知识点3】 收文办理

收文办理，是指对收到公文的处理过程，包括签收、登记、审核、拟办、批办、承办、传阅、催办、答复等程序。

【知识点4】 公文归档

公文办理完毕后，应当根据《中华人民共和国档案法》及档案管理有关规定，及时将公文定稿、正本和有关材料交本部门文秘人员整理、归档。个人不得保存应当归档的公文。

归档范围内的公文，应以"件"为单位进行分类、排列、编号、编目、装订、装盒。首页右上部空白处加盖"归档章"，打印文件目录。联合办理的公文，原件由主办机关整理、归档，其他机关保存复制件或其他形式的公文副本。每年6月30日前将本部门上一年度办理完毕的公文、材料整理后集中向本机关档案管理部门移交。

>> 第二节
保密工作

一 税务工作国家秘密范围和密级

【知识点1】 税务工作国家秘密范围和密级

涉及国家安全和利益的事项，泄露后可能损害国家在政治、经济、国防、外交等领域的安全和利益，应当确定为国家秘密。国家秘密的密级分为绝密、机密、秘密3级。绝密是最重要的国家秘密，泄露会使国家的安全和利益遭受特别严重的损害；机密是重要的国家秘密，泄露会使国家的安全和利益遭受到严重的损害；秘密是一般的国家秘密，泄露会使国家的安全和利益遭受损害。根据《中华人民共和国保守国家秘密法》《国家秘密定密管理暂行规定》（国家保密局令2014年第1号公布），2018年结合税务工作实际，国家税务总局制定相关规定。

【知识点2】 保密期限

国家秘密的保密期限，除另有规定外，绝密级不超过30年，机密级不超过

20 年，秘密级不超过 10 年。各级税务机关应当根据工作需要，确定具体的保密期限、解密时间或者解密条件。国家秘密的保密期限已满的，自行解密。

【知识点 3】 国家秘密标志形式

国家秘密事项的密级一经确定，须在秘密载体上做出明显的标志。国家秘密标志形式为"密级★保密期限""密级★解密时间"或者"密级★解密条件"。按照有关规定，纸介质文件、资料的国家秘密标志应当标注在文件、资料首页或封面的左上角。

二　定密管理

【知识点】 定密工作管理

定密工作，是指对税务工作中所产生的国家秘密事项，及时准确确定密级、保密期限、知悉范围，并对国家秘密载体做出标志，及时通知应当知悉的机关单位和人员，并按规定进行全过程管理的活动。税务机关所产生的关系国家安全和利益的涉密事项，并在一定时间内只限一定范围的人员知悉的，应按税务工作国家秘密范围的规定定密。

国家税务总局具有税务工作国家秘密绝密级、机密级、秘密级定密权，省税务局、国家税务总局驻各地特派办具有税务工作国家秘密机密级、秘密级定密权。省税务局不得对市、县税务局进行定密授权。各级税务机关均依法具有派生定密的定密权，无需申请相应的定密授权。

三　涉密人员管理

【知识点 1】 涉密人员管理

涉密人员，是指经审查批准经常接触、处理国家秘密事项或知悉、掌握国家秘密事项，在保守国家秘密安全方面负有责任的人员。

税务机关按照下管一级的原则，对涉密人员实行分级管理。涉密人员按其涉及国家秘密事项的密级程度实行分类管理。核心涉密人员是产生、经管或经常接触、知悉绝密级国家秘密事项人员；重要涉密人员是产生、经管或经常接触、知悉机密级国家秘密事项人员；一般涉密人员是产生、经管或经常接触、知悉秘密级国家秘密事项人员。各级税务机关要严格控制接触国家秘密的人员范围，严格限制涉密人员接触国家秘密的范围。各级税务机关要定期对涉密人员进行保密形势、保密法律法规、保密技能等方面的培训。各级税务机关对涉密人员在岗期间履行保密职责、遵守保密纪律和接受保密教育等情况进行定期考核，加强日常管理和监督。

涉密人员离岗、离职的，按照人事管理权限和有关保密规定办理。经审核批准调离涉密岗位的，必须主动清退保存和使用的秘密载体，办理移交手续，并签订涉密人员离岗保密承诺书。涉密人员调离涉密岗位，实行脱密期管理，脱密期内未经审查批准，不得擅自出境，不得到境外驻华机构、组织或者外资企业工作，不得为境外组织、人员或者外资企业提供劳务、咨询或者服务等。涉密人员脱密期限为：一般涉密人员6个月至1年，重点涉密人员1年至2年，核心涉密人员2年至3年。

【知识点2】 保密要害部门部位管理

税务机关保密要害部门，是指日常工作中产生、传递、使用和管理绝密级、机密级、秘密级国家秘密的最小行政单位，如办公室、财务处等；保密要害部位，是指集中制作、存储、保管国家秘密载体的专用、独立、固定场所，如档案室、机要室、计算机中心等。

保密要害部门部位必须严格管理制度，建立健全管理责任制，签订保密要害部门部位负责人保密责任书。保密要害部门部位必须具备完善的人防、技防、物防等防护措施，安装电子监控、防盗报警等安全防范设施。保密要害部门部位使用的办公设备必须符合保密管理要求和保密技术标准，使用进口设备必须进行安全技术检查。各种保密设备的维护、维修应当在涉密工作人员全程陪同监督下进行，并建立维护维修记录。保密要害部门部位的国家秘密载体必须在符合安全标准的设备中保存，并明确管理责任人。保密委员会办公室要定期检查保密要害部门部位技术防范措施落实情况，并进行记录。

四　涉密载体管理

【知识点1】　国家秘密载体管理

国家秘密载体，简称涉密载体，是指以文字、数据、符号、图形、图像、声音等方式记载国家秘密信息的纸介质、光介质、电磁介质等各类物品。

收发涉密载体应当履行清点、登记、编号、签收等手续。各种形式传递的涉密载体，必须履行机要登记后方可使用。传递涉密载体应当通过机要交通或机要通信部门。

制作涉密载体应当标明密级和保密期限，注明发放范围、制作数量、编排顺序号。制作涉密载体应在税务机关保密室或国家保密行政管理部门审查批准的定点单位进行，制作场所必须符合保密要求。

收到涉密载体后，应按照制发单位的要求，确定知悉人员范围。任何部门和个人不得擅自扩大国家秘密的知悉范围。

涉密载体原则上不允许复制。确因工作需要复制，应履行审批手续，经主要领导批准。涉密载体复制后，机要室应对复制份数、复制件密级标识等进行核对，并逐份登记，加盖复制单位戳记，标明复制部门、编号和时间。涉密载体复制件要视同原件管理。

涉密载体应当存放在密码文件柜中，由专人管理。禁止携带涉密载体参加涉外活动或出境。

工作人员调离工作单位，或因退休、辞职等原因离开工作岗位，应对个人所保存的涉密载体进行登记，并定期清查、核对。涉密载体的归档按照国家有关档案管理规定执行。

涉密载体销毁要履行清点、登记、监销、批准手续，经主管领导审核批准后，送交专门的涉密载体销毁机构销毁。

【知识点2】　网络保密管理

1. 信息设备保密管理

信息设备，是指计算机及存储介质、打印机、传真机、复印机、扫描仪、照相机、摄像机等具有信息存储和处理功能的设备。

信息设备必须统一采购、登记、标识、配备，明确涉密信息设备的管理责任人。采购用于存储、处理国家秘密的信息设备，优先选用国产设备，确需进口设备的应当进行详细调查和论证，不得选用国家保密行政管理部门规定禁用的设备部件。

涉密信息设备应在醒目位置标明密级、编号、责任人。涉密信息设备的使用和保管场所应当安全可靠。涉密计算机应当采取符合国家保密标准要求的身份鉴别、访问授权、违规外联监控、移动存储介质使用管控等安全保密措施。变更涉密信息设备的使用部门、密级、责任人应当经过保密委员会办公室批准。涉密信息设备的使用人员、管理人员离职离岗时，税务机关应当收回其涉密信息设备，取消有关涉密信息设备的访问授权。涉密信息设备维修应当在本机关内部进行，指定专人全程监督，严禁维修人员读取或复制涉密信息。确需送外维修的，应提出申请，经批准后，须拆除涉密信息存储部件，到保密行政管理部门确定的定点维修单位进行维修。涉密信息设备淘汰处理时按照涉密载体销毁程序办理。

税务机关人员在使用信息设备时不得有下列行为：

（1）将涉密信息设备接入互联网及其他公共信息网络。

（2）使用非涉密信息设备存储、处理国家秘密。

（3）在涉密计算机与非涉密计算机之间交叉使用存储介质。

（4）使用低密级信息设备存储、处理高密级信息。

（5）在未采取技术防护措施的情况下将互联网及其他公共信息网络上的数据复制到涉密信息设备。

（6）在涉密计算机与非涉密计算机之间共用打印机、扫描仪等信息设备。

（7）在涉密场所连接互联网的计算机上配备或安装麦克风或摄像头等音频视频输入设备。

（8）使用具有无线互联功能或配备无线键盘、无线鼠标等无线装置的信息设备处理国家秘密。

（9）擅自卸载涉密计算机上的安全保密防护软件或设备。

（10）将涉密信息设备通过普通邮政或其他无保密措施的渠道邮寄、托运。

2. 信息系统保密管理

信息系统，是指由计算机及其配套设备、设施构成，按照一定应用目标和规则存储、处理、传输信息的系统或者网络。

涉密信息系统应按照存储、处理和传输信息的相应密级进行管理和防护。集中存储、处理和传输工作秘密的信息系统参照涉密信息系统管理。涉密信息系统的规划、设计、建设、维护等应当按照国家保密规定和标准要求进行，选择具有涉密信息系统集成资质的单位承担，并与资质单位签订保密协议。涉密信息系统的保密设施、设备应当与系统同步规划、同步建设、同步运行。

涉密信息系统应当指定专门人员管理和维护，严格设定用户权限，按照最高密级防护和最小授权管理的原则，控制涉密信息知悉范围。严格规范文件打印、存储介质使用等行为，严格控制涉密信息系统的信息输出。将互联网及其他公共信息网络上的数据复制到涉密信息系统，要严格采取病毒查杀、单向导入等技术防护措施。涉密信息系统的密级、主要业务应用、使用范围和使用环境等发生变更或者系统不再使用时，应按管理权限及时向上级税务机关或当地保密行政管理部门报告。

税务机关人员在使用信息系统时不得有下列行为：

（1）将涉密信息系统接入互联网及其他公共信息网络。

（2）在非涉密信息系统中存储、处理和传输国家秘密信息。

（3）在未经审批的涉密信息系统中存储、处理和传输国家秘密信息。

（4）在低密级涉密信息系统中存储、处理和传输高密级信息。

（5）擅自改变涉密信息系统的安全保密防护措施。

>> 第三节
应急管理

一 突发事件的应对和处置

【知识点1】 突发事件定义及其分类分级

突发事件，是指突然发生的，对税务机关、税务工作人员和相关人员及其财产造成或可能造成损害、构成威胁，需要采取应急处置措施予以应对的自然灾害、事故灾难、社会安全和公共卫生事件。

上述各类突发事件按照其性质、严重程度、可控性和影响范围等因素分成4级,特别重大的是Ⅰ级,重大的是Ⅱ级,较大的是Ⅲ级,一般的是Ⅳ级。突发事件有时相互交叉和关联,某类突发事件可能和其他类别的事件同时发生,或引发次生、衍生事件,要具体分析,统筹应对。

【知识点2】 突发事件的预防预警

各级税务机关要建立应对突发事件的预防、预警、处置、信息报告、信息发布、恢复重建等运行机制,提高应急预防、处置和指挥水平。要认真做好全员防灾抗灾教育工作,普及紧急避险、自救互救知识,增强公共安全和防范风险的意识。要针对各类突发事件完善预防机制,开展风险分析和排查,做到早发现、早报告、早处置。对可能发生的突发事件,要及时进行综合评估,预防突发事件的发生。

各级税务机关应积极参与当地政府组织的应急预警工作,加强本部门的情况监测,最大限度地发现突发事件的苗头、征兆。根据预测分析结果,依据可能发生和可以预警的突发事件的级别,将预警等级对应划分为特别重大(Ⅰ级)、重大(Ⅱ级)、较大(Ⅲ级)、一般(Ⅳ级)4个等级,分别用红色、橙色、黄色、蓝色表示。

【知识点3】 突发事件的先期处置

突发事件发生后,事发地税务机关应紧密依靠当地政府及有关部门采取措施控制事态发展,保护突发事件现场涉密资料、重要物资的安全,收集并保存相关证据,组织开展应急救援工作,并及时向上级税务机关报告。事发地税务机关应根据事件的发生范围、性质和影响程度,按照职责和规定权限启动有关应急预案,合理调配人力、财力、物力等应急资源。

【知识点4】 突发事件的应急响应

税务系统特别重大(Ⅰ级)、重大(Ⅱ级)突发事件发生后,事发地税务机关要立即报告上一级税务机关,最迟不超过1小时。必要时,可直接向国家税务总局报告,同时补报上一级税务机关。省税务机关最迟在3个小时内报告国家税务总局（即同时向国家税务总局应急工作领导小组办公室和相应的专项应急工作组报告），并报告省级政府，不得谎报、瞒报、漏报和迟报。需要上报国务院的突发事件信息，国家税务总局应在国务院规定时限（4小时）内将突发事件信息按程序上报国务院。

对较大（Ⅲ级）、一般（Ⅳ级）突发事件因本身比较敏感、发生在敏感地区、敏感时间，或可能发展为重大（Ⅱ级）以上的突发事件，事发地税务机关可不受特别重大、重大突发事件分级标准的限制，直接向上级机关报告信息。对当地省级人民政府规定的较大（Ⅲ级）以上突发事件，或出现税务工作人员非正常死亡的事件，事发地税务机关应及时逐级报告国家税务总局。对国家税务总局要求上报的突发事件，应在接到通知后立即上报。

报告形式包括口头报告、书面报告。口头报告内容为突发事件的时间、地点、事由、现状、影响、已采取的措施、联系人及联系方式等。其中，报告时间尽量精确到分钟。口头报告后应及时按要求报送书面报告，值班接报人员必须按规定填写报告记录。书面报告分初次报告、阶段报告和总结报告。其中，初次报告应报告突发事件基本情况，一般包括事件发生的时间、地点、信息来源、事件起因、主要性质、基本过程、已造成的后果、影响范围、事件发展趋势、先期处置情况、拟采取的措施以及下一步工作建议、联系人员和联系方式等。阶段报告应报告突发事件的详细处理情况及事态发展变化趋势、下一阶段的工作措施等，并对初次报告内容进行补充、修正。阶段报告应根据突发事件事态发展随时报告。总结报告应对突发事件的起因、过程、处置、后续工作、经验教训等进行总结。事发地税务机关要在突发事件处置结束后 10 个工作日内报送总结报告。

【知识点5】 突发事件的后续管理

突发事件已处置完毕或取得预期处置结果后，应终止应急程序。由应急处置机构提出意见，经应急管理办公室审核，报应急工作领导小组批准。应急处置机构整理应急工作资料，清理遗留未结事项，移交相关职能部门处理，特别是要防止发生次生、衍生事件。

受突发事件影响的税务机关要根据伤亡损失情况有序开展救助、补偿、抚慰、抚恤、安置等恢复重建工作。需国家税务总局予以援助支持的，由事发地省税务机关提出申请，按有关规定报经批准后组织实施。

突发事件应急处置工作实行行政领导负责制和责任追究制。对在突发事件应急管理工作中做出突出贡献的单位和个人，给予表彰和奖励。对迟报、谎报、瞒报、漏报突发事件重要情况或在应急管理工作中有其他失职、渎职行为的，将追究有关责任人的责任。

>> 第四节
政府信息公开

政府信息公开基础知识

【知识点1】 政府信息公开的概念

修订后的《中华人民共和国政府信息公开条例》，自 2019 年 5 月 15 日起施行。

政府信息公开，是指行政机关在履行职责过程中制作或者获取的，以一定形式记录、保存的信息，及时、准确地公开发布。

广义上的政府信息公开主要包括两个方面的内容，一是政务公开，二是信息公开；狭义上的政府信息公开主要指政务公开。政务公开主要是指行政机关公开其行政事务，强调的是行政机关要公开其执法依据、执法程序和执法结果，属于办事制度层面的公开。广义上的政府信息公开的内涵和外延要比政务公开广阔的多，不仅要求政府事务公开，而且要求政府公开其所掌握的其他信息。

【知识点2】 政府信息公开的主管部门

国务院办公厅是全国政府信息公开工作的主管部门，负责推进、指导、协调、监督全国的政府信息公开工作。

县级以上地方人民政府办公厅（室）是本行政区域的政府信息公开工作

主管部门，负责推进、指导、协调、监督本行政区域的政府信息公开工作。

实行垂直领导的部门的办公厅（室）主管本系统的政府信息公开工作。

【知识点3】 政府信息公开工作机构的具体职能

各级人民政府及县级以上人民政府部门应当建立健全本行政机关的政府信息公开工作制度，并指定机构（以下统称政府信息公开工作机构）负责本行政机关政府信息公开的日常工作。

【知识点4】 政府信息公开的原则

行政机关公开政府信息，应当坚持以公开为常态、不公开为例外，遵循公正、公平、合法、便民的原则。

行政机关应当及时、准确地公开政府信息。

行政机关发现影响或者可能影响社会稳定、扰乱社会和经济管理秩序的虚假或者不完整信息的，应当发布准确的政府信息予以澄清。

各级人民政府应当积极推进政府信息公开工作，逐步增加政府信息公开的内容。

各级人民政府应当加强政府信息资源的规范化、标准化、信息化管理，加强互联网政府信息公开平台建设，推进政府信息公开平台与政务服务平台融合，提高政府信息公开在线办理水平。

公民、法人和其他组织有权对行政机关的政府信息公开工作进行监督，并提出批评和建议。

【知识点5】 政府信息公开的特殊情况

依法确定为国家秘密的政府信息，法律、行政法规禁止公开的政府信息，以及公开后可能危及国家安全、公共安全、经济安全、社会稳定的政府信息，不予公开。

涉及商业秘密、个人隐私等公开会对第三方合法权益造成损害的政府信息，行政机关不得公开。但是，第三方同意公开或者行政机关认为不公开会对公共利益造成重大影响的，予以公开。

行政机关的内部事务信息，包括人事管理、后勤管理、内部工作流程等方面的信息，可以不予公开。

行政机关在履行行政管理职能过程中形成的讨论记录、过程稿、磋商信函、请示报告等过程性信息以及行政执法案卷信息，可以不予公开。法律、法规、规章规定上述信息应当公开的，从其规定。

【知识点6】 政府信息的公开审查机制

行政机关应当建立健全政府信息公开审查机制，明确审查的程序和责任。

行政机关应当依照《中华人民共和国保守国家秘密法》以及其他法律、法规和国家有关规定对拟公开的政府信息进行审查。

行政机关不能确定政府信息是否可以公开的，应当依照法律、法规和国家有关规定报有关主管部门或者保密行政管理部门确定。

行政机关应当建立健全政府信息管理动态调整机制，对本行政机关不予公开的政府信息进行定期评估审查，对因情势变化可以公开的政府信息应当公开。

二 行政执法公示制度

【知识点1】 行政执法公示概念

行政执法公示是保障行政相对人和社会公众知情权、参与权、表达权、监督权的重要措施。行政执法机关要按照"谁执法谁公示"的原则，明确公示内容的采集、传递、审核、发布职责，规范信息公示内容的标准、格式。

【知识点2】 行政执法公示途径

建立统一的执法信息公示平台，及时通过政府网站及政务新媒体、办事大厅公示栏、服务窗口等平台向社会公开行政执法基本信息、结果信息。

【知识点3】 不宜公开的信息处理方式

涉及国家秘密、商业秘密、个人隐私等不宜公开的信息，依法确需公开的，要作适当处理后公开。发现公开的行政执法信息不准确的，要及时予以更正。

【知识点4】 强化事前公开

行政执法机关要统筹推进行政执法事前公开与政府信息公开、权责清单公布、"双随机、一公开"监管等工作。全面准确及时主动公开行政执法主体、人员、职责、权限、依据、程序、救济渠道和随机抽查事项清单等信息。根据有关法律法规，结合自身职权职责，编制并公开本机关的服务指南、执法流程图，明确执法事项名称、受理机构、审批机构、受理条件、办理时限等内容。公开的信息要简明扼要、通俗易懂，并及时根据法律法规及机构职能变化情况进行动态调整。

【知识点5】 规范事中公示

行政执法人员在进行监督检查、调查取证、采取强制措施和强制执行、送达执法文书等执法活动时，必须主动出示执法证件，向当事人和相关人员表明身份，鼓励采取佩戴执法证件的方式，执法全程公示执法身份；要出具行政执法文书，主动告知当事人执法事由、执法依据、权利义务等内容。国家规定统一着执法服装、佩戴执法标识的，执法时要按规定着装、佩戴标识。政务服务窗口要设置岗位信息公示牌，明示工作人员岗位职责、申请材料示范文本、办理进度查询、咨询服务、投诉举报等信息。

【知识点6】 加强事后公开

行政执法机关要在执法决定作出之日起20个工作日内，向社会公布执法机关、执法对象、执法类别、执法结论等信息，接受社会监督，行政许可、行政处罚的执法决定信息要在执法决定作出之日起7个工作日内公开，但法律、行政法规另有规定的除外。建立健全执法决定信息公开发布、撤销和更新机制。已公开的行政执法决定被依法撤销、确认违法或者要求重新作出的，应当及时从信息公示平台撤下原行政执法决定信息。建立行政执法统计年报制度，地方各级行政执法机关应当于每年1月31日前公开本机关上年度行政执法总体情况有关数据，并报本级人民政府和上级主管部门。

>> 第五节
解决形式主义突出问题

 党中央有关决策部署

【知识点】中共中央办公厅印发《关于解决形式主义突出问题为基层减负的通知》

中共中央办公厅印发《关于解决形式主义突出问题为基层减负的通知》（以下简称《通知》），明确提出将 2019 年作为"基层减负年"。

《通知》围绕为基层减负，聚焦"四个着力"，从以党的政治建设为统领加强思想教育、整治文山会海、改变督查检查考核过多过频过度留痕现象、完善问责制度和激励关怀机制等方面，提出了务实管用的举措。

针对目前文山会海反弹回潮的问题，《通知》要求：一是层层大幅度精简文件和会议；二是明确中央印发的政策性文件原则上不超过 10 页，地方和部门也要按此从严掌握；三是提出地方各级、基层单位贯彻落实中央和上级文件，可结合实际制定务实管用的举措，除有明确规定外，不再制定贯彻落实意见和实施细则；四是强调少开会、开短会，开管用的会，对防止层层开会作出规定。

《通知》着力于解决督查检查考核过度留痕的问题，明确提出要强化结果导向，坚决纠正机械式做法。针对有的地方和部门搞"责任甩锅"，把问责作为推卸责任的"挡箭牌"，《通知》要求严格控制"一票否决"事项，不能动辄签"责任状"。《通知》还要求对涉及城市评选评比表彰的各类创建活动进行集中清理，优化改进各种督查检查考核和调研活动，不干扰基层正常工作。

《通知》还对抓落实的工作机制作出安排，提出在党中央集中统一领导下，建立由中央办公厅牵头的专项工作机制。各地区党委办公厅要在党委领导下，负起协调推进落实责任。

国家税务总局党委有关具体措施

【知识点】 切实解决税务系统形式主义突出问题为基层减负的措施

1. 树立正确政绩观方面

（1）提升政治站位。坚持用习近平新时代中国特色社会主义思想武装头脑，在深化消化转化上下功夫，深入贯彻落实党中央、国务院关于解决形式主义突出问题为基层减负的部署。将力戒形式主义、官僚主义作为"不忘初心、牢记使命"主题教育重要内容，教育引导税务机关党员干部牢记党的宗旨，坚持实事求是的思想路线，树立正确政绩观。

（2）带头排查整改。首先从国家税务总局机关、各省税务局党委做起，开展作风建设专项整治行动，对形式主义、官僚主义问题进行深入排查，列出问题清单，立查立改，对账销号，促进"基层减负年"各项措施落地见效。

2. 精简文件简报和报表资料方面

（1）大幅减少文件数量。2019 年国家税务总局、各省税务局下发的文件比 2018 年减少 1/3 以上。实施年度重点发文计划管理，加强发文统筹，避免多头、重复发文。贯彻落实除上级文件有明确要求外，不再制定贯彻落实意见及其实施细则。制度性、政策性文件需要制定任务分工的，作为附件一并下发。除全局性重要工作外，一般性工作不下发通报。局领导讲话一般在内网发布，不再发文。减少议事协调机构类文件的数量。认真落实便函管理的有关规定，严格控制数量。

（2）严格控制篇幅。反映全面工作的综合报告一般不超过 5000 字，反映单项工作的专项报告一般不超过 3000 字。制发的政策性文件原则上不超过 10 页。

（3）科学规范文件定密。严格按有关规定确定文件密级、保密期限，能公开的公开，以利基层落实和执行。

（4）精简规范简报。大力压减现有简报数量。新增简报确有必要的，必须由主要负责同志批准。除《税务简报》及落实党中央、国务院重大决策部署工作情况编发简报外，其余均通过税务内网发布。提高简报质量，重在反映创新性及可借鉴性的做法。简报篇幅一般不超过 2000 字，根据简报内容合理确定发送范围。

（5）清理规范报送资料报表。对现行制度性要求下级税务机关定期报告工作的情况进行梳理，加强统筹，列出清单后严格执行。未经司局主要负责同志、省局领导批准，不得要求下级税务机关填表报数、提供材料。不得随意通过微信工作群、QQ群等要求基层上报报表资料，不得对信息系统中已有的数据要求基层另行报送。确需上报报表、资料的，要为基层留出足够时间。对制度性、规范性文件征求意见，一般应为下级税务机关预留3日时间。

3. 少开会开短会方面

（1）大幅压减会议数量。认真执行年度会议计划，2019年国家税务总局、各省税务局会议数量比2018年减少1/3以上。

（2）规范精简会议。加强会议统筹，可开可不开的一律不开，能合并的尽量合并，不能合并的尽量套开。未经主要负责同志批准，不得要求下级税务机关主要负责同志以及全体班子成员参会。不得要求无关人员陪会。

（3）开短会讲短话。局领导出席的会议，讲话一般不超过2小时；视频会议一般不超过2小时；会议交流发言单位一般不超过5个，发言时间不超过6分钟。

（4）加强视频会议管理。视频会议一般只开到下一级。确需通过视频会议开到县级税务机关的，原则上不安排在征期召开；一般提前2日下发会议通知；尽量提前发放会议材料，便于在视频会结束后下级税务机关接着进行部署，不得再层层开会。

4. 规范督查检查考核方面

（1）严格控制督查检查总量频次。国家税务总局原则上每年对每个省税务局开展1次综合督查检查，年初按程序报批后实施；确需另行开展的，必须按程序报批后实施。各省税务局每年原则上开展1次综合督查检查，年初向国家税务总局报备后实施；确需另行开展的，必须提前报国家税务总局审批后实施。工作调研不得随意冠以督查检查等名义。

（2）加强统筹管理。将综合督查检查与其他各类检查统筹开展；巡视巡察与"两个责任"落实情况检查、选人用人专项检查等统筹开展；离任经济责任审计和离任检查统筹开展。避免多头重复检查，强化信息交流、资源整合、成果共享。

（3）改进方式方法。减少督查检查、巡视巡察见面会的参会人员。加强信息共享，可通过信息系统调阅的文件资料、数据报表，不得要求被督查检查、被巡视巡察单位提供。强化结果导向，不得简单以留痕作为评价工作好坏的主要依据。注重实地走访和暗访，认真听取基层干部、纳税人和缴费人的意见建议，帮助解决困难。针对发现的共性问题，提出对策措施。

（4）精简优化绩效考核指标和流程。突出税收工作重点，坚持可考性、可量化原则，改进和优化绩效考核指标。在编制和修订对下绩效考核指标时，凡是正常工作中已有报告、资料的，凡是可以通过已有信息系统提取数据、生成报表的，不得将是否报送报告、报表纳入考核。年度绩效考核预总结与第三季度分析讲评工作统筹进行。绩效考核结果、考核运行情况等能在绩效信息系统中公布的，不要求基层另行书面上报。

（5）严禁变相向基层推卸责任。对税收工作中"一票否决"、签订责任状等事项进行清理，除党中央、国务院，以及国家税务总局和当地党委、政府有明确规定事项外，一律取消。

（6）改进调查研究。加强统筹，防止"扎堆"调研。创新方式方法，多开展体验式、蹲点式、解剖式调研，掌握真实情况，尽量不要求提供汇报材料。针对发现的问题和提出的意见建议，建立反馈机制。调查研究要轻车简从，不搞层层陪同，不干扰基层正常工作。

5. 完善问责制度和激励关怀机制方面

（1）完善问责机制。认真落实新修订的《中国共产党问责条例》，完善税务系统问责措施，防止问责不力和问责泛化简单化等问题。改进谈话和函询工作方法，做好心理疏导。对函询情况说明清楚且没有证据证明存在违规违纪问题的，予以采信了结并告知干部本人，必要时在一定范围内及时予以澄清。对举报不实、捏造事实，造成损害或不良影响的，要严肃追究责任。正确对待被问责的干部，对影响期满、表现好的干部，符合有关条件的，该使用的要使用。

（2）健全容错纠错机制。把"三个区分开来"的要求具体化，制发相关规定，明确容错纠错实施程序，合理设定容错纠错情形，在实施过程中正确把握干部在工作中出现失误错误的性质和影响。

（3）进一步加大对基层税务干部的关怀和激励。认真落实《中国共产党党内关怀帮扶办法》，修订《关于新形势下加强税务系统基层建设的若干措施》，加强对基层干部特别是偏远艰苦地区、税务分局（所）干部的关怀帮扶。扎实开展公务员职务与职级并行制度落实工作。安排更多面向基层税务干部的学习培训。坚持向困难地区倾斜、向基层倾斜的原则安排经费预算，将机动经费原则上全部安排给基层税务机关，研究解决机构合并后部分税务分局（所）干部职工办公用房、后勤保障等实际困难。

6. 加强组织领导方面

（1）健全工作机制。国家税务总局机关、各省税务局建立整治形式主义为基层减负专项工作机制，由办公厅（室）牵头，相关司局（处室）参加，负责统筹协调和推进落实工作。办公厅（室）承担协调推进落实的具体工作，对落实情况和存在的问题制定针对性措施，持续改进。

（2）加强监督引导。加大监督力度，对形式主义、官僚主义典型问题通报曝光，强化以案明纪的成效。及时宣传推介干实事、作风好的先进典型，进一步在全国税务系统营造善担当、干实事、求实效的良好氛围。

>> 第六节
重大事项请示报告工作

一　**税务系统重大事项请示报告工作制度规定**

【知识点1】 重大事项请示报告工作的责任分工

各级税务局党委要承担重大事项请示报告工作主体责任，主要负责同志为第一责任人，按照"分级负责、层层落实"的要求，在做好本级党组织重大事项请示报告工作的同时，加强对下级党组织的指导和监督，不断提高本系统请示报告工作的制度化、规范化、科学化水平。办公厅（室）牵头负责重大事项请示报告工作，对机关和本系统重大事项请示报告工作进行统筹协调、督促指导和提醒把关。相关职能部门根据职责分工，具体承办向上级党组织请示报告重大事项，在其职权范围内接受下级党组织的请示报告并作出处理。

【知识点2】 重大事项请示报告工作实行清单管理

国家税务总局党委按照《中国共产党问责条例》相关要求，结合税收工作实际，在梳理现行重大请示报告事项的基础上，研究制定了国家税务总局党委、各省税务局党委（包括自治区、直辖市和计划单列市税务局党委，国家税务总局驻各地特派办分党组，税务干部进修学院党委）、税务系统党员以及税务系统领导干部应当请示报告的重大事项清单，并根据有关要求适时对清单进行调整完善。清单只列入应当请示报告的重大事项，对常规性、一般性的请示报告事项，按照既定规定和程序进行。

【知识点3】 规范重大事项请示报告报送程序

各级税务局党委要严格按照《中国共产党问责条例》规定的程序进行请示报告。请示报告应当逐级进行，一般不得越级请示报告。省级和省级以下税务局党委根据以国家税务总局为主、与省区市党委和政府双重领导的管理体制要求，应当向上级税务局党委请示报告，同时抄送当地党委；也可根据事项性质和内容向当地党委请示报告，同时抄送上级税务局党委；特殊情况下，可以不抄送。党员一般应当向所在党组织（党支部、党总支）请示报告重大事项；领导干部一般应当按照干部管理权限和事项内容向本级党委（党组）或上级党组织请示报告重要工作。要注重提高时效性，严格按照规定时限要求进行请示报告。

【知识点4】 各级税务局党委要对请示报告严格把关

不断提高请示报告质效。要严格政治把关，在请示报告中规范使用有关表述，确保请示报告的内容符合中央精神、体现"两个维护"的要求。要对请示报告的真实性负责，认真核实非第一手、转报的情况，情况不明或者来不及核实的须作说明。要进一步改进文风，做到言之有物、简明扼要、意尽文止。请示必须情况全面、事实准确、意见明确，坚决防止一点点小事都层层上报请示、推诿塞责、上交矛盾的做法；报告要坚持问题导向，报送的落实措施要可量化，落实效果要可验证，意见建议要有针对性和可操作性，篇幅字数要符合相关规定。要加强统筹，对主题相近、内容关联的同类事项可归并整合报告。要注重实效，坚决杜绝请示报告工作中的形式主义、官僚主义问题。

【知识点5】 强化重大事项请示报告工作监督检查

各级税务局党委应当将重大事项请示报告工作开展情况纳入向上一级党委报告工作的重要内容，在报送履行党风廉政建设责任制、党建工作等有关情况时予以体现，并作为履行全面从严治党政治责任的重要内容，对下级税务局党委及其主要负责同志进行考核评价。要建立健全重大事项请示报告工作督查机制，将执行请示报告制度情况纳入日常监督、绩效管理和巡视巡察范围。实行重大事项请示报告责任追究制度，对违反有关规定的，要依规依纪追究责任。

>> 习题演练

 单项选择题

1. 适用于发布、传达要求下级机关执行和有关单位周知或者执行的事项，批转、转发公文的文种是(　　)。

A. 通报　　　　B. 通告　　　　C. 通知　　　　D. 公告

【参考答案】C

【答案解析】通报适用于表彰先进，批评错误，传达重要精神和告知重要情况。通告适用于在一定范围内公布应当遵守或者周知的事务性事项。通知适用于发布、传达要求下级机关执行和有关单位周知或者执行的事项，批转、转发公文。公告适用于向国内外宣布重要事项或者法定事项。

2. 公文的密级分为绝密、机密和秘密3个等级。其中不确定具体保密期限的，绝密的保密期限一般为(　　)。

A. 永久　　　　B. 30年　　　　C. 50年　　　　D. 80年

【参考答案】B

【答案解析】公文的密级分为绝密、机密和秘密3个等级。尽可能根据公文的内容规定为"长期"或确定保密的最佳期限，如"秘密★6个月""机密★5年""绝密★长期"。不确定具体保密期限的，保密期限一般为绝密30年，机密20年，秘密10年。

3. 发文字号正确的是(　　)。

A. ×政发〔2013〕01号　　　　　B. ×政发〔2013〕第1号

C. ×政发〔2013〕第01号　　　　D. ×政发〔2013〕1号

【参考答案】D

【答案解析】发文字号由发文机关代字、年份、发文顺序号组成，编排在发文机关标志下空二行位置，居中排布。年份、发文顺序号用阿拉伯数字标注；年份应标全称，用六角括号"〔〕"标注；发文顺序号不加"第"字，不编虚位（即1不编为01），在阿拉伯数字后加"号"字。

4. 办公室小王在对待发公文复核时发现文稿中有几处观点错误，应该(　　)。

A. 自行修改后再印发　　　　　　B. 按程序复审

C. 直接交打印室印刷　　　　　　D. 向领导报告追究相关人员责任

【参考答案】B

【答案解析】经复核需要对文稿进行实质性修改的，应当提请签发人复审并签名。

5. 保密标志形式正确的是(　　)。

A. 6个月★秘密　　　　　　　　B. ★秘密6个月

C. 秘密6个月★　　　　　　　　D. 秘密★6个月

【参考答案】D

【答案解析】国家秘密事项的密级一经确定，须在秘密载体上做出明显的标志。国家秘密的标识符为"★"，具体标志的形式为从左至右：密级——标志——保密期限。比如："绝密★30年"，表示该件是绝密级，保密期限是30年。

6. 国家秘密的保密期限，除另有规定外，机密一般不超过(　　)年。

A. 50　　　　　　B. 40　　　　　　C. 30　　　　　　D. 20

【参考答案】D

【答案解析】国家秘密的保密期限，除另有规定外，绝密级不超过 30 年，机密级不超过 20 年，秘密级不超过 10 年。

7. 核心涉密人员脱密期限为(　　)年。

A. 1　　　　　　B. 3　　　　　　C. 5　　　　　　D. 7

【参考答案】B

【答案解析】涉密人员脱密期限为：一般涉密人员 1 年，重点涉密人员 2 年，核心涉密人员 3 年。

8. 国家秘密的保密期限，除另有规定外，绝密一般不超过(　　)年。

A. 100　　　　　B. 50　　　　　C. 30　　　　　D. 20

【参考答案】C

【答案解析】国家秘密的保密期限，除另有规定外，绝密级不超过 30 年，机密级不超过 20 年，秘密级不超过 10 年。

9. 国家秘密的保密期限，除另有规定外，秘密一般不超过(　　)年。

A. 30　　　　　B. 20　　　　　C. 10　　　　　D. 5

【参考答案】C

【答案解析】国家秘密的保密期限，除另有规定外，绝密级不超过 30 年，机密级不超过 20 年，秘密级不超过 10 年。

10. 各级税务机关建立保密委员会，领导本机关保密工作。保密委员会实行(　　)。

A. 会议制度，定期研究保密工作，并有专门的会议记录

B. 办公室会议制度，定期研究保密工作，并有专门的会议记录

C. 例会制度，定期研究保密工作，并有专门的会议记录

D. 周例会制度，定期研究保密工作，并有专门的会议记录

【参考答案】C

【答案解析】各级税务机关建立保密委员会，领导本机关保密工作。保密委员会实行例会制度，定期研究保密工作，并有专门的会议记录。

11. 2019 年 4 月 3 日，《中华人民共和国政府信息公开条例》经中华人民共和国国务院令第 711 号修订，自(　　)施行。

A. 2019 年 5 月 1 日起　　　　　　　B. 2019 年 5 月 15 日起

C. 2019 年 6 月 1 日起　　　　　　D. 2019 年 6 月 15 日起

【参考答案】B

【答案解析】新修订的《中华人民共和国政府信息公开条例》自 2019 年 5 月 15 日起施行。

12. 关于政府信息公开下列说法不正确的是(　　)。

A. 各级人民政府应当加强对政府信息公开工作的组织领导

B. 国务院办公厅是全国政府信息公开工作的主管部门，负责推进、指导、协调、监督全国的政府信息公开工作

C. 县级以上地方人民政府是本行政区域的政府信息公开工作主管部门，负责推进、指导、协调、监督本行政区域的政府信息公开工作

D. 实行垂直领导的部门的办公厅（室）主管本系统的政府信息公开工作

【参考答案】C

【答案解析】县级以上地方人民政府办公厅（室）是本行政区域的政府信息公开工作主管部门，负责推进、指导、协调、监督本行政区域的政府信息公开工作。

13. 行政机关收到政府信息公开申请，能够当场答复的，应当当场予以答复。行政机关不能当场答复的，应当自收到申请之日起（　　）个工作日内予以答复；需要延长答复期限的，应当经政府信息公开工作机构负责人同意并告知申请人，延长的期限最长不得超过（　　）个工作日。

A. 20，10　　　　B. 7，10　　　　C. 20，20　　　　D. 10，20

【参考答案】C

【答案解析】行政机关收到政府信息公开申请，能够当场答复的，应当当场予以答复。行政机关不能当场答复的，应当自收到申请之日起 20 个工作日内予以答复；需要延长答复期限的，应当经政府信息公开工作机构负责人同意并告知申请人，延长的期限最长不得超过 20 个工作日。

14. 下列关于政府信息公开说法不正确的是(　　)。

A. 行政机关应当建立健全政府信息公开审查机制，明确审查的程序和责任

B. 行政机关应当依照《中华人民共和国保守国家秘密法》以及其他法律、法规和国家有关规定对拟公开的政府信息进行审查

C. 行政机关不能确定政府信息是否可以公开的，应当遵循谨慎性原则暂不予公开或报有关主管部门或者保密行政管理部门确定

D. 行政机关应当建立健全政府信息管理动态调整机制，对本行政机关不予公开的政府信息进行定期评估审查，对因情势变化可以公开的政府信息应当公开

【参考答案】C

【答案解析】行政机关不能确定政府信息是否可以公开的，应当依照法律、法规和国家有关规定报有关主管部门或者保密行政管理部门确定。

15. 关于政府信息公开的主体，下列说法中不正确的是（   ）。

A. 行政机关制作的政府信息，由制作该政府信息的行政机关负责公开

B. 行政机关从公民、法人和其他组织获取的政府信息，由保存该政府信息的行政机关负责公开

C. 行政机关获取的其他行政机关的政府信息，由制作或者最初获取该政府信息的行政机关负责公开

D. 行政机关设立的派出机构、内设机构依照法律、法规对外以自己名义履行行政管理职能的，不得由该派出机构、内设机构负责与所履行行政管理职能有关的政府信息公开工作

【参考答案】D

【答案解析】行政机关设立的派出机构、内设机构依照法律、法规对外以自己名义履行行政管理职能的，可以由该派出机构、内设机构负责与所履行行政管理职能有关的政府信息公开工作。

16. 突发事件总结报告应对事件的起因、过程、处置、后续工作、经验教训等进行总结。事发地税务机关要在突发事件处置结束后（   ）个工作日报送总结报告。

A. 5　　　　　　B. 10　　　　　　C. 15　　　　　　D. 30

【参考答案】B

【答案解析】总结报告应对突发事件的起因、过程、处置、后续工作、经验教训等进行总结。事发地税务机关要在突发事件处置结束后10个工作日报送总结报告。

17. 税务系统特别重大（Ⅰ级）、重大（Ⅱ级）突发事件发生后，省税务

机关最迟在（　　）内报告国家税务总局，并报告省级政府，不得谎报、瞒报、漏报和迟报。

　　A. 30 分钟　　　　B. 1 小时　　　　C. 2 小时　　　　D. 3 小时

【参考答案】D

【答案解析】税务系统特别重大（Ⅰ级）、重大（Ⅱ级）突发事件发生后，省税务机关最迟在 3 个小时内报告国家税务总局（即同时向国家税务总局应急工作领导小组办公室和相应的专项应急工作组报告），并报告省级政府，不得谎报、瞒报、漏报和迟报。

18. 中共中央办公厅印发《关于解决形式主义突出问题为基层减负的通知》，明确提出将 2019 年作为（　　）。

　　A. "提速增效年"　　　　　　　　B. "夯实基础年"

　　C. "基层减负年"　　　　　　　　D. "稳中求进年"

【参考答案】C

【答案解析】中共中央办公厅印发《关于解决形式主义突出问题为基层减负的通知》，明确提出将 2019 年作为"基层减负年"。

19. 在精简文件简报和报表资料方面，国家税务总局规定 2019 年税务总局、各省税务局下发的文件比 2018 年减少（　　）。

　　A. 1/2 以上　　　　　　　　　　B. 1/3 以上

　　C. 1/4 以上　　　　　　　　　　D. 1/5 以上

【参考答案】B

【答案解析】2019 年国家税务总局、各省税务局下发的文件比 2018 年减少 1/3 以上。

20. 在大幅压减会议数量方面，认真执行年度会议计划，2019 年国家税务总局、各省税务局会议数量比 2018 年减少（　　）。

　　A. 1/2 以上　　　　　　　　　　B. 1/3 以上

　　C. 1/4 以上　　　　　　　　　　D. 1/5 以上

【参考答案】B

【答案解析】为大幅压减会议数量，2019 年国家税务总局、各省税务局会议数量比 2018 年减少 1/3 以上。

二 多项选择题

1. 通报适用于( )。

A. 表彰先进　　　　　　　　　B. 批评错误

C. 传达重要精神　　　　　　　D. 告知重要情况

【参考答案】ABCD

【答案解析】通报适用于表彰先进，批评错误，传达重要精神和告知重要情况。

2. 向上级机关的请示、汇报工作或对重要问题提出建议时用( )。

A. 请示　　　　B. 报告　　　　C. 函　　　　D. 意见

【参考答案】ABD

【答案解析】向上级机关的请示、汇报工作或对重要问题提出建议时用"请示""报告""意见"。

3. 发文字号的组成包括( )。

A. 发文机关代字　　　　　　　B. 发文年月日

C. 年份　　　　　　　　　　　D. 发文顺序号

【参考答案】ACD

【答案解析】发文字号由发文机关代字、年份、发文顺序号组成。

4. 公文中结构层次序数标注正确的有( )。

A. "一、""（一）""1.""（1）"

B. "（一）""（1）"

C. "（一）""1."

D. "一、""1."

【参考答案】AC

【答案解析】公文的主体，用来表述公文的内容。公文首页必须显示正文，使用3号仿宋体字。文中结构层次序数依次可以用"一、""（一）""1.""（1）"标注。

5. 一般情况下，公文标题的组成包括( )。

A. 时间　　　　B. 发文机关　　　　C. 发文事由　　　　D. 文种

【参考答案】BCD

【答案解析】公文标题由发文机关、发文事由和文种组成。

6. 政府信息依申请公开的处理流程包括(　　)。

A. 申请　　　　B. 受理　　　　C. 办理　　　　D. 答复

【参考答案】ABCD

【答案解析】税务机关对公民、法人或其他组织依法向税务机关提交的政府信息公开申请进行分析、判断和处理，并根据具体情况和相关政策在规定时限内作出回复。处理流程分为申请、受理、自行办理/转办等环节。办理包括信息处理、审查、答复、转办等。

7. 泄密事件报告的主要内容有(　　)。

A. 被泄露国家秘密事项的内容、密级、数量及其载体形式

B. 泄密事件的发现经过

C. 泄密责任人的基本情况

D. 泄密事件造成或可能造成的危害

【参考答案】ABCD

【答案解析】泄密事件报告的主要内容包括被泄露国家秘密事项的内容、密级、数量及其载体形式；泄密事件的发现经过；泄密责任人的基本情况；泄密事件造成或可能造成的危害；已进行或拟采取的补救措施及查处情况。

8. 行政机关公开政府信息的方式有(　　)。

A. 不得公开　　B. 主动公开　　C. 依申请公开　　D. 自动公开

【参考答案】BC

【答案解析】行政机关公开政府信息，采取主动公开和依申请公开的方式。

9. 突发事件应对工作原则有(　　)。

A. 以人为本，减少危害　　　　B. 属地为主，分级负责

C. 依法规范，统一指挥　　　　D. 注重预防，科学处置

【参考答案】ABCD

【答案解析】突发事件应对工作原则是以人为本，减少危害。属地为主，分级负责。依法规范，统一指挥。注重预防，科学处置。

10. 应急管理的意义，包括(   )。

A. 关系服务经济社会发展全局和保护人民群众生命财产安全的大事

B. 是各级税务机关坚持"为国聚财、为民收税"工作宗旨的重要体现

C. 是税务系统加强社会管理、化解社会矛盾、应对事故灾害的形势所需

D. 防止突发事件发生及减少突发事件造成的危害

【参考答案】ABC

【答案解析】加强税务系统应急管理工作，是关系服务经济社会发展全局和保护人民群众生命财产安全的大事；是各级税务机关坚持"为国聚财、为民收税"工作宗旨的重要体现；是税务系统加强社会管理、化解社会矛盾、应对事故灾害的形势所需。

11. 向国家税务总局上报的突发事件的书面报告包括(   )。

A. 初次报告　　　B. 再次报告　　　C. 阶段报告　　　D. 总结报告

【参考答案】ACD

【答案解析】书面报告分初次报告、阶段报告和总结报告。

12. 设区的市、自治州一级的税务机关及其授权的机关、单位可以确定级别的国家秘密有(   )。

A. 绝密级　　　　B. 机密级　　　　C. 严密级　　　　D. 秘密级

【参考答案】BD

【答案解析】设区的市、自治州一级的税务机关及其授权的机关、单位可以确定机密级和秘密级国家秘密。

13. 制作涉密载体应当标明(   )。

A. 密级　　　　B. 发放范围　　　C. 制作数量　　　D. 编排顺序号

【参考答案】ABCD

【答案解析】制作涉密载体应当标明密级和保密期限，注明发放范围、制作数量、编排顺序号。

14. 政府信息公开的原则包括(   )。

A. 坚持以公开为常态、不公开为例外

B. 遵循公正、公平、合法、便民的原则

C. 行政机关应当及时、准确地公开政府信息

D. 各级人民政府应当积极推进政府信息公开工作，逐步增加政府信息公

开的内容

【参考答案】AB

【答案解析】行政机关公开政府信息，应当坚持以公开为常态、不公开为例外，遵循公正、公平、合法、便民的原则。

15. 针对目前文山会海反弹回潮的问题，《关于解决形式主义突出问题为基层减负的通知》要求(　　)。

A. 层层大幅度精简文件和会议

B. 明确中央印发的政策性文件原则上不超过 10 页，地方和部门也要按此从严掌握

C. 提出地方各级、基层单位贯彻落实中央和上级文件，可结合实际制定务实管用的举措，除有明确规定外，不再制定贯彻落实意见和实施细则

D. 强调少开会、开短会，开管用的会，对防止层层开会作出规定

【参考答案】ABCD

【答案解析】《关于解决形式主义突出问题为基层减负的通知》要求，层层大幅度精简文件和会议；明确中央印发的政策性文件原则上不超过 10 页，地方和部门也要按此从严掌握；提出地方各级、基层单位贯彻落实中央和上级文件，可结合实际制定务实管用的举措，除有明确规定外，不再制定贯彻落实意见和实施细则；强调少开会、开短会，开管用的会，对防止层层开会作出规定。

16. 针对解决督查检查考核过度留痕的问题，下列说法正确的有(　　)。

A. 明确提出要强化结果导向，坚决纠正机械式做法

B. 要求严格控制"一票否决"事项，不能动辄签"责任状"

C. 对涉及城市评选评比表彰的各类创建活动进行集中清理，优化改进各种督查检查考核和调研活动，不干扰基层正常工作

D. 加强会议统筹，可开可不开的一律不开，能合并的尽量合并，不能合并的尽量套开

【参考答案】ABC

【答案解析】选项 D 属于少开会开短会方面的举措。

17. 为切实解决形式主义突出问题为基层减负，下列属于税务系统在精简文件简报和报表资料方面措施的有(　　)。

A. 大幅减少文件数量。2019 年国家税务总局、各省税务局下发的文件比 2018 年减少 1/3 以上

B. 严格控制篇幅。反映全面工作的综合报告一般不超过 5000 字，反映单项工作的专项报告一般不超过 3000 字。制发的政策性文件原则上不超过 10 页

C. 科学规范文件定密。严格按有关规定确定文件密级、保密期限，能公开的公开，以利基层落实和执行

D. 精简规范简报。大力压减现有简报数量。新增简报确有必要的，必须由主要负责同志批准。除《税务简报》及落实党中央、国务院重大决策部署工作情况编发简报外，其余均通过税务内网发布。提高简报质量，重在反映创新性及可借鉴性的做法。简报篇幅一般不超过 2000 字。根据简报内容合理确定发送范围

【参考答案】ABCD

【答案解析】税务系统在精简文件简报和报表资料方面的措施有：①大幅减少文件数量。②严格控制篇幅。③科学规范文件定密。④精简规范简报。⑤清理规范报送资料报表。

18. 为切实解决形式主义突出问题为基层减负，下列属于税务系统在少开会开短会方面措施的有(　　　　)。

A. 大幅压减会议数量。认真执行年度会议计划，2019 年国家税务总局、各省税务局会议数量比 2018 年减少 1/3 以上

B. 规范精简会议。加强会议统筹，可开可不开的一律不开，能合并的尽量合并，不能合并的尽量套开。未经主要负责同志批准，不得要求下级税务机关主要负责同志以及全体班子成员参会。不得要求无关人员陪会

C. 开短会讲短话。局领导出席的会议，讲话一般不超过 2 小时；视频会议一般不超过 2 小时；会议交流发言单位一般不超过 5 个，发言时间不超过 6 分钟

D. 加强视频会议管理。视频会议一般只开到下一级。确需通过视频会议开到县级税务机关的，原则上不安排在征期召开；一般提前 2 日下发会议通知；尽量提前发放会议材料，便于在视频会结束后下级税务机关接着进行部署，不得再层层开会

【参考答案】ABCD

【答案解析】4个选项均是税务系统在少开会开短会方面的措施。

19. 关于税务系统重大事项请示报告工作制度规定，下列说法正确的有（　　）。

A. 各级税务局党委要承担重大事项请示报告工作主体责任，主要负责同志为第一责任人

B. 办公厅（室）牵头负责重大事项请示报告工作，对机关和本系统重大事项请示报告工作进行统筹协调、督促指导和提醒把关

C. 请示报告应当逐级进行，一律不得越级请示报告。省级和省级以下税务局党委根据以国家税务总局为主、与省区市党委和政府双重领导的管理体制要求，应当向上级税务局党委请示报告，同时抄送当地党委；也可根据事项性质和内容向当地党委请示报告，同时抄送上级税务局党委；特殊情况下，可以不抄送

D. 请示必须情况全面、事实准确、意见明确，坚决防止一点点小事都层层上报请示、推诿塞责、上交矛盾的做法；报告要坚持问题导向，报送的落实措施要可量化，落实效果要可验证，意见建议要有针对性和可操作性，篇幅字数要符合相关规定

【参考答案】ABD

【答案解析】请示报告应当逐级进行，一般不得越级请示报告。

20. 关于行政机关依申请提供政府信息是否收取费用的问题，下列说法正确的有（　　）。

A. 行政机关依申请提供政府信息，一律不收取费用

B. 行政机关依申请提供政府信息，均需收取费用

C. 行政机关依申请提供政府信息，不收取费用。但是，申请人申请公开政府信息的数量、频次明显超过合理范围的，行政机关可以收取信息处理费

D. 行政机关收取信息处理费的具体办法由国务院价格主管部门会同国务院财政部门、全国政府信息公开工作主管部门制定

【参考答案】CD

【答案解析】行政机关依申请提供政府信息，不收取费用。但是，申请人申请公开政府信息的数量、频次明显超过合理范围的，行政机关可以收取信

息处理费。行政机关收取信息处理费的具体办法由国务院价格主管部门会同国务院财政部门、全国政府信息公开工作主管部门制定。

三 判断题

1. 函适用于相互隶属机关之间商洽工作、询问和答复问题、请求批准和答复审批事项。　　　　　　　　　　　　　　　　　　　（　　）

【参考答案】错误

【答案解析】函适用于不相隶属机关之间商洽工作、询问和答复问题、请求批准和答复审批事项。

2. 对没有隶属关系的平级单位或其他单位来文请求批准有关事项，不能使用"批复"，只能采用"函"。　　　　　　　　　　　　　　（　　）

【参考答案】错误

【答案解析】对没有隶属关系的平级单位或其他单位来文请求批准有关事项，不能使用"批复"，应当采用"通知"或"函"。

3. 绝密级公文不可以复制、汇编。　　　　　　　　　　　　（　　）

【参考答案】错误

【答案解析】绝密级公文一般不得复制、汇编，确有工作需要的，应当经发文机关或者其上级机关批准。

4. 用于在一定范围内公布应当遵守或周知的事项的公文是通知。（　　）

【参考答案】错误

【答案解析】用于在一定范围内公布应当遵守或周知的事项的公文是通告。

5. 公文附件是指公文印发传达范围以及在正文中不宜说明的其他事项。
　　　　　　　　　　　　　　　　　　　　　　　　　　（　　）

【参考答案】错误

【答案解析】公文附注是指公文印发传达范围以及在正文中不宜说明的其他事项。

6. 各级税务机关负责人是本机关保密工作第一责任人。　　（　　）

【参考答案】错误

【答案解析】各级税务机关主要领导是本机关保密工作第一责任人。

7. 党员一般应当向所在党组织（党支部、党总支）请示报告重大事项；领导干部一般应当按照干部管理权限和事项内容向上级党组织请示报告重要工作。　　　　　　　　　　　　　　　　　　　　　　　（　　　）

【参考答案】错误

【答案解析】党员一般应当向所在党组织（党支部、党总支）请示报告重大事项；领导干部一般应当按照干部管理权限和事项内容向本级党委（党组）或上级党组织请示报告重要工作。

8. 中共中央办公厅印发《关于解决形式主义突出问题为基层减负的通知》，明确提出将 2019 年作为"基层减负年"。《通知》围绕为基层减负，聚焦"四个着力"，从以党的政治建设为统领加强思想教育、整治文山会海、改变督查检查考核过多过频过度留痕现象、完善问责制度和激励关怀机制等方面，提出了务实管用的举措。　　　　　　　　　　　　　　（　　　）

【参考答案】正确。

9. 中共中央办公厅印发《关于解决形式主义突出问题为基层减负的通知》要求不得设置"一票否决"事项，不能动辄签"责任状"。（　　　）

【参考答案】错误

【答案解析】《关于解决形式主义突出问题为基层减负的通知》要求，严格控制"一票否决"事项，不能动辄签"责任状"。

10. 对当地省级人民政府规定的较大（Ⅲ级）以上突发事件，或出现税务工作人员非正常死亡的事件，事发地税务机关应及时直接报告国家税务总局。　　　　　　　　　　　　　　　　　　　　　　　（　　　）

【参考答案】错误

【答案解析】对当地省级人民政府规定的较大（Ⅲ级）以上突发事件，或出现税务工作人员非正常死亡的事件，事发地税务机关应及时逐级报告国家税务总局。

四　简答题

1. 国家税务总局为切实解决税务系统形式主义突出问题为基层减负的措

施主要有哪些方面?

【参考答案】国家税务总局为切实解决税务系统形式主义突出问题为基层减负的措施主要包括:①树立正确政绩观方面;②精简文件简报和报表资料方面;③少开会开短会方面;④规范督查检查考核方面;⑤完善问责制度和激励关怀机制方面;⑥加强组织领导方面。

2. 各级税务局党委对重大事项请示报告应该如何严格把关?

【参考答案】各级税务局党委应不断提高重大事项请示报告的质效。具体包括:①要严格政治把关,在请示报告中规范使用有关表述,确保请示报告的内容符合中央精神、体现"两个维护"的要求。②要对请示报告的真实性负责,认真核实非第一手、转报的情况,情况不明或者来不及核实的须作说明。③要进一步改进文风,做到言之有物、简明扼要、意尽文止。请示必须情况全面、事实准确、意见明确,坚决防止一点点小事都层层上报请示、推诿塞责、上交矛盾的做法;报告要坚持问题导向,报送的落实措施要可量化,落实效果要可验证,意见建议要有针对性和可操作性,篇幅字数要符合相关规定。④要加强统筹,对主题相近、内容关联的同类事项可归并整合报告。⑤要注重实效,坚决杜绝请示报告工作中的形式主义、官僚主义问题。

五 案例分析题

某市税务局办公室主任王小明接到一个咨询电话,询问申请政府信息公开应该如何申请? 如果你是王主任,应该怎样回答?

【参考答案】公民、法人或者其他组织申请获取政府信息的,应当向行政机关的政府信息公开工作机构提出,并采用包括信件、数据电文在内的书面形式;采用书面形式确有困难的,申请人可以口头提出,由受理该申请的政府信息公开工作机构代为填写政府信息公开申请。

政府信息公开申请应当包括下列内容:①申请人的姓名或者名称、身份证明、联系方式;②申请公开的政府信息的名称、文号或者便于行政机关查询的其他特征性描述;③申请公开的政府信息的形式要求,包括获取信息的方式、途径。

政府信息公开申请内容不明确的,行政机关应当给予指导和释明,并自收到申请之日起 7 个工作日内一次性告知申请人作出补正，说明需要补正的事项和合理的补正期限。答复期限自行政机关收到补正的申请之日起计算。申请人无正当理由逾期不补正的，视为放弃申请，行政机关不再处理该政府信息公开申请。

第二篇　通用业务

第六章
干部管理

>> 知识架构

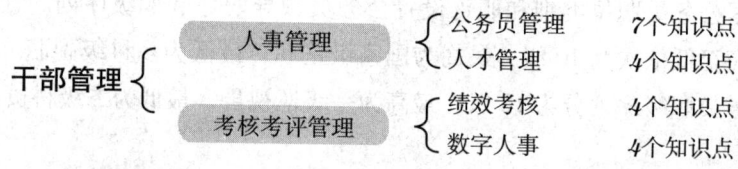

干部管理 { 人事管理 { 公务员管理　　7个知识点
　　　　　　　　　　　　人才管理　　　4个知识点
　　　　　　考核考评管理 { 绩效考核　　　4个知识点
　　　　　　　　　　　　数字人事　　　4个知识点

>> 第一节
人事管理

一　公务员管理

　　公务员，是指依法履行公职、纳入国家行政编制、由国家财政负担工资福利的工作人员。公务员是干部队伍的重要组成部分，是社会主义事业的中坚力量，是人民的公仆。《中华人民共和国公务员法》规范和明确了公务员的义务、权利和管理。公务员的管理，坚持公开、平等、竞争、择优的原则，坚持监督约束与激励保障并重的原则，依照法定的权限、条件、标准和程序进行。国家实行公务员职位分类制度，职位类别按照公务员职位的性质、特点和管理需要，划分为综合管理类、专业技术类和行政执法类等类别。国家实行公务员职务与职级并行制度，根据公务员职位类别和职责设置公务员领导职务、职级序列。公务员的任用，坚持德才兼备、以德为先，坚持五湖四海、任人唯贤，坚持事业为上、公道正派，突出政治标准，注重工作实绩。国家对公务员实行分类管理，提高管理效能和科学化水平。公务员工资、福利、保险以及录用、奖励、培训、辞退等所需经费，列入财政预算，予以保障。公务员依法履行职责的行为，受法律保护。

【知识点1】 公务员的职位分类

按照公务员职位的性质、特点和管理需要，公务员职位类别分为综合管理类、专业技术类和行政执法类等类别。国家实行公务员职务与职级并行制度。根据公务员职位类别和职责设置公务员领导职务和职级序列。领导职务层次由高至低依次为10级，最高为国家级正职，最低为乡科级副职。综合管理类公务员职级序列分为12级，最高为一级巡视员，最低为二级科员。

【知识点2】 公务员录用

录用担任一级主任科员以下及其他相当职级层次的公务员，采取公开考试、严格考察、平等竞争、择优录取的办法。录用的程序为：在规定的编制限额内，有相应的职位空缺，发布招考公告，考试（笔试、面试），资格复审、考察、体检，录用公示，试用期1年。下列人员不得录用为公务员：因犯罪受过刑事处罚的；被开除中国共产党党籍的；被开除公职的；被依法列为失信联合惩戒对象的；有法律规定不得录用为公务员的其他情形的。

【知识点3】 公务员考核

全面考核公务员的德、能、勤、绩、廉，重点考核政治素质和工作实绩。考核分为平时考核、专项考核和定期考核等方式。定期考核以平时考核、专项考核为基础。定期考核的结果分为优秀、称职、基本称职和不称职4个等次。定期考核的结果作为调整公务员职位、职务、职级、级别、工资以及公务员奖励、培训、辞退的依据。

【知识点4】 公务员职务、 职级任免与升降

公务员领导职务实行选任制、委任制和聘任制。公务员职级实行委任制和聘任制。晋升领导职务，应当具备拟任职务所要求的政治素质、工作能力、文化程度和任职经历等方面的条件和资格。晋升领导职务程序包括：动议；民主推荐；确定考察对象，组织考察；按照管理权限讨论决定；履行任职手续。晋升职级，应当在职级职数内逐级晋升，并应当具备一定基本资格。晋升职级程序包括：工作方案；民主推荐或者民主测评，提出初步人选；考察了解并确定拟晋升职级人选；公示（不少于 5 个工作日）；审批。

【知识点 5】 公务员奖励

坚持定期奖励与及时奖励相结合，精神奖励与物质奖励相结合、以精神奖励为主的原则。奖励条件包括：忠于职守，积极工作，勇于担当，工作实绩显著的；遵纪守法，廉洁奉公，作风正派，办事公道，模范作用突出的；在工作中有发明创造或者提出合理化建议，取得显著经济效益或者社会效益的；为增进民族团结，维护社会稳定做出突出贡献的；爱护公共财产，节约国家资财有突出成绩的；防止或者消除事故有功，使国家和人民群众利益免受或者减少损失的；在抢险、救灾等特定环境中做出突出贡献的；同违纪违法行为作斗争有功绩的；在对外交往中为国家争得荣誉和利益的；有其他突出功绩的。奖励分为：嘉奖、记三等功、记二等功、记一等功、授予称号。对受奖励的公务员或者公务员集体予以表彰，并对受奖励的个人给予一次性奖金或者其他待遇。

【知识点 6】 公务员监督与惩戒

机关应当对公务员的思想政治、履行职责、作风表现、遵纪守法等情况进行监督，开展勤政廉政教育，建立日常管理监督制度。对公务员监督发现问题的，应当区分不同情况，予以谈话提醒、批评教育、责令检查、诫勉、组织调整、处分。对公务员涉嫌职务违法和职务犯罪的，应当依法移送监察机关处理。处分分为：警告、记过、记大过、降级、撤职、开除。受处分的期间为：警告，6 个月；记过，12 个月；记大过，18 个月；降级、撤职，24 个月。公务员在受处分期间不得晋升职务、职级和级别，其中受记过、记大过、降级、撤职处分的，不得晋升工资档次。

【知识点 7】 公务员辞职、 辞退与退休

公务员辞职，是指向任免机关提出书面申请。任免机关应当自接到申请之日起 30 日内予以审批，其中对领导成员辞去公职的申请，应当自接到申请之日起 90 日内予以审批。辞退的情形包括：在年度考核中，连续 2 年被确定为不称职的；不胜任现职工作，又不接受其他安排的；因所在机关调整、撤

销、合并或者缩减编制员额需要调整工作，本人拒绝合理安排的；不履行公务员义务，不遵守法律和公务员纪律，经教育仍无转变，不适合继续在机关工作，又不宜给予开除处分的；旷工或者因公外出、请假期满无正当理由逾期不归连续超过 15 日，或者 1 年内累计超过 30 日的。不得辞退的情形包括：因公致残，被确认丧失或者部分丧失工作能力的；患病或者负伤，在规定的医疗期内的；女性公务员在孕期、产假、哺乳期内的；法律、行政法规规定的其他不得辞退的情形。公务员符合下列条件之一的，本人自愿提出申请，经任免机关批准，可以提前退休：工作年限满 30 年的；距国家规定的退休年龄不足 5 年，且工作年限满 20 年的；符合国家规定的可以提前退休的其他情形的。

二 人才管理

　　人才是经济社会发展的第一资源，人才问题是关系党和国家事业发展的关键问题。党和国家历来十分重视人才工作。党的十九大报告指出："人才是实现民族振兴、赢得国际竞争主动的战略资源。要坚持党管人才原则，聚天下英才而用之，加快建设人才强国。"习近平总书记指出："人才资源是党执政兴国的根本性资源""我们也比历史上任何时期都更加渴求人才""要树立强烈的人才意识，寻觅人才求贤若渴""治国之要，首在用人""人才是衡量一个国家综合国力的重要指标。没有一支宏大的高素质人才队伍，全面建成小康社会的奋斗目标和中华民族伟大复兴的中国梦就难以顺利实现。"

　　税务人才是全国人才队伍的重要组成部分。按照《全国税务系统中长期人才队伍建设规划（2011—2020 年）》规定，税务人才是指具有一定的专业知识或专门技能，进行创造性工作并对税收事业做出较大贡献的人，是税务人员中能力和素质较高的人员。人才资源是税收事业发展的第一资源。

【知识点 1】 人才队伍建设的目标

　　全国税务系统中长期人才队伍建设的目标是：税务人才总量显著增长，人才规模和结构与税收事业发展相适应，有利于税收事业科学发展的人才引进、培养、使用、激励等方面的制度建设取得突破性进展，人才工作体制机制趋于科学完善，税收事业科学发展与人的全面发展有机融合，人才辈出、活力迸射的生动局面充分涌现。

【知识点2】 人才队伍建设的任务

1. 领导人才队伍

以提高领导水平和执政能力为核心，以厅、处级领导干部和县区局局长为重点，建设一支政治坚定、勇于创新、勤政廉洁、求真务实、奋发有为、善于推动税收事业科学发展的高素质领导人才队伍。

2. 专业人才队伍

以提高执法水平和征管能力为核心，培养大批涵盖各主要税收业务领域、数量充足、结构合理的高素质行政执法人才。以提高服务水平和业务能力为核心，培养大批综合管理人才。以提高专业水平和创新能力为核心，培养大批专业技能好、服务意识强、办事效率高的专业技术人才。

人才库是集聚、整合、储备、共享和优化人才资源的有效载体。建立涵盖各专业人才的国家税务总局、省局、地市局三级的立体人才库，在税务系统人才队伍建设中发挥基础性、依托性、支撑性作用。各专业人才库由国家税务总局主管司局负责日常管理工作，对入库人才实行统一调配和使用，并实行动态调整、优进拙退，确保入库人才质量，充分盘活和优化人才资源。

3. 复合型人才

研究制定复合型人才培养计划，按照一专多能的原则，精选一批有培养潜力的中青年骨干，委托国内知名高校、研究机构进行跨专业学位学历教育、培训进修，组织一些学科交叉、起点较高、专业性强的培训项目，并结合实践锻炼的方式，选派优秀专业人才到其他专业领域进行多部门、多岗位锻炼，积极培养既精通税收业务，又熟练掌握法律、财会、外语、计算机等方面知识的复合型人才。

【知识点3】 领军人才培养

1. 培养规划

税务人才规划提出，力争在数年内使全国税务系统拥有一支1000人左右，能够把握世界经济社会发展形势，熟悉社会主义市场经济发展规律，拥有先进管理理念，在税收工作某一方面具备专长的领军人才，发挥其在发展规划制定、制度安排设计、政策问题研究、重大案件查处等方面的作用。

2013 年，国家税务总局印发了《全国税务领军人才培养规划（2013—2022 年）》（税总发〔2013〕97 号），指出培养全国税务领军人才是党和国家"人才强国战略"的重要组成部分，是税务系统"人才强税战略"的主要内容之一，是实现税收工作现代化、国际化、信息化的重要战略工程。

2. 培养目标

到 2022 年，基本形成覆盖主要税收工作领域、总量为 1000 名左右的税务领军人才队伍。

【知识点 4】 素质提升"115"工程

为适应税收现代化建设需要，国家税务总局决定自 2016 年起在全国税务系统实施素质提升"115 工程"，即通过 5 年努力，打造一支拥有 1000 名领军人才、10000 名业务骨干和 50000 名岗位能手的高素质人才队伍。

"岗位大练兵、业务大比武"活动作为素质提升"115"工程的组成部分，既是加强人才队伍建设、提升干部队伍整体素质的重要举措，也是促进税收重点工作落实、推进税收现代化建设的重要保障。

"岗位大练兵"坚持干什么练什么，面向全体在职人员，紧紧围绕税收工作重点任务，分行政管理、征管评估、税务稽查、纳税服务和信息技术 5 个岗位大类，以税务干部应知应会知识和业务技能为主要内容，提升全员业务素质和履职能力。

"业务大比武"坚持练什么比什么，自下而上采取笔试、业务竞赛、上机操作、情景模拟、实战演练等多种方式组织开展。对在市、省税务局业务比武中取得优异成绩的，分别授予"岗位能手""专业骨干"称号。各省税务局从"专业骨干"中择优推荐优秀选手组成代表队，参加国家税务总局举办的"全国税务系统业务大比武"，分别选拔出个人优胜奖和集体奖若干名。

>> 第二节
考核考评管理

 **绩效考核**

税务绩效管理，是指税务部门运用绩效管理原理和方法，建立符合税务系统实际的绩效管理制度机制，对各级税务机关围绕中心、服务大局、履行职责、完成任务等方面，实施管理及考评的过程。

实施绩效管理，是税务部门开展党的群众路线教育实践活动的重要成果，是国家税务总局贯彻落实习近平总书记关于抓好改革落实的重要讲话和指示精神，打通改革落地最后一公里，推动中央重大决策部署在税务系统落地生根的重要举措。通过制定考评指标、落实工作责任倒逼职能转变、工作改进，又通过评价工作业绩、强化结果运用切实体现干与不干、干多干少、干好干坏不一样，提振税务干部精气神，释放税收工作正能量，树立税务部门良好社会形象。

【知识点1】 实施税务绩效管理的主要目标

围绕提升站位、增强税务公信力和执行力的"一提双增"目标，打造一条索链、构筑一个闭环、形成一种格局、建立一套机制，激发干部队伍动力活力，提高税收工作效能效率，努力开拓税收事业更加广阔的前景。

一条索链是"工作项目化、项目指标化、指标责任化"的工作索链；一个闭环是"绩效管理有目标、目标执行有监控、执行情况有考评、考评结果有反馈、反馈结果有运用"的管理闭环；一种格局是"纵向到底、横向到边、双向互动、环环相扣、层层负责、人人向上"的责任格局；一套机制是落实重大决策部署的快速响应机制、税收工作持续改进的评价导向机制、树立税务队伍良好形象的内生动力机制、促进征纳关系和谐的服务增效机制。

【知识点2】 实施税务绩效管理的基本原则

1. 统一领导，分级管理

税务系统绩效管理在国家税务总局统一领导下开展，各级税务机关按照管理层级，负责对本局机关内设机构和下一级税务机关实施绩效管理。

2. 改革引领，突出重点

围绕税收现代化建设战略目标，强化改革发展导向，着力解决税收工作重点、难点问题，完善税收治理体系，提升税收治理能力。

3. 科学合理，客观公正

建立科学完备的绩效管理制度，实现体系完整规范，指标可控可考，程序简便易行，数据真实有效，过程公开透明，结果公平可比。

4. 过程监控，动态管理

规范流程，健全机制，改进手段，构建"目标—计划—执行—考评—反馈"的管理闭环，实施过程管理，强化跟踪问效。

5. 激励约束，持续改进

正向激励与绩效问责相结合，强化绩效结果运用，完善评价导向机制，促进自我管理、自我改进、自我提升。

【知识点3】 税务绩效管理的总体布局

税务系统绩效管理的总体规划是，围绕提升站位，增强执行力，增强公信力，通过3年的努力，在税务系统建成制度科学、机制健全、结构完整、手段先进、运行高效的绩效管理体系。国家税务总局局长王军在2013年12月26日召开的全国税务工作会议讲话中明确提出，要坚持"坚定不移地搞、积极稳妥地推，持续不断地改"的总要求，把握搞好"三步走"、唱响"四部曲"的总布局，采取"组织领导强、制度设计优、运行机制畅"的硬措施，在全国税务系统扎实推进绩效管理。

"三步走"就是，2014—2016年，1年试运行，2年见成效，3年创品牌。

第一步，2014年是"绩效启动年"，先试点、再全面推开，重在打基础，初步建立"横到边、纵到底"的绩效管理体系。

第二步，2015年是"绩效推进年"，重在优化完善绩效管理体系，做到管理科学、措施完善、手段先进、运行高效。

第三步，2016年是"绩效提升年"，重在创建具有示范引领作用的政府绩效管理模式，使绩效管理成熟定型，常态化发展。

"四部曲"就是，2014年上半年，国家税务总局机关和9个试点省局试点运行1.0试点版绩效指标体系；2014年下半年全面推行，升级为2.0试行版，做到"横向到边、纵向到底"；2015年推出3.0优化版；2016年形成4.0创新版。经过3年的努力，建成绩效管理的一个品牌，形成具有时代性、引领性、示范性的绩效管理文化。

【知识点4】 税务绩效管理的主要流程

实施绩效管理，要按照制订绩效计划、实施绩效监控、开展绩效考评、运用考评结果和抓好绩效改进的基本流程推进。

1. 科学制订绩效计划

根据党中央、国务院的决策部署、税收现代化战略目标、国家税务总局年度工作安排以及本单位工作要点等制订绩效计划。

2. 全面实施绩效监控

把绩效管理的过程作为自我管理、自我诊断、自我评估的过程，强化过程控制和动态管理，实现自我改进、自我提升。各级各部门要建立重点工作任务和关键指标的日常监控机制，掌握工作进度和重点指标完成情况，发现问题及时纠偏，确保绩效计划的有效执行和全面完成。

3. 严格开展绩效考评

绩效考评是绩效管理的重要内容和核心环节。要科学制订绩效考评工作方案，合理确定考评方式方法。被考评单位要对绩效计划和绩效指标完成情况开展自查自评，定期提交绩效分析报告，将计划绩效与实际绩效进行分析对比，查找问题和薄弱环节，制定绩效改进措施。上级考评单位应加强绩效考评工作指导，通过绩效考评，发现问题，提出改进工作、加强管理、提升绩效的意见和建议。

4. 有效运用考评结果

绩效考评结果是改进工作、加强管理的重要依据，要坚持正向激励为主，运用于干部问责、年度公务员评先评优，不断拓展运用范围。要将考评结果与领导班子和领导干部考评、干部选拔任用紧密挂钩，加大结果运用力度，对绩效不佳的单位和个人实行行政问责，严肃追究行政责任。

5. 重点抓好绩效改进

绩效管理的根本目的在于促进工作绩效不断持续改进和提升。各级各部门要针对绩效考评反映的情况和问题，结合绩效计划，纵横比较分析，查找问题，分析原因，制定整改措施，对各项管理制度、业务流程存在的不足进行完善和优化，并纳入下一年度绩效计划。

6. 注重绩效工作沟通

绩效沟通是绩效管理的灵魂和主线，贯穿于绩效管理工作始终，渗透于绩效管理各环节，是区别于传统考评的重要标志。考评与被考评单位加强沟通协调，分别就绩效计划、指标设置、过程管理、绩效考评、绩效改进等环节内容，进行深入广泛交流，形成工作共识和价值认同，确保绩效管理工作良性运转。

二 数字人事

数字人事是以平时考核为核心内容，运用大数据管理的思维和方法，将现行主要按"事"制定的一系列干部管理法规制度，转化为按"人"归集的考核指标，通过对每一位税务干部日常工作、学习、成长的轨迹和考核成绩记录并累积下来，形成"个人成长账户"大数据，形成干部考核管理日常化、多维化、数据化、累积化、可比化的干部综合考核评价管理体系，为干部实绩评估、提拔任用、考核问责等提供全面、科学、准确的参考，从而将中央全面从严治党和加强干部队伍管理的要求落到实处，促使干部一生向上、一心向善。

国家税务总局 2015 年印发文件，决定自 2015 年 9 月 1 日起，率先在江苏、山东省国税局机关和部分市国税局开展数字人事试点。2016 年 8 月国家税务总局修订印发 8 个制度办法，2017 年和 2018 年相继下发文件，对数字人事进一步总结完善、持续改进。2019 年国家税务总局决定在全国税务系统全面推行数字人事。

【知识点1】 数字人事制度的设计理念和基本内涵

按照管理加服务、制度加科技、定性加定量、内部加外部的基本思路，创新干部管理理念方法，以税务干部职业发展为主线，以个人成长账户为载体，以信息管理系统为支撑，实现干部管理日常化、日常管理指标化、指标管理数字化、数字管理累积化、累积管理可比化、可比管理挂钩化、挂钩管理导向化。

1. 干部管理日常化

强化干部日常管理，注重干部日常表现，坚持以平时考核为重点、平时考核与定期考核及特定时点考核相结合，通过按日（周）记实、按月评鉴、按季考评、全年合计的方式，及时记录和考核日常工作、德才表现等各方面情况，解决"平时不算账、年终糊涂账"的问题，引导干部把功夫下在平时，促使干部敬业守责、履职尽责。

2. 日常管理指标化

科学规划干部整个职业生涯，建立职业基础、业务能力、领导胜任力、日常绩效、公认评价各方面多层指标体系，进一步明确税务干部工作目标、工作任务和工作重点，解决"工作没目标、干活没压力"的问题，发挥指标的导向作用，提升干部队伍管理的针对性、有效性。

3. 指标管理数字化

运用大数据理念方法，量化干部管理，创新管理方式，对所有考核指标进行量化，设置不同权重，折算成分数，用数据说话，定量展现干部综合素质和工作业绩，解决"看人凭印象、用人拍脑袋"的问题，增强干部管理科学性、客观性、精确性。

4. 数字管理累积化

建立税务干部个人成长账户，科学分类、连续记载税务干部职业生涯各个阶段的每项指标数据，实现时时累积、次次累积、逐年累积，展现干部成长轨迹，解决"平时无数据、长期无积累"的问题，为干部管理提供长期完整数据支持。

5. 累积管理可比化

建立规范统一的指标体系、权重配比、计分规则，实现同级同类人员横向综合对比和单项对比，以及税务干部个人不同时期纵向综合对比和单项对比，解决"想比不好比、对比不科学"的问题，为各级税务机关干部管理使用以及个人自我提升提供重要参考。

6. 可比管理挂钩化

数字人事是基础，党管干部是根本，可量化但不唯分。根据实际工作需要，建立数据分析模型，合理确定分数段，作为考核培养管理使用干部时的重要参考，解决"干与不干一个样、干多干少一个样、干好干坏一个样"的问题。

7. 挂钩管理导向化

综合数据与干部管理使用挂钩，推动实现正向激励、负向约束。建立重德才重实绩的正确选人用人机制，形成奋发有为、干事创业的正确导向，确保"用制度和机制促使税务干部永葆一身正气、一生正气，做到一心向上、一生向上"。

【知识点2】 数字人事制度的主要特征

1. 突出以人为本

关心干部、爱护干部、培养干部、使用干部，为干部成长搞好服务，搭建阶梯，建立机制和制度，使税务干部干事有平台、创新有激情、发展有空间，实现税收事业发展和税务干部成长的有机统一。

2. 突出科学考评

建立科学有效的考核评价体系，突出重德才、重实绩的考评导向，既看基础又看发展，既看显绩又看潜能，既看年终测评更看平时考核，让埋头苦干、真抓实干的干部真正得到重用、充分展示才华，让作风漂浮、哗众取宠的干部无以表功、受到贬责，从而引导干部积极进取、踏实工作。

3. 突出数字管理

在牢牢把握党管干部原则的基础上，充分发挥信息数据管理的强大功效，在全面量化计分的基础上，建立税务干部"个人成长账户"，对税务干部成长轨迹进行数据化全记实，定期进行统计、分析、比较，为培养、管理、使用干部提供重要参考。

4. 突出科技引领

将制度和科技有机融合，改进干部管理方式方法，充分利用信息化手段和技术，建立和应用信息管理系统，做到于法周严、于事简便，既全面收集干部信息，又简便易行、讲究实效。

【知识点3】 数字人事制度的主要内容

以定量积分和定性评价的方式，将税务干部"德、能、勤、绩、廉、评、基"等方面的信息数据，记入"个人成长账户"，为各级税务机关培养、考核、使用税务干部提供重要参考，使个人愿景与组织目标有机结合起来，以每一位税务干部的个人发展促进税务干部队伍的整体发展，以税务干部队伍的整体发展促进税收事业的长远发展。

1. 打基础，明确职业规划

科学编制招录计划，合理设置职位条件，引进更多高素质人才。量化记录新进人员学校、学历、学习成绩和考录信息。强化初任培训，坚持集中培训与岗位实训相结合，提高新进人员素质和工作能力，增强职业荣誉感和使命感，打牢干部职业基础，明确干部职业发展规划。

2. 立支柱，促进全面发展

建立分类分级分档的业务能力升级管理制度。坚持自学为主、助学为辅，鼓励干部钻研税收业务、提升业务能力。完善税收执法资格考试管理制度，推进税收依法行政。

建立领导胜任力测试管理制度。激励领导干部持续学习、不断提升领导胜任力。全面量化记录领导干部选拔、试用期转正以及巡视、经济责任审计、干部离任检查、党建工作落实、重大政治活动、关键时刻表现等专项考评数据，准确评价领导胜任力。

落实日常绩效考核管理制度。采取组织绩效挂钩、个人记实领导评鉴、职能部门事项记录等方式，全面量化记录干部工作完成及德才表现情况。

健全公认评价制度。坚持内部评价和外部评价相结合。全面评价干部"德、能、勤、绩、廉"现实表现，关注情商和潜质，促进干部扬长补短、人尽其才；引入外部评价因素，增强干部考核社会性，促使税务干部更好服务群众。

3. 重平时，提升考核质量

考察识别干部，功夫下在平时。突出平时考核，落实"四个全面"战略布局、好干部标准、中央八项规定精神和"三严三实"等要求，科学设置考核指标及权重。按照确定考核指标、个人工作记实、领导审核评鉴、测评与评价、确定考核成绩、反馈考核结果、公示考核情况的程序和方法，规范平时考核。加强平时考核分析，及时了解干部日常工作情况和德才表现，改进工作方法，推进工作落实。

4. 强应用，激励人人向上

加强数字人事数据信息应用。坚持党管干部原则，充分行使考量权，根据实际工作需要，建立数据模型，合理划分分数段，因岗因需量才使用干部。坚持依法办事原则，严格执行党和国家干部政策和法律法规。坚持综合运用原则，不仅看单项数据，更看综合数据；不仅看当期数据，更看累积数据，全面分析、综合比较、客观评价。数字人事累积数据作为年度考核、评先评优、选拔任用、能上能下、交流遴选、职级评定、人才培养等工作的重要参考。税务干部通过了解数字人事数据信息，进行横向比较、纵向对比，认清个人优势与不足，激发内生动力，持续自我提升。

【知识点4】 数字人事的具体问题及相关修订

1. 职业基础

原规定中，职业基础包括税务干部接受教育信息、考录信息以及新进培养信息等。修订后，在职业基础中，将教育信息、考录信息、新进培养信息归为从业基础，同时增设职位基础。从业基础和职位基础在职业基础量化中的权重比例暂定为 3：7。

职位基础，是指税务干部在同一职务层级一定考核期间内的年度考核情况，作为评价干部工作努力程度的基准，适用于全体税务干部。职位基础得分，一般以税务干部在当前职务层级近 3 年的年度考核得分为依据，平均计算得出。现任职务层级时间较短，只有 2 个年度考核得分的，为 2 年的年度考核得分平均分；只有 1 个年度考核得分的，为该年的年度考核得分；尚未有年度考核得分的，暂不计算。

在考录信息中，笔试、面试成绩的权重比例一般按 1：1 进行加权计算；

各地实际情况与此比例有差异的，由省税务局根据实际情况适当调整。

2. 业务能力升级

业务能力升级，是指依据统一的专业分类、能力分级及达标要求，引导税务干部以自学为主、助学为辅方式，在工作实践中不断提升业务能力，自主参加业务能力测试，测试合格后获得相应等级认定，并与干部晋升挂钩的管理制度。业务能力专业类别，分为行政管理、纳税服务、征管评估、税务稽查和信息技术等5类。

现取消"初级、中级、高级"级别划分，将11个档次改为11个级别；调整业务能力升级方式，采取测试与评定相结合。评定适用于年满45周岁的税务干部；取消业务能力升级测试跨类报考限制，鼓励税务干部报名参加与工作岗位相一致的专业类别业务能力升级测试，也可报考其他专业类别。税务干部取得业务能力一定专业类别级别后，报名参加其他类别业务能力升级测试的，应从本人已取得专业类别级别的相同级别或较低级别考起，不得直接报考更高级别。

业务能力级别评定，以年度考核结果等为主要依据，按照干部管理权限，由各级税务机关组织进行。年满45周岁的干部，年度考核被评为称职以上等次的，一般每4年调升1个级别，专业类别在原有专业类别基础上结合工作岗位确定。从开始计算业务能力级别评定年限当年开始，税务干部每有1个年度考核为优秀等次，业务能力级别评定年限缩短半年；不进行年度考核或参加考核不定等次或年度考核确定为基本称职等次的，该考核年度不计算为评定年限。年度考核确定为不称职等次的，除该考核年度不计算为评定年限外，再延长1年。受处分的人员，处分期内不能参加业务能力级别评定，处分期不计算为评定年限。年满45周岁的税务干部自愿参加业务能力升级测试的，给予卷面加分，其中，45~49周岁加3分，50~54周岁加4分，55周岁以上的加5分。测试通过的，不影响按规定参加业务能力级别评定。对测试与评定分别获得的业务能力升级结果，应叠加计算。

3. 领导胜任力

领导胜任力，包括任职考察、试用期管理、专项考评、领导胜任力测试等内容。任职考察，包括民主测评和个别谈话等内容。试用期管理，包括任职培训和试用期转正等内容。专项考评，包括巡视、经济责任审计、干部离任检查和党建工作等内容。领导胜任力测试，是指对晋升领导职务和副处级以上非领导职务前，应通过的领导素质能力测试，按照正厅、副厅、正处、副处、正科、副科等 6 个层级进行，每年组织 1 次。领导胜任力测试合格，作为晋升上一级职务的必要条件，有效期 3 年。专业技术类、行政执法类公务员晋升领导职务和副处级以上非领导职务前，应通过相应的领导胜任力测试。

原规定修订后，领导胜任力考评指标增加组织绩效、内部评价（包括年终测评、"一报告两评议"测评、廉政测评）等与领导干部日常胜任情况紧密相关的指标，增强领导胜任力考评的科学性。按照在实际工作中领导干部的岗位职责及所涉及考核指标不同，将领导干部划分为领导班子正职、领导班子副职和部门负责人 3 类，分别设置领导胜任力考评的指标及权重。

4. 日常绩效（平时考核）

日常绩效（平时考核），是指对干部履职尽责情况，以及"德、能、勤、绩、廉"各方面日常表现进行考核。日常绩效（平时考核）的内容，包括组织绩效挂钩、工作任务完成、现实表现测评和加减分项目。

领导评鉴评定等次为"好"的比例，最高不超过评鉴对象人数的 50%，具体比例由省税务局确定。税务干部受党纪处分的期间，数字人事年度考核不得评定为第 1 段；受政纪警告处分的当年和记过、记大过、降级、撤职处分的期间，数字人事年度考核不得评定为第 1 段。

5. 公认评价

公认评价包括内部评价和外部评价两个方面。内部评价，是指年度终了对全体税务干部进行的年终测评，领导班子成员还应包括"一报告两评议"测评和廉政测评。外部评价，是指纳税人、有关单位对税务系统单位及个人工作质效进行的评价，包括办税服务厅现场评价、纳税人满意度调查和行风评议。

原规定修订后，调整了公认评价中的内部评价和外部评价指标的权重配比。地市级以下税务局干部公认评价得分＝内部评价得分×70%＋外部评价得分×30%。明确行风评议指标分值配置，未开展行风评议的单位，行风评议的权重平均分摊到办税服务厅现场评价和纳税人满意度调查 2 个指标上。

>> 习题演练

一 单项选择题

1. 国家级正职、国家级副职、省部级正职、省部级副职、厅局级正职、厅局级副职、县处级正职、县处级副职、乡科级正职、乡科级副职，这些是（　　）。

A. 领导职务　　　　　　　　B. 行政执法类公务员通用职务

C. 非领导职务　　　　　　　D. 专业技术类公务员通用职务

【参考答案】A

【答案解析】《中华人民共和国公务员法》规定，国家实行公务员职位分类制度。领导职务层次分为：国家级正职、国家级副职、省部级正职、省部级副职、厅局级正职、厅局级副职、县处级正职、县处级副职、乡科级正职、乡科级副职。

2. 《中华人民共和国公务员法》明确了国家实行公务员职务与（　　）并行制度。

A. 级别　　　　B. 职级　　　　C. 职位　　　　D. 衔级

【参考答案】B

【答案解析】根据《中华人民共和国公务员法》第十七条的规定，国家实行公务员职务与职级并行制度。

3. 公务员职级在（　　）以下设置。

A. 省部级　　　　B. 厅局级　　　　C. 县处级　　　　D. 乡科级

【参考答案】B

【答案解析】根据《中华人民共和国公务员法》第十九条的规定，公务员职级在厅局级以下设置。

4. 公务员主管部门在审定录用计划时，必须坚持只有在（　　）的情况下，才能给予录用名额。

A. 缺编　　　　B. 满编　　　　C. 等编　　　　D. 超编

【参考答案】A

【答案解析】录用公务员,必须在规定的编制限额内,并有相应的职位空缺。

5. 招录机关根据考试成绩、考察情况和体检结果,提出拟录用人员名单,并予以公示。公示期不少于(　　)个工作日。

A. 3　　　　　　　B. 5　　　　　　　C. 7　　　　　　　D. 10

【参考答案】B

【答案解析】根据《中华人民共和国公务员法》第三十二条的规定,招录机关根据考试成绩、考察情况和体检结果,提出拟录用人员名单,并予以公示。公示期不少于5个工作日。

6. 公示期满,地方各级招录机关将拟录用人员名单报(　　)公务员主管部门审批。

A. 中央　　　　　　　　　　　B. 省级或者设区的市级

C. 同级人民代表大会　　　　　D. 省级以上

【参考答案】B

【答案解析】省级或者设区的市级公务员主管部门审批地方各级招录机关拟录用人员名单。

7. 对民族自治地方录用公务员,依照法律和有关规定对少数民族报考者的态度是(　　)。

A. 按照公务员录用规定平等对待

B. 与其他考生同等条件录取

C. 予以适当照顾

D. 由民族自治地方自行规定录用办法

【参考答案】C

【答案解析】根据《中华人民共和国公务员法》第二十三条的规定,民族自治地方依照前款规定录用公务员时,依照法律和有关规定对少数民族报考者予以适当照顾。

8. 新录用的公务员试用期为(　　)。

A. 3个月　　　　　B. 6个月　　　　　C. 1年　　　　　D. 2年

【参考答案】C

【答案解析】新录用的公务员试用期为1年。

9. 对公务员的考核，以其职位职责和所承担的工作任务为基本依据，全面考核德、能、勤、绩、廉，重点考核政治素质和( )。

A. 德   B. 能   C. 勤   D. 绩

【参考答案】D

【答案解析】重点考核政治素质和工作实绩。

10. 《中华人民共和国公务员法》规定了公务员受处分的期间，以下说法不正确的是( )。

A. 记过，12 个月   B. 记大过，18 个月

C. 降级，24 个月   D. 撤职，18 个月

【参考答案】D

【答案解析】公务员受处分的期间为：警告，6 个月；记过，12 个月；记大过，18 个月；降级、撤职，24 个月。

11. 公务员申请复核，应当自知道人事处理之日起( )日内提交书面申请。

A. 15   B. 30   C. 40   D. 60

【参考答案】B

【答案解析】公务员申请复核，应当自知道人事处理之日起 30 日内提交书面申请。

12. 对晋升领导职务的公务员应当在( )期间进行任职培训。

①任职前   ② 任职后半年内   ③任职后 1 年内

A. ①   B. ②   C. ①或②都行   D. ①或③都行

【参考答案】D

【答案解析】对晋升领导职务的公务员应当在任职前或者任职后 1 年内进行任职培训。

13. 国有企业、高等院校和科研院所以及其他不参照《中华人民共和国公务员法》管理的事业单位中从事公务的人员，可以调入机关担任领导职务或者( )调研员以上及其他相当层次的职级。

A. 一级   B. 二级   C. 三级   D. 四级

【参考答案】D

【答案解析】根据《中华人民共和国公务员法》第七十条的规定，国有

企业、高等院校和科研院所以及其他不参照《中华人民共和国公务员法》管理的事业单位中从事公务的人员，可以调入机关担任领导职务或者四级调研员以上及其他相当层次的职级。

14. 公务员工资制度贯彻(　　)的原则。

A. 按劳分配
B. 按生产要素贡献分配
C. 按管理要素贡献分配
D. 按劳动力要素贡献分配

【参考答案】A

【答案解析】按劳分配是公务员工资制度的原则。

15. 公务员工资中，(　　)是工资结构的主体。

A. 基本工资　　　B. 津贴　　　C. 补贴　　　D. 奖金

【参考答案】A

【答案解析】公务员工资中，基本工资是工资结构的全体。

16. 我国公务员要享受年终奖金，必须在定期考核中被确定为(　　)。

A. 优秀
B. 称职和基本称职
C. 优秀或称职
D. 称职或基本称职

【参考答案】C

【答案解析】在定期考核中被确定为优秀、称职的，可以享受年终奖金。

17. 普通公务员申请辞去公职，任免机关应当自接到申请之日起(　　)日内予以审批。

A. 15　　　　　B. 30　　　　　C. 60　　　　　D. 90

【参考答案】B

【答案解析】根据《中华人民共和国公务员法》第八十五条的规定，公务员辞去公职，应当向任免机关提出书面申请。任免机关应当自接到申请之日起30日内予以审批，其中对领导成员辞去公职的申请，应当自接到申请之日起90日内予以审批。

18. 《中华人民共和国公务员法》中规定的领导成员的辞职制度中，(　　)实际上是领导成员对本人失职失误的一种主动追究。

A. 因公辞职　　　B. 自愿辞职　　　C. 引咎辞职　　　D. 责令辞职

【参考答案】C

【答案解析】引咎辞职实际上是领导成员对本人失职失误的一种主动

追究。

19. 公务员可以提出申请,经任免机关批准后提前退休的条件是( )。

A. 工作年限满 25 年的

B. 工作年限满 30 年的

C. 丧失部分工作能力且工作年限满 25 年的

D. 工作年限满 35 年的

【参考答案】B

【答案解析】根据《中华人民共和国公务员法》第九十三条的规定,公务员符合下列条件之一的,本人自愿提出申请,经任免机关批准,可以提前退休:①工作年限满 30 年的;②距国家规定的退休年龄不足 5 年,且工作年限满 20 年的;③符合国家规定的可以提前退休的其他情形的。

20. 机关对新录用人员在试用期内进行的培训是( )。

A. 初任培训   B. 任职培训

C. 更新知识培训   D. 专门业务培训

【参考答案】A

【答案解析】根据《中华人民共和国公务员法》第六十七条的规定,机关对新录用人员应当在试用期内进行初任培训。

21. 人才工作的重要原则是( )。

A. 依法管人   B. 党管人才   C. 以人为本   D. 任人唯贤

【参考答案】B

【答案解析】中共中央办公厅印发的《关于进一步加强党管人才工作的意见》规定,党管人才是人才工作的重要原则。

22. 税务领军人才的培养目标是到 2022 年,基本形成覆盖主要税收工作领域,总量为( )名左右的税务领军人才队伍。

A. 500   B. 1000   C. 5000   D. 10000

【参考答案】B

【答案解析】依据《全国税务领军人才培养规划(2013—2022 年)》(税总发〔2013〕97 号印发)。

23. 以下( )类不是税务系统领军人才培养方向。

A. 综合管理   B. 税收法制

C. 税收业务   D. 税收信息化管理

【参考答案】B

【答案解析】领军人才培养方向分为综合管理、税收业务和税收信息化管理3类。

24. 税务领军人才培养原则上每年招生一次，每（ ）年为1个培养周期。

A. 2   B. 3   C. 4   D. 5

【参考答案】C

【答案解析】税务领军人才培养原则上每年招生一次，每4年为1个培养周期。

25. 绩效计划确定后，除党中央、国务院及国家税务总局年度内新安排部署的重要工作任务外，原则上年度内不作调整。因特殊原因需要调整的，在当年（ ）前由绩效办报领导小组审定后调整。

A. 8月31日   B. 10月31日   C. 11月30日   D. 12月31日

【参考答案】B

【答案解析】绩效计划确定后，除党中央、国务院及国家税务总局年度内新安排部署的重要工作任务外，原则上年度内不作调整。因特殊原因需要调整的，在当年10月31日前由绩效办报领导小组审定后调整。

26. 根据相关规定，连续（ ）年为优秀等次的省税务局，确定为"税务系统绩效管理示范单位"。

A. 2   B. 3   C. 4   D. 5

【参考答案】B

【答案解析】连续3年为优秀等次的省税务局，确定为"税务系统绩效管理示范单位"。

27. 根据相关规定，全年绩效考评成绩在规定的评定范围内排名前（ ）的，考评等次为"优秀"。

A. 10%   B. 20%   C. 30%   D. 40%

【参考答案】D

【答案解析】全年绩效考评成绩在规定的评定范围内排名前40%的，考评等次为"优秀"。

28. 事事记录，天天累积、年年累积，通过日积月累，使考核识别干部不仅看其当期情况，还要看历史情况、一贯表现，识人用人更全面准确。这表明数字人事制度具有(　　)的基本内涵。

A. 日常化　　　　B. 多维化　　　　C. 数据化　　　　D. 累积化

【参考答案】D

【答案解析】本题考查的关键词是日积月累。

29. 数字人事中的"四个支柱"是指(　　)。

A. 业务能力、领导胜任力、日常绩效（平时考核）和公认评价

B. 职业基础、业务能力、领导胜任力和日常绩效（平时考核）

C. 职业基础、领导胜任力、日常绩效（平时考核）和公认评价

D. 职业基础、业务能力、日常绩效（平时考核）和公认评价

【参考答案】A

【答案解析】数字人事中四个支柱是指业务能力、领导胜任力、日常绩效（平时考核）和公认评价。

30. 业务能力升级专业类别有(　　)类，分为初级、中级和高级，共(　　)档。

A. 3，12　　　　B. 3，11　　　　C. 5，12　　　　D. 5，11

【参考答案】D

【答案解析】业务能力专业类别分为行政管理、纳税服务、征管评估、税务稽查和信息技术等5类。分为初级、中级和高级，共11档。

31. 领导胜任力测试成绩合格，有效期(　　)年。

A. 2　　　　B. 3　　　　C. 4　　　　D. 5

【参考答案】B

【答案解析】领导胜任力测试合格，作为晋升上一级职务的必要条件，有效期3年。

32. 下列不属于外部评价的是(　　)。

A. 办税服务厅现场评价　　　　B. 纳税人满意度调查

C. 行风评议　　　　D. 廉政测评

【参考答案】D

【答案解析】外部评价包括办税服务厅现场评价、纳税人满意度调查和行

风评议，不包括廉政测评。

33. 七要素模型，除了德能勤绩廉外，还包括(　　)。

A. 职业基础和业务能力

B. 领导胜任力和日常绩效（平时考核）

C. 业务能力和公认评价

D. 职业基础和公认评价

【参考答案】D

【答案解析】七要素模型指：德、能、勤、绩、廉、评、基。

34. 数字人事推行后，有关信息数据是以定量积分和定性评价的方式记入(　　)。

A. 综合干部管理信息系统　　　　　B. 个人考核账户

C. 个人积分账户　　　　　　　　　D. 个人成长账户

【参考答案】D

【答案解析】建立个人成长账户并及时予以记载税务干部"德、能、勤、绩、廉、评、基"等方面的信息数据。

35. 按照国家税务总局相关制度要求，新进人员岗位实训应不少于(　　)日。

A. 60　　　　　　B. 90　　　　　　C. 120　　　　　　D. 150

【参考答案】D

【答案解析】岗位实训时间不少于150日。

36. 业务能力升级主要面向(　　)周岁以下税务干部。

A. 40　　　　　　B. 45　　　　　　C. 50　　　　　　D. 55

【参考答案】B

【答案解析】业务能力升级主要面向45周岁以下税务干部，并以年龄加分等措施，鼓励45周岁以上干部积极参加。

37. 凡获得注册会计师、法律职业资格证书等与税收工作相关职业资格的，在已达到级档的基础上直接跨(　　)档报测。

A. 1　　　　　　B. 2　　　　　　C. 3　　　　　　D. 4

【参考答案】B

【答案解析】获得财会类国家层面的证书，如注册会计师、法律职业资格证书等,允许直接跨2档报测。

38. 业务能力升级学习内容分为通用知识能力和( )两部分。

A. 专项知识能力   B. 税收知识能力

C. 专业知识能力   D. 业务工作技能

【参考答案】C

【答案解析】业务能力升级学习内容分通用知识能力和专业知识能力两部分。

39. 调入本岗位不足( )的,可以选择报考原岗位或现岗位所属专业类别。

A. 3个月   B. 半年   C. 1年   D. 2年

【参考答案】B

【答案解析】调入本岗位不足半年的,可以选择报考原岗位或现岗位所属专业类别。

40. 税务系统内,达到干部任用条例规定任职年限,晋升领导职务和( )以上非领导职务的,应通过相应层级的领导胜任力测试。

A. 副科级   B. 正科级   C. 副处级   D. 正处级

【参考答案】C

【答案解析】达到干部任用条例规定任职年限,晋升领导职务和副处级以上非领导职务的,应通过相应层级的领导胜任力测试。

41. 在业务能力测试中,允许最多跨( )档级次。

A. 1   B. 2   C. 3   D. 4

【参考答案】B

【答案解析】业务能力测试允许最多跨2档级次。

42. 职业基础的新进培养信息占( )。

A. 30%   B. 40%   C. 50%   D. 60%

【参考答案】D

【答案解析】职业基础中,教育信息占30%,考录信息占10%,新进培养信息占60%。

43. 对于( )周岁以上的干部参加业务能力升级测试,区分年龄段给予不同权重加分的鼓励措施。

A. 40　　　　　B. 45　　　　　C. 50　　　　　D. 55

【参考答案】B

【答案解析】45周岁以上的干部参加业务能力升级测试，区分年龄段给予不同权重加分的鼓励措施。

44. 在相关办法施行前参加工作的税务干部，晋升（　　　）领导职务的，可免于参加领导胜任力测试。

A. 副科级　　　　B. 正科级　　　　C. 副处级　　　　D. 正处级

【参考答案】A

【答案解析】在相关办法施行前参加工作的税务干部，晋升副科级领导职务的，可免于参加领导胜任力测试。

45. 办税服务厅现场评价，由（　　　）纳税服务部门组织实施。

A. 县区税务局　　　B. 地市税务局　　　C. 省税务局　　　D. 国家税务总局

【参考答案】B

【答案解析】办税服务厅现场评价，由地市税务局纳税服务部门组织实施。

二 多项选择题

1. 公务员，是指（　　　）的工作人员。

A. 依法履行公职　　　　　　　　B. 纳入国家行政编制

C. 由国家财政负担工资福利　　　　D. 国家机关中除工勤人员以外的

【参考答案】ABC

【答案解析】公务员，是指依法履行公职、纳入国家行政编制、由国家财政负担工资福利的工作人员。

2. 公务员的管理坚持（　　　）原则，依照法定的权限、条件、标准和程序进行。

A. 公开　　　　B. 平等　　　　C. 竞争　　　　D. 择优

【参考答案】ABCD

【答案解析】根据《中华人民共和国公务员法》第五条的规定，公务员的管理，坚持公开、平等、竞争、择优的原则，依照法定的权限、条件、标准和程序进行。

3. 下列属于税务系统的领导职务的有(　　)。

A. 县处级正职　　B. 一级调研员　　C. 四级主任科员　D. 乡科级正职

【参考答案】AD

【答案解析】选项 B、C 是综合管理类公务员职级序列。

4. 下列情形中，不得录用为公务员的有(　　)。

A. 因犯罪受过刑事处罚的　　　　　B. 被开除中国共产党党籍的

C. 被依法列为失信联合惩戒对象的　D. 被开除公职的

【参考答案】ABCD

【答案解析】新修订的《中华人民共和国公务员法》中将选项 B 和选项 C 列入了不得录用的情形。

5. 我国税务系统公务员的考核等次包括(　　)。

A. 优秀　　　　B. 称职　　　　C. 基本称职　　　D. 不称职

【参考答案】ABCD

【答案解析】税务系统公务员的考核等次包括优秀、称职、基本称职、不称职。

6. 公务员的考核方式有 (　　)。

A. 平时考核　　B. 重点考核　　C. 专项考核　　　D. 定期考核

【参考答案】ACD

【答案解析】新修订的《中华人民共和国公务员法》里，专项考核为新增，见第五章第三十六条。

7. 《中华人民共和国公务员法》规定，公务员职级实行(　　)。

A. 选任制　　　B. 委任制　　　C. 聘任制　　　　D. 任期制

【参考答案】BC

【答案解析】根据《中华人民共和国公务员法》第四十条的规定，公务员职级实行委任制和聘任制。

8. 我国税务系统公务员晋升领导职务的程序包括(　　)。

A. 动议

B. 民主推荐

C. 确定考察对象，组织考察

D. 按照管理权限讨论决定

E. 履行任职手续

【参考答案】ABCDE

【答案解析】根据《中华人民共和国公务员法》第四十六条的规定，公务员晋升领导职务，按照下列程序办理：①动议；②民主推荐；③确定考察对象，组织考察；④按照管理权限讨论决定；⑤履行任职手续。

9. 《中华人民共和国公务员法》规定可以越级晋升的条件有（　　）。

A. 表现特别优秀的公务员　　　　B. 资历深

C. 工作经验丰富　　　　　　　　D. 工作特殊需要

【参考答案】AD

【答案解析】根据《中华人民共和国公务员法》第四十五条的规定，公务员领导职务应当逐级晋升。特别优秀的或者工作特殊需要的，可以按照规定破格或越级晋升。

10. 公务员应受到（　　）方面的监督。

A. 思想政治　　B. 履行职责　　C. 作风表现　　　D. 遵纪守法

【参考答案】ABCD

【答案解析】根据《中华人民共和国公务员法》第五十七条的规定，机关应当对公务员的思想政治、履行职责、作风表现、遵纪守法等情况进行监督，开展勤政廉政教育，建立日常管理监督制度。

11. 对公务员监督发现问题的，应视情况予以（　　）处理。

A. 谈话提醒　　B. 批评教育　　C. 诫勉　　　　D. 处分

【参考答案】ABCD

【答案解析】对公务员监督发现问题的，应当区分不同情况，予以谈话提醒、批评教育、责令检查、诫勉、组织调整、处分。

12. 下列属于公务员奖励种类的有（　　）。

A. 嘉奖　　　　B. 升职　　　　C. 记一等功　　D. 授予称号

【参考答案】ACD

【答案解析】对公务员、公务员集体的奖励分为：嘉奖、记三等功、记二等功、记一等功、授予称号。

13. 公务员或者公务员集体有下列情形之一的，给予奖励（　　）。

A. 爱护公共财产，节约国家资财有突出成绩的

B. 忠于职守，积极工作，勇于担当，工作实绩显著的

C. 为增进民族团结，维护社会稳定做出突出贡献的

D. 在抢险、救灾等特定环境中做出突出贡献的

E. 同违法违纪行为作斗争有功绩的

【参考答案】ABCDE

【答案解析】新修订的《中华人民共和国公务员法》第五十二条将选项 D 列为新增内容。

14. 给予行政机关公务员处分，应当(   )。

A. 坚持公正、公平和教育与惩处相结合的原则

B. 与其违法违纪行为的性质、情节、危害程度相适应

C. 事实清楚、证据确凿、定性准确、处理恰当、程序合法、手续完备

D. 惩前毖后、从重处罚

【参考答案】ABC

【答案解析】从重处罚与前 3 个原则冲突。

15. 下列条件中，可以让公务员自愿提出申请，经任免机关批准，提前退休的有(   )。

A. 工作年限满 30 年的

B. 距国家规定的退休年龄不足 5 年，且工作年限满 20 年的

C. 工作年限满 20 年的

D. 国家公务员男性年满 60 周岁

【参考答案】AB

【答案解析】选项 C 条件不充分；国家公务员男性年满 60 周岁，正常退休。

16. 公务员工资，是指国家根据按劳分配原则，分配给公务员个人消费品的货币表现。对此理解正确的有(   )。

A. 工资是公务员为国家服务的劳动所得，必须由国家财政支付

B. 工资只能以法定货币形式出现，不能包含其他物质和非物质形式的权益

C. 工资是公务员收入中最基本的部分，具有决定性地位

D. 现有公务员工资水平能激励各地公务员努力工作

【参考答案】ABC

【答案解析】选项 D 表述错误。

17. 录用担任一级主任科员以下及其他相当职级层次的公务员，采取（　　）的办法。

A. 公开考试　　　B. 严格考察　　　C. 平等竞争　　　D. 择优录取

【参考答案】ABCD

【答案解析】根据《中华人民共和国公务员法》第二十三条的规定，录用担任一级主任科员以下及其他相当职级层次的公务员，采取公开考试、严格考察、平等竞争、择优录取的方法。

18. 《中华人民共和国公务员法》明确规定了对有某些亲属关系的公务员在职务任用上需要回避的情况，以下（　　）属于需要回避的亲属关系。

A. 夫妻关系　　　　　　　　　　B. 直系血亲关系

C. 三代以内旁系血亲关系　　　　D. 近姻亲关系

【参考答案】ABCD

【答案解析】依据《中华人民共和国公务员法》第七十四条。

19. 公务员有（　　）的情况，予以辞退。

A. 年度考核两次以上被确定为不称职的

B. 本人工作能力无法胜任现任工作的

C. 不履行公务员义务，不遵守法律和公务员纪律，经教育仍无转变，不适合继续在机关工作，又不宜给予开除处分的

D. 所在机关撤销需要调整工作，本人拒绝合理安排的

E. 旷工或者因公外出、请假期满无正当理由逾期不归连续超过10日的

【参考答案】CD

【答案解析】根据《中华人民共和国公务员法》第八十八条的规定，选项A应为连续2年被确定为不称职的；选项B应为不胜任现职工作，又不接受其他安排的；选项E应为旷工或者因公外出、请假期满无正当理由逾期不归连续超过15日的。

20. 党管人才重点管（　　）。

A. 管宏观　　　B. 管政策　　　C. 管协调　　　D. 管服务

【参考答案】ABCD

【答案解析】《关于进一步加强党管人才工作的意见》规定，进入新世纪新阶段，中央作出实施人才强国战略的重大决策，确立了党管人才原则。党

管人才主要是管宏观、管政策、管协调、管服务，包括规划人才发展战略，制定并落实人才发展重大政策，协调各方面力量形成共同参与和推动人才工作的整体合力，为各类人才干事创业、实现价值提供良好服务等。

21. 税务领军人才的标准有(　　)。

A. 综合素质优秀 　　B. 业务能力卓越

C. 引领作用突出 　　D. 团队效应显著

【参考答案】ABCD

【答案解析】依据《国家税务总局关于印发〈全国税务领军人才培养规划（2013—2022年)〉的通知》相关规定。

22. 下列关于素质提升"115工程"的说法正确的有(　　)。

A. 倾力打造一支拥有5000名领军人才、10000名业务骨干和50000名岗位能手的人才队伍

B. "岗位大练兵、业务大比武"活动一年一部署，连续抓5年

C. 着力构建覆盖国家税务总局、省税务局、市税务局三个层级的人才梯次培养机制

D. 纵贯各层级税务机关，涉及近80万名税务干部

【参考答案】BCD

【答案解析】选项A表述错误。要倾力打造一支拥有1000名领军人才、10000名业务骨干和50000名岗位能手的人才队伍。

23. 税务系统领军人才培养方向分为(　　)类。

A. 综合管理 　　B. 税收业务

C. 税收法制 　　D. 税收信息化管理

【参考答案】ABD

【答案解析】领军人才培养方向分为综合管理、税收业务和税收信息化管理3类。其中，税收法制是税收业务下的细分类。

24. 税务绩效主要目标中打造一条锁链的内容包括(　　)。

A. 工作项目化　　B. 项目指标化　　C. 项目责任化　　D. 责任目标化

【参考答案】AB

【答案解析】税务绩效主要目标中打造一条锁链包括工作项目化、项目指标化、指标责任化。

25. 国家税务总局绩效管理规划主要包含的内容有(　　)。

A. 1 年试运行　　B. 2 年见成效　　C. 3 年创品牌　　D. 4 年树形象

【参考答案】ABC

【答案解析】国家税务总局按照"1 年试运行、2 年见成效、3 年创品牌"的规划，扎实推进绩效管理工作。

26. 税务系统数字人事制度的主要特征有(　　)。

A. 突出以人为本　　　　　　　　B. 突出科学考评

C. 突出数字管理　　　　　　　　D. 突出科技引领

【参考答案】ABCD

【答案解析】以上选项皆为税务系统数字人事制度的主要特征。

27. 业务能力升级专业类别包括(　　)。

A. 行政管理类　　B. 纳税服务类　　C. 征管评估类　　D. 税务稽查类

E. 信息技术类

【参考答案】ABCDE

【答案解析】以上选项皆为业务能力升级专业类别。

28. 数字人事的内涵是实现干部考核管理的(　　)。

A. 日常化　　　　B. 多维化　　　　C. 数据化　　　　D. 累积化

E. 可比化

【参考答案】ABCDE

【答案解析】以上选项皆为数字人事的内涵。

29. 税务干部小王在数字人事记实上，可以填写的内容包括(　　)。

A. 工作事项和工作成效　　　　　B. 存在问题、改进措施

C. 本人政治思想、遵规守纪情况　D. 心得体会、感悟打算

【参考答案】ABCD

【答案解析】以上选项都可填写。

30. 新进人员培养管理考核包括(　　)等指标。

A. 初任培训　　　　　　　　　　B. 税收执法资格考试

C. 季度考评　　　　　　　　　　D. 试用期任职定级民主测评

E. 年度考核（年终测评）

【参考答案】ABDE

【答案解析】对试用期新进人员有计划地开展培养锻炼和考核管理的信息，包括初任培训、税收执法资格考试、年终测评、任职定级测评等信息。

31. 根据数字人事系统工作记实质量评价办法，将干部分为( )类。

A. 领导班子　　　　　　　　　B. 班子成员和部门正职

C. 部门副职　　　　　　　　　D. 一般干部

【参考答案】BCD

【答案解析】干部分为班子成员和部门正职、部门副职、一般干部。

32. 领导胜任力包括( )。

A. 任职考察　　　　　　　　　B. 试用期管理

C. 专项考评　　　　　　　　　D. 领导胜任力测试

【参考答案】ABCD

【答案解析】领导胜任力包括任职考察、试用期管理、专项考评、领导胜任力测试等内容。

33. 公认评价的内部评价包括( )。

A. 年终测评　　　　　　　　　B. "一报告两评议"测评

C. 廉政测评　　　　　　　　　D. 民主测评

【参考答案】ABC

【答案解析】选项 D 不是内部评价。

34. 个人成长账户基本内容包括( )。

A. 职业基础　　B. 业务能力　　C. 领导胜任力　　D. 日常绩效

E. 公认评价

【参考答案】ABCDE

【答案解析】以上 5 个选项皆是。

35. 科级领导职务领导胜任力测试检验的能力主要有( )。

A. 依法办事和执行操作能力　　B. 统筹落实能力

C. 组织协调能力　　　　　　　D. 应对风险挑战的能力

【参考答案】AC

【答案解析】选项 A 和选项 C 为科级领导职务领导胜任力测试检验的能力。

三 判断题

1. 公务员工资、福利、保险以及录用、奖励、培训、辞退等所需经费，列入财政预算，予以保障。 （ ）

【参考答案】正确

2. 各级公务员主管部门负责指导下级各机关的公务员管理工作。（ ）

【参考答案】错误

【答案解析】根据《中华人民共和国公务员法》第十二条的规定，应为各级公务员主管部门指导同级各机关的公务员管理工作。

3. 公务员的领导职务、职级与级别是确定公务员工资以及其他待遇的依据。 （ ）

【参考答案】正确

4. 地方各级机关公务员的录用，必要时可由设区的市级公务员主管部门组织。 （ ）

【参考答案】正确

5. 公务员定期考核的结果分为优秀、称职、基本称职3个等次。（ ）

【参考答案】错误

【答案解析】根据《中华人民共和国公务员法》第三十八条的规定，公务员定期考核的结果分为优秀、称职、基本称职和不称职4个等次。

6. 公务员领导职务应当逐级晋升。特别优秀的或者工作特殊需要的，可以按照规定破格或者越级晋升。 （ ）

【参考答案】正确

7. 公务员在年度考核中被确定为不称职的，按照规定程序降低一个职务或者职级层次任职。 （ ）

【参考答案】正确

8. 公务员不得在其配偶、子女及其配偶经营的企业、营利性组织的行业监管或者主管部门任职。 （ ）

【参考答案】错误

【答案解析】根据《中华人民共和国公务员法》第七十四条的规定，上述情况不得担任领导成员。

9. 公务员在法定工作日之外加班的，应当给予相应的补休，不能补休的按照国家规定给予补助。 （　　）

【参考答案】正确

10. 对公务员领导成员辞去公职的申请，应当自接到申请之日起 30 日内予以审批。 （　　）

【参考答案】错误

【答案解析】根据《中华人民共和国公务员法》第八十五条的规定，应为 90 日内。

11. 税务领军人才引领作用突出，指的是具有国际视野、战略思维、现代理念，在促进税收事业科学发展中具有引领带动和标杆示范作用。 （　　）

【参考答案】正确

12. 国家税务总局对每批领军人才学员集中培养期间组织开展不少于 7 次公共知识与能力集中培训，不少于 3 次专业集中培训。 （　　）

【参考答案】正确

13. 税务领军人才综合管理类的选拔对象主要是处级、科级优秀年轻税务干部。处级干部年龄一般不超过 46 周岁，科级干部一般不超过 35 周岁。 （　　）

【参考答案】错误

【答案解析】处级干部年龄一般不超过 45 周岁。

14. 税务领军人才税收信息化管理类的选拔对象为税务干部和税务系统外人员。 （　　）

【参考答案】错误

【答案解析】税务领军人才税收信息化管理类的选拔对象只能是税务干部。

15. 税务领军人才的培养实行淘汰机制。根据考核成绩逐段淘汰，总淘汰率不低于 10%。 （　　）

【参考答案】正确

16. 实施绩效管理，不但需要各级税务部门和税务干部广泛参与，也需要广大纳税人的支持和参与。 （　　）

【参考答案】正确

17. 税务系统每个干部都拥有职业基础信息。 （ ）

【参考答案】错误

【答案解析】职业基础主要适用于开展数字人事试点工作当年及以后进入税务系统工作的税务干部。

18. 业务能力升级测试具有"自愿参与，自学为主、助学为辅"的特点。 （ ）

【参考答案】正确

19. 职业基础包括税务干部接受教育信息、考录信息和新进培养信息等。

（ ）

【参考答案】正确

20. 数字人事以业务能力、领导胜任力、日常绩效、公认评价为四大支柱，支撑税务干部全面发展。 （ ）

【参考答案】正确

21. 报考业务能力升级专业类别时，以所在税务机构划分考试类别，不以所在部门的岗位工作性质为依据。 （ ）

【参考答案】错误

【答案解析】税务干部报名参加业务能力测试，一般应与工作岗位所属专业类别一致。

22. 税务干部可以根据自己的意愿选择业务能力升级考试报考类别和档次。 （ ）

【参考答案】错误

【答案解析】税务干部报名参加业务能力测试，一般应与工作岗位所属专业类别一致。报名参加不属于本人岗位所属专业类别测试的，最高可报已有所属类别的同级档测试。

23. 只要个人愿意，业务能力升级考试每年都能参加报测。 （ ）

【参考答案】错误

【答案解析】除首次套档外，获得初级或中级的，第3年方可报考，获得高级的，第4年方可报考。

24. 领导干部岗位胜任力测试成绩有效期为2年。 （ ）

【参考答案】错误

【答案解析】领导胜任力测试合格，作为晋升上一级职务的必要条件，有效期 3 年。

25. 晋升副科级职务，应具备业务能力初级 4 档以上。　　　　（　　）

【参考答案】错误

【答案解析】晋升副科级职务，应具备业务能力初级 2 档以上。

26. 业务能力很高的干部可以越级参加领导胜任力测试。　　（　　）

【参考答案】错误

【答案解析】税务干部应逐级参加领导胜任力测试。

27. 业务能力升级测试不是简单地考 60 分就能通过的，而是按照通过率认定每次的达标分数。　　　　　　　　　　　　　　（　　）

【参考答案】正确

四　简答题

1.《中华人民共和国公务员法》对公务员的定义作了新的界定，请问公务员必须具备哪 3 个条件？

【参考答案】公务员必须具备的 3 个条件包括：①依法履行公职；②纳入国家行政编制；③由国家财政负担工资福利。

2.《中华人民共和国公务员法》规定，哪些人员不得录用为公务员？

【参考答案】根据《中华人民共和国公务员法》第二十六条的规定，以下人员不得录用为公务员：①因犯罪受过刑事处罚的；②被开除中国共产党党籍的；③被开除公职的；④被依法列为失信联合惩戒对象的；⑤有法律规定不得录用为公务员的其他情形的。

3. 人才资源是税收事业发展的第一资源。素质提升"115 工程"是国家税务总局顶层设计的人才发展战略。请谈谈对素质提升"115 工程"的认识。

【参考答案】素质提升"115 工程"是国家税务总局顶层设计，纵贯各层级税务机关，涉及近 80 万名税务干部的人才发展战略。计划从 2016—2020 年，倾力打造一支拥有 1000 名领军人才、10000 名业务骨干和 50000 名岗位能手的高素质人才队伍。

"岗位大练兵、业务大比武"活动一年一部署，连续抓5年，是素质提升"115工程"的重要组成部分，着力构建覆盖国家税务总局、省税务局、市税务局三个层级的人才梯次培养机制，充分发挥人才支撑引领作用，是健全人才梯次培养机制、提升税务干部队伍整体素质的重要举措，也是促进税收重点工作任务落实、推进税收现代化建设的重要保障。

4. 数字人事的基本框架是什么？

【参考答案】数字人事的基本框架可以形象地概况为"一个基础、四个支柱、一个平台、一个顶子"。"一个基础"指职业基础，"四个支柱"指业务能力、领导胜任力、日常绩效和公认评价，"一个平台"指数字人事信息系统，"一个顶子"指数据应用。

5. 数字人事与绩效管理是什么关系？

【参考答案】绩效管理抓班子，数字人事带队伍。绩效管理侧重于对事的考核，注重工作质效；数字人事侧重于对人的考核，注重促进税务干部全面发展。

第二篇　通用业务

第七章
监督管理

>> 知识架构

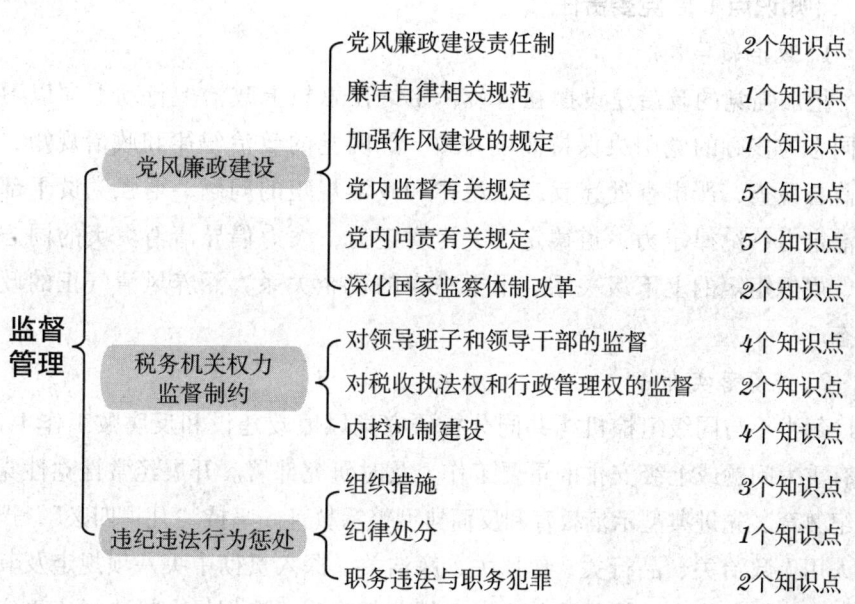

	党风廉政建设责任制	2个知识点
	廉洁自律相关规范	1个知识点
	加强作风建设的规定	1个知识点
党风廉政建设	党内监督有关规定	5个知识点
	党内问责有关规定	5个知识点
	深化国家监察体制改革	2个知识点
	对领导班子和领导干部的监督	4个知识点
税务机关权力监督制约	对税收执法权和行政管理权的监督	2个知识点
	内控机制建设	4个知识点
	组织措施	3个知识点
违纪违法行为惩处	纪律处分	1个知识点
	职务违法与职务犯罪	2个知识点

监督管理

>> 第一节
党风廉政建设

一 党风廉政建设责任制

　　党的十九大以来，我们坚持贯彻落实习近平新时代中国特色社会主义思想，坚持把党的政治建设摆在首位，深化运用监督执纪"四种形态"，着力惩治群众身边的腐败问题，完善党和国家监督体系，取得了新的重大成果，夺取反腐败斗争压倒性胜利，为实现党和国家事业新发展提供了坚强保障。但是，我们党面临的"四大考验"是长期的、复杂的，面临的"四种危险"是尖锐的、严峻的，党内存在思想不纯、政治不纯、组织不纯、作风不纯等突出问题尚未得到根本解决。还要看到，"四风"问题树倒根存，形式主义、官僚主义问题依然突出，全面从严治党永远在路上。

【知识点1】 党委责任

1. 政治领导责任

把加强党的政治建设摆在首位，始终在思想上政治上行动上同以习近平同志为核心的党中央保持高度一致。严明党的政治纪律和政治规矩，加强监督检查，严肃查处违反政治纪律和政治规矩的问题。增强党员干部的政治定力、纪律定力、道德定力、拒腐定力，大力倡导清清爽爽的同志关系、规规矩矩的上下级关系、干干净净的税企关系，涵养风清气正的政治生态。

2. 统筹落实责任

每半年与同级纪检机构共同分析研究党风廉政建设和反腐败工作1次，遇有重大问题或上级安排的重要工作，及时研究部署。开展经常性党性党风党纪教育、先进典型示范教育和反面典型警示教育。坚持"凡提四必"，严把选人用人政治关、品行关、作风关、廉洁关。深入贯彻中央八项规定及其实施细则精神，聚焦违规收受礼金、违规公款吃喝、违规操办婚丧喜庆事宜等突出问题。

3. 压力传导责任

每年听取1次党委委员、机关各单位和下一级税务局党委落实全面从严治党主体责任情况汇报。每年开展1次"两个责任"落实情况检查。各省级税务局党委每年向国家税务总局党委书面报告1次履行管党治党责任情况，省以下税务局党委每年向上一级税务局党委、纪检组书面报告1次履行管党治党责任情况。落实述职述责述廉、民主生活会、组织生活会、谈话、函询和领导干部报告个人有关事项等党内监督制度。主动接受和支持同级纪检机构对本级领导班子及成员的监督。

【知识点2】 纪检机构责任

1. 协助推进责任

向同级党组织汇报上级党组织和纪检机构有关党风廉政建设和反腐败工

作的部署和要求，提出具体贯彻落实意见。向本级党委通报日常监督中发现的普遍性问题或突出问题，与本级党委书记交换意见，每半年至少会同本级党委专题研究1次党风廉政建设和反腐败工作。加强对下级党组织实施责任追究情况的监督检查。

2. 监督检查责任

经常对党员进行遵守纪律的教育，作出关于维护党纪的决定；对党的组织和党员领导干部履行职责、行使权力进行监督。严明党的政治纪律和政治规矩，坚决纠正和查处上有政策、下有对策，有令不行、有禁不止，口是心非、阳奉阴违，搞团团伙伙、拉帮结派，欺骗组织、对抗组织等行为，强化纪律约束，确保政令畅通。监督中央八项规定及其实施细则精神和反对"四风"情况落实，根据上级要求开展专项整治活动。紧盯"关键少数"，强化对党委及领导班子成员、部门（单位）主要负责人和下级领导班子"一把手"的监督，要突出对管人管钱管物、权力集中、廉洁风险高或群众反映较多的部门（单位）"一把手"的监督。加强对选人用人情况的监督，紧盯动议、民主推荐、考察考核等关键环节，坚决防止任人唯亲、封官许愿，搞亲亲疏疏、团团伙伙等问题。对公职人员依法履职、秉公用权、廉洁从政从业以及道德操守等情况强化监督检查。

3. 纪律审查责任

规范信访举报，对实名举报和违反中央八项规定及其实施细则精神、"四风"问题等信访举报优先办理。按照谈话函询、初步核实、暂存待查、予以了结4类方式，统一处置和管理问题线索。坚持问题线索集体排查制度，线索处置、谈话函询、初步核实、立案审查、案件审理、处置执行中的重要问题，应当集体研究。依规依纪开展执纪审查，重点查处党的十八大以来不收敛、不收手，问题线索反映集中、群众反映强烈，政治问题和经济问题交织的腐败案件，以及违反中央八项规定及其实施细则精神的问题。准确运用监督执纪"四种形态"。加大税收违法案件"一案双查"力度，结合打击偷逃骗税和虚开增值税发票案件，严肃查处税务人员与不法分子内外勾结、谋取私利的违纪违法问题，并倒查领导责任。发挥查办案件的治本功能，按规定对重大腐败案件和违反中央八项规定及其实施细则精神的典型问题进行剖析通报，加强警示教育，提出加强管理、堵塞漏洞、完善制度的意见和建议。

4. 问责追究责任

对党的领导弱化、党的建设缺失、全面从严治党不力、维护党的纪律不力、推进党风廉政建设和反腐败工作不坚决不扎实，造成严重后果的，按照有关规定和干部管理权限，提出问责建议，履行问责程序，落实问责决定。对违反中央八项规定及其实施细则精神的，严重违纪被立案审查开除党籍的，严重失职失责被问责的，以及发生在群众身边、影响恶劣的不正之风和腐败问题，按照有关规定和干部管理权限，点名道姓通报曝光。

二　廉洁自律相关规范

【知识点】《中国共产党廉洁自律准则》

1. 党员廉洁自律规范

（1）坚持公私分明，先公后私，克己奉公。

（2）坚持崇廉拒腐，清白做人，干净做事。

（3）坚持尚俭戒奢，艰苦朴素，勤俭节约。

（4）坚持吃苦在前，享受在后，甘于奉献。

2. 党员领导干部廉洁自律规范

（1）廉洁从政，自觉保持人民公仆本色。

（2）廉洁用权，自觉维护人民根本利益。

（3）廉洁修身，自觉提升思想道德境界。

（4）廉洁齐家，自觉带头树立良好家风。

三　加强作风建设的规定

【知识点】国家税务总局党委关于进一步贯彻执行中央八项规定精神的有关要求

（1）将习近平总书记有关改进作风的重要指示精神以及党章党规党纪等列入税务干部教育培训学习内容，深化思想认识，严明纪律规矩，涵养作风建设新气象。在此基础上，深入学习贯彻习近平总书记关于税收工作的重要论述，逐项对标、细化贯彻落实措施，坚定不移推动党中央、国务院重大决策部署在税务系统落地见效。

（2）严格落实税务系统全面从严治党主体责任和监督责任，层层压紧压实管党治党责任。严格落实"第一责任人"职责，带头践行全面从严治党要求，切实抓好改进调查研究、精简会议活动、精简文件简报、规范出访活动、改进新闻报道、厉行勤俭节约等方面工作。

（3）紧盯不敬畏、不在乎、喊口号、装样子问题，坚决破除空泛式表态、应景式过场、运动式造势等形式主义、官僚主义问题，进一步规范税务系统督查检查考核工作，严格控制总量，杜绝过度"痕迹管理"。严格执行调研相关规定，减少层层陪同。严格会议审批程序，着力控制会议规模和时间。进一步控制文件简报数量，积极推广电子公文和二维码应用。严格执行办公用房、住房、用车等有关待遇规定，严禁违规公款消费。进一步落实好减税降费政策措施，确保纳税人和缴费人在减税降费政策内容上"应知尽知"，业务办理上"应会尽会"，享受政策优惠上"应享尽享"，让纳税人和缴费人有实实在在的获得感。

（4）整合监督检查资源，统筹推进纪检机构的"专责监督"，巡视巡察、督察审计、干部监督部门的"职能监督"和机关内设部门的"日常监督"。对落实中央八项规定及其实施细则精神不力，"四风"问题突出的，特别是落实减税降费政策不到位的，要严肃追责问责。

（5）健全完善税务系统内控机制，加强财务及税收业务相关软件的内控功能内生化，实现事先提醒、事中控制，充分应用内控监督平台强化事后监督。建立健全中央八项规定及其实施细则精神落实情况的常态化监督检查机制，做到"四必查"，即巡视巡察时必查、督察内审时必查、财务检查时必查、系统督查时必查。

四　党内监督有关规定

【知识点1】监督执纪工作原则

监督执纪工作原则主要包括：①坚持和加强党的全面领导；②坚持纪律检查工作双重领导体制；③坚持实事求是；④坚持信任不能代替监督。

【知识点2】 监督执纪领导体制

中央纪律检查委员会在党中央领导下进行工作。地方各级纪律检查委员会和基层纪律检查委员会在同级党的委员会和上级纪律检查委员会双重领导下进行工作。党委应当定期听取、审议同级纪律检查委员会和监察委员会的工作报告，加强对纪委监委工作的领导、管理和监督。

党的纪律检查机关和国家监察机关是党和国家自我监督的专责机关，中央纪委和地方各级纪委贯彻党中央关于国家监察工作的决策部署，审议决定监委依法履职中的重要事项，把执纪和执法贯通起来，实现党内监督和国家监察的有机统一。

监督执纪工作实行分级负责制。

（1）中央纪委国家监委负责监督检查和审查调查中央委员、候补中央委员，中央纪委委员，中央管理的领导干部，党中央工作部门、党中央批准设立的党组（党委），各省、自治区、直辖市党委、纪委等党组织的涉嫌违纪或者职务违法、职务犯罪问题。

（2）地方各级纪委监委负责监督检查和审查调查同级党委委员、候补委员，同级纪委委员，同级党委管理的党员、干部以及监察对象，同级党委工作部门、党委批准设立的党组（党委），下一级党委、纪委等党组织的涉嫌违纪或者职务违法、职务犯罪问题。

（3）基层纪委负责监督检查和审查同级党委管理的党员，同级党委下属的各级党组织的涉嫌违纪问题；未设立纪律检查委员会的党的基层委员会，由该委员会负责监督执纪工作。

地方各级纪委监委依照规定加强对同级党委履行职责、行使权力情况的监督。

对党的组织关系在地方、干部管理权限在主管部门的党员、干部以及监察对象涉嫌违纪违法问题，应当按照谁主管谁负责的原则进行监督执纪，由设在主管部门、有管辖权的纪检监察机关进行审查调查，主管部门认为有必要的，可以与地方纪检监察机关联合审查调查。地方纪检监察机关接到问题线索反映的，经与主管部门协调，可以对其进行审查调查，也可以与主管部门组成联合审查调查组，审查调查情况及时向对方通报。

上级纪检监察机关有权指定下级纪检监察机关对其他下级纪检监察机关管辖的党组织和党员、干部以及监察对象涉嫌违纪或者职务违法、职务犯罪问题进行审查调查，必要时也可以直接进行审查调查。上级纪检监察机关可以将其直接管辖的事项指定下级纪检监察机关进行审查调查。纪检监察机关之间对管辖事项有争议的，由其共同的上级纪检监察机关确定；认为所管辖的事项重大、复杂，需要由上级纪检监察机关管辖的，可以报请上级纪检监察机关管辖。

纪检监察机关应当严格执行请示报告制度。中央纪委定期向党中央报告工作，研究涉及全局的重大事项、遇有重要问题以及作出立案审查调查决定、给予党纪政务处分等事项应当及时向党中央请示报告，既要报告结果也要报告过程。执行党中央重要决定的情况应当专题报告。

地方各级纪检监察机关对作出立案审查调查决定、给予党纪政务处分等重要事项，应当向同级党委（党组）请示汇报并向上级纪委监委报告，形成明确意见后再正式行文请示。遇有重要事项应当及时报告。

纪检监察机关应当坚持民主集中制，对于线索处置、谈话函询、初步核实、立案审查调查、案件审理、处置执行中的重要问题，经集体研究后，报纪检监察机关相关负责人、主要负责人审批。

纪检监察机关应当建立监督检查、审查调查、案件监督管理、案件审理相互协调、相互制约的工作机制。市地级以上纪委监委实行监督检查和审查调查部门分设，监督检查部门主要负责联系地区和部门、单位的日常监督检查和对涉嫌一般违纪问题线索处置，审查调查部门主要负责对涉嫌严重违纪或者职务违法、职务犯罪问题线索进行初步核实和立案审查调查；案件监督管理部门负责对监督检查、审查调查工作全过程进行监督管理，案件审理部门负责对需要给予党纪政务处分的案件审核把关。

纪检监察机关在工作中需要协助的，有关组织和机关、单位、个人应当依规依纪依法予以协助。

【知识点3】 监督执纪中的线索处置

纪检监察机关应当加强对问题线索的集中管理、分类处置、定期清理。结合问题线索所涉及地区、部门、单位总体情况，综合分析，按照谈话函询、初步核实、暂存待查、予以了结 4 类方式进行处置。线索处置不得拖延和积压，处置意见应当在收到问题线索之日起 1 个月内提出，并制定处置方案，履行审批手续。

1. 谈话函询

纪检监察机关进行函询应当以办公厅（室）名义发函给被反映人，并抄送其所在党委（党组）和派驻纪检监察组主要负责人。被函询人应当在收到函件后 15 个工作日内写出说明材料，由其所在党委（党组）主要负责人签署意见后发函回复。

被函询人为党委（党组）主要负责人的，或者被函询人所作说明涉及党委（党组）主要负责人的，应当直接发函回复纪检监察机关。

被谈话函询的党员干部应当在民主生活会、组织生活会上就本年度或者上年度谈话函询问题进行说明，讲清组织予以采信了结的情况；存在违纪问题的，应当进行自我批评，作出检讨。

2. 初步核实

纪检监察机关采取初步核实方式处置问题线索，被核查人为下一级党委（党组）主要负责人的，纪检监察机关应当报同级党委主要负责人批准。

3. 审查调查

审查调查组可以依照党章党规和监察法，经审批进行谈话、讯问、询问、留置、查询、冻结、搜查、调取、查封、扣押（暂扣、封存）、勘验检查、鉴定，提请有关机关采取技术调查、通缉、限制出境等措施。

需要对被审查调查人采取留置措施的，应当依据监察法进行，在 24 小时内通知其所在单位和家属。因可能毁灭、伪造证据，干扰证人作证或者串供等有碍调查情形而不宜通知或者公开的，应当按程序报批并记录在案。有碍调查的情形消失后，应当立即通知被留置人员所在单位和家属。

审查调查工作应当依照规定由 2 人以上进行，按照规定出示证件，出具书面通知。

严禁以威胁、引诱、欺骗以及其他违规违纪违法方式收集证据；严禁隐匿、损毁、篡改、伪造证据。

查封、扣押（暂扣、封存）、冻结、移交涉案财物，应当严格履行审批手续。

4. 审理

纪检监察机关应当对涉嫌违纪或者违法、犯罪案件严格依规依纪依法审核把关，提出纪律处理或者处分的意见，做到事实清楚、证据确凿、定性准确、处理恰当、手续完备、程序合规。

纪律处理或者处分必须坚持民主集中制原则，集体讨论决定，不允许任何个人或者少数人决定和批准。

坚持审查调查与审理相分离的原则，审查调查人员不得参与审理。

【知识点4】 党内监督的内容和对象

党内监督的主要内容是：遵守党章党规，坚定理想信念，践行党的宗旨，模范遵守宪法法律情况；维护党中央集中统一领导，牢固树立政治意识、大局意识、核心意识、看齐意识，贯彻落实党的理论和路线方针政策，确保全党令行禁止情况；坚持民主集中制，严肃党内政治生活，贯彻党员个人服从党的组织，少数服从多数，下级组织服从上级组织，全党各个组织和全体党员服从党的全国代表大会和中央委员会原则情况；落实全面从严治党责任，严明党的纪律特别是政治纪律和政治规矩，推进党风廉政建设和反腐败工作情况；落实中央八项规定精神，加强作风建设，密切联系群众，巩固党的执政基础情况；坚持党的干部标准，树立正确选人用人导向，执行干部选拔任用工作规定情况；廉洁自律、秉公用权情况；完成党中央和上级党组织部署的任务情况。

党内监督的重点对象是党的领导机关和领导干部特别是主要领导干部。

党内监督必须把纪律挺在前面，运用监督执纪"四种形态"，经常开展批评和自我批评、约谈函询，让"红红脸、出出汗"成为常态；党纪轻处分、组织调整成为违纪处理的大多数；党纪重处分、重大职务调整的成为少数；严重违纪涉嫌违法立案审查的成为极少数。

党的工作部门应当严格执行各项监督制度，加强职责范围内党内监督工作，既加强对本部门本单位的内部监督，又强化对本系统的日常监督。

党内监督必须加强对党组织主要负责人和关键岗位领导干部的监督，重点监督其政治立场、加强党的建设、从严治党，执行党的决议，公道正派选人用人，责任担当、廉洁自律，落实意识形态工作责任制情况。

党组织主要负责人个人有关事项应当在党内一定范围公开，主动接受监督。

【知识点5】 监督方式

巡视是党内监督的重要方式。中央和省、自治区、直辖市党委一届任期内，对所管理的地方、部门、企事业单位党组织全面巡视。

坚持党内谈话制度，认真开展提醒谈话、诫勉谈话。

坚持和完善领导干部个人有关事项报告制度，领导干部应当按规定如实报告个人有关事项，及时报告个人及家庭重大情况，事先请示报告离开岗位或者工作所在地等。

党的各级纪律检查委员会是党内监督的专责机关，履行监督执纪问责职责，加强对所辖范围内党组织和领导干部遵守党章党规党纪、贯彻执行党的路线方针政策情况的监督检查。

接到对干部一般性违纪问题的反映，应当及时找本人核实，谈话提醒、约谈函询，让干部把问题讲清楚。约谈被反映人，可以与其所在党组织主要负责人一同进行；被反映人对函询问题的说明，应当由其所在党组织主要负责人签字后报上级纪委。谈话记录和函询回复应当认真核实，存档备查。没有发现问题的应当了结澄清，对不如实说明情况的给予严肃处理。

依规依纪进行执纪审查，重点审查不收敛不收手，问题线索反映集中、群众反映强烈，现在重要岗位且可能还要提拔使用的领导干部，三类情况同时具备的是重中之重。

党的基层组织的监督职责包括：严格党的组织生活，开展批评和自我批评，监督党员切实履行义务，保障党员权利不受侵犯；了解党员、群众对党的工作和党的领导干部的批评和意见，定期向上级党组织反映情况，提出意见和建议；维护和执行党的纪律，发现党员、干部违反纪律问题及时教育或者处理，问题严重的应当向上级党组织报告。

党员的监督义务包括：加强对党的领导干部的民主监督，及时向党组织反映群众意见和诉求；在党的会议上有根据地批评党的任何组织和任何党员，揭露和纠正工作中存在的缺点和问题；参加党组织开展的评议领导干部活动，勇于触及矛盾问题、指出缺点错误，对错误言行敢于较真、敢于斗争；向党负责地揭发、检举党的任何组织和任何党员违纪违法的事实，坚决反对一切派别活动和小集团活动，同腐败现象作坚决斗争。

党组织应当保障党员知情权和监督权，鼓励和支持党员在党内监督中发挥积极作用。提倡署真实姓名反映违纪事实，党组织应当为检举控告者严格保密，并以适当方式向其反馈办理情况。对干扰妨碍监督、打击报复监督者的，依纪严肃处理。

党组织应当保障监督对象的申辩权、申诉权等相关权利。经调查，监督对象没有不当行为的，应当予以澄清和正名。对以监督为名侮辱、诽谤、诬陷他人的，依纪严肃处理；涉嫌犯罪的移送司法机关处理。监督对象对处理决定不服的，可以依照党章规定提出申诉。有关党组织应当认真复议复查，并作出结论。

五 党内问责有关规定

【知识点1】 问责原则

问责原则是依规依纪、实事求是；失责必问、问责必严；权责一致、错责相当；严管和厚爱结合、激励和约束并重；惩前毖后、治病救人；集体决定、分清责任。

【知识点2】 问责对象

问责对象是党组织、党的领导干部，重点是党委（党组）、党的工作机关及其领导成员，纪委、纪委派驻（派出）机构及其领导成员。

【知识点3】 问责应当分清责任

党组织领导班子在职责范围内负有全面领导责任，领导班子主要负责人和直接主管的班子成员在职责范围内承担主要领导责任，参与决策和工作的班子成员在职责范围内承担重要领导责任。

对党组织问责的，应当同时对该党组织中负有责任的领导班子成员进行问责。

【知识点4】 问责方式

对党组织的问责方式包括：①检查；②通报；③改组。

对党的领导干部的问责方式包括：①通报；②诫勉；③组织调整或者组织处理；④纪律处分。

上述问责方式，可以单独使用，也可以依据规定合并使用。问责方式有影响期的，按照有关规定执行。

【知识点5】 问责决定

问责决定作出后，应当及时向被问责党组织、被问责领导干部及其所在党组织宣布并督促执行。被问责领导干部应当向作出问责决定的党组织写出书面检讨，并在民主生活会、组织生活会或者党的其他会议上作出深刻检查。建立健全问责典型问题通报曝光制度，采取组织调整或者组织处理、纪律处分方式问责的，应当以适当方式公开。

实行终身问责，对失职失责性质恶劣、后果严重的，不论其责任人是否调离转岗、提拔或者退休等，都应当严肃问责。

六 深化国家监察体制改革

【知识点1】 深化中央纪委国家监委派驻机构改革

派驻监督是在党中央集中统一领导下，强化自上而下组织监督的重要形式，在党和国家监督体系中具有十分重要的作用。要以习近平新时代中国特色社会主义思想为指导，全面贯彻落实党的十九大和十九届二中、三中全会精神，紧紧围绕维护习近平总书记党中央的核心、全党的核心地位，紧紧围绕维护党中央权威和集中统一领导，坚持稳中求进工作总基调，改革派驻机构领导体制，完善派驻监督工作机制，赋予派驻机构监察职能，深化转职能、转方式、转作风，提高派驻监督全覆盖质量，把制度优势转化为治理效能，实现全面深化改革、全面依法治国和全面从严治党的有机统一。

全面加强对派驻机构的领导。中央纪委国家监委派驻机构是中央纪委国家监委的重要组成部分，由中央纪委国家监委直接领导、统一管理。要建立中央纪委常委会统一领导、中央纪委国家监委统一管理，中央纪委副书记（常委）、国家监委副主任（委员）分管，相关职能部门分工负责、协调配合的派驻工作领导体制，加强对派驻机构的指导、管理、服务和保障。

推动驻在部门党组织担负起全面从严治党政治责任，建立定期会商、重要情况通报、线索联合排查、联合监督执纪等机制，为党组（党委）主体作用发挥提供有效载体，形成同向发力、协作互动的工作格局。派驻机构要紧紧围绕监督这个第一职责，加强对驻在部门党组织的监督，重点检查遵守党章党规党纪和宪法法律、贯彻落实党的路线方针政策和决议等情况，确保党中央政令畅通。赋予派驻机构监察权，派驻机构既要依照党章和其他党内法规履行监督执纪问责职责，又要依照宪法和监察法履行监督调查处置职责，对行使公权力的公职人员实行监察全覆盖。健全审查调查工作机制，加强问题线索集中统一管理，完善审查调查协调、案件审理协调、重大案件督办机制。

【知识点2】中共中央政治局常委、中央纪委书记赵乐际在深化中央纪委国家监委派驻机构改革动员部署会上的讲话精神

派驻监督是具有中国特色的监督机制，是党和国家监督体系的重要内容。深化派驻机构改革，要牢固树立政治意识、大局意识、核心意识、看齐意识，坚持和加强党对派驻机构的全面领导，准确把握政治监督职能定位，督促被监督单位党组织担负起管党治党政治责任，坚决维护习近平总书记核心地位、坚决维护党中央权威和集中统一领导。要充分发挥"派"的权威和"驻"的优势，重点盯住被监督单位领导班子及其成员，提高发现和解决问题的能力。要着力强化日常监督，用好近距离、全天候、常态化的独特优势，自觉把监督寓于日常工作，使咬耳扯袖、红脸出汗成为常态。要精准把握和有效行使监察权，依法开展监察监督，使所有行使公权力的公职人员都受到法律约束。

派驻机构改革要坚持分类分层次推进，重点推动中央和国家机关派驻机构履行两项职能、发挥监督作用，有序开展向中管金融企业派驻纪检监察组的各项工作，稳步推进中管企业、党委书记和校长列入中央管理的高校纪检监察体制改革。

要坚持打铁必须自身硬，持续深化转职能、转方式、转作风，打造忠诚干净担当的派驻机构干部队伍。要按照政治过硬、本领高强要求，把党的政治建设摆在首位，在学懂弄通做实习近平新时代中国特色社会主义思想上下功夫、在结合实际创造性贯彻落实上下功夫；要提高精准监督能力、调查研究能力、统筹协调能力、运用监督执纪"四种形态"能力；要坚守党性原则，发扬斗争精神，坚持实事求是、依规依纪依法开展监督；要自觉接受党内监督和其他各方面监督，坚决防止"灯下黑"。

>> 第二节
税务机关权力监督制约

一 对领导班子和领导干部的监督

【知识点1】 领导班子分工制度的有关要求

税务系统领导班子实行集体领导和个人分工负责相结合的制度，领导班子成员的分工由主要负责人提出初步意见，征求其他领导班子成员意见，经党委会讨论决定，及时公布并向上一级党委报告。

领导班子成员按照分权制衡的原则进行分工，主要负责人不直接分管人事、财务和基建工作，领导班子成员分管税务稽查工作的，不得同时分管重大案件审理工作，分管财务工作的，不得同时分管审计工作。领导班子成员的分工，原则上不超过5年调整一次。领导班子不按规定分工、调整分工的，应责令改正。个人不服从调整的，对其进行诫勉谈话。

【知识点2】 "三重一大"事项决策的有关要求

中央规定的重大决策、重大项目安排、重要干部任免和大额度资金使用等事项，实行集体研究、集体决策。重大决策事项，包括贯彻执行党和国家的路线方针政策、法律法规和上级重要决定的重大措施，税制改革、征管改革、机构设置及调整、党风廉政建设等方面的决策以及安全稳定等其他决策事项。重大项目安排事项，主要包括年度基本建设项目、政府采购、信息化建设等项目安排。重要干部任免事项，主要包括处级以上干部及省以下机关中层以上干部、直属单位和下一级税务机关领导班子成员的任免、后备干部人选的确定以及其他重要人事任免事项。大额度资金使用事项，主要包括年度预算资金安排及调整、大额公用经费、专项经费、重大项目资金、机动经费、补助性经费以及其他大额度资金使用事项。

党委会应有 2/3 以上成员到会，在研究重大事项难以形成统一意见时，应暂缓作出决议，经沟通酝酿仍达不成一致意见的，必须实行无记名票决，投票赞成率达到应参会党委成员过半数以上方可形成决定或决议，纪检监察部门负责人对票决情况进行监督，表决过程和结果应如实记录存档。监察部门主要负责人列席局长办公会。党委会和局长办公会作出的重大决策，应在 5 个工作日内，以适当方式在一定范围内公开。

领导班子成员违反党委议事规则和局长办公会制度，作出不当决策，或擅自改变集体决定的，限期整改并追究责任。

【知识点 3】 领导干部述职述廉的有关要求

领导干部每年结合年度考核在规定范围内述职述廉。领导班子成员在本单位全体干部以及下一级领导班子主要负责人的范围内进行述职述廉。其他领导干部述职述廉由各级税务机关确定。

1. 述职述廉的内容

述职述廉的内容主要包括学习贯彻党的路线方针政策情况，执行民主集中制情况，执行干部选拔任用工作规定情况，履行岗位职责和落实党风廉政建设责任情况，遵守廉洁从政规定情况，存在的突出问题和改正措施，其他需要说明的情况。

2. 述职述廉会议的组织

述职述廉会议由本级党委组织，应提前 10 日向上一级党委报告。上一级人事、纪检监察部门应参加述职述廉会议，组织开展民主测评和廉政测评。会议结束后，上一级人事、纪检监察部门应对收集到的意见和测评情况进行梳理分析，及时将群众意见、民主评议情况予以反馈。人事、纪检监察部门应在述职述廉会议结束后 30 日内将领导班子成员的述职述廉报告和整改措施，报上一级人事、纪检监察部门并存入领导班子成员的个人档案和廉政档案。

3. 述职述廉结果的运用

领导班子成员在本单位全体干部领导班子成员对民主测评和群众反映中发现的问题，应认真进行整改。对廉政测评中"差"得票率达到30%以上的，应由上一级税务机关的纪检组组长对其进行谈话提醒或诫勉谈话；廉政测评中"差"得票率连续2个年度均达到30%以上的，上级党委应给予组织处理。

【知识点4】 因私出国（境）管理制度的有关要求

1. 因私出国（境）的审批

在职厅局级干部因私出国（境）原则上每年不超过一次，国（境）外停留时间一般不超过15日。在职处级干部和退（离）休厅局级、处级干部因私出国（境）次数不作限制，一次出国（境）在外停留时间一般不超过3个月。国家税务总局机关各司局和各省（区、市）税务局主要负责人只批准因私出国（境）探亲、看病，其他因私出国（境）情形不予批准。同一领导班子成员不得在同一时间段内安排因私出国（境）。

在职厅局级、处级干部和退（离）休厅局级干部因私出国（境）要向所在单位提出书面申请，人事部门按照干部管理权限进行认真审核，并征求纪检监察部门的意见。退（离）休处级干部因私出国（境）须于10日前向所在单位人事部门备案。对涉及管理人、财、物，机要档案和其他重要岗位的领导干部，以及配偶已移居国（境）外和没有配偶、子女均已移居国（境）外的领导干部因私出国（境）要从严把关。发现有法律法规规定不准出国（境）的人员，以及涉嫌严重违纪违法的人员，一律不得批准其出国（境）。

2. 因私出国（境）证件的管理

在职厅局级、处级干部，退（离）休厅局级干部和退休3年（含3年）以内的处级干部的因私出国（境）证件均要交由所在单位人事部门集中保管。上述人员回国（境）后7日内，须将证件交回所在单位人事部门集中保管，所在单位人事部门按规定于15日内向出国（境）人员主管单位人事部门备案。对违反因私出国（境）证件管理规定，拒不交出所持出国（境）证件的领导干部，要按相关规定进行严肃处理。

3. 因私出国（境）管理工作的要求

狠抓日常管理。各级人事部门要对登记备案人员信息进行及时更新，并通过领导干部个人有关事项报告及时了解掌握领导干部持有因私出国（境）证件、因私出国（境）等情况。同时，切实做好防范领导干部外逃等有关工作，凡发现有领导干部外逃或涉嫌外逃的，要在 24 小时内逐级上报至国家税务总局（人事司）。

强化责任追究。对发现违反有关规定办理因私出国（境）证件、未经批准出国（境）、瞒报因私出国（境）情况等问题的领导干部，按照《中国共产党纪律处分条例》等相关规定进行处理。对于出现干部滞留不归、借机外逃等问题的，除对当事人依纪依规处理外，还要追究所在单位主要负责人和相关责任人的责任。

二 对税收执法权和行政管理权的监督

【知识点1】 新时代巡视巡察工作精神

1. 巡视工作战略作用

对决胜全面建成小康社会的重要保障作用、对健全党和国家监督体系的重要促进作用、对坚定不移全面从严治党、巩固发展反腐败斗争压倒性胜利的重要利剑作用。

2. 巡视工作定位

巡视是政治巡视，其本质是政治监督，要把"两个维护"作为根本政治任务，正确把握政治和业务的关系。

3. 巡视工作方针

发现问题，形成震慑，推动改革，促进发展，并发挥其震慑、遏制、治本作用和标本兼治战略作用，坚持发现问题是生命线、推动解决问题是落脚点。

4. 巡视监督重点

聚焦"六围绕一加强"（围绕党的政治建设，重点检查践行"两个维护"情况；围绕党的思想建设，重点检查学习贯彻习近平新时代中国特色社会主义思想情况；围绕党的组织建设，重点检查选人用人和基层党组织建设情况；围绕党的作风建设，重点检查整治"四风"、特别是整治形式主义、官僚主义情况，落实中央八项规定及其实施细则精神情况；围绕党的纪律建设，重点检查执行党规党纪和监督执纪问责情况；围绕夺取反腐败斗争压倒性胜利，重点检查领导干部廉洁自律和整治群众身边腐败问题情况；切实加强巡视整改情况的监督检查），落实"五个持续"（持续深入学习贯彻习近平新时代中国特色社会主义思想和党的十九大精神，持续保持惩治腐败的高压态势，持续纠治"四风"问题，持续净化党内政治生态），强化"五个紧扣、五个推进"（紧扣督促做到"两个维护"根本任务，推进政治监督具体化常态化；紧扣形成"四个全覆盖"权力监督格局，构建科学、严密、有效的监督网；紧扣做好巡视"后半篇文章"，推动形成整改长效机制；紧扣巡视工作向纵深发展，完善上下联动的巡视巡察格局；紧扣巡视工作规范化建设，提高依规依纪依法水平），做到"四个聚焦"（聚焦落实党委政治责任，聚焦严明政治纪律和政治规矩，聚焦破除形式主义、官僚主义，聚焦整治群众身边腐败和作风问题）。

5. 巡视工作主体责任

开展巡视工作是管党治党的重大政治责任，是党委履行全面从严治党主体责任的具体化，党委要承担巡视主体责任，党委书记是第一责任人，党委委员落实"一岗双责"。

6. 巡视价值取向

要坚持以人民为中心的根本价值取向，把群众反映强烈的问题作为巡视主攻方向，把损害群众利益的行为作为巡视关注重点，把人民拥护不拥护、赞成不赞成、高兴不高兴作为检验巡视工作成效的根本标准。

7. 巡视工作方式方法

巡视组长"一次一授权"、谁参加巡视不固定、巡视什么地区和单位也不固定，坚持常规巡视与专项巡视相结合，对巡视过的地方和单位随时开展"回头看"，并创新组织方式。

8. 高质量全覆盖要求

认真落实习近平总书记"党组织建立到哪里，巡视巡察就跟进到哪里"的要求，让巡视全覆盖形成震慑，做到"只有全覆盖，才能零容忍"，把发现问题、形成震慑作为衡量巡视巡察工作的重要标准，做到有形覆盖和有效覆盖相统一。

9. 整改落实要求

巡视发现问题的目的是解决问题，发现问题不解决，比不巡视的效果还坏；巡视整改是检验"四个意识"的"试金石"，整改不落实，就是对党不忠诚，对人民不负责。

10. 巡视巡察战略格局

要建立巡视巡察上下联动监督网，完善巡视巡察格局，坚持中央统一领导、分级负责，建立指导督导机制，层层传导压力，促进巡视巡察上下联动、上下贯通。

11. 巡视工作规范化建设要求

进一步健全工作规则，规范工作程序，严格内部管理，把依规依纪依法要求落实到巡视工作全过程，防止巡视利剑变成"双刃剑"。

12. 巡视队伍建设要求

严明作风纪律要求，从严监督管理，坚决防止"灯下黑"，坚持严管和厚爱结合、激励约束并重，强化巡视组自我监督和管理。

【知识点2】 税务系统巡视工作 "双闭环" 管理

巡视工作"双闭环"管理是坚定不移深化政治巡视的有效办法。

第一闭环是巡视工作闭环，即"发现问题—推动整改—完善制度—规范管理"，着眼巡视工作全流程管理，坚持问题导向，压实整改责任，倒逼完善制度，促进各项工作进一步规范。

（1）发现问题，进驻被巡视党组织后，按照规定权限和巡视工作方案，采取听取汇报、个别谈话、受理来信来电来访、调阅资料等方式积极开展工作，对反映被巡视党组织领导班子及其成员的重要问题和线索，可以进行初步了解。巡视组应集体研究巡视情况，及时汇总归类、定量定性分析、认定发现问题，提出整改意见建议，形成工作底稿，制作问题清单，撰写巡视报告。

（2）推动整改，被巡视党组织根据巡视反馈意见，在10个工作日内制定上报巡视整改方案，及时召开专题民主生活会，建立问题清单、任务清单、责任清单，实行台账管理，对账销号，层层压实责任，抓实落细整改工作，并于2个月内将巡视整改情况报告和主要负责人组织落实情况报告报送巡视办。

（3）完善制度，纪检监察、人事部门应当建立完善巡视整改情况日常监督制度，明确监督职责、内容、方式和成果运用。

（4）规范管理，建立并持续完善巡视巡察定位规范、巡视巡察组织规范、巡视巡察内容规范、巡视巡察程序规范、巡视巡察成果运用规范、巡视巡察文书档案规范等六大体系，以及其他需要规范的巡视工作事项。

第二闭环是深化整改闭环，即"巡视整改—专项整治—督导检查—推动问责"，旨在推进整改深度，强化信息共享，形成整改合力，深化成果应用，发挥震慑作用，促使巡视监督持续推进。

（1）巡视整改，巡视办通过调阅资料、约谈、实地调研检查等方式，了解被巡视党组织违反中央八项规定及其实施细则精神、"四风"问题等边巡边改、立行立改事项是否整改到位、是否召开专题民主生活会研究整改工作、是否落实整改主体责任、主要负责人是否落实整改工作第一责任人的责任、其他班子成员是否落实整改工作的"一岗双责"、是否按时报送"两个报告"等情况，督促按时保质完成整改工作。

（2）专项整治，巡视办会同巡视组深入分析巡视问题，对巡视发现的普遍性问题提出专项整治建议，报经巡视工作领导小组审议、国家税务总局党委批准，明确牵头司局，开展专项整治。

（3）督导检查，巡视办对被巡视党组织履行巡视整改主体责任和主要负责人落实第一责任人情况、其他班子成员落实整改"一岗双责"情况、巡视反馈问题整改落实情况、巡视发现的共性问题整改落实情况、专项整治的整改落实情况、巡视移交问题线索和信访举报处置办理情况以及是否存在新问题等开展督导检查。

（4）推动问责，坚持失责必问、问责必严，对应该问责的情形，应当依照相关程序和规定严肃责任追究。

三 内控机制建设

【知识点1】 税务系统内部控制管理制度

1. 内部控制管理原则

内部控制管理原则包括：统一领导，分级管理；各司其职，协调配合；问题导向，持续改进；科学合理，客观公正。

2. 各级税务机关督察内审部门（或者承担督察内审职能的部门）主要职责

各级税务机关督察内审部门（或者承担督察内审职能的部门）主要职责包括：组织制定、完善内部控制制度；应用内部控制监督平台开展任务推送、风险目录管理、监督检查、考核评价等，研究内部控制存在的问题，提出处理意见；组织内部控制宣传和培训工作；办理内部控制管理工作的其他事项。

3. 风险日常管理

风险日常管理，包括风险识别、风险定级、风险应对、风险报备、风险目录编制等管理内容。内部控制主责部门应当确定风险点的风险等级，一般分为高、中、低3个等级。风险定级应当根据风险事项或风险环节的重要程度、发生概率、危害程度、行政裁量权大小等因素，采取定性与定量相结合的方法进行。

4. 自我评估

各级税务机关及其所属部门（单位）应当定期对内部控制建设和实施情况开展自我评估。评估内容主要包括：内部控制制度建设和落实情况；风险识别、定级和应对情况；内部控制监督平台的运行和应用情况；内部控制工作的管理情况。

5. 监督检查

监督检查内容主要包括：内部控制组织领导情况；内部控制相关制度的建设和落实情况；风险识别、定级和应对情况；内部控制监督平台的运行和应用情况；内部控制工作的宣传和培训情况；内部控制自我评估情况；内部控制内生化落实情况；内部控制工作其他情况。

6. 考核评价

考核评价内容主要包括：内部控制组织领导情况；内部控制相关制度的建设和落实情况；内部控制监督平台的运行和应用情况；内部控制内生化落实情况；内部控制工作培训情况；内部控制发现问题整改情况；内部控制工作其他情况。

【知识点2】 税收执法考评与过错责任追究暂行办法

1. 组织管理

各级税务机关应当成立税收执法责任制工作领导小组，负责税收执法考核、税收执法过错责任追究、税收执法质量评价的组织领导。

税收执法考核内容包括：是否存在不作为情形；税收执法主体资格是否符合规定；税收执法人员是否取得执法资格；税收执法是否符合执法权限；税收执法适用依据是否正确；税收执法程序是否合法；税收执法文书使用是否规范；税收执法认定的事实是否清楚，证据是否充分；税收执法决定是否合法、完整、适当；制定规范性文件是否合法合规；其他情况。

2. 税收执法过错责任追究形式

税收执法过错责任追究形式主要包括：批评教育；责令作出书面检查；通报批评；取消评选先进的资格；责令待岗；调离执法岗位；取消执法资格。上述追究形式可以单独适用，也可以合并适用。

3. 不予追究的情形

不予追究的情形包括：法律、法规、规章、税务规范性文件不明确或者有争议的；执行上级税务机关的书面答复、决定、命令；不可抗力或者意外事件；业务流程或者税收业务相关软件存在疏漏或者发生改变的；税务行政相对人提供虚假材料、隐瞒涉税信息等其他不依法诚信履行纳税义务的；有证据证明税收执法人员不存在故意或者过失的其他情形。

4. 可以从轻或者免予追究的情形

可以从轻或者免予追究的情形包括：税收执法过错情节显著轻微，主动发现并及时纠正，未造成危害后果的；在国务院，省、自治区、直辖市和计划单列市人民政府，以及国家税务总局批准的探索性、试验性工作中发生税收执法过错并及时纠正、有效避免损失的；其他可以从轻或者免予追究的情形。

5. 应当从重追究的情形

应当从重追究的情形包括：税收执法人员因主观故意或者不作为导致税收执法过错发生的；导致国家税款流失并且数额较大的；被责令限期改正逾期不改正，又无正当理由的；税收执法过错发生后瞒报或者不采取有效措施，致使损害后果扩大的；隐瞒事实真相、出具伪证、毁灭证据，或者以其他方式阻碍、干扰税收执法过错调查的；因税收执法过错形成负面涉税舆情、造成恶劣社会影响的；因税收执法过错导致税务机关承担国家赔偿责任的；其他应当从重追究的情形。

4. 财产税

财产税，是指以各种财产为征税对象的各税种总称。

5. 行为目的税

行为目的税，是指为达到特定目的，对特定对象和行为发挥调节作用而征收的各税种名称。

【知识点2】 按计税依据分类

按计税依据不同，税收可以分为从量税与从价税。

1. 从量税

从量税，是指以征税对象的自然计量单位（重量、面积、件数等）为依据，按固定税额计征的税收。从量税实行定额税率，计算简便。

2. 从价税

从价税，是指以征税对象的价值量为依据，按一定比例计征的税收。从价税实行比例税率和累进税率，税收负担比较合理。

【知识点3】 按税收与价格关系分类

按税收与价格关系不同，税收可分为价内税与价外税。

1. 价内税

价内税，是指税款包含在应税商品价格内，作为商品价格组成部分。

2. 价外税

价外税，是指税款独立于商品价格之外，不作为商品价格的组成部分。

【知识点4】 按税收管理和支配权限的归属分类

按税收管理和支配权限的归属不同，税收可分为中央税、地方税、中央与地方共享税。

1. 中央税

中央税，是指由中央政府征收和管理使用或由地方政府征收后全部划归中央政府所有并支配使用的税收。

2. 地方税

地方税，是指由地方政府征收和管理使用的税收。

3. 中央与地方共享税

中央与地方共享税，是指税收的管理权和使用权属中央政府和地方政府共同拥有的税收。

【知识点5】 按税收负担是否易于转嫁分类

按税收负担是否易于转嫁，税收可分为直接税与间接税。

1. 直接税

直接税，是指税负不易转嫁，纳税主体直接承担税负的税收，即纳税人与负税人为同一人。

2. 间接税

间接税，是指纳税主体通过一定方式，将缴纳税收的部分或全部转嫁给他人负担的税收。

三 税制构成要素

税制构成要素一般包括：纳税人、征税对象、税目、税率、计税依据、纳税环节、纳税期限、纳税地点、税收优惠和法律责任等要素。其中纳税人、征税对象、税率是构成税制的 3 个最基本要素。

【知识点1】 纳税人

纳税人又称纳税义务人，是指税法规定的直接负有纳税义务的实体，包括自然人和法人。

税收实践中还要注意区别以下与纳税人紧密相连的概念：

（1）负税人。负税人，是指实际负担税款的单位和个人。纳税人与负税人的区别在于：负税人是经济学中的概念，即税收的实际负担者；而纳税人是法律用语，即依法缴纳税收的人。税法只规定纳税人，不规定负税人。二者有时可能相同，有时不尽相同。

（2）扣缴义务人。扣缴义务人，是指法律、行政法规规定负有代扣代缴、代收代缴税款义务的单位和个人。扣缴义务人既非纯粹意义上的纳税人，也非实际负担税款的负税人，只是负有代为扣税并缴纳税款法定职责的义务人。

【知识点2】 征税对象

征税对象又称征税客体，是指税法规定对什么征税。征税对象是各个税种之间相互区别的根本标志，不同的征税对象构成不同的税种。

与征税对象相关的基本概念有以下2个：

（1）计税依据。计税依据又称税基，是指计算应纳税额的依据，是征税对象的量的表现。其数额同税额成正比例，计税依据的数额越多，应纳税额也越多。计税依据和征税对象存在十分紧密的关系，因为计税依据是征税对象的数量表现，征税对象是从质的方面对征税的规定，即对什么征税；计税依据则是从量的方面对征税的规定，即如何计量。有些税的征税对象和计税依据是一致的，如所得税；有些税的征税对象和计税依据是不一致的，如房产税。

（2）税目。税目是征税对象的具体化，也是各个税种所规定的具体征税项目。税目反映征税的范围，代表征税的广度。

税目的制定一般采用列举法和概括法。规定税目的主要目的是区别不同的具体对象，规定高低不同的税率，以体现国家的税收政策。

【知识点3】 税率

税率是应纳税额与征税对象之间的数量关系或比例，是计算税额的尺度。其体现征税的深度，是国家在一定时期内税收政策的主要表现形式，也是税收制度的核心要素。

税率主要有比例税率、累进税率和定额税率3种基本形式。

1. 比例税率

比例税率，是指对同一征税对象不论数额大小，都按同一比例征税，税额占征税对象的比例总是相同的。比例税率的优点是具有横向公平性，计算简便，便于征收和缴纳。

2. 累进税率

累进税率，是指按征税对象数额的大小规定不同的等级，随着征税对象数量增大而随之提高的税率。累进税率的特点是税基越大，税率越高，税负呈累进趋势，比较符合公平原则。

3. 定额税率

定额税率又称固定税率，是指按征税对象的计量单位直接规定应纳税额的税率形式，征税对象的计量单位主要有吨、升、平方米、千立方米、辆等。定额税率的基本特点是，税收与征税对象数量紧密相关，而与征税对象的价值量无关。

【知识点4】 纳税环节

纳税环节，是指税法规定的征税对象在从生产到消费的流转过程中应当缴纳税款的环节。任何税种都要确定纳税环节。按照纳税环节的多少，税收课征制度可以分为一次课征制和多次课征制。

【知识点5】 纳税期限

纳税期限，是指纳税人的纳税义务发生后应依法缴纳税款的期限，或者税法规定的纳税主体向税务机关缴纳税款的具体时间。

【知识点6】 纳税地点

纳税地点，是指纳税人具体申报缴纳税款的地点。纳税地点一般为纳税人的住所地，也有规定在营业地、财产所在地或特定行为发生地。

【知识点7】 税收优惠

税收优惠，是指税法对某些特定的纳税人或征税对象给予鼓励和照顾的一种免除规定，包括减免税、税收抵免等多种形式。税收优惠按照优惠目的通常可以分为照顾性和鼓励性两种；按照优惠范围可以分为区域性和产业性两种。具体内容包括以下3个方面。

1. 减税和免税

减税是对应纳税款少征一部分税款；免税是对应纳税额全部免征。

2. 起征点

起征点是税法规定对征税对象开始征税的起点数额。征税对象数额达到起征点的，对征税对象全部数额按规定的税率计算缴税；未达到起征点的免予征税。

3. 免征额

免征额是税法规定的征税对象全部数额中免予征税的数额，适用于所有纳税人。

【知识点8】 税收法律责任

税收法律责任是税收法律关系的主体因违反税法所应当承担的法律后果，包括经济责任、行政责任和刑事责任。

1. 经济责任

经济责任包括补缴税款、加收滞纳金等。

2. 行政责任

行政责任包括罚款、税收保全及强制执行等。

3. 刑事责任

对违反税法情节严重构成犯罪的行为，要依法承担刑事责任。

无论纳税人还是征税人违反税法规定，都将依法承担法律责任。

四 税收的职能

【知识点1】 税收的财政职能

组织财政收入是税收的最基本职能。

税收与其他财政收入形式相比具有强制性、无偿性和固定性的特征，因此，税收能确保国家能及时、稳定、足额地取得财政收入，成为国家公共财政的最主要收入形式和来源。

【知识点2】 税收的调节职能

税收作为国家强制参与国民收入分配的主要形式，在筹集财政收入的同时，也改变了各阶级、阶层、社会成员及各经济组织的经济利益。物质利益的多寡，诱导着他们的社会经济行为。因此，国家有目的地利用税收体现其有关的社会经济政策，通过对各种经济组织和社会成员的经济利益的调节，使他们的微观经济行为尽可能符合国家预期的社会经济发展方向，以有助于社会经济的顺利发展，从而使税收成为国家调节社会经济活动的重要经济杠杆。税收自产生之日起，就具有调节社会经济的杠杆功能。

>> 第二节
增值税政策与管理

 增值税基本政策

【知识点1】 纳税人

按会计核算水平和经营规模，增值税纳税人分为一般纳税人和小规模纳税人两类。一般纳税人包括：

（1）年应税销售额超过规定标准的纳税人。年应税销售额即纳税人在连续不超过12个月或4个季度的经营期内累计应征增值税销售额，包括：纳税申报销售额、稽查查补销售额、纳税评估调整销售额。

自2018年5月1起，年销售额标准统一为500万元（不再划分行业）。

（2）年应税销售额未超过规定标准的纳税人，能够提供准确税务资料的，可以向主管税务机关办理一般纳税人资格登记，成为一般纳税人。

【知识点2】 征税范围

1. 增值税征税项目

（1）销售货物。销售货物，是指有偿转让货物的所有权。货物是指有形动产，包括电力、热力、气体在内。

（2）提供加工、修理修配劳务。提供加工、修理修配劳务，是指有偿提供加工、修理修配劳务。

（3）销售服务。销售服务，是指有偿提供交通运输服务、邮政服务、电信服务、建筑服务、金融服务、现代服务、生活服务。

（4）销售无形资产。销售无形资产，是指有偿转让无形资产所有权或者使用权的业务活动。无形资产，是指不具实物形态，但能带来经济利益的资产，包括技术、商标、著作权、商誉、自然资源使用权和其他权益性无形资产。

（5）销售不动产。销售不动产，是指有偿转让不动产所有权的业务活动。不动产，是指不能移动或者移动后会引起性质、形状改变的财产，包括建筑物、构筑物等。

（6）进口货物。进口货物，是指申报进入我国海关境内的货物。只要是报关进口的货物，均属于增值税征税范围，在进口环节缴纳增值税（享受免税政策的货物除外）。

2. 不征增值税项目

下列项目不征收增值税：

（1）根据国家指令无偿提供的铁路运输服务、航空运输服务，属于《营业税改征增值税试点实施办法》第十四条规定的用于公益事业的服务。

（2）存款利息。

（3）被保险人获得的保险赔付。

（4）房地产主管部门或者其指定机构、公积金管理中心、开发企业以及物业管理单位代收的住宅专项维修资金。

（5）在资产重组过程中，通过合并、分立、出售、置换等方式，将全部或者部分实物资产及与其相关联的债权、负债和劳动力一并转让给其他单位和个人，其中涉及的不动产、土地使用权转让行为。

【知识点3】 税率和征收率

1. 税率

（1）适用13%税率。增值税一般纳税人销售或者进口货物，提供应税劳务，除适用9%的税率外，税率一律适用13%；增值税一般纳税人提供有形动产租赁服务适用13%税率。

（2）适用9%税率。以下情形适用9%的税率：

①纳税人销售或者进口下列货物，税率为9%：农产品（含粮食）、自来水、暖气、石油液化气、天然气、食用植物油、冷气、热水、煤气、居民用煤炭制品、食用盐、农机、饲料、农药、农膜、化肥、沼气、二甲醚、图书、报纸、杂志、音像制品、电子出版物。

②纳税人发生下列应税行为，税率为9%：提供交通运输、邮政、基础电

信、建筑、不动产租赁服务，销售不动产，转让土地使用权。

（3）适用6%税率。增值税一般纳税人发生下列应税行为，税率为6%：提供增值电信服务、金融服务、现代服务（不包括有形动产租赁服务、不动产租赁服务）、生活服务，销售无形资产（不包括转让土地使用权）。

（4）零税率。纳税人出口货物税率为零。国务院另有规定的除外。

境内单位和个人发生的跨境应税行为，税率为零。具体范围由财政部和国家税务总局另行规定。

2. 小规模纳税人的征收率

小规模纳税人法定征收率为3%，但财政部和国家税务总局另有规定的除外。

（1）小规模纳税人转让其取得的不动产，按照5%的征收率计算应纳税额。

（2）小规模纳税人出租其取得的不动产，按照5%的征收率计算应纳税额。其中个人（含个体工商户）出租住房，按照5%的征收率减按1.5%计算应纳税额。

（3）小规模纳税人提供劳务派遣服务，以取得的全部价款和价外费用为销售额，按照简易计税方法按3%的征收率计算应纳税额；也可以选择差额纳税，以取得的全部价款和价外费用，扣除代用工单位支付给劳务派遣员工的工资、福利和为其办理社会保险及住房公积金后的余额为销售额，按照简易计税方法按5%的征收率计算应纳税额。

【知识点4】 计税方法

1. 一般计税方法和简易计税方法

（1）一般计税方法。一般计税方法适用于增值税一般纳税人。

采用一般计税方法计税的，应纳税额为当期销项税额抵扣当期进项税额后的余额。

应纳税额计算公式为：

$$应纳税额 = 当期销项税额 - 当期进项税额$$

$$销项税额 = 不含税销售额 \times 税率 = 含税销售额 \div （1 + 税率） \times 税率$$

当期销项税额小于当期进项税额不足抵扣时，其不足部分可以结转下期继续抵扣或申请退税（需符合条件）。

（2）简易计税方法。简易计税方法适用于小规模纳税人和一般纳税人选择或适用简易计税的项目。

采用简易计税方法计税的，按照销售额和增值税征收率计算的增值税额，不得抵扣进项税额。

应纳税额计算公式为：

应纳税额 = 不含税销售额 × 征收率 = 含税销售额 ÷（1 + 征收率）× 征收率

2. 销售额确定

纳税人销售货物或者应税劳务销售额为向购买方收取的全部价款和价外费用，但是不包括收取的增值税。

价外费用包括价外向购买方收取的手续费、补贴、基金、集资费、返还利润、奖励费、违约金、滞纳金、延期付款利息、赔偿金、代收款项、代垫款项、包装费、包装物租金、储备费、优质费、运输装卸费及其他各种性质的价外收费。但下列项目不包括在内：

（1）受托加工应征消费税的消费品所代收代缴的消费税。

（2）符合条件的代垫运输费用。

（3）符合条件的代为收取的政府性基金或者行政事业性收费。

（4）销售货物的同时代办保险等向购买方收取的保险费，以及向购买方收取的代购买方缴纳的车辆购置税、车辆牌照费。

3. 进项税额

（1）准予抵扣的进项税额。进项税额，是指纳税人购进货物、应税劳务、服务、无形资产或者不动产，支付或者负担的增值税额。准予从销项税额中抵扣的进项税额包括：

①从销售方取得的增值税专用发票（含税控机动车销售统一发票）上注明的增值税额。

②从海关取得的海关进口增值税专用缴款书上注明的增值税额。

③购进农产品准予抵扣的进项税额。

A. 自 2019 年 4 月 1 日起，纳税人购进农产品，按照 9% 的扣除率计算抵扣进项税额。纳税人购进用于生产销售或委托加工 13% 税率货物的农产品，按照 10% 的扣除率计算抵扣进项税额。

B. 自 2012 年 7 月 1 日起，以购进农产品为原料生产销售液体乳及乳制品、酒及酒精、植物油的增值税一般纳税人，其购进农产品无论是否用于生产上述产品，购进农产品增值税进项税额实施核定扣除办法。

④自 2018 年 1 月 1 日起，纳税人支付的道路、桥、闸通行费按照以下规定抵扣进项税额：

A. 纳税人支付的道路通行费，按照收费公路通行费增值税电子普通发票上注明的增值税额抵扣进项税额。

B. 纳税人支付的桥、闸通行费，暂凭取得的通行费发票上注明的收费金额按照下列公式计算可抵扣的进项税额：

桥、闸通行费可抵扣进项税额 = 桥、闸通行费发票上注明的金额 ÷（1 + 5%）×5%

⑤从境外单位或者个人购进劳务、服务、无形资产或者不动产，自税务机关或者扣缴义务人取得的解缴税款的完税凭证上注明的增值税额。

纳税人凭完税凭证抵扣进项税额的，应当具备书面合同、付款证明和境外单位的对账单或者发票。资料不全的，其进项税额不得从销项税额中抵扣。

⑥纳税人购进国内旅客运输服务的抵扣。

纳税人未取得增值税专用发票的，暂按照以下规定确定进项税额：

A. 取得增值税电子普通发票的，为发票上注明的税额。

B. 取得注明旅客身份信息的航空运输电子客票行程单的，按照下列公式计算进项税额：

航空旅客运输进项税额 =（票价 + 燃油附加费）÷（1 + 9%）×9%

C. 取得注明旅客身份信息的铁路车票的，按照下列公式计算的进项税额：

铁路旅客运输进项税额 = 票面金额 ÷（1 + 9%）×9%

D. 取得注明旅客身份信息的公路、水路等其他客票的，按照下列公式计算进项税额：

公路、水路等其他旅客运输进项税额 = 票面金额 ÷（1 + 3%）×3%

⑦不动产进项税额的抵扣。

自 2019 年 4 月 1 日起，纳税人取得不动产或者不动产在建工程的进项税额不再分 2 年抵扣。此前按照规定尚未抵扣完毕的待抵扣进项税额，可自 2019 年 4 月税款所属期起从销项税额中抵扣。

⑧进项税额的加计抵减。

2019 年 4 月 1 日至 2021 年 12 月 31 日，允许生产、生活性服务业纳税人按照当期可抵扣进项税额加计 10%，抵减应纳税额。

2019 年 10 月 1 日至 2021 年 12 月 31 日，允许生活性服务业纳税人按照当期可抵扣进项税额加计 15%，抵减应纳税额。

（2）不予抵扣的进项税额。纳税人取得的增值税扣税凭证不符合法律、行政法规或者国家税务总局有关规定的，其进项税额不得从销项税额中抵扣。除此之外，一般纳税人发生下列项目的进项税额不得从销项税额中抵扣：

①用于简易计税方法计税项目、免征增值税项目、集体福利或者个人消费的购进货物、加工修理修配劳务、服务、无形资产和不动产。

②非正常损失的购进货物，以及相关的加工修理修配劳务和交通运输服务。

③非正常损失的在产品、产成品所耗用的购进货物（不包括固定资产）、加工修理修配劳务和交通运输服务。

④非正常损失的不动产，以及该不动产所耗用的购进货物、设计服务和建筑服务。

⑤非正常损失的不动产在建工程所耗用的购进货物、设计服务和建筑服务。

⑥购进的贷款服务、餐饮服务、居民日常服务和娱乐服务。

⑦财政部和国家税务总局规定的其他情形。

二 增值税优惠政策

【知识点 1】 小规模纳税人税收优惠

小规模纳税人发生增值税应税销售行为，合计月销售额未超过 10 万元（以 1 个季度为 1 个纳税期的，季度销售额未超过 30 万元，下同）的，免征增值税。

　　小规模纳税人发生增值税应税销售行为，合计月销售额超过10万元，但扣除本期发生的销售不动产的销售额后未超过10万元的，其销售货物、劳务、服务、无形资产取得的销售额免征增值税。

　　适用增值税差额征税政策的小规模纳税人，以差额后的销售额确定是否可以享受上述规定的免征增值税政策。

【知识点2】 增值税期末留抵税额退还

　　1. 自2019年4月1日起，试行增值税期末留抵税额退税制度

　　（1）同时符合以下条件的纳税人，可以向主管税务机关申请退还增量留抵税额：

　　①自2019年4月税款所属期起，连续6个月（按季纳税的，连续两个季度）增量留抵税额均大于0，且第6个月增量留抵税额不低于50万元；

　　②纳税信用等级为A级或者B级；

　　③申请退税前36个月未发生骗取留抵退税、出口退税或虚开增值税专用发票情形的；

　　④申请退税前36个月未因偷税被税务机关处罚两次及以上的；

　　⑤自2019年4月1日起未享受即征即退、先征后返（退）政策的。

　　（2）增量留抵税额，是指与2019年3月底相比新增加的期末留抵税额。

　　（3）纳税人当期允许退还的增量留抵税额，按照以下公式计算：

　　　　允许退还的增量留抵税额＝增量留抵税额×进项构成比例×60%

　　进项构成比例，为2019年4月至申请退税前一税款所属期内已抵扣的增值税专用发票（含税控机动车销售统一发票）、海关进口增值税专用缴款书、解缴税款完税凭证注明的增值税额占同期全部已抵扣进项税额的比重。

　　2. 部分先进制造业纳税人增值税期末留抵税额退税制度

　　自2019年6月1日起，符合条件的部分先进制造业纳税人，可以自2019年7月及以后纳税申报期向主管税务机关申请退还增量留抵税额，计算公式为：

　　　　允许退还的增量留抵税额＝增量留抵税额×进项构成比例

　　部分先进制造业纳税人，是指按照《国民经济行业分类》，生产并销售非

金属矿物制品、通用设备、专用设备及计算机、通信和其他电子设备销售额占全部销售额的比重超过 50% 的纳税人。

 增值税发票管理

【知识点1】增值税发票的种类

1. 增值税专用发票

增值税专用发票由基本联次或者基本联次附加其他联次构成，分为三联版和六联版两种。基本联次为三联：第一联为记账联，是销售方记账凭证；第二联为抵扣联，是购买方扣税凭证；第三联为发票联，是购买方记账凭证。其他联次用途，由纳税人自行确定。

2. 增值税普通发票

增值税普通发票包括折叠票、卷票及定额发票等。

3. 增值税电子普通发票

增值税电子普通发票的开票方和受票方需要纸质发票的，可以自行打印增值税电子普通发票的版式文件，其法律效力、基本用途、基本使用规定等与税务机关监制的增值税普通发票相同。

4. 机动车销售统一发票

从事机动车零售业务的单位和个人，在销售机动车（不包括销售旧机动车）收取款项时，开具机动车销售统一发票。

【知识点2】开具发票的基本要求

纳税人应在发生增值税纳税义务时开具发票。

单位和个人在开具发票时，必须做到按照号码顺序填开，填写项目齐全，内容真实，字迹清楚，全部联次一次打印，内容完全一致，并在发票联和抵扣联加盖发票专用章。

增值税纳税人购买货物、劳务、服务、无形资产或不动产，索取增值税专用发票时，须向销售方提供购买方名称（不得为自然人）、纳税人识别号或统一社会信用代码、地址电话、开户行及账号信息，不需要提供营业执照、税务登记证、组织机构代码证、开户许可证、增值税一般纳税人资格登记表等相关证件或其他证明材料。

自2019年9月20日起，纳税人需要通过增值税发票管理系统开具17%、16%、11%、10%税率蓝字发票的，应向主管税务机关提交《开具原适用税率发票承诺书》，办理临时开票权限。临时开票权限有效期限为24小时，纳税人应在获取临时开票权限的规定期限内开具原适用税率发票。纳税人办理临时开票权限，应保留交易合同、红字发票、收讫款项证明等相关材料，以备查验。

>> 第三节
消费税政策与管理

 **消费税基本政策**

【知识点1】 纳税人与扣缴义务人

1. 纳税义务人

在中华人民共和国境内生产、委托加工和进口规定的消费品的单位和个人，以及国务院确定的销售规定的消费品的其他单位和个人，为消费税的纳税人。

2. 扣缴义务人

委托加工的应税消费品，除受托方为个人外，受托方为消费税扣缴义务人，由受托方在向委托方交货时代收代缴消费税税款。

【知识点2】征税范围及税目、税率

依照《中华人民共和国消费税暂行条例》及相关文件规定，目前消费税征税范围包括烟、酒、小汽车等15个税目，部分税目还进一步划分了若干子目；消费税税率采用比例税率和定额税率两种形式，根据不同的税目或子目确定相应的税率或单位税额（见表8-1）。

表 8 - 1 消费税税目税率表

税 目	税 率		
	生产（进口）环节	批发环节	零售环节
一、烟			
1. 卷烟			
（1）甲类卷烟［每标准条（200 支，下同）调拨价在 70 元（不含增值税）／条以上（含 70 元）］	56% 加 0.003 元／支	11% 加 0.005 元／支	
（2）乙类卷烟［每标准条调拨价在 70 元（不含增值税）／条以下］	36% 加 0.003 元／支		
2. 雪茄	36%		
3. 烟丝	30%		
二、酒			
1. 白酒	20% 加 0.5 元/500 克（500 毫升）		
2. 黄酒	240 元/吨		
3. 啤酒①			
（1）甲类啤酒 每吨出厂价（含包装物及包装物押金，不包括重复使用的塑料周转箱的押金，下同）在 3000 元（含 3000 元，不含增值税，下同）以上的	250 元/吨		
（2）乙类啤酒 每吨出厂价在 3000 元以下的	220 元/吨		
4. 其他酒	10%		
三、高档化妆品 包括高档美容、修饰类化妆品、高档护肤类化妆品和成套化妆品。高档美容、修饰类化妆品和高档护肤类化妆品是指生产（进口）环节销售（完税）价格（不含增值税）在 10 元/毫升（克）或 15 元/片（张）及以上的美容、修饰类化妆品和护肤类化妆品。	15%		

注：①无醇啤酒比照啤酒征税。啤酒源、菠萝啤酒应按啤酒征收消费税。果啤属于啤酒，按啤酒征收消费税。对饮食业、商业、娱乐业举办的啤酒屋（啤酒坊）利用啤酒生产设备生产的啤酒应当征收消费税。

续表

税　目	税　率		
	生产（进口）环节	批发环节	零售环节
四、贵重首饰及珠宝玉石			5%
1. 金银首饰、铂金首饰和钻石及钻石饰品			
2. 其他贵重首饰和珠宝玉石	10%		
五、鞭炮、焰火	15%		
六、成品油			
1. 汽油	1.52 元/升		
2. 柴油	1.20 元/升		
3. 航空煤油	1.20 元/升		
4. 石脑油	1.52 元/升		
5. 溶剂油	1.52 元/升		
6. 润滑油	1.52 元/升		
7. 燃料油	1.20 元/升		
七、摩托车			
1. 气缸容量（排气量，下同）为 250 毫升的	3%		
2. 气缸容量在 250 毫升（不含）以上的	10%		
八、小汽车			
1. 乘用车			
（1）气缸容量（排气量，下同）在 1.0 升（含 1.0 升）以下的	1%		
（2）气缸容量在 1.0 升以上至 1.5 升（含 1.5 升）的	3%		
（3）气缸容量在 1.5 升以上至 2.0 升（含 2.0 升）的	5%		
（4）气缸容量在 2.0 升以上至 2.5 升（含 2.5 升）的	9%		
（5）气缸容量在 2.5 升以上至 3.0 升（含 3.0 升）的	12%		
（6）气缸容量在 3.0 升以上至 4.0 升（含 4.0 升）的	25%		
（7）气缸容量在 4.0 升以上的	40%		
2. 中轻型商用客车	5%		
3. 超豪华小汽车 每辆零售价格 130 万元（不含增值税）及以上的乘用车和中轻型商用客车	与"乘用车""中轻型商用客车"标准相同		10%

续表

税　　目	税　率		
	生产（进口）环节	批发环节	零售环节
九、高尔夫球及球具	10%		
十、高档手表	20%		
十一、游艇	10%		
十二、木制一次性筷子	5%		
十三、实木地板	5%		
十四、电池	4%		
十五、涂料	4%		

【知识点3】 应纳税额计算

消费税应纳税额的计算方法有3种：从价定率法、从量定额法和复合计税法。

1. 从价定率法下应纳税额的计算

$$应纳税额 = 销售额 \times 比例税率$$

2. 从量定额法下应纳税额的计算

$$应纳税额 = 销售数量 \times 定额税率$$

3. 复合计税法下应纳税额的计算

在现行消费税征税范围中，只有卷烟、白酒采用复合计征方法。

$$应纳税额 = 销售额 \times 比例税率 + 销售数量 \times 定额税率$$

【知识点4】 消费税税额的扣除

对外购应税消费品和委托加工收回的应税消费品连续生产应税消费品销售的，可将外购应税消费品和委托加工收回的应税消费品已缴纳的消费税给予扣除。

二 消费税纳税环节

【知识点】 消费税纳税环节

1. 生产销售环节

纳税人生产的应税消费品，于销售时纳税。销售，是指有偿转让应税消费品的所有权；有偿，是指从购买方取得货币、货物或者其他经济利益。

纳税人自产的应税消费品，用于连续生产应税消费品的，不纳税；用于其他方面的，于移送使用时纳税。

2. 委托加工环节

委托加工的应税消费品，除受托方为个人外，由受托方在向委托方交货时代收代缴税款。

委托加工的应税消费品收回后直接出售的，不再缴纳消费税。

3. 进口环节

进口的应税消费品，由进口报关者于报关进口时纳税。

4. 零售环节

零售环节征收消费税的应税消费品范围仅限于：金、银、铂金首饰；金基、银基合金首饰；金、银和金基、银基合金的镶嵌首饰；钻石、钻石饰品。

对超豪华小汽车（每辆不含税零售价格 130 万元及以上的乘用车和中轻型商用客车），在生产（进口）环节按现行税率征收消费税基础上，在零售环节加征消费税，税率为 10%。

5. 批发环节

自 2009 年 5 月 1 日起，对卷烟，除生产环节外，在批发环节加征一道消费税。自 2015 年 5 月 10 日起，提高卷烟批发环节从价税税率，并加征从量税。

卷烟批发环节的消费税不得扣除生产环节的消费税。

>> 第四节
企业所得税政策与管理

一 企业所得税基本政策

【知识点1】 纳税人

企业所得税是对我国境内的企业和其他取得收入的组织的生产经营所得

和其他所得征收的一种税。

企业所得税纳税人分为居民企业纳税人和非居民企业纳税人。

个人独资企业、合伙企业不属于企业所得税纳税人。

1. 居民企业

居民企业，是指依法在中国境内成立，或者依照外国（地区）法律成立但实际管理机构在中国境内的企业。居民企业采用登记注册地和实际管理机构所在地两个标准认定。

实际管理机构，是指对企业的生产经营、人员、账务、财产等实施实质性全面管理和控制的机构。

2. 非居民企业

非居民企业，是指依照外国（地区）法律成立且实际管理机构不在中国境内，但在中国境内设立机构、场所，或者在中国境内未设立机构、场所，但有来源于中国境内所得的企业。

机构、场所，是指在中国境内从事生产经营活动的机构、场所。

【知识点2】 征税对象

企业所得税的征税对象是企业的应纳税所得。包括销售货物所得、提供劳务所得、转让财产所得、股息红利等权益性投资所得、利息所得、租金所得、特许权使用费所得、接受捐赠所得和其他所得。

1. 居民企业的征税对象

居民企业的征税对象是来源于中国境内、境外的所得。

2. 非居民企业的征税对象

（1）非居民企业在中国境内设立机构、场所的，征税对象是所设机构、场所取得的来源于中国境内的所得，以及发生在中国境外但与其所设机构、场所有实际联系的所得。

实际联系，是指非居民企业在中国境内设立的机构、场所拥有据以取得所得的股权、债权，以及拥有、管理、控制据以取得所得的财产。

（2）非居民企业在中国境内未设立机构、场所的，或者虽设立机构、场所但取得的所得与其所设机构、场所没有实际联系的，征税对象是来源于中国境内的所得。

【知识点3】税率

1. 企业所得税的基本税率为25%。

2. 符合条件的小型微利企业，非居民企业在中国境内未设立机构、场所的，或者虽设立机构、场所但取得的所得与其所设机构、场所没有实际联系的，其来源于中国境内的所得，适用税率为20%。

【知识点4】 应纳税所得额

1. 一般规定

企业每一纳税年度的收入总额，减除不征税收入、免税收入、各项扣除及允许弥补的以前年度亏损后的余额，为应纳税所得额。

应纳税所得额的计算公式为：

应纳税所得额＝收入总额－不征税收入－免税收入－各项扣除－允许弥补的以前年度亏损

企业应纳税所得的计算，以权责发生制为原则，属于当期的收入和费用，无论款项是否收付，均作为当期的收入和费用；不属于当期的收入和费用，即使款项已经在当期收付，均不作为当期的收入和费用。

在计算应纳税所得额时，企业财务、会计处理办法与税收法律、行政法规的规定不一致的，应当依照税收法律、行政法规的规定计算。

2. 收入总额

（1）收入范围。企业以货币形式和非货币形式从各种来源取得的收入，为收入总额。包括：

①销售货物收入；

②提供劳务收入；

③转让财产收入；

④股息、红利等权益性投资收益；

⑤利息收入；

⑥租金收入；

⑦特许权使用费收入；

⑧接受捐赠收入；

⑨其他收入。

企业以非货币形式取得的收入，应当按照公允价值确定收入额。

公允价值，是指按照市场价格确定的价值。

（2）不征税收入。收入总额中的下列收入为不征税收入：

①财政拨款；

②依法收取并纳入财政管理的行政事业性收费、政府性基金；

③国务院规定的其他不征税收入。

企业的不征税收入用于支出所形成的费用，不得在计算应纳税所得额时扣除；企业的不征税收入用于支出所形成的资产，其计算的折旧、摊销不得在计算应纳税所得额时扣除。

3. 扣除项目

（1）准予扣除的项目。企业实际发生的与取得收入有关的、合理的支出，包括成本、费用、税金、损失和其他支出，准予在计算应纳税所得额时扣除。

有关的支出，是指与取得收入直接相关的支出。

合理的支出，是指符合生产经营活动常规，应当计入当期损益或者有关资产成本的必要和正常的支出。

成本，是指企业在生产经营活动中发生的销售成本、销货成本、业务支出及其他耗费。

费用，是指企业在生产经营活动中发生的销售费用、管理费用和财务费用，已经计入成本的有关费用除外。

损失，是指企业在生产经营活动中发生的固定资产和存货的盘亏、毁损、报废损失，转让财产损失，呆账损失，坏账损失，自然灾害等不可抗力因素造成的损失及其他损失。

税金，是指企业发生的除企业所得税和允许抵扣的增值税以外的各项税金及其附加。

除《中华人民共和国企业所得税法》及其实施条例另有规定外，企业实际发生的成本、费用、税金、损失和其他支出，不得重复扣除。

（2）不得扣除的项目。在计算应纳税所得额时，下列支出不得扣除：

①向投资者支付的股息、红利等权益性投资收益款项；

②企业所得税税款；

③税收滞纳金；

④罚金、罚款和被没收财物的损失；

⑤《中华人民共和国企业所得税法》第九条规定以外的捐赠支出；

⑥赞助支出；

⑦未经核定的准备金支出；

⑧与取得收入无关的其他支出。

赞助支出，是指企业发生的与生产经营活动无关的各种非广告性质支出。

企业之间支付的管理费、企业内营业机构之间支付的租金和特许权使用费，以及非银行企业内营业机构之间支付的利息，不得扣除。

4. 税前扣除凭证

企业应在当年度《中华人民共和国企业所得税法》规定的汇算清缴期结束前取得税前扣除凭证。

5. 资产的税务处理

企业纳入税务处理范围的各项资产，包括固定资产、生物资产、无形资产、长期待摊费用、投资资产、存货等，以历史成本为计税基础。

6. 亏损弥补

亏损，是指企业每一纳税年度的收入总额减除不征税收入、免税收入和各项扣除后小于零的数额。

企业纳税年度发生的亏损，准予向以后年度结转，用以后年度的所得弥补，但结转年限最长不得超过 5 年。

自 2018 年 1 月 1 日起，当年具备高新技术企业或科技型中小企业资格的企业，其具备资格年度之前 5 个年度发生的尚未弥补完的亏损，准予结转以后年度弥补，最长结转年限由 5 年延长至 10 年。

企业在汇总计算缴纳企业所得税时，其境外营业机构的亏损不得抵减境内营业机构的盈利。

【知识点 5】 应纳税所得额的计算

企业所得税的征收方式分为查账征收和核定征收 2 种。企业财务健全，能按规定设置、保管账簿、记账凭证，能准确计算收入、成本、费用，并据此按照税法规定正确计算应纳税所得额，实行查账征收的方式。企业因会计账簿不健全，资料残缺难以查账，或者其他原因不能准确计算并据实申报其应纳税所得额的，实行核定征收的方式。

1. 查账征收企业所得税应纳税额的计算

实行查账征收的企业，在持续经营的状态下，应在企业会计利润的基础上，根据税法的规定计算出应纳税所得额，并据此申报缴纳企业所得税。企业所得税年度纳税申报表包括三部分，第一部分"利润总额的计算"，按照国家统一会计制度口径计算。第二部分"应纳税所得额计算"，在"利润总额"基础上，对会计制度与税法规定的差异等项目进行调整，由此得出企业所得税的计税依据"应纳税所得额"。第三部分"应纳税额计算"，"应纳税所得额"乘以适用税率，减除减免和抵免的税额等项目后的余额，为应纳税额。

2. 核定征收企业所得税应纳税额的计算

居民企业、非居民企业实行核定征收的，应纳税额的计算有一些差别。以居民企业为例，其核定征收的具体做法如下：

（1）核定应税所得率。

①核定应税所得率的情形。

企业具有下列情形之一的，核定其应纳税所得率：

A. 能正确核算（查实）收入总额，但不能正确核算（查实）成本费用总额的；

B. 能正确核算（查实）成本费用总额，但不能正确核算（查实）收入总额的；

C. 通过合理方法，能计算和推定纳税人收入总额或成本费用总额的。

②应税所得率。

国家税务总局规定了不同行业的应税所得率幅度标准。实行应税所得率核定征收的企业，经营多业的，无论其经营项目是否单独核算，均由税务机关根据其主营项目确定适用的应税所得率。主营项目应为企业所有经营项目中，收入总额或者成本（费用）支出额或者耗用原材料、燃料、动力数所占比重最大的项目。

③应纳税所得额的计算。

A. 企业能正确核算（查实）收入总额，但不能正确核算（查实）成本费用总额，或者通过合理方法，能计算和推定企业收入总额的，按下列公式计算应纳税所得额：

$$应纳税所得额 = 应税收入额 \times 应税所得率$$

$$应税收入额 = 收入总额 - 不征税收入 - 免税收入$$

B. 企业能正确核算（查实）成本费用总额，但不能正确核算（查实）收入总额，或者通过合理方法，能计算和推定纳税人成本费用总额的，按下列公式计算应纳税所得额：

应纳税所得额＝成本（费用）支出额÷（1－应税所得率）×应税所得率

④应纳税额的计算。

企业计算出应纳税所得额后，按下列公式计算应纳税额：

应纳所得税额＝应纳税所得额×适用税率

核定征收方式的小型微利企业可以享受小型微利企业税收优惠。

（2）核定应纳所得税额。

对于不符合核定应税所得率方式情形的企业，采取核定应纳所得税额的方法征收企业所得税。

企业所得税优惠政策

【知识点1】 优惠税率

国家需要重点扶持的高新技术企业，减按15%的税率征收企业所得税。

对经认定的服务外包类和服务贸易类技术先进型服务企业，减按15%的税率征收企业所得税。

非居民企业在中国境内未设立机构、场所的，或者虽设立机构、场所但取得的所得与其所设机构、场所没有实际联系的，来源于中国境内的所得，减按10%的税率征收企业所得税。

2019年1月1日至2021年12月31日，对符合条件的从事污染防治的第三方企业减按15%的税率征收企业所得税。

【知识点2】 小型微利企业所得税优惠政策

小型微利企业，是指从事国家非限制和禁止行业，且同时符合年度应纳税所得额不超过300万元、从业人数不超过300人、资产总额不超过5000万元3个条件的企业。

对小型微利企业年应纳税所得额不超过100万元的部分，减按25%计入应纳税所得额，按20%的税率缴纳企业所得税；对年应纳税所得额超过100万元但不超过300万元的部分，减按50%计入应纳税所得额，按20%的税率缴纳企业所得税。

【知识点3】加计扣除

1. 研发费用加计扣除

企业为开发新技术、新产品、新工艺发生的研究开发费用，未形成无形资产计入当期损益的，在按照规定据实扣除的基础上，按照研究开发费用的50%加计扣除；形成无形资产的，按照无形资产成本150%摊销。

企业开展研发活动中实际发生的研发费用，未形成无形资产计入当期损益的，在按规定据实扣除的基础上，在2018年1月1日至2020年12月31日期间，再按照实际发生额的75%在税前加计扣除；形成无形资产的，在上述期间按照无形资产成本的175%在税前摊销。

委托境外进行研发活动所发生的费用，按照费用实际发生额的80%计入委托方的委托境外研发费用。委托境外研发费用不超过境内符合条件的研发费用2/3的部分，可以按规定在企业所得税前加计扣除。

2. 安置残疾人员所支付的工资加计扣除

企业安置残疾人员的，在按照支付给残疾职工工资据实扣除的基础上，可以在计算应纳税所得额时按照支付给残疾职工工资的100%加计扣除。

【知识点4】 加速折旧

企业在2018年1月1日至2020年12月31日期间新购进的设备、器具，单位价值不超过500万元的，允许一次性计入当期成本费用在计算应纳税所得额时扣除。

>> 第五节
个人所得税政策与管理

一　个人所得税基本政策

【知识点1】 纳税人

1. 居民个人

在中国境内有住所，或者无住所而一个纳税年度内在中国境内居住累计满 183 天的个人，为居民个人。

居民个人从中国境内和境外取得的所得，依法缴纳个人所得税。

2. 非居民个人

在中国境内无住所又不居住，或者无住所而一个纳税年度内在中国境内居住累计不满 183 天的个人，为非居民个人。

非居民个人从中国境内取得的所得，依法缴纳个人所得税。

纳税年度，自公历 1 月 1 日起至 12 月 31 日止。

【知识点 2】 扣缴义务人

个人所得税以所得人为纳税人，以支付所得的单位或者个人为扣缴义务人。

扣缴义务人应当按照纳税人提供的信息计算办理扣缴申报，不得擅自更改纳税人提供的信息。

纳税人发现扣缴义务人提供或者扣缴申报的个人信息、所得、扣缴税款等与实际情况不符的，有权要求扣缴义务人修改。扣缴义务人拒绝修改的，纳税人应当报告税务机关，税务机关应当及时处理。

【知识点 3】 征税范围

下列各项个人所得，应当缴纳个人所得税：①工资、薪金所得；②劳务报酬所得；③稿酬所得；④特许权使用费所得；⑤经营所得；⑥利息、股息、红利所得；⑦财产租赁所得；⑧财产转让所得；⑨偶然所得。

居民个人取得第①项至第④项所得为综合所得，按纳税年度合并计算个人所得税；非居民个人取得第①项至第④项所得，按月或者按次分项计算个人所得税。纳税人取得第⑤项至第⑨项所得，依照规定分别计算个人所得税。

【知识点 4】 税率

综合所得，适用 3%～45% 的超额累进税率（见表 8－2）。

表 8－2　　　　　　　　个人所得税税率表一（综合所得适用）

级数	全年应纳税所得额	税率（%）
1	不超过 36000 元的	3

续表

级数	全年应纳税所得额	税率（%）
2	超过 36000 元至 144000 元的部分	10
3	超过 144000 元至 300000 元的部分	20
4	超过 300000 元至 420000 元的部分	25
5	超过 420000 元至 660000 元的部分	30
6	超过 660000 元至 960000 元的部分	35
7	超过 960000 元的部分	45

经营所得，适用 5% ~ 35% 的超额累进税率（见表 8 – 3）。

表 8 – 3　　　　　　　　个人所得税税率表二（经营所得适用）

级数	全年应纳税所得额	税率（%）
1	不超过 30000 元的	5
2	超过 30000 元至 90000 元的部分	10
3	超过 90000 元至 300000 元的部分	20
4	超过 300000 元至 500000 元的部分	30
5	超过 500000 元的部分	35

利息、股息、红利所得，财产租赁所得，财产转让所得和偶然所得，适用比例税率，税率为 20%。

【知识点 5】 应纳税所得额的计算

1. 综合所得

居民个人的综合所得，以每一纳税年度的收入额减除费用 60000 元及专项扣除、专项附加扣除和依法确定的其他扣除后的余额为应纳税所得额。

劳务报酬所得、稿酬所得、特许权使用费所得以收入减除 20% 的费用后的余额为收入额。稿酬所得的收入额减按 70% 计算。

专项扣除、专项附加扣除和依法确定的其他扣除，以居民个人一个纳税年度的应纳税所得额为限额；一个纳税年度扣除不完的，不结转以后年度扣除。

专项扣除，包括居民个人按照国家规定的范围和标准缴纳的基本养老保险、基本医疗保险、失业保险等社会保险费和住房公积金等。

专项附加扣除，包括子女教育、继续教育、大病医疗、住房贷款利息或者住房租金、赡养老人等支出。

非居民个人的工资、薪金所得，以每月收入额减除费用5000元后的余额为应纳税所得额；劳务报酬所得、稿酬所得、特许权使用费所得，以每次收入额为应纳税所得额。

居民个人取得综合所得，按年计算个人所得税；有扣缴义务人的，由扣缴义务人按月或者按次预扣预缴税款；需要办理汇算清缴的，应当在取得所得的次年3月1日至6月30日内向任职、受雇单位所在地主管税务机关办理汇算清缴。

2. 经营所得

经营所得，以每一纳税年度的收入总额减除成本、费用及损失后的余额为应纳税所得额。

取得经营所得的个人，没有综合所得的，计算其每一纳税年度的应纳税所得额时，应当减除费用60000元、专项扣除、专项附加扣除及依法确定的其他扣除。专项附加扣除在办理汇算清缴时减除。

纳税人取得经营所得，按年计算个人所得税，由纳税人在月度或者季度终了后15日内向经营管理所在地主管税务机关报送纳税申报表，并预缴税款；在取得所得的次年3月31日前向经营管理所在地主管税务机关办理汇算清缴。

3. 财产租赁所得

财产租赁所得，每次收入不超过4000元的，减除费用800元；4000元以上的，减除20%的费用，其余额为应纳税所得额。

财产租赁所得，以1个月内取得的收入为一次。

4. 财产转让所得

财产转让所得，以转让财产的收入额减除财产原值和合理费用后的余额为应纳税所得额。

财产转让所得，按照一次转让财产的收入额减除财产原值和合理费用后的余额计算纳税。

5. 利息、股息、红利所得和偶然所得

利息、股息、红利所得和偶然所得，以每次收入额为应纳税所得额。

利息、股息、红利所得，以支付利息、股息、红利时取得的收入为一次。偶然所得，以每次取得该项收入为一次。

【知识点6】 扣除捐赠款的计税方法

个人将其所得对教育、扶贫、济困等公益慈善事业进行捐赠，捐赠额未超过纳税人申报的应纳税所得额30%的部分，可以从其应纳税所得额中扣除；国务院规定对公益慈善事业捐赠实行全额税前扣除的，从其规定。

二 个人所得税优惠政策

【知识点1】 免征个人所得税

下列各项个人所得，免征个人所得税：

（1）省级人民政府、国务院部委和中国人民解放军军以上单位，以及外国组织、国际组织颁发的科学、教育、技术、文化、卫生、体育、环境保护等方面的奖金；

（2）国债和国家发行的金融债券利息；

（3）按照国家统一规定发给的补贴、津贴；

（4）福利费、抚恤金、救济金；

（5）保险赔款；

（6）军人的转业费、复员费、退役金；

（7）按照国家统一规定发给干部、职工的安家费、退职费、基本养老金或者退休费、离休费、离休生活补助费；

（8）依照有关法律规定应予免税的各国驻华使馆、领事馆的外交代表、领事官员和其他人员的所得；

（9）中国政府参加的国际公约、签订的协议中规定免税的所得；

（10）国务院规定的其他免税所得。

第（10）项免税规定，由国务院报全国人民代表大会常务委员会备案。

【知识点2】 减征个人所得税

有下列情形之一的，可以减征个人所得税，具体幅度和期限，由省、自治区、直辖市人民政府规定，并报同级人民代表大会常务委员会备案：

（1）残疾、孤老人员和烈属的所得；

（2）因自然灾害遭受重大损失的。

国务院可以规定其他减税情形，报全国人民代表大会常务委员会备案。

>> 第六节
土地增值税政策与管理

 土地增值税基本政策

【知识点1】 纳税人

土地增值税的纳税义务人是转让国有土地使用权、地上建筑物及其附着物并取得收入的单位和个人。

【知识点2】 征税范围

土地增值税是对转让国有土地使用权及其地上建筑物和附着物的行为征税，不包括国有土地使用权出让所取得的收入。

（1）转让国有土地使用权，不包括国有土地使用权出让所取得的收入；

（2）地上建筑物及其附着物连同国有土地使用权一并转让；

（3）存量房地产的买卖。

【知识点3】 税率

土地增值税实行四级超率累进税率，对土地增值率高的多征，增值率低的少征，无增值的不征（见表8-4）。

表 8－4 土地增值税税率表

级数	增值额与扣除项目金额的比率	税率（％）	速算扣除系数（％）
1	不超过 50% 的部分	30	0
2	超过 50% 至 100% 的部分	40	5
3	超过 100% 至 200% 的部分	50	15
4	超过 200% 的部分	60	35

【知识点4】 应纳税额的计算

1. 收入额的确定

纳税人转让房地产所取得的收入，是指包括货币收入、实物收入和其他收入在内的全部价款及有关的经济利益，不允许从中减除任何成本费用。房屋销售收入不含增值税。

房地产开发企业将开发产品用于职工福利、奖励、对外投资、分配给股东或投资人、抵偿债务、换取其他单位和个人的非货币性资产等，发生所有权转移时应视同销售房地产。

2. 扣除项目的确定

（1）房地产开发企业出售开发的房地产扣除项目。

①取得土地使用权所支付的金额，指纳税人为取得土地使用权支付的地价款和按国家规定缴纳的有关费用之和。

②房地产开发成本，包括土地征用费及拆迁补偿费、前期工程费、建筑安装工程费、基础设施费、公共配套设施费及开发间接费用。

③房地产开发费用，指与房地产有关的销售费用、管理费用、财务费用。

④与转让房地产有关的税金，是指在转让房地产时缴纳的城市维护建设税、印花税。因转让房地产缴纳的教育费附加，也可视同税金予以扣除。

房地产开发企业按照有关规定，其缴纳的印花税列入管理费用，通过"房地产开发费"项目进行计算扣除。非房地产开发企业转让房地产缴纳的印花税作为"与转让房地产有关的税金"在计算土地增值税时扣除。

⑤财政部确定的其他扣除项目。

从事房地产开发的纳税人可加计20%的扣除。

加计扣除费用＝（取得土地使用权支付的金额＋房地产开发成本）×20%

（2）旧房及建筑物转让的扣除项目

①房屋及建筑物的评估价格。

②取得土地使用权所支付的地价款和按国家统一规定缴纳的有关费用。

③转让环节缴纳的税金。

3. 应纳税额的计算

$$增值额＝收入额－扣除项目金额$$

$$应纳税额＝增值额×适用税率－扣除项目金额×速算扣除系数$$

二、土地增值税优惠政策

【知识点1】 建造普通标准住宅出售

建造普通标准住宅出售，其增值率未超过扣除项目金额之和20%的，免征土地增值税。增值率超过20%的，应就其全部增值额按规定计税。

【知识点2】 居民个人销售住房

从2008年11月1日起，对居民个人销售住房，一律免征土地增值税。

>> 第七节
其他各税政策与管理

一、车辆购置税政策与管理

【知识点1】 车辆购置税基本政策

1. 纳税人

在中华人民共和国境内购置汽车、有轨电车、汽车挂车、排气量超过150毫升的摩托车的单位和个人，为车辆购置税的纳税人。

2. 征税范围

车辆购置税的应税车辆包括汽车、有轨电车、汽车挂车、排气量超过 150 毫升的摩托车。

地铁、轻轨等城市轨道交通车辆，装载机、平地机、挖掘机、推土机等轮式专用机械车，以及起重机（吊车）、叉车、电动摩托车，不属于车辆购置税应税车辆。

车辆购置税实行一次性征收。购置已征车辆购置税的车辆，不再征收车辆购置税。

3. 税率

车辆购置税的税率为 10%。

4. 计税依据

（1）纳税人购买自用应税车辆的计税价格，为纳税人实际支付给销售者的全部价款和价外费用，不包括增值税税款。

（2）纳税人进口自用应税车辆的计税价格，为关税完税价格加上关税和消费税。

（3）纳税人自产自用应税车辆的计税价格，按照同类应税车辆的销售价格确定，不包括增值税税款。

（4）纳税人以受赠、获奖或者其他方式取得自用应税车辆的计税价格，按照购置应税车辆时相关凭证载明的价格确定，不包括增值税税款。

5. 应纳税额的计算

$$车辆购置税的应纳税额 = 应税车辆的计税价格 × 税率$$

【知识点2】 车辆购置税优惠政策

车辆购置税优惠政策主要包括：

（1）下列车辆免征车辆购置税：

①依照法律规定应当予以免税的外国驻华使馆、领事馆和国际组织驻华机构及其有关人员自用的车辆；

②中国人民解放军和中国人民武装警察部队列入装备订货计划的车辆；

③悬挂应急救援专用号牌的国家综合性消防救援车辆；

④设有固定装置的非运输专用作业车辆；

⑤城市公交企业购置的公共汽电车辆。

（2）回国服务的在外留学人员用现汇购买1辆个人自用国产小汽车免征车辆购置税。

（3）长期来华定居专家进口1辆自用小汽车免征车辆购置税。

（4）自2018年1月1日至2020年12月31日，对购置新能源汽车免征车辆购置税。

（5）自2018年7月1日至2021年6月30日，对购置挂车减半征收车辆购置税。

二 资源税政策与管理

【知识点1】 资源税基本政策

1. 纳税人

在中华人民共和国领域和中华人民共和国管辖的其他海域开采或者生产应税资源的单位和个人，为资源税的纳税人，应当依照规定缴纳资源税。

购买未税矿产品的单位，应当主动向主管税务机关办理扣缴税款登记，依法代扣代缴资源税。

自2016年7月1日起在河北省实施水资源税改革试点。自2017年12月1日起在北京、天津、山西、内蒙古、山东、河南、四川、陕西、宁夏等9个省（自治区、直辖市）扩大水资源税改革试点。

2. 征税范围

应税资源的具体范围，由《资源税税目税率表》（见表8-5）确定。具体包括：能源矿产、金属矿产、非金属矿产、水气矿产和盐。

试点省份水资源税的征税范围包括地表水和地下水。

3. 税目税率

表8-5　　　　　　　　　　资源税税目税率表

税目		征收对象	税率
能源矿产	原油	原矿	6%
	天然气、页岩气、天然气水合物	原矿	6%
	煤	原矿或者选矿	2%~10%

税目			征收对象	税率
能源矿产	煤成（层）气		原矿	1%~2%
	铀、钍		原矿	4%
	油页岩、油砂、天然沥青、石煤		原矿或者选矿	1%~4%
	地热		原矿	1%~20%或者每立方米1~30元
金属矿产	黑色金属	铁、锰、铬、钒、钛	原矿或者选矿	1%~9%
	有色金属	铜、铅、锌、锡、镍、锑、镁、钴、铋、汞	原矿或者选矿	2%~10%
		铝土矿	原矿或者选矿	2%~9%
		钨	选矿	6.5%
		钼	选矿	8%
		金、银	原矿或者选矿	2%~6%
		铂、钯、钌、锇、铱、铑	原矿或者选矿	5%~10%
		轻稀土	选矿	7%~12%
		中重稀土	选矿	20%
		铍、锂、锆、锶、铷、铯、铌、钽、锗、镓、铟、铊、铪、铼、镉、硒、碲	原矿或者选矿	2%~10%
非金属矿产	矿物类	高岭土	原矿或者选矿	1%~6%
		石灰岩	原矿或者选矿	1%~6%或者每吨（或者每立方米）1~10元
		磷	原矿或者选矿	3%~8%
		石墨	原矿或者选矿	3%~12%

税目			征收对象	税率
非金属矿产	矿物类	萤石、硫铁矿、自然硫	原矿或者选矿	1%~8%
		天然石英砂、脉石英、粉石英、水晶、工业用金刚石、冰洲石、蓝晶石、硅线石（矽线石）、长石、滑石、刚玉、菱镁矿、颜料矿物、天然碱、芒硝、钠硝石、明矾石、砷、硼、碘、溴、膨润土、硅藻土、陶瓷土、耐火粘土、铁矾土、凹凸棒石粘土、海泡石粘土、伊利石粘土、累托石粘土	原矿或者选矿	1%~12%
		叶蜡石、硅灰石、透辉石、珍珠岩、云母、沸石、重晶石、毒重石、方解石、蛭石、透闪石、工业用电气石、白垩、石棉、蓝石棉、红柱石、石榴子石、石膏	原矿或者选矿	2%~12%
		其他粘土（铸型用粘土、砖瓦用粘土、陶粒用粘土、水泥配料用粘土、水泥配料用红土、水泥配料用黄土、水泥配料用泥岩、保温材料用粘土）	原矿或者选矿	1%~5%或者每吨（或者每立方米）0.1~5元
	岩石类	大理岩、花岗岩、白云岩、石英岩、砂岩、辉绿岩、安山岩、闪长岩、板岩、玄武岩、片麻岩、角闪岩、页岩、浮石、凝灰岩、黑曜岩、霞石正长岩、蛇纹岩、麦饭石、泥灰岩、含钾岩石、含钾砂页岩、天然油石、橄榄岩、松脂岩、粗面岩、辉长岩、辉石岩、正长岩、火山灰、火山渣、泥炭	原矿或者选矿	1%~10%
		砂石	原矿或者选矿	1%~5%或者每吨（或者每立方米）0.1~5元

续表

	税目		征收对象	税率
非金属矿产	宝玉石类	宝石、玉石、宝石级金刚石、玛瑙、黄玉、碧玺	原矿或者选矿	4%～20%
水气矿产	二氧化碳气、硫化氢气、氦气、氡气		原矿	2%～5%
	矿泉水		原矿	1%～20%或者每立方米1～30元
盐	钠盐、钾盐、镁盐、锂盐		选矿	3%～15%
	天然卤水		原矿	3%～15%或者每吨（或者每立方米）1～10元
	海盐			2%～5%

纳税人开采或者生产不同税目应税产品的，应当分别核算不同税目应税产品的销售额或者销售数量；未分别核算或者不能准确提供不同税目应税产品的销售额或者销售数量的，从高适用税率。

4. 计税依据

资源税的计税依据为应税产品的销售额或销售量。

销售额是指纳税人销售应税产品向购买方收取的全部价款和价外费用，不包括增值税销项税额和运杂费用。

5. 应纳税额的计算

资源税的应纳税额，按照从价定率或者从量定额的办法，分别以应税产品的销售额乘以纳税人具体适用的比例税率或者以应税产品的销售数量乘以纳税人具体适用的定额税率计算。

【知识点2】资源税优惠政策

自2019年1月1日至2021年12月31日，由省、自治区、直辖市人民政府根据本地区实际情况，以及宏观调控需要确定，对增值税小规模纳税人可以在 50% 的税额幅度内减征资源税，增值税小规模纳税人已依法享受资源税其他优惠政策的，可叠加享受。

三 印花税政策与管理

【知识点1】 印花税基本政策

1. 纳税人

在中华人民共和国境内订立、领受具有法律效力的应税凭证，或者在中华人民共和国境内进行证券交易的单位和个人，为印花税的纳税人。

具体包括：①立合同人；②立据人；③立账簿人；④领受人；⑤使用人。

证券登记结算机构为证券交易印花税的扣缴义务人。

2. 征税范围

（1）应税凭证。应税凭证主要包括：

①购销、加工承揽、建设工程承包、财产租赁、货物运输、仓储保管、借款、财产保险、技术合同或者具有合同性质的凭证。

②产权转移书据；

③营业账簿；

④权利、许可证照；

⑤经财政部确定征税的其他凭证。

对纳税人以电子形式签订的各类应税凭证按规定征收印花税。

（2）证券交易。对证券市场上买卖、继承、赠与所确立的股权转让依据，按确立时实际市场价格计算的金额征收印花税。

基金和债券不征收印花税。

3. 税目税率

（1）应税凭证。纳税人根据应纳税凭证的性质，分别按比例税率或者按件定额计算应纳税额。

印花税税目税率表见表 8-6。

表8-6   印花税税目税率表

税　目	范　围	税　率	纳税义务人	说　明
1. 购销合同	包括供应、预购、采购、购销结合及协作、调剂、补偿、易货等合同	按购销金额3‰贴花	立合同人	
2. 加工承揽合同	包括加工、定作、修缮、修理、印刷、广告、测绘、测试等合同	按加工或承揽收入5‰贴花	立合同人	
3. 建设工程勘察设计合同	包括勘察、设计合同	按收取费用5‰贴花	立合同人	
4. 建筑安装工程承包合同	包括建筑、安装工程承包合同	按承包金额3‰贴花	立合同人	
5. 财产租赁合同	包括租赁房屋、船舶、飞机、机动车辆、机械、器具、设备等	按租赁金额1‰贴花。税额不足1元的按1元贴花	立合同人	
6. 货物运输合同	包括民用航空、铁路运输、海上运输、内河运输、公路运输和联运合同	按运输费用5‰贴花	立合同人	单据作为合同使用的，按合同贴花
7. 仓储保管合同	包括仓储、保管合同	按仓储保管费用1‰贴花	立合同人	仓单或栈单作为合同使用的，按合同贴花
8. 借款合同①	银行及其他金融组织和借款人（不包括银行同业拆借）所签订的借款合同	按借款金额0.5‰贴花	立合同人	单据作为合同使用的，按合同贴花

税　目	范　围	税　率	纳税义务人	说　明
9. 财产保险合同	包括财产、责任、保证、信用等保险合同	按保险费收入 1‰ 贴花	立合同人	单据作为合同使用的，按合同贴花
10. 技术合同	包括技术开发、转让、咨询、服务等合同	按所载金额 3‰ 贴花	立合同人	
11. 产权转移书据	包括财产所有权和版权、商标专用权、专利权、专有技术使用权等转移书据②	按所载金额 5‰ 贴花	立据人	
12. 营业账簿	生产经营用账册	记载资金的账簿，按实收资本和资本公积的合计金额 5‰ 贴花，目前减半征税；其他账簿目前免税	立账簿人	
13. 权利、许可证照	包括政府部门发给的房屋产权证、工商营业执照、商标注册证、专利证、土地使用证	按件贴花 5 元	领受人	

注：①融资租赁合同按此税目征税。
　　②土地使用权出让、转让合同和商品房销售也按此税目征税。

（2）证券交易。目前证券交易印花税实行单边征收（卖出时征收），税率为 1‰。单边征收旨在降低交易成本，鼓励长期投资。

4. 计税依据

印花税根据不同征税项目，分别实行从价计征和从量计征 2 种征收方法。

印花税的计税依据，按照下列方法确定：

（1）应税合同的计税依据，为合同列明的价款或者报酬，不包括增值税税款；合同中价款或者报酬与增值税税款未分开列明的，按照合计金额确定；

（2）应税产权转移书据的计税依据，为产权转移书据列明的价款，不包括增值税税款；产权转移书据中价款与增值税税款未分开列明的，按照合计金额确定；

（3）应税营业账簿的计税依据，为营业账簿记载的实收资本（股本）、资本公积合计金额；

（4）应税权利、许可证照的计税依据，按件确定；

（5）证券交易的计税依据，为成交金额。

5. 应纳税额的计算

（1）应税合同的应纳税额为价款或者报酬乘以适用税率；

（2）应税产权转移书据的应纳税额为价款乘以适用税率；

（3）应税营业账簿的应纳税额为实收资本（股本）、资本公积合计金额乘以适用税率；

（4）应税权利、许可证照的应纳税额为适用税额；

（5）证券交易的应纳税额为成交金额乘以适用税率。

【知识点2】 印花税优惠政策

2018 年 1 月 1 日至 2020 年 12 月 31 日，对金融机构与小型企业、微型企业签订的借款合同免征印花税。

自 2019 年 1 月 1 日至 2021 年 12 月 31 日，由省、自治区、直辖市人民政府根据本地区实际情况，以及宏观调控需要确定，对增值税小规模纳税人可以在 50% 的税额幅度内减征印花税（不含证券交易印花税），增值税小规模纳税人已依法享受印花税其他优惠政策的，可叠加享受。

四 房产税政策与管理

【知识点1】 房产税基本政策

1. 纳税人

房产税由产权所有人缴纳。产权属于全民所有的，由经营管理的单位缴纳。产权出典的，由承典人缴纳。产权所有人、承典人不在房产所在地的，或者产权未确定及租典纠纷未解决的，由房产代管人或者使用人缴纳。

凡在房产税征收范围内的具备房屋功能的地下建筑，包括与地上房屋相连的地下建筑及完全建在地面以下的建筑、地下人防设施等，均应当依照有关规定征收房产税。

2. 征税范围

房产税在城市、县城、建制镇和工矿区征收。

对农、林、牧、渔业用地和农民居住用房屋及土地，不征收房产税。

3. 税目税率

房产税的税率，依照房产余值计算缴纳的，税率为 1.2%；依照房产租金收入计算缴纳的，税率为 12%。

自 2008 年 3 月 1 日起，对个人出租住房，不区分用途，按 4% 的税率征收房产税。

自 2008 年 8 月 1 日起，对企事业单位、社会团体及其他组织按市场价格向个人出租用于居住的住房，减按 4% 的税率征收房产税。

4. 计税依据

房产税依照房产原值一次减除 10% ~ 30% 后的余值计算缴纳。具体减除幅度，由省、自治区、直辖市人民政府规定。

没有房产原值作为依据的，由房产所在地税务机关参考同类房产核定。

房产出租的，以房产租金收入为房产税的计税依据。

无租使用其他单位房产的应税单位和个人，依照房产余值代缴房产税。

5. 应纳税额的计算

（1）按原值计征。按房产的原值减除一定比例后的余值计征房产税，计算公式为：

$$应纳税额 = 应税房产原值 \times （1 - 减除比例） \times 1.2\%$$

减除比例为 10% ~ 30%，具体减除幅度，由省、自治区、直辖市人民政府规定。

（2）按租金计征。按房产的租金收入计征房产税，计算公式为：

$$应纳税额 = 租金收入 \times 12\% （或 4\%）$$

营改增后，房产出租的，计征房产税的租金收入不含增值税；免征增值税的，租金收入不扣减增值税。

【知识点2】房产税优惠政策

自2019年1月1日至2021年12月31日，由省、自治区、直辖市人民政府根据本地区实际情况，以及宏观调控需要确定，对增值税小规模纳税人可以在50%的税额幅度内减征房产税，增值税小规模纳税人已依法享受房产税其他优惠政策的，可叠加享受。

自2019年6月1日起至2025年12月31日，为社区提供养老、托育、家政等服务的机构自有或其通过承租、无偿使用等方式取得并用于提供社区养老、托育、家政服务的房产，免征房产税。

五 车船税政策与管理

【知识点1】 车船税基本政策

1. 纳税人

在中华人民共和国境内属于《中华人民共和国车船税法》所附《车船税税目税额表》规定的车辆、船舶（以下简称车船）的所有人或者管理人，为车船税的纳税人。

从事机动车第三者责任强制保险业务的保险机构为机动车车船税的扣缴义务人，应当在收取保险费时依法代收车船税，并出具代收税款凭证。

2. 征税范围

车船税征税范围为在中华人民共和国境内属于《中华人民共和国车船税法》所附《车船税税目税额表》规定的车辆、船舶，包括依法应当在车船管理部门登记的机动车辆和船舶，依法不需要在车船管理部门登记、在单位内部场所行驶或者作业的机动车辆和船舶。

境内单位和个人租入外国籍船舶的，不征收车船税。境内单位和个人将船舶出租到境外的，应依法征收车船税。

临时入境的外国车船和香港特别行政区、澳门特别行政区、台湾地区的车船，不征收车船税。

3. 税目税率

车船税税目包括乘用车、商用车、挂车、其他车辆、摩托车和船舶6个税目。

车船税实行定额税率（见表8-7）。

表 8 - 7 车船税税目税额表

税　目		计税单位	年基准税额	备注
乘用车〔按发动机汽缸容量（排气量）分档〕	1.0升（含）以下的	每辆	60元至360元	核定载客人数9人（含）以下
	1.0升以上至1.6升（含）的		300元至540元	
	1.6升以上至2.0升（含）的		360元至660元	
	2.0升以上至2.5升（含）的		660元至1200元	
	2.5升以上至3.0升（含）的		1200元至2400元	
	3.0升以上至4.0升（含）的		2400元至3600元	
	4.0升以上的		3600元至5400元	
商用车	客车	每辆	480元至1440元	核定载客人数9人以上，包括电车
	货车	整备质量每吨	16元至120元	包括半挂牵引车、三轮汽车和低速载货汽车等
挂车		整备质量每吨	按照货车税额的50%计算	
其他车辆	专用作业车	整备质量每吨	16元至120元	不包括拖拉机
	轮式专用机械车		16元至120元	
摩托车		每辆	36元至180元	
船舶	机动船舶	净吨位每吨	3元至6元	拖船、非机动驳船分别按照机动船舶税额的50%计算
	游艇	艇身长度每米	600元至2000元	

4. 计税依据

车船税是从量计征的，根据车船的种类和性能的不同，计税依据有4种：

（1）乘用车、客车、摩托车，以"每辆"为计税单位；

（2）货车、挂车、其他车辆，以"整备质量每吨"为计税单位；

（3）机动船舶，以"净吨位每吨"为计税单位，其中拖船按照发动机功率每1千瓦折合净吨位0.67吨计算；

（4）游艇，以"艇身长度每米"为计税单位。

5. 应纳税额的计算

车船税按年申报，分月计算，一次性缴纳。计算公式为：

$$应纳税额 = 年应纳税额 × 应纳税月份数 ÷ 12$$

【知识点2】 车船税优惠政策

对节约能源车船，减半征收车船税。

对使用新能源车船，免征车船税。

六 环境保护税政策与管理

【知识点1】 环境保护税基本政策

1. 纳税人

在中华人民共和国领域和中华人民共和国管辖的其他海域，直接向环境排放应税污染物的企业事业单位和其他生产经营者为环境保护税的纳税人。

有下列情形之一的，不属于直接向环境排放污染物，不缴纳相应污染物的环境保护税：

（1）企业事业单位和其他生产经营者向依法设立的污水集中处理、生活垃圾集中处理场所排放应税污染物的；

（2）企业事业单位和其他生产经营者在符合国家和地方环境保护标准的设施、场所贮存或者处置固体废物的。

2. 征税范围

应税污染物，是指《环境保护税税目税额表》《应税污染物和当量值表》规定的大气污染物、水污染物、固体废物和噪声。

大气污染物，是指向环境排放影响大气环境质量的物质，包括二氧化硫、氮氧化硫、粉尘等。

水污染物，是指向环境排放影响水环境质量的物质。

固体废物，包括工业固体废物、生活垃圾、危险废物，如煤矸石、尾矿、粉煤灰、炉渣等。

噪声，仅指工业噪声。

3. 税目税率

环境保护税税目税额表见表 8 - 8。

表 8 - 8　　　　　　　　　　　　环境保护税税目税额表

税　目		计税单位	税额	备　注
大气污染物		每污染当量	1.2 ~ 12 元	
水污染物		每污染当量	1.4 ~ 14 元	
固体废物	煤矸石	每吨	5 元	
	尾矿	每吨	15 元	
	危险废物	每吨	1000 元	
	冶炼渣、粉煤灰、炉渣、其他固体废物（含半固态、液态废物）	每吨	25 元	
噪声	工业噪声	超标 1 ~ 3 分贝	每月 350 元	1. 一个单位边界上有多处噪声超标，根据最高一处超标声级计算应纳税额；当沿边界长度超过 100 米有两处以上噪声超标，按照两个单位计算应纳税额。 2. 一个单位有不同地点作业场所的，应当分别计算应纳税额，合并计征。 3. 昼、夜均超标的环境噪声，昼、夜分别计算应纳税额，累计计征。 4. 声源一个月内超标不足 15 天的，减半计算应纳税额。 5. 夜间频繁突发和夜间偶然突发厂界超标噪声，按等效声级和峰值噪声两种指标中超标分贝值高的一项计算应纳税额。
		超标 4 ~ 6 分贝	每月 700 元	
		超标 7 ~ 9 分贝	每月 1400 元	
		超标 10 ~ 12 分贝	每月 2800 元	
		超标 13 ~ 15 分贝	每月 5600 元	
		超标 16 分贝以上	每月 11200 元	

4. 计税依据

应税污染物的计税依据，按照下列方法确定：

（1）应税大气污染物按照污染物排放量折合的污染当量数确定；

（2）应税水污染物按照污染物排放量折合的污染当量数确定；

（3）应税固体废物按照固体废物的排放量确定；

（4）应税噪声按照超过国家规定标准的分贝数确定。

每一排放口或者没有排放口的应税大气污染物，按照污染当量数从大到小排序，对前三项污染物征收环境保护税。

每一排放口的应税水污染物，按照《中华人民共和国环境保护税法》所附《应税污染物和当量值表》，区分第一类水污染物和其他类水污染物，按照污染当量数从大到小排序，对第一类水污染物按照前五项征收环境保护税，对其他类水污染物按照前三项征收环境保护税。

5. 应纳税额的计算

环境保护税应纳税额按照下列方法计算：

（1）应税大气污染物的应纳税额为污染当量数乘以具体适用税额；

（2）应税水污染物的应纳税额为污染当量数乘以具体适用税额；

（3）应税固体废物的应纳税额为固体废物排放量乘以具体适用税额；

（4）应税噪声的应纳税额为超过国家规定标准的分贝数对应的具体适用税额。

【知识点2】 环境保护税优惠政策

下列情形，暂予免征环境保护税：

（1）农业生产（不包括规模化养殖）排放应税污染物的；

（2）机动车、铁路机车、非道路移动机械、船舶和航空器等流动污染源排放应税污染物的；

（3）依法设立的城乡污水集中处理、生活垃圾集中处理场所排放相应应税污染物，不超过国家和地方规定的排放标准的；

（4）纳税人综合利用的固体废物，符合国家和地方环境保护标准的；

（5）国务院批准免税的其他情形。

七 契税政策与管理

【知识点1】 契税基本政策

1. 纳税人

在中华人民共和国境内转移土地、房屋权属，承受的单位和个人为契税的纳税人。

承受，是指以受让、购买、受赠、交换等方式取得土地、房屋权属的行为。

2. 征税范围

（1）国有土地使用权出让；

（2）土地使用权转让，包括出售、赠与和交换；

（3）房屋买卖；

（4）房屋赠与；

（5）房屋交换；

（6）视同转移土地、房屋权属，如以土地、房屋权属作价投资、入股、抵债等。

3. 税率

契税税率为3%～5%。

契税的适用税率，由省、自治区、直辖市人民政府在前款规定的幅度内按照本地区的实际情况确定，并报财政部和国家税务总局备案。

4. 计税依据

（1）土地使用者将土地使用权和所附建筑物、构筑物转让他人的，以转让的总价款为计税依据；

（2）土地使用权赠与、房屋赠与，由征收机关参照土地使用权出售、房屋买卖的市场价格核定计税依据；

（3）土地使用权交换、房屋交换，计税依据为所交换的土地使用权、房屋的价格的差额；

（4）企业承受土地使用权用于房地产开发，并在该土地上代政府建设保障性住房的，计税价格为取得全部土地使用权的成交价格；

（5）土地使用者将土地使用权及所附建筑物、构筑物等转让给他人的，应按照转让的总价款计征契税。

计征契税的成交价格不含增值税；税务机关核定的契税计税价格或收入不含增值税。

5. 应纳税额的计算

契税应纳税额的计算公式为：

$$应纳税额 = 计税依据 \times 税率$$

【知识点2】 契税优惠政策

对个人购买家庭唯一住房（家庭成员范围包括购房人、配偶以及未成年子女，下同），面积为90平方米及以下的，减按1%的税率征收契税；面积为90平方米以上的，减按1.5%的税率征收契税。

对个人购买家庭第二套改善性住房，面积为90平方米及以下的，减按1%的税率征收契税；面积为90平方米以上的，减按2%的税率征收契税。（北京市、上海市、广州市、深圳市暂不实施本条契税优惠政策）

2019年6月1日至2025年12月31日，承受房屋、土地用于提供社区养老、托育、家政服务的，免征契税。

八 城镇土地使用税政策与管理

【知识点1】 城镇土地使用税基本政策

1. 纳税人

在城市、县城、建制镇、工矿区范围内使用土地的单位和个人，为城镇土地使用税的纳税人。

城镇土地使用税由拥有土地使用权的单位或个人缴纳。拥有土地使用权的纳税人不在土地所在地的，由代管人或实际使用人纳税；土地使用权未确定或权属纠纷未解决的，由实际使用人纳税；土地使用权共有的，由共有各方分别纳税。

在城镇土地使用税征税范围内承租集体所有建设用地的，由直接从集体经济组织承租土地的单位和个人缴纳城镇土地使用税。

对纳税单位无偿使用免税单位的土地，纳税单位应照章缴纳城镇土地使用税。

2. 征税范围

城镇土地使用税在城市、县城、建制镇和工矿区征收。

对农林牧渔业用地和农民居住用房屋及土地，不征收城镇土地使用税。

在城镇土地使用税征收范围内，利用林场土地兴建度假村等休闲娱乐场所的，其经营、办公和生活用地，应按规定征收城镇土地使用税。

3. 税目税率

城镇土地使用税每平方米年税额为：

（1）大城市1.5元至30元；

（2）中等城市1.2元至24元；

（3）小城市0.9元至18元；

（4）县城、建制镇、工矿区0.6元至12元。

省、自治区、直辖市人民政府，应当在上述规定的税额幅度内，根据市政建设状况、经济繁荣程度等条件，确定所辖地区的适用税额幅度。

4. 计税依据

城镇土地使用税以纳税人实际占用的土地面积为计税依据，依照规定税额计算征收。

纳税单位与免税单位共同使用共有使用权土地上的多层建筑，对纳税单位可按其占用的建筑面积占建筑总面积的比例计征城镇土地使用税。

对单独建造的地下建筑用地，按规定征收城镇土地使用税。地下建筑用地暂按应征税款的50%征收城镇土地使用税。

5. 应纳税额的计算

城镇土地使用税的年应纳税额为：

$$年应纳税额 = 实际占用应税土地面积 \times 适用税额$$

纳税人在一个纳税年度内取得应税土地使用权不满一年的，其应缴纳的城镇土地使用税税额按当年应计税月数计算。

【知识点2】 城镇土地使用税优惠政策

在城镇土地使用税征收范围内经营采摘、观光农业的单位和个人，其直接用于采摘、观光的种植、养殖、饲养的土地，属于"直接用于农、林、牧、渔业的生产用地", 免征城镇土地使用税。

对个人出租住房, 不区分用途, 免征城镇土地使用税。

自 2019 年 1 月 1 日至 2021 年 12 月 31 日, 对国家级、省级科技企业孵化器、大学科技园和国家备案众创空间自用及无偿或通过出租等方式提供给在孵对象使用的土地, 免征城镇土地使用税。

自 2019 年 1 月 1 日至 2021 年 12 月 31 日, 由省、自治区、直辖市人民政府根据本地区实际情况, 以及宏观调控需要确定, 对增值税小规模纳税人可以在 50% 的税额幅度内减征城镇土地使用税。增值税小规模纳税人已依法享受城镇土地使用税其他优惠政策的, 可叠加享受。

自 2019 年 6 月 1 日至 2025 年 12 月 31 日, 为社区提供养老、托育、家政等服务的机构自有或其通过承租、无偿使用等方式取得并用于提供社区养老、托育、家政服务的土地, 免征城镇土地使用税。

九 耕地占用税政策与管理

【知识点 1】 耕地占用税基本政策

1. 纳税人

在中华人民共和国境内占用耕地建设建筑物、构筑物或者从事非农业建设的单位和个人, 为耕地占用税的纳税人。

2. 征税范围

耕地, 是指用于种植农作物的土地。

占用耕地建设农田水利设施的, 不缴纳耕地占用税。

占用园地、林地、草地、农田水利用地、养殖水面、渔业水域滩涂及其他农用地建设建筑物、构筑物或者从事非农业建设的, 依照规定缴纳耕地占用税。

占用园地、林地、草地、农田水利用地、养殖水面、渔业水域滩涂及其他农用地建设直接为农业生产服务的生产设施的, 不缴纳耕地占用税。

纳税人因建设项目施工或者地质勘查临时占用耕地, 应当依照规定缴纳耕地占用税。

3. 税目税率

耕地占用税的税额如下:

(1) 人均耕地不超过 1 亩的地区(以县、自治县、不设区的市、市辖区为单位,下同),每平方米为 10 元至 50 元;

(2) 人均耕地超过 1 亩但不超过 2 亩的地区,每平方米为 8 元至 40 元;

(3) 人均耕地超过 2 亩但不超过 3 亩的地区,每平方米为 6 元至 30 元;

(4) 人均耕地超过 3 亩的地区,每平方米为 5 元至 25 元。

各地区耕地占用税的适用税额,由省、自治区、直辖市人民政府根据人均耕地面积和经济发展等情况,在规定的税额幅度内提出,报同级人民代表大会常务委员会决定,并报全国人民代表大会常务委员会和国务院备案。

各省、自治区、直辖市耕地占用税适用税额的平均水平,不得低于《各省、自治区、直辖市耕地占用税平均税额表》(见表 8 - 9)规定的平均税额。

表 8 - 9　　　　　各省、自治区、直辖市耕地占用税平均税额表

省、自治区、直辖市	平均税额(元/平方米)
上海	45
北京	40
天津	35
江苏、浙江、福建、广东	30
辽宁、湖北、湖南	25
河北、安徽、江西、山东、河南、重庆、四川	22.5
广西、海南、贵州、云南、陕西	20
山西、吉林、黑龙江	17.5
内蒙古、西藏、甘肃、青海、宁夏、新疆	12.5

在人均耕地低于 0.5 亩的地区,省、自治区、直辖市可以根据当地经济发展情况,适当提高耕地占用税的适用税额,但提高的部分不得超过适用税

额的 50%。

占用基本农田的，应当按照确定的当地适用税额，加按 150% 征收。

4. 计税依据

耕地占用税以纳税人实际占用的属于耕地占用税征税范围的土地（以下简称应税土地）面积为计税依据，按应税土地当地适用税额计税，实行一次性征收。

5. 应纳税额的计算

耕地占用税计算公式为：

$$应纳税额 = 应税土地面积 × 适用税额$$

应税土地面积包括经批准占用面积和未经批准占用面积，以平方米为单位。

按照规定，加按 150% 征收耕地占用税的计算公式为：

$$应纳税额 = 应税土地面积 × 适用税额 × 150\%$$

【知识点2】 耕地占用税优惠政策

军事设施、学校、幼儿园、社会福利机构、医疗机构占用耕地，免征耕地占用税。

自 2019 年 1 月 1 日至 2021 年 12 月 31 日，由省、自治区、直辖市人民政府根据本地区实际情况，以及宏观调控需要确定，对增值税小规模纳税人可以在 50% 的税额幅度内减征耕地占用税。增值税小规模纳税人已依法享受耕地占用税其他优惠政策的，可叠加享受。

十 烟叶税政策与管理

【知识点】 烟叶税基本政策

1. 纳税人

在中华人民共和国境内，依照《中华人民共和国烟草专卖法》的规定收购烟叶的单位为烟叶税的纳税人。

2. 征税范围

烟叶，是指烤烟叶、晾晒烟叶。

晾晒烟叶，包括列入名晾晒烟名录的晾晒烟叶和未列入名晾晒烟名录的其他晾晒烟叶。

3. 税率

烟叶税实行比例税率，税率为20%。

4. 计税依据

烟叶税的计税依据为纳税人收购烟叶实际支付的价款总额。

纳税人收购烟叶实际支付的价款总额包括纳税人支付给烟叶生产销售单位和个人的烟叶收购价款及价外补贴。其中，价外补贴统一按烟叶收购价款的10%计算。

烟叶收购金额计算公式为：

$$烟叶收购金额 = 收购价款 \times （1 + 10\%）$$

5. 应纳税额的计算

烟叶税应纳税额的计算公式为：

$$应纳税额 = 烟叶收购金额 \times 税率$$

 ## 城市维护建设税政策与管理

【知识点1】 城市维护建设税基本政策

1. 纳税人

凡缴纳增值税、消费税（以下简称"两税"）的单位和个人，都是城市维护建设税的纳税义务人。

"两税"的代扣代缴、代收代缴义务人同时也是城市维护建设税的代扣代缴、代收代缴义务人。城市维护建设税的代扣代缴、代收代缴，一律比照"两税"的有关规定办理。

2. 征税范围

（1）海关对进口产品代征的"两税"，不征收城市维护建设税。

（2）对"两税"实行先征后返、先征后退、即征即退办法的，除另有规定外，对随"两税"附征的城市维护建设税，一律不退（返）还。

（3）生产企业出口货物实行免抵退税办法的，经税务机关正式审核批准的当期免抵的增值税税额应纳入城市维护建设税的计征范围，按规定的税率征收城市维护建设税。

3. 税率

城市维护建设税税率如下：

（1）纳税人所在地在市区的，税率为7%；

（2）纳税人所在地在县城、镇的，税率为5%；

（3）纳税人所在地不在市区、县城或镇的，税率为1%。

撤县建市后，城市维护建设税适用税率为7%。

4. 计税依据

城市维护建设税，以纳税人实际缴纳的"两税"税额为计税依据，分别与"两税"同时缴纳。

5. 应纳税额的计算

城市维护建设税的应纳税额计算公式为：

$$应纳税额 = 纳税人实际缴纳的"两税"税额 \times 适用税率$$

【知识点2】 城市维护建设税优惠政策

自2019年1月1日至2021年12月31日，由省、自治区、直辖市人民政府根据本地区实际情况，以及宏观调控需要确定，对增值税小规模纳税人可以在50%的税额幅度内减征城市维护建设税。

>> 第八节
社会保险费征缴与管理

一 社会保险费征缴

国家建立基本养老保险、基本医疗保险、工伤保险、失业保险、生育保险等社会保险制度，保障公民在年老、疾病、工伤、失业、生育等情况下依法从国家和社会获得物质帮助的权利。

【知识点1】 基本养老保险

1. 基本养老保险概述

基本养老保险，是按国家法律法规政策规定，强制实施的为保障广大离退休人员基本生活需要的一种养老保险制度。基本养老保险是社会保险制度中最重要的险种之一。

基本养老保险费用一般由国家、单位和个人三方或单位和个人双方共同负担，并实现广泛的社会互济。

参加基本养老保险的个人，达到法定退休年龄时累计缴费满15年的，按月领取基本养老金。

2. 基本养老保险费的征缴

职工应当参加基本养老保险，由用人单位和职工共同缴纳基本养老保险费。

无雇工的个体工商户、未在用人单位参加基本养老保险的非全日制从业人员及其他灵活就业人员可以参加基本养老保险，由个人缴纳基本养老保险费。

用人单位缴纳基本养老保险费的基数可以为职工工资总额，也可以为职工个人缴费工资基数之和。

自2019年5月1日起，降低城镇职工基本养老保险（包括企业和机关事业单位基本养老保险）单位缴费比例，单位缴费比例高于16%的，可降至16%。

职工应当按照国家规定的本人工资的比例缴纳基本养老保险费，记入个人账户。职工缴纳基本养老保险费的比例为个人缴费工资的8%。本人月平均工资低于当地职工月平均工资的60%的，按照当地职工月平均工资的60%作为缴费基数。本人月平均工资高于当地职工平均工资的300%的，按照当地职工的月平均工资的300%作为缴费基数。缴费基数每年确定一次，且一旦确定以后，1年内不再变动。

各省应以本省城镇非私营单位就业人员平均工资和城镇私营单位就业人员平均工资加权计算的全口径城镇单位就业人员平均工资，核定个人缴费基数上下限，合理降低部分参保人员和企业的缴费基数。

个体工商户和灵活就业人员参加企业职工基本养老保险，可以在本省全口径城镇单位就业人员平均工资的60%～300%之间选择适当的缴费基数。

城乡居民社会养老保险基金筹集主要由个人缴费、集体补助、政府补贴构成。

【知识点2】 基本医疗保险

1. 基本医疗保险概述

基本医疗保险，是为补偿劳动者因疾病风险造成的经济损失而建立的一项社会保险制度。通过用人单位和个人缴费，建立医疗保险基金，参保人员患病就诊发生医疗费用后，由医疗保险经办机构给予一定的经济补偿，以避免或减轻劳动者因患病、治疗等所带来的经济风险。

2. 基本医疗保险费的征缴

职工应当参加职工基本医疗保险，基本医疗保险费由用人单位和职工共同缴纳。

无雇工的个体工商户、未在用人单位参加职工基本医疗保险的非全日制从业人员及其他灵活就业人员可以参加职工基本医疗保险，由个人按照国家规定缴纳基本医疗保险费。

用人单位缴纳基本医疗保险的基数为职工工资总额，个人缴费基数为本人工资。

用人单位缴费比例应控制在职工工资总额的6%左右，职工个人缴费比例一般为本人工资收入的2%。

随着经济发展，用人单位和职工缴费比例可作相应调整。

城乡居民基本医疗保险实行个人缴费和政府补贴相结合。

【知识点3】 失业保险

1. 失业保险概述

失业保险，是国家通过立法强制实施，由政府负责建立失业保险基金，对非因本人意愿中断就业而失去工资收入的劳动者提供一定时期的物质帮助及促进其再就业服务的一项社会保险制度。

2. 失业保险费的征缴

职工应当参加失业保险，由用人单位和职工按照国家规定共同缴纳失业保险费。

依据《失业保险条例》，城镇企业事业单位按照本单位工资总额的2%缴纳失业保险费，城镇企业事业单位职工按照本人工资的1%缴纳失业保险费。城镇企业事业单位招用的农民合同制工人本人不缴纳失业保险费。

省、自治区、直辖市人民政府根据本行政区域失业人员数量和失业保险基金数额，报经国务院批准，可以适当调整本行政区域失业保险费的费率。

自2019年5月1日起，实施失业保险总费率1%的省，延长阶段性降低失业保险费率的期限至2020年4月30日。

【知识点4】 生育保险

1. 生育保险概述

生育保险，是指为了维护职工的合法权益，保障职工在生育和实施计划生育手术期间由国家和社会提供津贴、产假和医疗服务的社会保险制度。

2. 生育保险费的征缴

职工应当参加生育保险，由用人单位按照国家规定缴纳生育保险费，职工个人不缴纳生育保险费。

依据《企业职工生育保险试行办法》（劳部发〔1994〕504号），生育保险费的缴纳比例由当地人民政府根据计划内生育人数和生育津贴、生育医疗费等项费用确定，并可根据费用支出情况适时调整，但最高不得超过工资总额的1%。

【知识点5】 工伤保险

1. 工伤保险概述

工伤保险，是指劳动者在工作中或在规定的特殊情况下，遭受意外伤害或患职业病导致暂时或永久丧失劳动能力或者死亡时，给予劳动者医疗救治及必要的经济补偿的一种社会保障制度。

2. 工伤保险费的征缴

职工应当参加工伤保险，由用人单位缴纳工伤保险费，职工个人不缴纳工伤保险费。

国家根据不同行业的工伤风险程度确定行业的差别费率，并根据工伤保险费使用、工伤发生率等情况在每个行业内确定若干费率档次。行业差别费率及行业内费率档次由国务院社会保险行政部门制定，报国务院批准后公布施行。

社会保险经办机构根据用人单位使用工伤保险基金、工伤发生率和所属行业费率档次等情况，确定用人单位缴费费率。

用人单位应当按照本单位职工工资总额，根据社会保险经办机构确定的费率缴纳工伤保险费。

自 2019 年 5 月 1 日起，延长阶段性降低工伤保险费率的期限至 2020 年 4 月 30 日，工伤保险基金累计结余可支付月数在 18～23 个月的统筹地区可以现行费率为基础下调 20%，累计结余可支付月数在 24 个月以上的统筹地区可以现行费率为基础下调 50%。

二 社会保险费管理

【知识点 1】 社会保险登记

缴费单位应当自成立之日起 30 日内向当地社会保险经办机构办理社会保险登记，参加社会保险。

企业在办理登记注册时，同步办理社会保险登记。

缴费单位的社会保险登记事项发生变更或者缴费单位依法终止的，应当自变更或者终止之日起 30 日内，到社会保险经办机构办理变更或者注销社会保险登记手续。

自愿参加社会保险的无雇工的个体工商户、未在用人单位参加社会保险的非全日制从业人员及其他灵活就业人员，应当向社会保险经办机构申请办理社会保险登记。

用人单位不办理社会保险登记的，由社会保险行政部门责令限期改正；逾期不改正的，对用人单位处应缴社会保险费数额 1 倍以上 3 倍以下的罚款，对其直接负责的主管人员和其他直接责任人员处 500 元以上 3000 元以下的罚款。

国家建立全国统一的个人社会保障号码。个人社会保障号码为公民身份号码。

【知识点2】 社会保险费核定与申报缴纳

社会保险经办机构负责社会保险缴费核定等工作。

缴费单位必须按月向社会保险经办机构申报应缴纳的社会保险费数额，经社会保险经办机构核定后，在规定的期限内缴纳社会保险费。

缴费个人应当缴纳的社会保险费，由所在单位从其本人工资中代扣代缴。

社会保险费不得减免。

用人单位因不可抗力，不能按期办理缴费申报的，可以延期申报；不可抗力情形消除后，应当立即向社会保险经办机构报告。社会保险经办机构应当查明事实，予以核准。

用人单位未按时足额缴纳社会保险费的，由社会保险费征收机构责令限期缴纳或者补足，并自欠缴之日起，按日加收5‰的滞纳金；逾期仍不缴纳的，由有关行政部门处欠缴数额1倍以上3倍以下的罚款。

>> 第九节
非税收入征缴与管理

 征管职责划转前税务机关征收的非税收入

【知识点1】 教育费附加和地方教育附加

凡缴纳"两税"的单位和个人，除按照《国务院关于筹措农村学校办学经费的通知》（国发〔1984〕174号）的规定，缴纳农村教育事业费附加的单位外，都应当依照规定缴纳教育费附加和地方教育附加。

凡代征"两税"的单位和个人，亦为代征教育费附加和地方教育附加的义务人。

教育费附加和地方教育附加，以各单位和个人实际缴纳的"两税"的税额为计征依据，教育费附加率为3%，地方教育附加率为2%，与"两税"同时缴纳。

对海关进口的产品征收的"两税"，不征收教育费附加和地方教育附加。

对由于减免"两税"而发生退税的，可以同时退还已征收的教育费附加和地方教育附加。但对出口产品退还"两税"的，不退还已征的教育费附加和地方教育附加。

【知识点2】 文化事业建设费

在中华人民共和国境内提供广告服务的广告媒介单位和户外广告经营单位，以及提供娱乐服务的单位和个人，应按规定缴纳文化事业建设费。

缴纳文化事业建设费的单位和个人应按照提供增值税应税服务取得的销售额和3%的费率计算应缴费额，并由税务机关在征收增值税时一并征收。文化事业建设费的计算公式为：

$$应缴费额 = 计费销售额 \times 3\%$$

广告服务计费销售额，为缴纳义务人提供广告服务取得的全部含税价款和价外费用，减除支付给其他广告公司或广告发布者的含税广告发布费后的余额。缴纳义务人减除价款的，应当取得增值税专用发票或国家税务总局规定的其他合法有效凭证，否则不得减除。娱乐服务计费销售额，为缴纳义务人提供娱乐服务取得的全部含税价款和价外费用。

按规定扣缴文化事业建设费的，扣缴义务人应按下列公式计算应扣缴费额：

$$应扣缴费额 = 接收方支付的含税价款 \times 费率$$

未达到增值税起征点的个人，免征文化事业建设费。

【知识点3】 废弃电器电子产品处理基金

中华人民共和国境内电器电子产品的生产者，为废弃电器电子产品处理基金（以下简称基金）缴纳义务人，应当按照规定缴纳基金。电器电子产品生产者包括自主品牌生产企业和代工生产企业。

自2016年3月1日起，废弃电器电子产品，主要包括电冰箱、空气调节器、吸油烟机、洗衣机、电热水器、燃气热水器、打印机、复印机、传真机、电视机、监视器、微型计算机、移动通信手持机、电话单机等14类产品。

对采用有利于资源综合利用和无害化处理的设计方案及使用环保和便于回收利用材料生产的电器电子产品，可以减征基金的，按照国务院相关部门的具体规定执行。

基金缴纳义务人出口电器电子产品，免征基金。

基金缴纳义务人销售或受托加工生产相关电器电子产品，按照从量定额的办法计算应缴纳基金。应缴纳基金的计算公式为：

$$应缴纳基金 = 销售数量（受托加工数量）\times 征收标准$$

【知识点4】 残疾人就业保障金

用人单位安排残疾人就业达不到其所在地省、自治区、直辖市人民政府规定比例的，应当缴纳残疾人就业保障金（以下简称保障金）。

用人单位安排残疾人就业的比例不得低于本单位在职职工总数的1.5%。具体比例由各省、自治区、直辖市人民政府根据本地区的实际情况规定。

保障金按上年用人单位安排残疾人就业未达到规定比例的差额人数和本单位在职职工年平均工资之积计算缴纳。计算公式为：

$$保障金年缴纳额 = （上年用人单位在职职工人数 \times 所在地省、自治区、直辖市人民政府规定的安排残疾人就业比例 - 上年用人单位实际安排的残疾人就业人数）\times 上年用人单位在职职工年平均工资$$

用人单位将残疾人录用为在编人员或依法与就业年龄段内的残疾人签订1年以上（含1年）劳动合同（服务协议），且实际支付的工资不低于当地最低工资标准，并足额缴纳社会保险费的，方可计入用人单位所安排的残疾人就业人数。

二 先行划转的财政部驻地方专员办征收的非税收入

【知识点】 先行划转的非税收入项目

自2019年1月1日起，原由财政部驻地方财政监察专员办事处负责征收的国家重大水利工程建设基金、农网还贷资金、可再生能源发展基金、中央水库移民扶持基金（含大中型水库移民后期扶持基金、三峡水库库区基金、跨省际大中型水库库区基金）、三峡电站水资源费、核电站乏燃料处理处置基金、免税商品特许经营费、油价调控风险准备金、核事故应急准备专项收入，以及国家留成油收入、石油特别收益金，划转至税务部门征收。

>> 习题演练

一 单项选择题

1. 根据增值税的类型划分，我国现行增值税属于(   )。

A. 消费型增值税　　　　　　　　B. 生产型增值税

C. 收入型增值税　　　　　　　　D. 产出型增值税

【参考答案】A

【答案解析】我国现行增值税属于消费型增值税。

2. 自 2018 年 5 月 1 日起，增值税小规模纳税人标准统一为年应征增值税销售额(   )万元及以下。

A. 80　　　　　　B. 500　　　　　　C. 50　　　　　　D. 150

【参考答案】B

【答案解析】《财政部　税务总局关于统一增值税小规模纳税人标准的通知》（财税〔2018〕33 号）规定，增值税小规模纳税人标准为年应征增值税销售额 500 万元及以下。

3. 某汽车租赁公司为增值税一般纳税人，提供汽车租赁服务。2019 年 9 月，该公司取得的租金收入，根据现行增值税政策规定适用税率是(   )。

A. 13%　　　　　　B. 9%　　　　　　C. 10%　　　　　　D. 6%

【参考答案】A

【答案解析】增值税一般纳税人提供有形动产租赁服务适用 13% 的税率。

4. 纳税人在办理增值税期末留抵税额退税有关事项中，允许退还的增量留抵税额 = 增量留抵税额 × 进项构成比例的(   )。

A. 50%　　　　　　B. 60%　　　　　　C. 70%　　　　　　D. 80%

【参考答案】B

【答案解析】纳税人当期允许退还的增量留抵税额,按照以下公式计算:允许退还的增量留抵税额=增量留抵税额×进项构成比例×60%。

5. 增值税一般纳税人提供交通运输业服务适用的比例税率是( )。

A. 13%　　　　B. 9%　　　　C. 6%　　　　D. 3%

【参考答案】B

【答案解析】增值税一般纳税人提供交通运输业服务适用9%的税率。

6. 小规模纳税人的法定征收率为( )。

A. 13%　　　　B. 9%　　　　C. 6%　　　　D. 3%

【参考答案】D

【答案解析】小规模纳税人增值税法定征收率为3%。

7. 增值税一般纳税人提供基础电信服务,适用的增值税税率为( )。

A. 13%　　　　B. 9%　　　　C. 6%　　　　D. 3%

【参考答案】B

【答案解析】一般纳税人提供基础电信服务税率为9%。

8. 根据现行增值税政策规定,下列项目中准予从销项税额中抵扣进项税额的是( )。

A. 免征增值税项目购进货物　　　B. 集体福利购进货物

C. 生产应税项目购进的免税农产品　D. 简易计税办法计税项目购进货物

【参考答案】C

【答案解析】增值税一般纳税人购进货物时,用于简易计税方法计税项目、免征增值税项目、集体福利或者个人消费,进项税额不得从销项税额中抵扣。一般纳税人购进免税农产品准予按规定抵扣。

9. 某超市为增值税小规模纳税人,主管税务机关核定其按月纳税。2019年3月,该超市取得食品销售收入20600元,取得水果销售收入2987元,当月进货取得增值税发票注明税款600元,该超市应纳增值税( )元。

A. 87.00　　　　B. 687.00　　　　C. 707.61　　　　D. 免征增值税

【参考答案】D

【答案解析】销售额=(20600+2987)÷(1+3%)=22900(元),小规模纳税人发生增值税应税销售行为,月销售额未超过10万元的,免征增值税。

10. 增值税小规模纳税人采取的计税方式是(　　)。

A. 核定征收　　　　　　　　B. 查账征收

C. 简易计税方式　　　　　　D. 发货票抵扣税款

【参考答案】C

【答案解析】小规模纳税人销售货物或者应税劳务，实行按照销售额和征收率计算应纳税额的简易计税方式。

11. 增值税专用发票的基本联次不包括(　　)。

A. 存根联　　　B. 发票联　　　C. 抵扣联　　　D. 记账联

【参考答案】A

【答案解析】增值税专用发票由基本联次或者基本联次附加其他联次构成，基本联次为三联：发票联、抵扣联和记账联。

12. 下列不应包括在航空运输服务计税销售额中的是(　　)。

A. 燃油附加费　　B. 旅客违约金　　C. 机场建设费　　D. 行李超重费

【参考答案】C

【答案解析】航空运输服务销售额不包括代收的机场建设费和代售其他航空运输企业客票而代收转付的价款。

13. 对增值税一般纳税人销售其自行开发生产的软件产品，按法定税率征收增值税后，对其增值税实际税负超过(　　)的部分实行即征即退政策。

A.3%　　　　　　B.5%　　　　　　C.6%　　　　　　D.8%

【参考答案】A

【答案解析】对增值税一般纳税人销售其自行开发生产的软件产品，按法定税率征收增值税后，对其增值税实际税负超过3%的部分实行即征即退政策。

14. 下列选项中，属于消费税征税范围的应税消费品是(　　)。

A. 竹制一次性筷子　　　　　　B. 服装

C. 高尔夫球杆　　　　　　　　D. 电动汽车

【参考答案】C

【答案解析】小汽车属于消费税征税范围，但不包括电动汽车。高尔夫球及球具属于消费税征税范围，具体包括高尔夫球，高尔夫球杆（含杆头、杆身和握把）高尔夫球包（袋）。而服装、竹制一次性筷子则不属于消费税征税范围。

15. 下列消费品中，实行从价定率与从量定额相结合征税办法征收消费税的是（   ）。

　　A. 啤酒　　　　　B. 烟丝　　　　　C. 黄酒　　　　　D. 卷烟

【参考答案】D

【答案解析】啤酒、黄酒实行从量定额计税，烟丝实行从价定率计税。卷烟的生产（进口）环节和批发环节，采用比例加定额复合征税。

16. 对超豪华小汽车，在生产（进口）环节按现行税率征收消费税基础上，在零售环节加征消费税，税率为（   ）。

　　A. 5%　　　　　B. 10%　　　　　C. 15%　　　　　D. 20%

【参考答案】B

【答案解析】自2016年12月1日起，"小汽车"税目下增设"超豪华小汽车"子税目。在生产（进口）环节按现行税率征收消费税基础上，在零售环节加征消费税，税率为10%。

17. 根据现行消费税政策，成品油纳税环节是（   ）。

　　A. 批发环节　　　　　　　　　B. 生产和批发环节

　　C. 生产（进口）环节　　　　　D. 零售环节

【参考答案】C

【答案解析】成品油的消费税在生产（进口）环节征收。

18. 纳税人自产的用于抵偿债务的应税消费品，计算消费税的计税依据为纳税人同类应税消费品的（   ）。

　　A. 最高销售价格　　　　　　　B. 平均销售价格

　　C. 最低销售价格　　　　　　　D. 最后销售价格

【参考答案】A

【答案解析】纳税人自产的应税消费品用于换取生产资料和消费资料、投资入股和抵偿债务等方面，应当按纳税人同类应税消费品的最高销售价格作为计税依据。

19. 按现行消费税政策，以下各项只在零售环节计征消费税的是（   ）。

　　A. 金银首饰　　　B. 超豪华小汽车　　C. 摩托车　　　　D. 白酒

【参考答案】A

【答案解析】金银首饰只在零售环节征税；超豪华小汽车在生产（进口）和零售环节双环节征税；摩托车和白酒在生产（进口）环节征税。

20. 企业发生的公益性捐赠支出，在年度（ ）12% 以内的部分，准予在计算应纳税所得额时扣除；超过部分，准予结转以后 3 年内在计算应纳税所得额时扣除。

A. 营业收入　　　　B. 营业利润　　　　C. 利润总额　　　　D. 应纳税所得额

【参考答案】C

【答案解析】企业发生的公益性捐赠支出，在年度利润总额 12% 以内的部分，准予在计算应纳税所得额时扣除；超过年度利润总额 12% 的部分，准予结转以后 3 年内在计算应纳税所得额时扣除。

21. 下列各项收入中，属于企业取得的免税收入的是（ ）。

A. 非营利组织接受其他单位或个人捐赠的收入

B. 购买企业债券取得的利息收入

C. 居民企业从境外分回的股息红利收入

D. 在中国境内设立机构、场所的非居民企业从居民企业取得的与该机构场所没有实际联系的投资收益

【参考答案】A

【答案解析】企业的免税收入包括：①国债利息收入；②符合条件的居民企业之间的股息、红利等权益性投资收益；③在中国境内设立机构、场所的非居民企业从居民企业取得的与该机构、场所有实际联系的股息、红利等权益性投资收益；④符合条件的非营利组织的收入。

22. 企业缴纳的下列税金中，在计算企业所得税应纳税所得额时不得扣除的是（ ）。

A. 土地增值税　　B. 资源税　　　　C. 车船税　　　　D. 增值税

【参考答案】D

【答案解析】企业缴纳的增值税和企业所得税不得在企业所得税税前扣除。

23. 企业在 2018 年 1 月 1 日至 2020 年 12 月 31 日期间新购进的设备、器具，单位价值不超过（ ）万元的，允许一次性计入当期成本费用在计算应

纳税所得额时扣除，不再分年度计算折旧。

  A. 100   B. 0.5   C. 500   D. 20

【参考答案】C

【答案解析】企业在 2018 年 1 月 1 日至 2020 年 12 月 31 日期间新购进的设备、器具，单位价值不超过 500 万元的，允许一次性计入当期成本费用在计算应纳税所得额时扣除，不再分年度计算折旧。

  24. 下列各项，属于企业所得税不征税收入的是( )。

  A. 国债利息收入

  B. 因债权人缘故确实无法支付的应付款项

  C. 依法收取并纳入财政管理的行政事业性收费

  D. 接受捐赠收入

【参考答案】C

【答案解析】本题涉及的知识点是企业所得税不征税收入与免税收入的划分。根据《中华人民共和国企业所得税法》的规定，依法收取并纳入财政管理的行政事业性收费属于不征税收入。

  25. 自 2019 年 1 月 1 日至 2022 年 12 月 31 日，企业用于目标脱贫地区的公益性扶贫捐赠支出，在计算企业所得税应纳税所得额时适用的政策为( )。

  A. 据实扣除   B. 不得扣除

  C. 按利润总额的 12% 限额扣除 D. 按发生额的 50% 扣除

【参考答案】A

【答案解析】自 2019 年 1 月 1 日至 2022 年 12 月 31 日，企业通过公益性社会组织或者县级（含县级）以上人民政府及其组成部门和直属机构，用于目标脱贫地区的扶贫捐赠支出，准予在计算企业所得税应纳税所得额时据实扣除。

  26. 某企业 2010 年成立，2013 年度发生亏损 120 万元，企业在 2018 年获得高新技术企业资格，则该企业 2013 年度形成的亏损，结转弥补的最晚时间是( )。

  A. 2016 年   B. 2018 年   C. 2019 年   D. 2023 年

【参考答案】D

【答案解析】自2018年1月1日起，当年具备高新技术企业或科技型中小企业资格的企业，其具备资格年度之前5个年度发生的尚未弥补完的亏损，准予结转以后年度弥补，最长结转年限由5年延长至10年。

27. 土地增值税实行的税率为(   )。

A. 三级超额累进税率 B. 三级超率累进税率

C. 四级超额累进税率 D. 四级超率累进税率

【参考答案】D

【答案解析】土地增值税实行四级超率累进税率。

28. 在计算土地增值税时，不是按纳税人实际发生额进行扣除的是(   )。

A. 取得土地使用权所支付的金额 B. 房地产开发成本

C. 房地产开发费用 D. 与转让房地产有关的税金

【参考答案】C

【答案解析】在计算扣除项目金额时，房地产开发费用不是按照纳税人实际发生额进行扣除，而是计算扣除。

29. 个体工商户发生的下列支出中，允许在个人所得税税前扣除的是(   )。

A. 用于家庭的支出

B. 非广告性质赞助支出

C. 已缴纳的增值税税款

D. 生产经营过程中发生的财产转让损失

【参考答案】D

【答案解析】选项A、选项B、选项C不得税前扣除。

30. 下列所得，应按"综合所得"缴纳个人所得税的是(   )。

A. 工资、薪金所得 B. 经营所得

C. 财产租赁所得 D. 财产转让所得

【参考答案】A

【答案解析】工资、薪金所得，劳务报酬所得，稿酬所得和特许权使用费所得属于综合所得，居民个人按纳税年度合并计算个人所得税。

31. 自2019年1月1日起，我国个人所得税采用的税制类型是(   )。

A. 分类所得税制 B. 综合所得税制

C. 分类与综合相结合税制　　　　D. 单一所得税制

【参考答案】C

【答案解析】个人所得税改革的主要变化之一就是建立综合与分类相结合的个人所得税税制。

32. 根据印花税的有关规定，下列不属于印花税纳税义务人的是(　　)。

A. 财产转移书据的立据人　　　　B. 营业账簿的立账簿人

C. 凭证的担保人　　　　　　　　D. 权利、许可证照的领受人

【参考答案】C

【答案解析】对于同一凭证，如果由两方或者两方以上当事人签订并各执一份，各方均为纳税人，应当由各方就所持凭证的各自金额贴花。所谓当事人，是指对凭证有直接权利义务关系的单位和个人，不包括担保人、证人、鉴定人。

33. 下列各项中，不征收环境保护税的是(　　)。

A. 光源污染　　　　B. 噪声污染　　　　C. 水污染　　　　D. 大气污染

【参考答案】A

【答案解析】应税污染物，是指《环境保护税税目税额表》《应税污染物和当量值表》规定的大气污染物、水污染物、固体废物和噪声。

34. 企业职工基本养老保险职工个人的缴费比例为(　　)。

A. 8%　　　　　　B. 6%　　　　　　C. 7%　　　　　　D. 9%

【参考答案】A

【参考答案】职工缴纳基本养老保险费的比例为个人缴费工资的8%。

35. 国家为促进社会公益事业的发展，按照法律、法规、国务院及其财政部门的规定，特许发行彩票筹集的专项资金属于(　　)。

A. 以政府名义接受的捐赠收入　　　B. 罚没收入

C. 彩票公益金　　　　　　　　　　D. 国有资源有偿使用收入

【参考答案】C

【答案解析】彩票公益金是从彩票发行收入中按规定比例提取的，专项用于社会福利、体育等社会公益事业的资金。彩票公益金是政府非税收入形式之一。

二 多项选择题

1. 增值税的适用税率包括( )。

A. 13%　　　　　B. 9%　　　　　C. 6%　　　　　D. 5%

【参考答案】ABC

【答案解析】现行增值税税率包括13%、9%、6%和零税率。

2. 根据现行增值税法规政策规定，纳税人销售下列服务适用9%税率的有( )。

A. 增值电信服务　　　　　B. 交通运输服务

C. 邮政业服务　　　　　D. 基础电信服务

【参考答案】BCD

【答案解析】纳税人销售增值电信服务，适用税率为6%。

3. 依据增值税有关规定，下列行为属于增值税征税范围的有( )。

A. 婚介公司提供婚介服务

B. 房地产开发公司销售房屋

C. 饭店提供餐饮服务

D. 根据国家指令无偿提供的铁路运输服务、航空运输服务

【参考答案】ABC

【答案解析】根据国家指令无偿提供的铁路运输服务、航空运输服务，属于《营业税改征增值税试点实施办法》（财税〔2016〕36号）附件1规定用于公益事业的服务，不视同销售服务，属于不征收增值税项目。

4. 关于增值税纳税期限，下列说法正确的有( )。

A. 纳税人可以按月纳税　　　　　B. 纳税人可以按次纳税

C. 纳税人可以按日纳税　　　　　D. 纳税人可以按数量纳税

【参考答案】ABC

【答案解析】增值税的纳税期限分别为1日、3日、5日、10日、15日、1个月或者1个季度。纳税人的具体纳税期限，由主管税务机关根据纳税人应纳税额的大小分别核定；不能按照固定期限纳税的，可以按次纳税。

5. 某增值税一般纳税人购进的下列货物中，按规定不能作为进项税额抵

扣的有（　　）。

A. 外购商品用于职工集体福利　　　B. 外购货物用于分配给股东

C. 外购原材料用于不动产在建工程　D. 发生非正常损失的外购材料

【参考答案】AD

【答案解析】非正常损失的在产品、产成品所耗用的购进货物、应税劳务和交通运输服务，其进项税额不得从销项税额中抵扣。外购商品用于职工集体福利不视同销售货物，购进时负担的进项税额也不得抵扣。全面推开营改增后，不动产在建工程属于增值税应税项目，其进项税额可以按规定从销项税额中抵扣。外购货物用于分配给股东，视同销售货物，其购进时负担的进项税额准予抵扣。

6. 根据课税对象的具体情况，现行消费税税率采用的形式有（　　）。

A. 比例税率　　　　　　　　　　B. 定额税率

C. 比例加定额复合税率　　　　　　D. 超额累进税率

【参考答案】ABC

【答案解析】现行消费税税率根据课税对象的具体情况，采用了 3 种形式：一是比例税率；二是定额税率；三是比例加定额的复合税率。

7. 根据现行消费税政策，下列仅采用从量计征消费税的有（　　）。

A. 啤酒　　　　B. 黄酒　　　　C. 高档手表　　　　D. 成品油

【参考答案】ABD

【答案解析】黄酒按 240 元/吨在生产（进口）环节征收消费税；啤酒分为甲类啤酒和乙类啤酒（按每吨出厂价 ≥3000 元和 <3000 元区分），分别以 250 元/吨和 220 元/吨在生产（进口）环节征收消费税；成品油按不同类别分别以 1.52 元/升和 1.2 元/升在生产（进口）环节征收消费税。

8. 纳税人将自产的应税消费品用于（　　）方面，应缴纳消费税。

A. 职工福利　　　　　　　　　　B. 对外投资

C. 连续生产应税消费品　　　　　　D. 对外捐赠

【参考答案】ABD

【答案解析】纳税人将自产的应税消费品用于连续生产应税消费品的，不再缴纳消费税；用于职工福利、对外投资和对外捐赠均属于视同销售，应缴纳消费税。

9. 下列选项中属于企业所得税纳税人的有(　　)。

A. 居民企业　　　B. 非居民企业　　C. 个人独资企业　D. 合伙企业

【参考答案】AB

【答案解析】根据《中华人民共和国企业所得税法》的规定，企业所得税纳税人分为居民企业和非居民企业。个人独资企业、合伙企业不适用该法。

10. 下列固定资产中，不得计算折旧在企业所得税前扣除的有(　　)。

A. 未投入使用的仓库

B. 以融资租赁方式租入的固定资产

C. 单独估价作为固定资产入账的土地

D. 已足额提取折旧仍继续使用的固定资产

【参考答案】CD

【答案解析】选项 A，房屋、建筑物以外未投入使用的固定资产是不得计算折旧在税前扣除的；选项 B，以融资租赁方式租出的固定资产不得计算折旧在税前扣除。

11. 下列关于企业所得税税率的说法，正确的有(　　)。

A. 企业所得税的税率为 25%

B. 符合条件小型微利企业减按 10% 征税

C. 国家需要重点扶持的高新技术企业减按 15% 征税

D. 非居民企业来源于中国境内的所得减按 20% 征税

【参考答案】AC

【答案解析】根据《中华人民共和国企业所得税法》的规定，企业所得税的税率为 25%；非居民企业取得该法第三条第三款规定的所得，适用税率为 20%；符合条件的小型微利企业，减按 20% 的税率征收企业所得税；国家需要重点扶持的高新技术企业，减按 15% 的税率征收企业所得税。

12. 下列项目可以享受企业所得税"加计扣除"优惠政策的有(　　)。

A. 开发新技术、新产品、新工艺发生的研究开发费用

B. 企业购置用于环境保护、节能节水、安全生产等专用设备的投资额

C. 创业投资企业从事国家需要重点扶持和鼓励的创业投资的投资额

D. 安置残疾人员及国家鼓励安置的其他就业人员所支付的工资

【参考答案】AD

【答案解析】根据《中华人民共和国企业所得税法》的规定，企业的下列支出，可以在计算应纳税所得额时加计扣除：开发新技术、新产品、新工艺发生的研究开发费用；安置残疾人员及国家鼓励安置的其他就业人员所支付的工资。选项 B、C 属于投资抵免的税收优惠。

13. 下列各项中，属于土地增值税征税范围的有(   )。

A. 转让国有土地使用权　　　　　　B. 出让国有土地使用权

C. 转让地上建筑物产权　　　　　　D. 转让地上附着物产权

【参考答案】ACD

【答案解析】土地增值税是对转让国有土地使用权及其地上建筑物和附着物的行为征税，征税范围不包括国有土地使用权出让。

14. 个人所得税的纳税义务人包括(   )。

A. 一人有限公司　　　　　　　　　B. 个体工商户

C. 合伙企业的自然人合伙人　　　　D. 个人独资企业投资者

【参考答案】BCD

【答案解析】一人有限公司属于公司制法人企业，缴纳企业所得税。

15. 根据《中华人民共和国个人所得税法》的规定，适用超额累进税率计算个人所得税的所得项目有(   )。

A. 综合所得　　　　　　　　　　　B. 经营所得

C. 利息、股息、红利所得　　　　　D. 财产转让所得

【参考答案】AB

【答案解析】根据《中华人民共和国个人所得税法》第三条的规定，个人所得税的税率包括：①综合所得，适用 3%～45% 的超额累进税率；②经营所得，适用 5%～35% 的超额累进税率；③利息、股息、红利所得，财产租赁所得，财产转让所得和偶然所得，适用比例税率，税率为 20%。

16. 下列所得项目属于居民个人综合所得的有(   )。

A. 工资、薪金所得　　　　　　　　B. 劳务报酬所得

C. 财产租赁所得　　　　　　　　　D. 特许权使用费所得

【参考答案】ABD

【答案解析】居民个人综合所得包括工资、薪金所得；劳务报酬所得；稿酬所得；特许权使用费所得。

17. 下列可以作为居民个人所得税专项附加扣除项目的有(　　)。

A. 子女教育
B. 继续教育
C. 基本养老保险支出
D. 赡养老人

【参考答案】ABD

【答案解析】专项附加扣除，包括子女教育、继续教育、大病医疗、住房贷款利息或者住房租金、赡养老人6项。

18. 根据现行车辆购置税法，下列各项中，应缴纳车辆购置税的有(　　)。

A. 购置汽车

B. 购置有轨电车

C. 购置汽车挂车

D. 购置排气量150毫升的摩托车

【参考答案】ABC

【答案解析】排气量超过150毫升的摩托车应缴纳车辆购置税。

19. 我国某煤矿开采销售原煤，应缴纳的相关税费有(　　)。

A. 资源税
B. 消费税
C. 增值税
D. 城市维护建设税及教育费附加

【参考答案】ACD

【答案解析】原煤不属于消费税的征税范围。

20. 根据房产税相关规定，下列房产可免征房产税的有(　　)。

A. 按政府规定价格出租的公有住房

B. 公园内的照相馆用房

C. 市文工团的办公用房

D. 施工期间为基建工地服务的临时性办公用房

【参考答案】ACD

【答案解析】选项B，公园内附设的营业单位用房应征收房产税。

21. 下列关于环境保护税征收管理的说法中，正确的有(　　)。

A. 纳税义务发生时间为排放应税污染物的当日

B. 纳税人应当按月申报缴纳

C. 不能按固定期限计算缴纳的，可以按次申报缴纳

D. 纳税人应当向企业注册登记地税务机关申报缴纳

【参考答案】AC

【答案解析】选项 B，纳税人按月计算，按季申报纳税，不能按固定期限计算缴纳的，可以按次申报缴纳；选项 D，向应税污染物排放地税务机关申报缴纳。

22. 下列行为中，应缴纳契税的有(　　　)。

A. 以获奖方式取得的土地使用权　　B. 法定继承人继承土地、房屋权属

C. 以出让方式承受土地权属　　　　D. 以实物交换土地使用权

【参考答案】ACD

【答案解析】选项 B，对于《中华人民共和国继承法》规定的法定继承人(包括配偶、子女、父母、兄弟姐妹、祖父母、外祖父母)继承土地、房屋权属，不征契税。

23. 关于印花税的纳税义务人，下列表述正确的有(　　　)。

A. 建立账簿的以立账簿人为纳税人

B. 订立财产转移书据的以立据人为纳税人

C. 书立经济合同的以合同各方当事人为纳税人

D. 在国外书立凭证转国内使用的以使用人为纳税人

【参考答案】ABCD

【答案解析】订立、领受在中华人民共和国境内具有法律效力的应税凭证，或者在中华人民共和国境内进行证券交易的单位和个人，为印花税的纳税人。具体包括：①立合同人；②立据人；③立账簿人；④领受人；⑤使用人。

24. 下列属于社会保险的有(　　　)。

A. 基本养老保险　　　　　　　　B. 基本医疗保险

C. 生育保险　　　　　　　　　　D. 失业保险

【参考答案】ABCD

【答案解析】社会保险费，是指由用人单位及其职工依法参加社会保险并缴纳的职工基本养老保险费、职工基本医疗保险费、工伤保险费、失业保险费和生育保险费。

25. 在下列各项中，属于非税收入的有(　　　)。

A. 政府性基金收入　　　　　　　B. 行政事业性收费收入

C. 社会保险费收入　　　　　　　D. 罚没收入

【参考答案】ABD

【答案解析】非税收入是相对于税收收入而言的，具体包括行政事业性收费收入、政府性基金收入、罚没收入、国有资源（资产）有偿使用收入、国有资本收益、彩票公益金收入、特许经营收入、中央银行收入、以政府名义接受的捐赠收入、主管部门集中收入、政府收入的利息收入、其他非税收入。

三　判断题

1. 依照现行增值税的相关规定，纳税人出口货物税率均为零。　　（　　）

【参考答案】错误

【答案解析】纳税人出口货物税率为零，但是国务院另有规定的除外。

2. 农业生产者销售的自产农业产品，免征增值税。　　　　　　（　　）

【参考答案】正确

3. 某药厂为增值税一般纳税人，销售免税药品可以开具增值税专用发票。

（　　）

【参考答案】错误

【答案解析】销售货物或者应税劳务适用免税规定的，不得开具增值税专用发票。

4. 个人出租住房，按照5%的增值税征收率减按1.5%计算纳税。（　　）

【参考答案】正确

5. 金银首饰以旧换新业务，按销售方实际收取的不含增值税的全部价款征收增值税。　　　　　　　　　　　　　　　　　　　　（　　）

【参考答案】正确

6. 单位或者个体工商户向其他单位或者个人无偿提供服务，视同销售服务。　　　　　　　　　　　　　　　　　　　　　　　　　（　　）

【参考答案】错误

【答案解析】视同销售服务，是指单位或者个体工商户向其他单位或者个人无偿提供服务，但用于公益事业或者以社会公众为对象的除外。

7. 增值税一般纳税人购进用于对外捐赠的货物，取得合法扣税凭证的，可以抵扣增值税进项税额。 （　　）

【参考答案】正确

8. 现行增值税政策规定，对购进不动产发生的进项税额实行一次性抵扣的办法。 （　　）

【参考答案】正确

9. 纳税人兼营不同税率的应税消费品，应当分别核算不同税率应税消费品的销售额或销售数量，未分别核算的，从低适用税率。 （　　）

【参考答案】错误

【答案解析】纳税人兼营不同税率的应税消费品，应当分别核算不同税率应税消费品的销售额或销售数量，未分别核算的，从高适用税率。

10. 消费税实行价内税，增值税实行价外税。 （　　）

【参考答案】正确

11. 纳税人将应税消费品与非应税消费品组成成套消费品销售的，无需缴纳消费税。 （　　）

【参考答案】错误

【答案解析】纳税人将应税消费品与非应税消费品，以及适用不同税率的应税消费品组成成套消费品销售的，应根据组合产品的整体销售金额按其中应税消费品适用的最高税率征税。

12. 纳税人自产的应税消费品，用于连续生产应税消费品的，于移送使用时缴纳消费税。 （　　）

【参考答案】错误

【答案解析】纳税人自产的应税消费品，用于连续生产应税消费品的，不纳税；用于其他方面的，于移送使用时纳税。

13. 委托加工应税消费品收回后以不高于受托方的计税价格出售的，不再缴纳消费税。 （　　）

【参考答案】正确

14. 超豪华小汽车为每辆零售价格 120 万元（不含增值税）及以上的乘用车和中轻型商用客车，即乘用车和中轻型商用客车子税目中的超豪华小汽车。 （　　）

【参考答案】错误

【答案解析】超豪华小汽车，为每辆零售价格130万元（不含增值税）及以上的乘用车和中轻型商用客车，即乘用车和中轻型商用客车子税目中的超豪华小汽车。

15. 委托加工应税消费品，一律以受托方为代收代缴义务人。 （　　）

【参考答案】错误

【答案解析】委托加工应税消费品，除受托方为个人外，由受托方向委托方交货时代收代缴消费税。

16. 企业纳税年度发生的亏损，准予向以后年度结转，但结转年限一律不超过5年。 （　　）

【参考答案】错误

【答案解析】自2018年1月1日起，当年具备高新技术企业或科技型中小企业资格（以下统称资格）的企业，其具备资格年度之前5个年度发生的尚未弥补完的亏损，准予结转以后年度弥补，最长结转年限由5年延长至10年。

17. 企业因违反经济合同中的相关条款而向对方支付的违约金，可以在计算应纳税所得额时扣除。 （　　）

【参考答案】正确

18. 固定资产的大修理支出可以直接在企业所得税税前扣除。 （　　）

【参考答案】错误

【答案解析】根据《中华人民共和国企业所得税法》第十三条的规定，在计算应纳税所得额时，企业发生的固定资产大修理支出可以作为长期待摊费用，按照规定摊销的，准予扣除。

19. 在一个纳税年度内，居民企业取得符合条件的技术转让所得不超过500万元的部分，免征企业所得税；超过500万元的部分，减半征收企业所得税。 （　　）

【参考答案】正确

20. 居民企业所得税征收方式分为查账征收和核定征收。 （　　）

【参考答案】正确

21. 土地增值税由房地产销售地的税务机关负责征收。 （　　）

【参考答案】错误

【答案解析】土地增值税纳税人应向房地产所在地主管税务机关办理纳税申报。

22. 土地增值税的纳税人为转让土地使用权、地上的建筑物及其附着物并取得收入的单位和个人。　　　　　　　　　　　　（　　）

【参考答案】错误

【答案解析】土地增值税的纳税义务人为转让国有土地使用权、地上的建筑物及其附着物并取得收入的单位和个人。对转让集体土地使用权的行为不征收土地增值税。

23. 个人之间互换自有居住用房地产，免征土地增值税。　（　　）

【参考答案】正确

24. 非居民个人从中国境内取得的所得，必须缴纳个人所得税。（　　）

【参考答案】错误

【答案解析】在中国境内无住所的个人，在一个纳税年度内在中国境内居住累计不超过 90 日的，其来源于中国境内的所得，由境外雇主支付并且不由该雇主在中国境内的机构、场所负担的部分，免予缴纳个人所得税。

25. 在 2021 年 12 月 31 日前，居民个人取得全年一次性奖金，可以不并入当年综合所得，单独计算纳税，也可以选择并入当年综合所得计算纳税。

（　　）

【参考答案】正确

26. 车辆购置税实行一车一申报制度，因此一辆车只申报一次。（　　）

【参考答案】错误

【答案解析】根据《中华人民共和国车辆购置税法》第十四条的规定，转让后免税条件消失车辆仍需再次补税申报。

27. 对单独建造的地下建筑用地，未取得地下土地使用权证的，不征收城镇土地使用税。　　　　　　　　　　　　　　　　　（　　）

【参考答案】错误

【答案解析】对单独建造的地下建筑用地，按规定征收城镇土地使用税。其中，已取得地下土地使用权证的，按土地使用权证确认的土地面积计算应征税款；未取得地下土地使用权证或地下土地使用权证上未标明土地面积的，按地下建筑垂直投影面积计算应征税款。

28. 对实行增值税期末留抵退税的纳税人，允许其从城市维护建设税、教育费附加和地方教育附加的计税（征）依据中扣除退还的增值税税额。 （　　）

【参考答案】正确

29. 失业保险的征收范围包括没有雇工的个体工商户。 （　　）

【参考答案】错误

【答案解析】失业保险的征收范围包括有雇工的城镇个体工商户及其雇工。

30. 对于小微企业（含个体工商户）申请不动产登记，需要缴纳不动产登记费。 （　　）

【参考答案】错误

【答案解析】小微企业（含个体工商户）申请不动产登记免收不动产登记费。

四 计算分析题

1. 某家电零售企业为增值税一般纳税人（增值税税率为13%），2019年9月发生购销业务如下：

（1）本月购入彩色电视机一批，取得的防伪税控系统开具的增值税专用发票上注明价款64000元、增值税8320元；支付运输费用，取得增值税专用发票上注明价款为10000元、增值税900元。

（2）本月销售YX－1型彩色电视机40台，零售价4520元台；另外将10台YX－1型彩色电视机奖励给先进职工（已抵扣进项税额4610元）。

（3）采取以旧换新方式销售电冰箱30台，每台旧冰箱收购价200元（未取得增值税专用发票），每台新冰箱零售价为2147元。

（4）采用分期收款方式销售冰柜10台，零售价9040元/台，合同规定当月收款50%，余款5个月后收回。

（5）上月未抵扣完的增值税进项税额为6120元（注：当期获得的增值税专用发票已经勾选认证并申报抵扣）。根据上述资料和税法规定，回答下列问题：

(1) 计算该家电零售企业本月发生的销项税额为(　　)元。

A. 41120　　　　B. 46692　　　　C. 33410　　　　D. 53920

(2) 计算该家电零售企业本月发生的进项税额为(　　)元。

A. 8320　　　　B. 900　　　　C. 10240　　　　D. 9220

(3) 计算该家电零售企业当月应缴纳的增值税税额为(　　)元。

A. 32880　　　　B. 22680　　　　C. 37472　　　　D. 36280

【参考答案】(1) C　　(2) D　　(3) B

【答案解析】

(1) 销项税额 =（40 × 4520 + 30 × 2147 + 10 × 9040 × 50%）÷（1 + 13%）×13% = 33410（元）

(2) 进项税额 = 8320 + 900 = 9220（元）

(3) 应纳税额 = 33410 − 9220 + 4610 − 6120 = 22680（元）

本题的考核点涉及进项税额抵扣范围、视同销售销售额的确定、以旧换新销售方式下销售额的确定、分期收款销售方式下纳税义务的发生时间，以及留抵税额的税务处理。

2. 某居民企业 2019 年有关经营情况如下：

(1) 产品销售收入 3150 万元，其中 150 万元为综合利用资源生产符合国家产业政策规定产品的收入。

(2) 从其他居民企业（非上市公司）取得直接投资的股息收入 80 万元，接受现金捐赠收入 100 万元。

(3) 销售成本 1800 万元；税金及附加 95 万元；销售费用 400 万元，其中：广告费 260 万元；管理费用 400 万元，其中：符合条件的新技术研究开发费 120 万元、业务招待费 50 万元；财务费用 80 万元，其中：向投资者支付股息 20 万元，以及于 2018 年 2 月即开始加工、2019 年 6 月才可销售的产品在制造过程中的借款利息支出 5 万元（尚未销售）。

(4) 计入成本、费用中的合理的实发工资 120 万元，拨缴工会经费 3.5 万元、支出职工福利费 18 万元、职工教育经费 11.6 万元。

(5) 营业外支出 30 万元，包括通过公益性社会团体向目标脱贫地区的扶贫捐赠支出 10 万元。

要求：根据上述资料，回答下列问题：

（1）该企业 2019 年应税收入（不包括免税收入、减计收入）是（　　）万元。

A. 3150　　　　　　B. 3235　　　　　　C. 3315　　　　　　D. 3330

（2）该企业 2019 年度利润总额是（　　）万元。

A. 375　　　　　　B. 445　　　　　　C. 515　　　　　　D. 525

（3）该企业 2019 年纳税调整增加额为（　　）万元。

A. 48. 55　　　　　B. 58. 55　　　　　C. 63. 55　　　　　D. 73. 55

（4）该企业 2019 年纳税调整减少额为（　　）万元。

A. 60　　　　　　B. 75　　　　　　C. 140　　　　　　D. 185

（5）该企业 2019 年应纳企业所得税为（　　）万元。

A. 100. 89　　　　B. 128. 39　　　　C. 131. 25　　　　D. 149. 64

【参考答案】（1）B　（2）D　（3）C　（4）D　（5）A

【答案解析】（1）应税收入 $= 3150 - 150 \times 10\% + 100 = 3235$（万元）

企业以《资源综合利用企业所得税优惠目录》规定的资源作为主要原材料生产符合国家或行业相关标准的产品取得的收入，减按 90% 计入收入总额。

（2）利润总额 $= 3150 + 80 + 100 - 1800 - 95 - 400 - 400 - 80 - 30 = 525$（万元）

（3）纳税调整增加额 $= 34. 25 + 25 + 1. 2 + 1. 1 + 2 = 63. 55$（万元）

业务招待费按照发生额的 60% 扣除，$50 \times 60\% = 30$（万元），但最高不能超过当年销售（营业）收入的 5‰，$3150 \times 5‰ = 15. 75$（万元），所以扣除限额为 15. 75 万元。业务招待费调增 $= 50 - 15. 75 = 34. 25$（万元）

企业向投资者支付的股息、红利等权益性投资收益款项不得税前扣除，调增 20 万元；企业加工产品超过 12 个月，加工期间借款利息应作为资本性支出计入有关资产的成本。所以 5 万元借款利息不能扣除，调增 5 万元；

财务费用调增 $= 20 + 5 = 25$（万元）

企业发生的职工福利费、拨缴的工会经费、职工教育经费支出不超过工资薪金总额的 14%、2%、8% 的部分，准予扣除。职工教育经费支出超过限额部分准予在以后纳税年度结转扣除。

职工福利费调增 $= 18 - 120 \times 14\% = 1. 2$（万元）

工会经费调增 $= 3.5 - 120 \times 2\% = 1.1$（万元）

职工教育经费调增 $= 11.6 - 120 \times 8\% = 2$（万元）

（4）纳税调整减少额 $= 15 + 80 + 90 = 185$（万元）

综合利用资源减计收入 $= 150 \times 10\% = 15$（万元）；符合条件的居民企业之间的股息、红利等权益性投资收益为免税收入；新技术研究开发费加计扣除 $= 120 \times 75\% = 90$（万元）

通过公益性社会团体向目标脱贫地区的扶贫捐赠支出的捐款 10 万元，可全额扣除，不用调整。

（5）2019 年度应纳税所得额 $= 525 + 63.55 - 185 = 403.55$（万元）

2019 年度应缴纳企业所得税 $= 403.55 \times 25\% = 100.89$（万元）

3. 某公司是我国居民企业，企业所得税税率为 25%。2019 年资料如下：

（1）营业收入 6000 万元，其中属于符合条件的综合利用资源生产产品的收入 1000 万元。

（2）营业成本 5000 万元。

（3）销售费用 100 万元；管理费用 100 万元（其中业务招待费 24 万元）；财务费用 100 万元，其中：支付给银行的罚息 8 万元、支付其他单位借款利息 6 万元（借款本金 100 万元，合同年利率 6%、期限 1 年，银行同期贷款利率 4%）。

（4）已经计入成本费用的合理的工资支出 120 万元（均已发放），拨缴工会经费 2 万元，支出职工福利费 26.8 万元。

（5）从境外某公司取得税后利润 20 万元（已在境外所在国按 20% 的税率缴纳企业所得税）。

根据上述资料，回答下列问题：

（1）2019 年公司允许税前扣除的财务费用为（　　）万元。

A. 100　　　　　　B. 93　　　　　　C. 98　　　　　　D. 95

（2）2019 年公司允许税前扣除的职工福利费为（　　）万元。

A. 26.8　　　　　B. 12　　　　　　C. 16.8　　　　　D. 20.8

（3）2019 年公司应缴的企业所得税为（　　）万元。

A. 156.65　　　　B. 155.4　　　　C. 181.65　　　　D. 157.9

【参考答案】（1）C　　（2）C　　（3）A

【答案解析】

（1）因为该公司借款的合同利率6%超过银行同期贷款利率，借款利息需调增额 = 100 × （6% – 4%）= 2（万元），而罚息6万元准予税前扣除，所以该公司2019年允许税前扣除的财务费用 = 100 – 2 = 98（万元）

（2）公司2019年允许扣除的职工福利费 = 120 × 14% = 16.8（万元）

（3）公司2019年会计利润 = 6000 – 5000 – 100 – 100 – 100 + 20 = 720（万元）

调减应纳税所得额 = 1000 × 10% = 100（万元）

调增：业务招待费实际发生额的60% = 24 × 60% = 14.4（万元）< 6000 × 5‰ = 30（万元），应调增24 × 40% = 9.6（万元）；利息调增2万元；福利费调增 = 26.8 – 16.8 = 10（万元）。合计调增 = 9.6 + 2 + 10 = 21.6（万元）

应纳所得税额 = （720 – 100 – 20 + 21.6）× 25% + 20 ÷ （1 – 20%）× （25% – 20%）= 155.4 + 1.25 = 156.65（万元）

4. 王先生为中国居民个人，于2019年1月1日全职受雇于中国境内A咨询公司，每月税前基本工资、薪金收入额为30000元，A咨询公司每月为其扣缴三险一金3500元。除此之外，王先生为独生子女，父母均健在，父亲1959年2月出生，母亲1961年10月出生；王先生夫妻共育有两个子女，儿子2009年8月出生，上小学三年级，女儿2017年1月出生，每天送托儿所，支付入托费用6000元/年，双方约定，子女教育扣除由王先生按扣除标准的100%扣除。2019年王先生没有其他扣除项目，相关扣除资料已全部向A咨询公司提交。

根据上述资料，请计算：

（1）2019年1月A咨询公司为王先生应扣缴的个人所得税税额。

（2）2019年2月A咨询公司为王先生应扣缴的个人所得税税额。

【参考答案】

个人所得税预扣率表见表8 – 10。

表8 – 10　　个人所得税预扣率表一（居民个人工资、薪金所得预扣预缴适用）

级数	累计预扣预缴应纳税所得额	预扣率（%）	速算扣除数
1	不超过36000元的部分	3	0
2	超过36000元至144000元的部分	10	2520

级数	累计预扣预缴应纳税所得额	预扣率（%）	速算扣除数
3	超过 144000 元至 300000 元的部分	20	16920
4	超过 300000 元至 420000 元的部分	25	31920
5	超过 420000 元至 660000 元的部分	30	52920
6	超过 660000 元至 960000 元的部分	35	85920
7	超过 960000 元的部分	45	181920

专项附加扣除：

赡养老人的计算时间为被赡养人年满 60 周岁的当月至赡养义务终止的年末。所以赡养老人的专项附加扣除从 2019 年 2 月开始，每月标准 2000 元。

子女教育不包括学龄前（3 周岁）的，因此王先生只能享受一个子女教育扣除，标准为每月 1000 元，可以从 2019 年 1 月开始享受。

（1）王先生 2019 年 1 月累计预扣预缴应纳税所得额 = 累计工资薪金收入 - 累计减除费用 - 累计专项扣除 - 累计专项附加扣除 = 30000 - 5000 - 3500 - 1000 = 20500（元）

王先生 2019 年 1 月应预扣预缴税额 =（累计预扣预缴应纳税所得额 × 预扣率 - 速算扣除数）- 累计已预扣预缴税额 =（20500 × 3% - 0）- 0 = 615（元）

（2）王先生 2019 年 2 月累计预扣预缴应纳税所得额 = 累计工资薪金收入 - 累计减除费用 - 累计专项扣除 - 累计专项附加扣除 = 30000 × 2 - 5000 × 2 - 3500 × 2 -（1000 × 2 + 2000）= 39000（元）

王先生 2019 年 2 月应预扣预缴税额 =（累计预扣预缴应纳税所得额 × 预扣率 - 速算扣除数）- 累计已预扣预缴税额 =（39000 × 10% - 2520）- 615 = 1380 - 615 = 765（元）

第二篇　通用业务

第九章　税收征收管理

>> **知识架构**

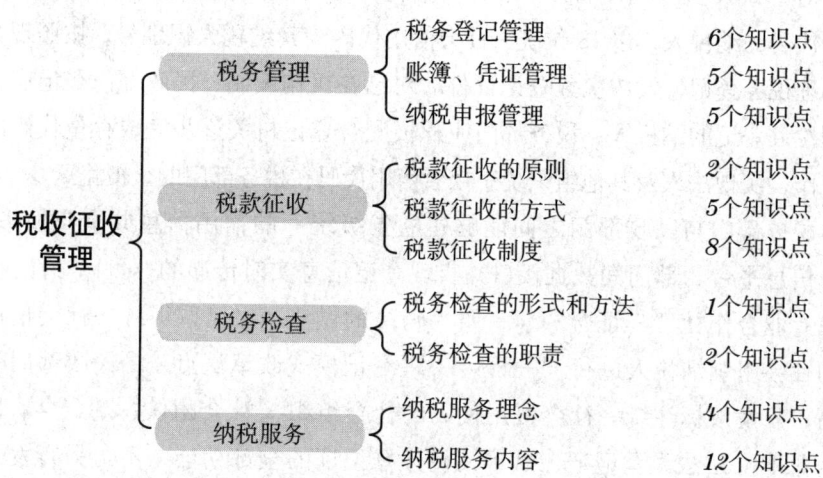

>> **第一节**
税务管理

一 **税务登记管理**

【知识点1】 统一纳税人税务登记代码

税务局对同一纳税人的税务登记应当采用同一代码，信息共享。

税务登记的具体办法由国家税务总局制定。

税务局（分局）执行统一纳税人识别号。纳税人识别号由省、自治区、直辖市和计划单列市税务局按照纳税人识别号代码行业标准联合编制，统一下发各地执行。

已领取组织机构代码的纳税人，其纳税人识别号共15位，由纳税人登记所在地6位行政区划码+9位组织机构代码组成。以业主身份证件为有效身份证明的组织，即未取得组织机构代码证书的个体工商户，以及持回乡证、通行证、护照办理税务登记的纳税人，其纳税人识别号由身份证件号码 + 2 位顺序码组成。

纳税人识别号具有唯一性。

对于 2016 年 1 月 1 日以后在机构编制、民政部门登记设立并取得统一社会信用代码的纳税人，以 18 位统一社会信用代码为其纳税人识别号，按照现行规定办理税务登记，发放税务登记证件。对已在机构编制、民政部门登记设立并办理税务登记的纳税人，税务部门应积极配合登记机关逐步完成存量代码的转换工作，实现法人及其他组织统一社会信用代码在税务部门的全覆盖。

税务部门与民政部门之间能够建立省级统一的信用信息共享交换平台、政务信息平台、部门间数据接口并实现登记信息实时传递的，可以参照企业、农民专业合作社"三证合一、一照一码"的做法，对已取得统一社会信用代码的社会组织纳税人进行"三证合一"登记模式改革试点，由民政部门受理申请，只发放标注统一社会信用代码的社会组织（社会团体、基金会、民办非企业单位）法人登记证，赋予其税务登记证的全部功能，不再另行发放税务登记证件。

【知识点 2】 纳税人变更税务登记

从事生产、经营的纳税人，税务登记内容发生变化的，自工商行政管理机关办理变更登记之日起 30 日内或者在向工商行政管理机关申请办理注销登记之前，持有关证件向税务机关申报办理变更或者注销税务登记。

纳税人税务登记内容发生变化的，应当自工商行政管理机关或者其他机关办理变更登记之日起 30 日内，持有关证件向原税务登记机关申报办理变更税务登记。

纳税人税务登记内容发生变化，不需要到工商行政管理机关或者其他机关办理变更登记的，应当自发生变化之日起 30 日内，持有关证件向原税务登记机关申报办理变更税务登记。

【知识点 3】 税务登记信息共享和联合监管

工商行政管理机关应当将办理登记注册、核发营业执照的情况，定期向税务机关通报。

各级工商行政管理机关应当向同级税务机关定期通报办理开业、变更、注销登记及吊销营业执照的情况。

通报的具体办法由国家税务总局和国家工商行政管理总局联合制定。

工商部门在企业注册登记时向企业发放涉税事项告知书（以下称告知书），提醒企业及时到税务部门办理涉税事宜。对到工商办事大厅注册登记的企业，工商部门直接将告知书发放给企业；对通过全程电子化方式登记的企业，工商部门将告知书内容加载在相关登记界面，供企业阅览和下载。

工商部门在企业信息填报界面设置简易注销承诺书的下载模块，并在企业简易注销公告前，设置企业清税的提示。

【知识点4】 税务登记证件使用范围及遗失处理

纳税人按照国务院税务主管部门的规定使用税务登记证件。税务登记证件不得转借、涂改、损毁、买卖或者伪造。

纳税人应当将税务登记证件正本在其生产、经营场所或者办公场所公开悬挂，接受税务机关检查。

纳税人遗失税务登记证件的，应当在15日内书面报告主管税务机关，并登报声明作废。

【知识点5】 纳税人向主管税务机关报告其开立存款账户及具体期限

从事生产、经营的纳税人应当按照国家有关规定，持税务登记证件，在银行或者其他金融机构开立基本存款账户和其他存款账户，并将其全部账号向税务机关报告。

银行和其他金融机构应当在从事生产、经营的纳税人的账户中登录税务登记证件号码，并在税务登记证件中登录从事生产、经营的纳税人的账户账号。

税务机关依法查询从事生产、经营的纳税人开立账户的情况时，有关银行和其他金融机构应当予以协助。

从事生产、经营的纳税人应当自开立基本存款账户或者其他存款账户之日起15日内，向主管税务机关书面报告其全部账号；发生变化的，应当自变化之日起15日内，向主管税务机关书面报告。

【知识点6】 注销税务登记

纳税人发生解散、破产、撤销及其他情形，依法终止纳税义务的，应当在向工商行政管理机关或者其他机关办理注销登记前，持有关证件向原税务登记机关申报办理注销税务登记；按照规定不需要在工商行政管理机关或者其他机关办理注册登记的，应当自有关机关批准或者宣告终止之日起15日内，持有关证件向原税务登记机关申报办理注销税务登记。

纳税人因住所、经营地点变动，涉及改变税务登记机关的，应当在向工商行政管理机关或者其他机关申请办理变更或者注销登记前或者住所、经营地点变动前，向原税务登记机关申报办理注销税务登记，并在30日内向迁达地税务机关申报办理税务登记。

纳税人被工商行政管理机关吊销营业执照或者被其他机关予以撤销登记的，应当自营业执照被吊销或者被撤销登记之日起15日内，向原税务登记机关申报办理注销税务登记。

纳税人在办理注销税务登记前，应当向税务机关结清应纳税款、滞纳金、罚款，缴销发票、税务登记证件和其他税务证件。

 **账簿、凭证管理**

【知识点1】 纳税人设置账簿种类及时间要求

纳税人、扣缴义务人按照有关法律、行政法规和国务院财政、税务主管部门的规定设置账簿，根据合法、有效凭证记账，进行核算。

从事生产、经营的纳税人应当自领取营业执照或者发生纳税义务之日起15日内，按照国家有关规定设置账簿。

前款所称账簿，是指总账、明细账、日记账及其他辅助性账簿。总账、日记账应当采用订本式。

【知识点2】纳税人将财务、会计制度或者财务、会计处理办法及规定的有关会计资料报送主管税务机关备案

从事生产、经营的纳税人的财务、会计制度或者财务、会计处理办法和

会计核算软件，应当报送税务机关备案。

纳税人、扣缴义务人的财务、会计制度或者财务、会计处理办法与国务院或者国务院财政、税务主管部门有关税收的规定抵触的，依照国务院或者国务院财政、税务主管部门有关税收的规定计算应纳税款、代扣代缴和代收代缴税款。

从事生产、经营的纳税人应当自领取税务登记证件之日起 15 日内，将其财务、会计制度或者财务、会计处理办法报送主管税务机关备案。

纳税人使用计算机记账的，应当在使用前将会计电算化系统的会计核算软件、使用说明书及有关资料报送主管税务机关备案。

纳税人建立的会计电算化系统应当符合国家有关规定，并能正确、完整核算其收入或者所得。

【知识点3】纳税人、扣缴义务人账簿、会计凭证和报表使用文字的要求

账簿、会计凭证和报表，应当使用中文。民族自治地方可以同时使用当地通用的一种民族文字。外商投资企业和外国企业可以同时使用一种外国文字。

【知识点4】纳税人按照规定安装、使用税控装置的义务

国家根据税收征收管理的需要，积极推广使用税控装置。纳税人应当按照规定安装、使用税控装置，不得损毁或者擅自改动税控装置。如纳税人未按规定安装、使用税控装置，损毁或者擅自改动税控装置，税务机关将责令其限期改正，并可根据情节轻重处以规定数额内的罚款。

纳税人应当按照税务机关的要求安装、使用税控装置，并按照税务机关的规定报送有关数据和资料。

税控装置推广应用的管理办法由国家税务总局另行制定，报国务院批准后实施。

【知识点5】 对纳税人、扣缴义务人的账簿、记账凭证等会计核算资料及有关涉税资料的制作、保管和使用的基本要求

从事生产、经营的纳税人、扣缴义务人必须按照国务院财政、税务主管部门规定的保管期限保管账簿、记账凭证、完税凭证及其他有关资料。

账簿、记账凭证、完税凭证及其他有关资料不得伪造、变造或者擅自损毁。

账簿、记账凭证、报表、完税凭证、出口凭证及其他有关涉税资料应当合法、真实、完整。

账簿、记账凭证、报表、完税凭证、发票、出口凭证及其他有关涉税资料应当保存10年；但是，法律、行政法规另有规定的除外。

 纳税申报管理

【知识点1】 纳税申报办理方式

纳税人、扣缴义务人可以直接到税务机关办理纳税申报或者报送代扣代缴、代收代缴税款报告表，也可以按照规定采取邮寄、数据电文或者其他方式办理上述申报、报送事项。

税务机关应当建立、健全纳税人自行申报纳税制度。纳税人、扣缴义务人可以采取邮寄、数据电文方式办理纳税申报或者报送代扣代缴、代收代缴税款报告表。

数据电文方式，是指税务机关确定的电话语音、电子数据交换和网络传输等电子方式。

【知识点2】 纳税人采取邮寄或者电子方式办理纳税申报具体要求

纳税人采取邮寄方式办理纳税申报的，应当使用统一的纳税申报专用信封，并以邮政部门收据作为申报凭证。邮寄申报以寄出的邮戳日期为实际申报日期。

纳税人采取电子方式办理纳税申报的，应当按照税务机关规定的期限和要求保存有关资料，并定期书面报送主管税务机关。

【知识点3】纳税期内没有应纳税款及减免期间，纳税人应当按规定办理纳税申报

纳税人在纳税期内没有应纳税款的，也应当按照规定办理纳税申报。

纳税人享受减税、免税待遇的，在减税、免税期间应当按照规定办理纳税申报。

【知识点4】 定期定额缴纳税款的纳税人采取简便方式进行申报纳税

实行定期定额缴纳税款的纳税人，可以实行简易申报、简并征期等申报纳税方式。

依照法律、行政法规的规定，定期定额户负有纳税申报义务。

实行简易申报的定期定额户，应当在税务机关规定的期限内按照法律、行政法规规定缴清应纳税款，当期（指纳税期）可以不办理申报手续。

【知识点5】纳税人、扣缴义务人办理延期纳税申报程序

纳税人、扣缴义务人不能按期办理纳税申报或者报送代扣代缴、代收代缴税款报告表的，经税务机关核准，可以延期申报。

经核准延期办理前款规定的申报、报送事项的，应当在纳税期内按照上期实际缴纳的税额或者税务机关核定的税额预缴税款，并在核准的延期内办理税款结算。

纳税人、扣缴义务人按照规定的期限办理纳税申报或者报送代扣代缴、代收代缴税款报告表确有困难，需要延期的，应当在规定的期限内向主管税务机关提出书面延期申请，经税务机关核准，在核准的期限内办理。

纳税人、扣缴义务人因不可抗力，不能按期办理纳税申报或者报送代扣代缴、代收代缴税款报告表的，可以延期办理；但是，应当在不可抗力情形消除后立即向税务机关报告。税务机关应当查明事实，予以核准。

《中华人民共和国税收征收管理法》第二十七条规定，纳税人不能按期办理纳税申报的，经税务机关核准，可以延期申报，但要在纳税期内按照上期实际缴纳的税额或者税务机关核定的税额预缴税款，并在核准的延期内办理税款结算。预缴税款之后，按照规定期限办理税款结算的，不适用《中华人民共和国税收征收管理法》第三十二条关于纳税人未按期缴纳税款而被加收滞纳金的规定。

经核准预缴税款之后按照规定办理税款结算而补缴税款的各种情形，均不适用加收滞纳金的规定。在办理税款结算之前，预缴的税额可能大于或小于应纳税额。当预缴税额大于应纳税额时，税务机关结算退税但不向纳税人计退利息；当预缴税额小于应纳税额时，税务机关在纳税人结算补税时不加收滞纳金。

当纳税人本期应纳税额远远大于比照上期税额的预缴税款时，延期申报则可能成为纳税人拖延缴纳税款的手段，造成国家税款被占用。为防止此类问题发生，税务机关在审核延期申报时，要结合纳税人本期经营情况来确定预缴税额，对于经营情况变动大的，应合理核定预缴税额，以维护国家税收权益，并保护真正需要延期申报的纳税人的权利。

>> 第二节
税款征收

 税款征收的原则

【知识点1】 税务机关征收税款基本制度

凡依法由税务机关征收的各种税收的征收管理，均适用《中华人民共和国税收征收管理法》。

税务机关依照法律、行政法规的规定征收税款，不得违反法律、行政法规的规定开征、停征、多征、少征、提前征收、延缓征收或者摊派税款。

除税务机关、税务人员及经税务机关依照法律、行政法规委托的单位和人员外，任何单位和个人不得进行税款征收活动。

税务机关应当加强对税款征收的管理，建立、健全责任制度。

税务机关根据保证国家税款及时足额入库、方便纳税人、降低税收成本的原则，确定税款征收的方式。

税务机关应当加强对纳税人出口退税的管理，具体管理办法由国家税务总局会同国务院有关部门制定。

【知识点2】各种税收的税款、滞纳金、罚款按规定征收入库

税务机关应当将各种税收的税款、滞纳金、罚款，按照国家规定的预算科目和预算级次及时缴入国库，税务机关不得占压、挪用、截留，不得缴入国库以外或者国家规定的税款账户以外的任何账户。

已缴入国库的税款、滞纳金、罚款，任何单位和个人不得擅自变更预算科目和预算级次。

 税款征收的方式

【知识点1】 税务机关征收税款基本方式

税务机关可以采取查账征收、查定征收、查验征收、定期定额征收及其他方式征收税款。

税务机关根据国家有关规定可以委托有关单位代征少数零星分散的税收，并发给委托代征证书。受托单位按照代征证书的要求，以税务机关的名义依法征收税款。

税务机关可以根据保证国家税款及时足额入库、方便纳税人、降低税收成本的原则，采用简化的税款征收方式，具体方式由省税务机关确定。

【知识点2】 纳税人缴纳税款方式

税务机关应当根据方便、快捷、安全的原则，积极推广使用支票、银行卡、电子结算方式缴纳税款。

【知识点3】 税务机关核定应纳税额的情形和方法

纳税人有下列情形之一的，税务机关有权核定其应纳税额：

（1）依照法律、行政法规的规定可以不设置账簿的；

（2）依照法律、行政法规的规定应当设置但未设置账簿的；

（3）擅自销毁账簿或者拒不提供纳税资料的；

（4）虽设置账簿，但账目混乱或者成本资料、收入凭证、费用凭证残缺不全，难以查账的；

（5）发生纳税义务，未按照规定的期限办理纳税申报，经税务机关责令限期申报，逾期仍不申报的；

（6）纳税人申报的计税依据明显偏低，又无正当理由的。

税务机关核定应纳税额的具体程序和方法由国务院税务主管部门规定。

纳税人有《中华人民共和国税收征收管理法》第三十五条或者第三十七

条所列情形之一的，税务机关有权采取下列任何一种方法核定其应纳税额：

（1）参照当地同类行业或者类似行业中经营规模和收入水平相近的纳税人的税负水平核定；

（2）按照营业收入或者成本加合理的费用和利润的方法核定；

（3）按照耗用的原材料、燃料、动力等推算或者测算核定；

（4）按照其他合理方法核定。

采用上述一种方法不足以正确核定应纳税额时，可以同时采用两种以上的方法核定。

纳税人对税务机关采取上述方法核定的应纳税额有异议的，应当提供相关证据，经税务机关认定后，调整应纳税额。

【知识点4】 纳税人既有应退税款又有欠缴税款的处理

当纳税人既有应退税款又有欠缴税款的，税务机关可以将应退税款和利息先抵扣欠缴税款；抵扣后有余额的，退还纳税人。

可以抵扣的欠缴税款为2001年5月1日后发生的下列各项欠缴税金：①欠税；②欠税应缴未缴的滞纳金；③税务机关作出行政处罚决定，纳税人逾期不申请行政复议、不提起行政诉讼，又不履行的应缴未缴税收罚没款；纳税人要求抵扣应退税金的应缴未缴罚没款。

税务机关征退的教育费附加、社会保险费、文化事业建设费等非税收入不得与税收收入相互抵扣。

抵扣欠缴税款时，应按欠缴税款的发生时间逐笔抵扣，先发生的先抵扣。

【知识点5】纳税人、扣缴义务人存在未缴或者少缴税款情形的处理

因税务机关的责任，致使纳税人、扣缴义务人未缴或者少缴税款的，税务机关在3年内可以要求纳税人、扣缴义务人补缴税款，但是不得加收滞纳金。

因纳税人、扣缴义务人计算错误等失误，未缴或者少缴税款的，税务机关在3年内可以追征税款、滞纳金；有特殊情况的，追征期可以延长到5年。

对偷税、抗税、骗税的，税务机关追征其未缴或者少缴的税款、滞纳金或者所骗取的税款，不受前款规定期限的限制。

《中华人民共和国税收征收管理法》第五十二条所称税务机关的责任，是指税务机关适用税收法律、行政法规不当或者执法行为违法。

《中华人民共和国税收征收管理法》第五十二条所称纳税人、扣缴义务人计算错误等失误，是指非主观故意的计算公式运用错误及明显的笔误。

《中华人民共和国税收征收管理法》第五十二条所称特殊情况，是指纳税人或者扣缴义务人因计算错误等失误，未缴或者少缴、未扣或者少扣、未收或者少收税款，累计数额在 10 万元以上的。

《中华人民共和国税收征收管理法》第五十二条规定的补缴和追征税款、滞纳金的期限，自纳税人、扣缴义务人应缴未缴或者少缴税款之日起计算。

 **税款征收制度**

【知识点1】 纳税人申请延期缴纳税款程序

纳税人、扣缴义务人按照法律、行政法规规定或者税务机关依照法律、行政法规的规定确定的期限，缴纳或者解缴税款。

纳税人因有特殊困难，不能按期缴纳税款的，经省、自治区、直辖市税务局批准，可以延期缴纳税款，但是最长不得超过 3 个月。

纳税人有下列情形之一的，属于《中华人民共和国税收征收管理法》第三十一条所称特殊困难：

（1）因不可抗力，导致纳税人发生较大损失，正常生产经营活动受到较大影响的；

（2）当期货币资金在扣除应付职工工资、社会保险费后，不足以缴纳税款的。

计划单列市税务局可以参照《中华人民共和国税收征收管理法》第三十一条第二款的批准权限，审批纳税人延期缴纳税款。

纳税人需要延期缴纳税款的，应当在缴纳税款期限届满前提出申请，并报送下列资料：申请延期缴纳税款报告，当期货币资金余额情况及所有银行存款账户的对账单，资产负债表，应付职工工资和社会保险费等税务机关要求提供的支出预算。

税务机关应当自收到申请延期缴纳税款报告之日起 20 日内作出批准或者

不予批准的决定；不予批准的，从缴纳税款期限届满之日起加收滞纳金。

【知识点2】 办理减免税的手续及享受减免税优惠情况发生变化的要求

享受减税、免税优惠的纳税人，减税、免税期满，应当自期满次日起恢复纳税；减税、免税条件发生变化的，应当在纳税申报时向税务机关报告；不再符合减税、免税条件的，应当依法履行纳税义务；未依法纳税的，税务机关应当予以追缴。

【知识点3】 委托代征管理

扣缴义务人依照法律、行政法规的规定履行代扣、代收税款的义务。对法律、行政法规没有规定负有代扣、代收税款义务的单位和个人，税务机关不得要求其履行代扣、代收税款义务。

扣缴义务人依法履行代扣、代收税款义务时，纳税人不得拒绝。纳税人拒绝的，扣缴义务人应当及时报告税务机关处理。

税务机关按照规定付给扣缴义务人代扣、代收手续费。

税务机关根据有利于税收控管和方便纳税的原则，可以按照国家有关规定委托有关单位和人员代征零星分散和异地缴纳的税收，并发给委托代征证书。受托单位和人员按照代征证书的要求，以税务机关的名义依法征收税款，纳税人不得拒绝；纳税人拒绝的，受托代征单位和人员应当及时报告税务机关。

代征人不得将其受托代征税款事项再行委托其他单位、组织或人员办理。

《委托代征协议书》有效期最长不得超过3年。有效期满需要继续委托代征的，应当重新签订《委托代征协议书》。

《委托代征协议书》签订后，税务机关应当向代征人提供受托代征税款所需的税收票证、报表。

代征人不得对纳税人实施税款核定、税收保全和税收强制执行措施，不得对纳税人进行行政处罚。

代征人应根据《委托代征协议书》的规定向税务机关申请代征税款手续费，不得从代征税款中直接扣取代征税款手续费。

【知识点4】完税凭证种类及完税凭证印制、使用等要求

税务机关征收税款时，必须给纳税人开具完税凭证。扣缴义务人代扣、代收税款时，纳税人要求扣缴义务人开具代扣、代收税款凭证的，扣缴义务人应当开具。

《中华人民共和国税收征收管理法》第三十四条所称完税凭证，是指各种完税凭证、缴款书、印花税票、扣（收）税凭证及其他完税证明。

未经税务机关指定，任何单位、个人不得印制完税凭证。完税凭证不得转借、倒卖、变造或者伪造。

完税凭证的式样及管理办法由国家税务总局制定。

【知识点5】对查封的商品、货物或者其他财产的保管责任

对查封的商品、货物或者其他财产，税务机关可以指令被执行人负责保管，保管责任由被执行人承担。

继续使用被查封的财产不会减少其价值的，税务机关可以允许被执行人继续使用；因被执行人保管或者使用的过错造成的损失，由被执行人承担。

【知识点6】 未按期履行纳税义务的由税务机关责令其限期缴纳

从事生产、经营的纳税人、扣缴义务人未按照规定的期限缴纳或者解缴税款的，纳税担保人未按照规定的期限缴纳所担保的税款的，由税务机关发出限期缴纳税款通知书，责令缴纳或者解缴税款的最长期限不得超过15日。

【知识点7】 对未按期缴纳税款加收滞纳金的起止时间

纳税人未按照规定期限缴纳税款的，扣缴义务人未按照规定期限解缴税款的，税务机关除责令限期缴纳外，从滞纳税款之日起，按日加收滞纳税款万分之五的滞纳金。

《中华人民共和国税收征收管理法》第三十二条规定的加收滞纳金的起止时间，为法律、行政法规规定或者税务机关依照法律、行政法规的规定确定的税款缴纳期限届满次日起至纳税人、扣缴义务人实际缴纳或者解缴税款之日止。

【知识点8】 税务机关欠税公告制度

县级以上各级税务机关应当将纳税人的欠税情况，在办税场所或者广播、电视、报纸、期刊、网络等新闻媒体上定期公告。

对纳税人欠缴税款的情况实行定期公告的办法，由国家税务总局制定。

《欠税公告办法（试行）》（国家税务总局令第 9 号布，国家税务总局令第 44 号修订）所称欠税是指纳税人超过税收法律、行政法规规定的期限或者纳税人超过税务机关依照税收法律、行政法规规定确定的纳税期限（以下简称税款缴纳期限）未缴纳的税款，包括：

（1）办理纳税申报后，纳税人未在税款缴纳期限内缴纳的税款；

（2）经批准延期缴纳的税款期限已满，纳税人未在税款缴纳期限内缴纳的税款；

（3）税务检查已查定纳税人的应补税额，纳税人未在税款缴纳期限内缴纳的税款；

（4）税务机关根据《中华人民共和国税收征收管理法》第二十七条、第三十五条核定纳税人的应纳税额，纳税人未在税款缴纳期限内缴纳的税款；

（5）纳税人的其他未在税款缴纳期限内缴纳的税款。

税务机关对前款规定的欠税数额应当及时核实。

《欠税公告办法（试行）》公告的欠税不包括滞纳金和罚款。

公告机关应当按期在办税场所或者广播、电视、报纸、期刊、网络等新闻媒体上公告纳税人的欠缴税款情况。

（1）企业或单位欠税的，每季公告一次；

（2）个体工商户和其他个人欠税的，每半年公告一次；

（3）走逃、失踪的纳税户及其他经税务机关查无下落的非正常户欠税的，随时公告。

>> 第三节
税务检查

一　税务检查的形式和方法

【知识点】　税务检查的形式和方法

税务机关有权进行下列税务检查：

（1）检查纳税人的账簿、记账凭证、报表和有关资料，检查扣缴义务人代扣代缴、代收代缴税款账簿、记账凭证和有关资料；

（2）到纳税人的生产、经营场所和货物存放地检查纳税人应纳税的商品、货物或者其他财产，检查扣缴义务人与代扣代缴、代收代缴税款有关的经营情况；

（3）责成纳税人、扣缴义务人提供与纳税或者代扣代缴、代收代缴税款有关的文件、证明材料和有关资料；

（4）询问纳税人、扣缴义务人与纳税或者代扣代缴、代收代缴税款有关的问题和情况；

（5）到车站、码头、机场、邮政企业及其分支机构检查纳税人托运、邮寄应纳税商品、货物或者其他财产的有关单据、凭证和有关资料；

（6）经县以上税务局（分局）局长批准，凭全国统一格式的检查存款账户许可证明，查询从事生产、经营的纳税人、扣缴义务人在银行或者其他金融机构的存款账户。税务机关在调查税收违法案件时，经设区的市、自治州以上税务局（分局）局长批准，可以查询案件涉嫌人员的储蓄存款。税务机关查询所获得的资料，不得用于税收以外的用途。

税务机关行使上述第（1）项职权时，可以在纳税人、扣缴义务人的业务场所进行；必要时，经县以上税务局（分局）局长批准，可以将纳税人、扣缴义务人以前会计年度的账簿、记账凭证、报表和其他有关资料调回税务机关检查，但是税务机关必须向纳税人、扣缴义务人开付清单，并在3个月内完整退还；有特殊情况的，经设区的市、自治州以上税务局局长批准，税务机关可以将纳税人、扣缴义务人当年的账簿、记账凭证、报表和其他有关资料调回检查，但是税务机关必须在30日内退还。

二 税务检查的职责

【知识点1】 税务机关应建立检查制度

税务机关应当建立科学的检查制度，统筹安排检查工作，严格控制对纳税人、扣缴义务人的检查次数。

【知识点2】 税务检查人员的职责及义务

税务机关行使《中华人民共和国税收征收管理法》第五十四条第（六）项职权时，应当指定专人负责，凭全国统一格式的检查存款账户许可证明进行，并有责任为被检查人保守秘密。

税务机关和税务人员应当依照《中华人民共和国税收征收管理法》及其实施细则的规定行使税务检查职权。

税务人员进行税务检查时，应当出示税务检查证和税务检查通知书；无税务检查证和税务检查通知书的，纳税人、扣缴义务人及其他当事人有权拒绝检查。税务机关对集贸市场及集中经营业户进行检查时，可以使用统一的税务检查通知书。

税务检查证和税务检查通知书的式样、使用和管理的具体办法，由国家税务总局制定。

>> **第四节**
纳税服务

 纳税服务理念

【知识点1】 纳税服务的概念

纳税服务，是指税务机关依据税收法律、行政法规的规定，在税收征收、管理、检查和实施税收法律救济过程中，向纳税人提供的服务事项和措施。

【知识点2】 纳税服务的性质

纳税服务是税务机关依法提供的一种无偿的公共服务。纳税服务属于公共服务的范畴，在提供过程中，税务机关应遵循基本公共服务均等化的理念，满足所有纳税人办理涉税事项的合理需要，税务机关应当按照公平、普遍的原则来提供。

【知识点3】 纳税服务的目标

纳税服务的目标是帮助纳税人了解税法，提高纳税人的满意度，使纳税人受益或感受便利，这种受益或便利具体表现为获得税收知识，享受政策，减少办税过程中的时间、精力、物力等成本，目的是提高税法遵从度。

【知识点4】 纳税服务与税收征管之间的关系及作用

纳税服务与税收征管之间是相互依存、辩证统一、互相促进的关系。纳税服务在现代税收管理体系中的作用体现在：实行服务管理联动，合力促进纳税遵从；促进纳税还权还责，把握服务供给尺度；推进办税便利化改革，助力分类分级管理。

纳税服务内容

纳税服务内容主要包括税法宣传、纳税咨询、办税服务、权益保护、信用管理和社会协作6个方面。

【知识点1】 税法宣传是法定职责

税务机关应当广泛宣传税收法律、行政法规，普及纳税知识，无偿地为纳税人提供纳税咨询服务。

【知识点2】 税法日常宣传内容

税务机关在日常工作中开展的宣传，其内容可以分为两大类：

（1）税收政策宣传，对税收政策及其解读进行宣传；

（2）办税流程宣传，对涉税事项的办理渠道、报送资料、办理程序、办理方法等进行宣传。

【知识点3】 纳税咨询服务的概念

纳税咨询服务有广义和狭义之分。

广义的纳税咨询，是指纳税人就纳税方面的问题向解答方询问，解答方凭借其对税收法规、政策的了解程度提出解决方案的过程和活动。这里的解答方包括税务机关和会计师事务所、税务师事务所等涉税专业服务机构。

狭义的纳税咨询，是指税务机关提供的纳税咨询服务，主要指税务机关设立专门机构或者利用现有的人力、物力资源，为纳税人提供针对税收方面的答疑解惑，涉及内容主要有税收法律法规、税收政策、办税程序及有关涉税事项等。

通过纳税咨询，有利于纳税人准确理解税收政策和掌握办税程序，减轻纳税人办税负担，规避税收风险。

【知识点4】 纳税咨询的形式

纳税咨询的形式主要包括电话咨询、互联网咨询和面对面咨询3种形式。

（1）电话咨询，是指税务机关通过对外公开的咨询服务电话解答公众和纳税人提出的涉税问题。

（2）互联网咨询，是指税务机关通过互联网为公众和纳税人提供涉税咨询服务。

（3）面对面咨询，是指税务机关为公众和纳税人提供面对面咨询服务。

【知识点5】 办税服务制度

办税服务制度包括文明服务、优质服务、便利服务3个方面。

（1）文明服务，是指税务机关工作人员在为纳税人提供办税服务时，所应遵循的着装规范、仪容举止、岗前准备、服务用语、接待规范和服务纪律等方面的要求。

（2）优质服务，是指税务机关在为纳税人提供办税服务时，为了提高服务质效所应遵循的各项服务制度。主要包括：①首问责任制；②领导值班；③办税公开；④导税服务；⑤一次性告知；⑥延时服务；⑦限时服务；⑧提醒服务；⑨预约服务等。

（3）便利服务，是指税务机关在为纳税人提供办税服务时，为减轻纳税人办税负担而提供的各项办税便利化措施。主要包括：①免填单服务；②24小时自助服务；③通办服务等。

【知识点6】 纳税人权利与义务

纳税人在履行纳税义务过程中，依法享有下列权利：①知情权；②保密权；③税收监督权；④纳税申报方式选择权；⑤申请延期申报权；⑥申请延期缴纳税款权；⑦申请退还多缴税款权；⑧依法享受税收优惠权；⑨委托税务代理权；⑩陈述与申辩权；⑪对未出示税务检查证和税务检查通知书的拒绝检查权；⑫税收法律救济权；⑬依法要求听证的权利；⑭索取有关税收凭证的权利。

依照宪法、税收法律和行政法规的规定，纳税人在纳税过程中负有以下义务：①依法进行税务登记的义务；②依法设置账簿、保管账簿和有关资料，以及依法开具、使用、取得和保管发票的义务；③财务会计制度和会计核算软件备案的义务；④按照规定安装、使用税控装置的义务；⑤按时、如实申报的义务；⑥按时缴纳税款的义务；⑦代扣、代收税款的义务；⑧接受依法检查的义务；⑨及时提供信息的义务；⑩报告其他涉税信息的义务。

【知识点7】 纳税人需求管理

通过税务网站、纳税服务热线、办税服务厅或召开座谈会等多种形式，定期收集关于税收政策、征收管理、纳税服务及权益保护等方面的纳税人需求，并逐步实现通过信息化手段进行收集、整理、分析。及时解决本级职权可以处理的纳税人正当、合理需求；及时呈报需要上级税务机关解决的事项；对于暂时不能解决的纳税人合理需求，应当分析原因、密切跟踪，待条件具备时主动采取措施予以解决；对于已经处理的纳税人需求，应通过电话回访、问卷调查、随机抽查等形式，对相关措施的实际效果进行评估，未达到预期效果的，及时采取措施进一步解决。通过收集、分析、处理和持续的效果评估，实现纳税人需求的动态管理。

纳税人需求管理应遵循依法服务、科学高效、统筹协调和自愿参与的工作原则。税务机关开展纳税人需求管理包括需求征集、需求分析、需求响应和结果运用四个环节。税务机关应加强对需求结果的应用：一是改进工作，二是辅助决策，三是定期公开。

【知识点8】 纳税人满意度调查

在国家税务总局每2年开展一次全国纳税人满意度调查的基础上，省级税务机关可以适时开展对具体服务措施的满意度调查，但原则上在一个年度内不得对纳税人进行重复调查，以免增加纳税人负担。税务机关应当对调查获取的信息进行深入分析、合理应用，及时整改存在的问题和不足，逐步完善服务措施，使有限的服务资源发挥出最大的效能。

纳税人满意度调查类型分为全面调查、专项调查和日常调查。

各级税务机关可自行组织或委托第三方专业机构实施调查，可采用电话、网络、信函、入户走访、窗口服务评价等方式开展。调查指标主要包括各级税务机关在政策落实、规范执法、服务质效、信息化建设、廉洁自律等方面的情况。

税务机关开展纳税人满意度调查包括制定方案、调查准备、调查实施、统计汇总、数据分析、形成报告、资料归档及其他八个环节。税务机关应加强对纳税人满意度调查结果的应用：一是考核通报，二是改进工作，三是外部反馈，四是需求管理。

【知识点9】 涉税信息查询

认真执行《纳税人涉税保密信息管理暂行办法》，明确工作职责，严格贯彻涉税保密的相关规定。严格遵守信息披露、提供和查询程序，防止泄露纳税人个人隐私和商业秘密。对于税务机关和税务人员在税收征收管理各环节采集、接触到的纳税人涉密信息，必须在职责范围内接收、使用和传递。强化保密教育，努力增强税务人员的保密意识，切实保障纳税人的保密权。

涉税信息查询，是指税务机关依法对外提供的信息查询服务。可以查询的信息包括由税务机关专属掌握可对外提供查询的信息，以及有助于纳税人履行纳税义务的税收信息。涉税咨询、依申请公开信息不属于涉税信息查询。

社会公众可以通过报刊、网站、信息公告栏等公开渠道查询税收政策、重大税收违法案件信息、非正常户认定信息等依法公开的涉税信息。税务机关应当对公开涉税信息的查询途径及时公告，方便社会公众查询。

纳税人可以通过网站、客户端软件、自助办税终端等渠道，经过有效身份认证和识别，自行查询税费缴纳情况、纳税信用评价结果、涉税事项办理进度等自身涉税信息。

对于纳税人无法自行获取所需自身涉税信息，可以向税务机关提出书面申请，税务机关应当在本单位职责权限内予以受理。纳税人书面申请查询，要求税务机关出具书面查询结果的，税务机关应当出具《涉税信息查询结果告知书》。涉税信息查询结果不作为涉税证明使用。

纳税人对查询结果有异议，可以向税务机关申请核实，并提交相关资料。

税务机关应当对纳税人提供的异议信息进行核实，并将核实结果告知纳税人。税务机关确认涉税信息存在错误，应当及时进行信息更正。

各级税务机关应当采取有效措施，切实保障涉税信息查询安全可控。对于未按规定提供涉税信息或泄露纳税人信息的税务人员，应当按照有关规定追究责任。

【知识点10】 纳税服务投诉管理

严格执行《纳税服务投诉管理办法》（国家税务总局公告2019年第27号修订发布），各级税务机关应配备专门的纳税服务投诉管理人员，健全内部管理机制，畅通投诉受理渠道，规范统一处理流程，利用信息化手段，建立纳税服务投诉"受理、承办、转办、督办、反馈、分析和持续改进"一整套流程的处理机制。定期对投诉事项进行总结、分析和研究，及时发现带有倾向性和普遍性的问题，提出预防和解决的措施，实现从被动接受投诉到主动预防投诉的转变。

各级税务机关的纳税服务部门是纳税服务投诉的主管部门，负责纳税服务投诉的接收、受理、调查、处理、反馈等事项。需要其他部门配合的，由纳税服务部门进行统筹协调。

税务机关应当建立纳税服务投诉事项登记制度，记录投诉时间、投诉人、被投诉人、联系方式、投诉内容、受理情况及办理结果等有关内容。

纳税服务投诉范围包括：①纳税人对税务机关工作人员服务言行进行的投诉；②纳税人对税务机关及其工作人员服务质效进行的投诉；③纳税人对

税务机关及其工作人员在履行纳税服务职责过程中侵害其合法权益的行为进行的其他投诉。

纳税人可以通过网络、电话、信函或者当面等方式提出投诉。

纳税人进行纳税服务投诉原则上以实名提出。

纳税人对纳税服务的投诉，可以向本级税务机关提交，也可以向其上级税务机关提交。

税务机关应在规定时限内将处理结果以适当形式向投诉人反馈。反馈时应告知投诉人投诉是否属实，对投诉人权益造成损害的行为是否终止或改正；不属实的投诉应说明理由。

【知识点 11】 纳税人纳税信用管理

税务机关负责纳税人纳税信誉等级评定工作。纳税人纳税信誉等级的评定办法由国家税务总局制定。

纳税信用管理是指税务机关对纳税人的纳税信用信息开展的采集、评价、确定、发布和应用等活动。

《纳税信用管理办法（试行）》（国家税务总局公告 2014 年第 40 号发布）适用于已办理税务登记，从事生产、经营并适用查账征收的企业纳税人。

纳税信用信息采集，是指税务机关对纳税人纳税信用信息的记录和收集。

纳税信用信息包括纳税人信用历史信息、税务内部信息、外部信息。

纳税信用评价采取年度评价指标得分和直接判级方式。评价指标包括税务内部信息和外部评价信息。纳税信用评价周期为一个纳税年度。

纳税信用评价结果的确定和发布遵循谁评价、谁确定、谁发布的原则。税务机关每年 4 月确定上一年度纳税信用评价结果，并为纳税人提供查询服务。对纳税信用评价结果，按分级分类原则，依法有序开放。

纳税人对纳税信用评价结果有异议的，可以书面向作出评价的税务机关申请复评。作出评价的税务机关应按规定进行复核。

税务机关按照守信激励，失信惩戒的原则，对不同信用级别的纳税人实施分类服务和管理。

【知识点 12】 税务机关对涉税专业服务的监管

涉税专业服务机构，是指税务师事务所和从事涉税专业服务的会计师事务所、律师事务所、代理记账机构、税务代理公司、财税类咨询公司等机构。

涉税专业服务机构可以从事下列涉税业务：①纳税申报代理；②一般税务咨询；③专业税务顾问；④税收策划；⑤涉税鉴证；⑥纳税情况审查；⑦其他税务事项代理；⑧其他涉税服务。第③项至第⑥项涉税业务，应当由具有税务师事务所、会计师事务所、律师事务所资质的涉税专业服务机构从事，相关文书应由税务师、注册会计师、律师签字，并承担相应的责任。

税务机关涉税专业服务监管的主要内容：

（1）涉税专业服务机构行政登记管理，根据国务院第91次常务会议决定，将"税务师事务所设立审批"调整为"具有行政登记性质的事项"，应当对税务师事务所实施行政登记管理。

（2）实名制管理，对涉税专业服务机构及其从事涉税服务人员进行实名制管理。税务机关依托金税三期应用系统，建立涉税专业服务管理信息库。

（3）资料报送和留存备查，应当建立业务信息采集制度，利用现有的信息化平台分类采集业务信息，加强内部信息共享，提高分析利用水平。涉税专业服务机构应当以年度报告形式，向税务机关报送从事涉税专业服务的总体情况。

（4）信用评价管理，应当建立信用评价管理制度，对涉税专业服务机构从事涉税专业服务情况进行信用评价，对其从事涉税服务人员进行信用记录。

（5）执业情况检查，对涉税专业服务机构从事涉税专业服务的执业情况进行检查，根据举报、投诉情况进行调查。

（6）利用行业协会监督指导，应当加强对税务师行业协会的监督指导，与其他相关行业协会建立工作联系制度。可以委托行业协会对涉税专业服务机构从事涉税专业服务的执业质量进行评价。

>> 习题演练

一　单项选择题

1. 纳税人有欠税情形而以其财产设定抵押、质押的，应当向抵押权人、质权人说明(　　)情况。

A. 欠税　　　　B. 财产　　　　C. 债务　　　　D. 债权

【参考答案】A

【答案解析】根据《中华人民共和国税收征收管理法》第四十六条的规定，纳税人有欠税情形而以其财产设定抵押、质押的，应当向抵押权人、质权人说明其欠税情况。抵押权人、质权人可以请求税务机关提供有关的欠税情况。

2. 税务机关应当广泛宣传税收法律、行政法规，普及纳税知识，(　　)地为纳税人提供纳税咨询服务。

A. 无偿　　　　B. 有偿　　　　C. 全天候　　　　D. 全方位

【参考答案】A

【答案解析】根据《中华人民共和国税收征收管理法》第七条的规定，税务机关应当广泛宣传税收法律、行政法规，普及纳税知识，无偿地为纳税人提供纳税咨询服务。

3. 关于调账检查，调取当年账簿进行检查的，税务机关必须在(　　)日内退还所调取的账簿资料。

A. 30 日　　　　B. 3 个月　　　　C. 45 日　　　　D. 60 日

【参考答案】A

【答案解析】根据《中华人民共和国税收征收管理法实施细则》第八十六条的规定，税务机关行使《中华人民共和国税收征收管理法》第五十四条第（一）项职权时，可以在纳税人、扣缴义务人的业务场所进行；必要时，经县以上税务局（分局）局长批准，可以将纳税人、扣缴义务人以前会计年度的账簿、记账凭证、报表和其他有关资料调回税务机关检查，但是税务机关必须向纳税人、扣缴义务人开付清单，并在 3 个月内完整退还；有特殊情况的，经设区的市、自治州以上税务局局长批准，税务机关可以将纳税人、扣缴义务人当年的账簿、记账凭证、报表和其他有关资料调回检查，但是税务机关必须在 30 日内退还。

4. 扣缴义务人代扣、代收税款时，纳税人要求扣缴义务人开具代扣、代收税款凭证的，扣缴义务人是否应当开具?(　　)

A. 不用　　　　　　　　　　B. 应当

C. 税额 100 元以上的应当开　　　D. 税额 10 元以下的不用开

【参考答案】B

【答案解析】根据《中华人民共和国税收征收管理法》第三十四条的规定，税务机关征收税款时，必须给纳税人开具完税凭证。扣缴义务人代扣、代收税款时，纳税人要求扣缴义务人开具代扣、代收税款凭证的，扣缴义务人应当开具。

5. 扣缴义务人依法履行代扣、代收税款义务时，纳税人不得拒绝。纳税人拒绝的，扣缴义务人应当(　　)。

A. 采取税收保全措施　　　　　　B. 及时报告税务机关处理

C. 采取税收强制措施　　　　　　D. 责令限期改正

【参考答案】B

【答案解析】根据《中华人民共和国税收征收管理法》第三十条的规定，扣缴义务人依法履行代扣、代收税款义务时，纳税人不得拒绝。纳税人拒绝的，扣缴义务人应当及时报告税务机关处理。

6. 纳税人对税务机关的处罚决定不服的，可以依法向(　　)申请行政复议，也可以依法向人民法院起诉。

A. 政府主管部门　　　　　　　　B. 上一级主管税务机关

C. 市政府　　　　　　　　　　　D. 作出行政决定的税务机关

【参考答案】B

【答案解析】根据《中华人民共和国税收征收管理法》第八十八条的规定，当事人对税务机关的处罚决定、强制执行措施或者税收保全措施不服的，可以依法申请行政复议，也可以依法向人民法院起诉。

7. 纳税人未按规定的期限办理纳税申报和报送纳税资料，情节严重的，税务机关可以处(　　)的罚款。

A. 2000 元以下　　　　　　　　B. 2000 元以上 5000 元以下

C. 2000 元以上 10000 元以下　　D. 10000 元以上

【参考答案】C

【答案解析】根据《中华人民共和国税收征收管理法》第六十二条的规定，纳税人未按照规定的期限办理纳税申报和报送纳税资料的，或者扣缴义务人未按照规定的期限向税务机关报送代扣代缴、代收代缴税款报告表和有关资料的，由税务机关责令限期改正，可以处 2000 元以下的罚款；情节严重的，可以处 2000 元以上 10000 元以下的罚款。

8. 税务机关采取税收强制执行措施，须经(　　)批准。

A. 税务所长

B. 县以上税务局（分局）局长

C. 县级税务局（分局）农村分局长

D. 省以上税务局局长

【参考答案】B

【答案解析】根据《中华人民共和国税收征收管理法》第四十条的规定，从事生产、经营的纳税人、扣缴义务人未按照规定的期限缴纳或者解缴税款，纳税担保人未按照规定的期限缴纳所担保的税款，由税务机关责令限期缴纳，逾期仍未缴纳的，经县以上税务局（分局）局长批准，税务机关可以采取相关强制执行措施。

9. 税务机关查封商品、货物或其他财产时，必须开付(　　)。

A. 凭证　　　　B. 收据　　　　C. 清单　　　　D. 证明

【参考答案】C

【答案解析】根据《中华人民共和国税收征收管理法》第四十七条的规定，税务机关扣押商品、货物或者其他财产时，必须开付收据；查封商品、货物或者其他财产时，必须开付清单。

10. 税务机关查询从事生产、经营的纳税人、扣缴义务人在银行或者其他金融机构的存款账户，须经(　　)批准。

A. 开户银行负责人

B. 设区的市、自治州以上税务局（分局）局长

C. 县以上税务局（分局）局长

D. 银行县、市支行或者市分行负责人

【参考答案】C

【答案解析】根据《中华人民共和国税收征收管理法》第五十四条的规定，经县以上税务局（分局）局长批准，凭全国统一格式的检查存款账户许可证明，查询从事生产、经营的纳税人、扣缴义务人在银行或者其他金融机构的存款账户。税务机关在调查税收违法案件时，经设区的市、自治州以上税务局（分局）局长批准，可以查询案件涉嫌人员的储蓄存款。

11. 税务机关对骗税行为，追征所骗取的税款的期限为(　　)。

A. 2 年　　　　　B. 5 年　　　　　C. 无限期　　　　D. 20 年

【参考答案】C

【答案解析】根据《中华人民共和国税收征收管理法》第五十二条的规定，对偷税、抗税、骗税的，税务机关追征其未缴或者少缴的税款、滞纳金或者所骗取的税款，不受前款规定期限的限制。

12. 税务机关应当对纳税人（　　　）的情况定期予以公告。

A. 生产经营　　　B. 财务状况　　　C. 应交税金　　　D. 欠缴税款

【参考答案】D

【答案解析】根据《中华人民共和国税收征收管理法》第四十五条的规定，税务机关应当对纳税人欠缴税款的情况定期予以公告。

13. 税务机关在采取税收保全措施时（　　　）不在保全措施的范围之内。

A. 高档消费品

B. 易腐烂的商品

C. 个人及其所扶养家属维持生活必需的住房和用品

D. 金银首饰

【参考答案】C

【答案解析】根据《中华人民共和国税收征收管理法》第三十八条的规定，个人及其所扶养家属维持生活必需的住房和用品，不在税收保全措施的范围之内。

14. 税务机关在调查税收违法案件时，经（　　　）批准，可以查询案件涉嫌人员的储蓄存款。

A. 省、自治区、直辖市税务局局长

B. 县以上税务局（分局）局长

C. 设区的市、自治州以上税务局（分局）局长

D. 县以上税务局（分局）局长和银行县、市支行或市分行行长

【参考答案】C

【答案解析】根据《中华人民共和国税收征收管理法》第五十四条的规定，税务机关在调查税收违法案件时，经设区的市、自治州以上税务局（分局）局长批准，可以查询案件涉嫌人员的储蓄存款。

15. 下列对象不适用税收保全措施的是（　　　）。

A. 企业　　　　　　　　　　　　B. 个体工商业户

C. 个人所得税扣缴义务人　　　　　D. 企业的分支机构

【参考答案】C

【答案解析】根据《中华人民共和国税收征收管理法》第五十五条的规定，税务机关对从事生产、经营的纳税人以前纳税期的纳税情况依法进行税务检查时，发现纳税人有逃避纳税义务行为，并有明显的转移、隐匿其应纳税的商品、货物及其他财产或者应纳税的收入的迹象的，可以按照本法规定的批准权限采取税收保全措施或者强制执行措施。

16. 下列检查中，超越《中华人民共和国税收征收管理法》所赋予税务机关权限的是(　　)。

A. 到车站检查纳税人托运应纳税货物的有关单据

B. 到机场检查纳税人托运应纳税商品的有关单据

C. 到邮政企业检查纳税人邮寄应纳税货物的有关凭证

D. 上路检查纳税人所运输的应纳税商品、货物

【参考答案】D

【答案解析】根据《中华人民共和国税收征收管理法》第五十四条的规定，税务机关有权到车站、码头、机场、邮政企业及其分支机构检查纳税人托运、邮寄应纳税商品、货物或者其他财产的有关单据、凭证和有关资料。

17. 下列说法正确的是(　　)。

A. 纳税担保书须经纳税人、纳税担保人签字盖章并经税务机关同意后方为有效

B. 纳税担保书只要经税务机关同意后即可有效

C. 纳税担保书须经纳税人、纳税担保人签字盖章即可有效

D. 纳税担保书须经纳税人、纳税担保人签字盖章并经税务主管官员同意后方为有效

【参考答案】A

【答案解析】根据《中华人民共和国税收征收管理法实施细则》第六十二条的规定，纳税担保人同意为纳税人提供纳税担保的，应当填写纳税担保书，写明担保对象、担保范围、担保期限和担保责任以及其他有关事项。担保书须经纳税人、纳税担保人签字盖章并经税务机关同意，方为有效。

18. 下列违法行为中，属于偷税的是(　　)。

A. 未按规定办理税务登记，造成未纳税的事实

B. 未按规定期限申报纳税的

C. 未按规定申报纳税，经通知申报而拒不申报，少缴税款的

D. 因计算错误，造成税款少缴的

【参考答案】C

【答案解析】根据《中华人民共和国税收征收管理法》第六十三条的规定，纳税人伪造、变造、隐匿、擅自销毁账簿、记账凭证，或者在账簿上多列支出或者不列、少列收入，或者经税务机关通知申报而拒不申报或者进行虚假的纳税申报，不缴或者少缴应纳税款的，是偷税。

19. 因纳税人、扣缴义务人计算错误等失误，未缴或者少缴税款的，税务机关在 3 年内可以追征税款、滞纳金，有特殊情况的，追征期可以延长到(   )。

　　A. 10 年　　　　　B. 5 年　　　　　C. 无限期　　　　D. 20 年

【参考答案】B

【答案解析】根据《中华人民共和国税收征收管理法》第五十二条的规定，因纳税人、扣缴义务人计算错误等失误，未缴或者少缴税款的，税务机关在 3 年内可以追征税款、滞纳金；有特殊情况的，追征期可以延长到 5 年。

20. 因税务机关的责任，致使纳税人、扣缴义务人未缴或者少缴税款的，税务机关在 3 年内可以要求纳税人、扣缴义务人补缴税款，(   )加收滞纳金。

　　A. 可以　　　　　B. 不得　　　　　C. 根据实际情况　　D. 按50%

【参考答案】B

【答案解析】根据《中华人民共和国税收征收管理法》第五十二条的规定，因税务机关的责任，致使纳税人、扣缴义务人未缴或者少缴税款的，税务机关在 3 年内可以要求纳税人、扣缴义务人补缴税款，但是不得加收滞纳金。

21. 除涉及国家秘密、商业秘密或者个人隐私外，听证(   )举行。

　　A. 当场　　　　　B. 简易　　　　　C. 不公开　　　　D. 公开

【参考答案】D

【答案解析】根据《中华人民共和国行政处罚法》第四十二条第三款的规定，除涉及国家秘密、商业秘密或者个人隐私外，听证公开举行。

22. 违法事实确凿并有法定依据，对(   )处以 50 元以下的罚款或者警

告的行政处罚的，可以当场作出行政处罚决定。

A. 公民　　　　B. 法人　　　　C. 其他组织　　　D. 社会团体

【参考答案】A

【答案解析】根据《中华人民共和国行政处罚法》第三十三条的规定，违法事实确凿并有法定依据，对公民处以 50 元以下罚款或者警告的行政处罚的，可以当场作出行政处罚决定。

23. 违法事实确凿并有法定依据，对法人或者其他组织处以（　　）元以下的罚款或者警告的行政处罚的，可以当场作出行政处罚决定。

A. 50　　　　　B. 100　　　　　C. 1000　　　　D. 60

【参考答案】C

【答案解析】根据《中华人民共和国行政处罚法》第三十三条的规定，违法事实确凿并有法定依据，对法人或者其他组织处以 1000 元以下罚款或者警告的行政处罚的，可以当场作出行政处罚决定。

24. 从事生产、经营的纳税人、扣缴义务人有《中华人民共和国税收征收管理法》规定的税收违法行为，拒不接受税务机关处理的，税务机关可以（　　）。

A. 扣留其发票

B. 停止对其的一切纳税服务

C. 收缴其发票或者停止向其发售发票

D. 让负责人到税务机关接受处理

【参考答案】C

【答案解析】根据《中华人民共和国税收征收管理法》第七十二条的规定，从事生产、经营的纳税人、扣缴义务人有本法规定的税收违法行为，拒不接受税务机关处理的，税务机关可以收缴其发票或者停止向其发售发票。

25. 从事生产、经营的纳税人的财务、会计制度或者财务、会计处理办法和（　　），应当报送税务机关备案。

A. 会计核算软件　　　　　　B. 计算机应用的型号

C. 人事管理软件　　　　　　D. 计算机的说明书

【参考答案】A

【答案解析】根据《中华人民共和国税收征收管理法实施细则》第二十

四条的规定，从事生产、经营的纳税人应当自领取税务登记证件之日起 15 日内，将其财务、会计制度或者财务、会计处理办法报送主管税务机关备案。纳税人使用计算机记账的，应当在使用前将会计电算化系统的会计核算软件、使用说明书及有关资料报送主管税务机关备案。

26. 从事生产、经营的纳税人应当将其在银行开立的（　　），向税务机关报告。

A. 基本存款账户　　　　　　　　B. 其他存款账户

C. 专用账户　　　　　　　　　　D. 全部账户

【参考答案】D

【答案解析】根据《中华人民共和国税收征收管理法实施细则》第十七条的规定，从事生产、经营的纳税人应当自开立基本存款账户或者其他存款账户之日起 15 日内，向主管税务机关书面报告其全部账号；发生变化的，应当自变化之日起 15 日内，向主管税务机关书面报告。

27. 从事生产、经营的纳税人应当自（　　）之日起 15 日内，将其财务、会计制度或者财务、会计处理办法报送主管税务机关备案。

A. 领取营业执照　　　　　　　　B. 领取税务登记证件

C. 发生纳税义务　　　　　　　　D. 批准成立

【参考答案】B

【答案解析】根据《中华人民共和国税收征收管理法实施细则》第二十四条的规定，从事生产、经营的纳税人应当自领取税务登记证件之日起 15 日内，将其财务、会计制度或者财务、会计处理办法报送主管税务机关备案。

28. 扣缴义务人应扣未扣的税款，税务机关应向（　　）追缴。

A. 扣缴义务人　　　　　　　　　B. 纳税人

C. 扣缴义务人或纳税人　　　　　D. 扣缴义务人和纳税人各按 50%

【参考答案】B

【答案解析】根据《中华人民共和国税收征收管理法》第六十九条的规定，扣缴义务人应扣未扣、应收而不收税款的，由税务机关向纳税人追缴税款，对扣缴义务人处应扣未扣、应收未收税款 50% 以上 3 倍以下的罚款。

29. 纳税人采取邮寄方式办理纳税申报的，以（　　）为实际申报日期。

A. 税务机关收到日期　　　　　　B. 投寄日期

C. 填制纳税申报表日期　　　　D. 寄出的邮戳日期

【参考答案】D

【答案解析】根据《中华人民共和国税收征收管理法》第三十一条的规定，纳税人采取邮寄方式办理纳税申报的，应当使用统一的纳税申报专用信封，并以邮政部门收据作为申报凭据。邮寄申报以寄出的邮戳日期为实际申报日期。

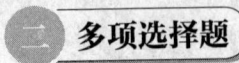 多项选择题

1. 《中华人民共和国税收征收管理法》第八条所称为纳税人、扣缴义务人保密的情况，是指(　　)。

A. 纳税人、扣缴义务人的商业秘密

B. 纳税人的欠税情况

C. 纳税人、扣缴义务人的税收违法行为

D. 个人隐私

【参考答案】AD

【答案解析】根据《中华人民共和国税收征收管理法实施细则》第五条的规定，《中华人民共和国税收征收管理法》第八条所称为纳税人、扣缴义务人保密的情况，是指纳税人、扣缴义务人的商业秘密及个人隐私。纳税人、扣缴义务人的税收违法行为不属于保密范围。

2. 按照《中华人民共和国税收征收管理法》规定，纳税人偷税的，税务机关应(　　)。

A. 追缴其不缴或者少缴的税款

B. 处不缴或者少缴的税款5倍以下的罚款

C. 加收滞纳金

D. 处不缴或者少缴的税款50%以上5倍以下的罚款

【参考答案】ACD

【答案解析】根据《中华人民共和国税收征收管理法》第六十四条的规定，纳税人、扣缴义务人编造虚假计税依据的，由税务机关责令限期改正，并处五万元以下的罚款。纳税人不进行纳税申报，不缴或者少缴应纳税款的，由税务机关追缴其不缴或者少缴的税款、滞纳金，并处不缴或者少缴的税款

50%以上 5 倍以下的罚款。

3. 从事生产、经营的纳税人、扣缴义务人必须按照国务院财政、税务主管部门规定的保管期限保管（　　）。

A. 账簿　　　　　B. 记账凭证　　　　C. 完税凭证　　　　D. 发票存根

【参考答案】ABCD

【答案解析】根据《中华人民共和国税收征收管理法》第二十四条的规定，从事生产、经营的纳税人、扣缴义务人必须按照国务院财政、税务主管部门规定的保管期限保管账簿、记账凭证、完税凭证及其他有关资料。

4. 从事生产、经营的纳税人的（　　）应当报送税务机关备案。

A. 财务、会计制度　　　　　　　B. 财务、会计处理办法

C. 会计核算软件　　　　　　　　D. 财务人员基本情况

【参考答案】ABC

【答案解析】根据《中华人民共和国税收征收管理法实施细则》第二十四条的规定，从事生产、经营的纳税人应当自领取税务登记证件之日起 15 日内，将其财务、会计制度或者财务、会计处理办法报送主管税务机关备案。纳税人使用计算机记账的，应当在使用前将会计电算化系统的会计核算软件、使用说明书及有关资料报送主管税务机关备案。

5. 对纳税人采取以下措施，应由县以上税务局（分局）局长批准的有（　　）。

A. 加收滞纳金　　　　　　　　　B. 查询案件涉嫌人员的储蓄存款

C. 冻结银行存款　　　　　　　　D. 查封财产

【参考答案】CD

【答案解析】依据《中华人民共和国税收征收管理法》第三十八条。

6. 对纳税人的（　　）行为，税务机关可以无限期追征其税款、滞纳金。

A. 偷税　　　　B. 抗税　　　　C. 骗税　　　　D. 误算

【参考答案】ABC

【答案解析】根据《中华人民共和国税收征收管理法》第五十二条的规定，对偷税、抗税、骗税的，税务机关追征其未缴或者少缴的税款、滞纳金或者所骗取的税款，不受前款规定期限的限制。

7. 根据《中华人民共和国税收征收管理法》的规定，适用于核定征收的

情况包括(　　)。

　　A. 按规定设置账簿的个体经营户

　　B. 账目混乱或者成本资料、收入凭证、费用凭证残缺不全，难以查账征收的

　　C. 发生纳税义务，未按照规定的期限办理纳税申报的，经税务机关责令限期申报，逾期仍不申报的

　　D. 关联企业不按照独立企业之间的业务往来收取支付价款、费用，而减少其应纳税的收入或者所得额的

　　【参考答案】BC

　　【答案解析】根据《中华人民共和国税收征收管理法》第三十五条的规定，纳税人有下列情形之一的，税务机关有权核定其应纳税额：……（4）虽设置账簿，但账目混乱或者成本资料、收入凭证、费用凭证残缺不全，难以查账的；（5）发生纳税义务，未按照规定的期限办理纳税申报，经税务机关责令限期申报，逾期仍不申报的。……

　　8. 关于欠税公告，下列说法正确的有(　　)。

　　A. 欠税公告的税务机关是县级以上各级税务机关

　　B. 欠税公告的场所是指办税场所或新闻媒体

　　C. 欠税公告实行不定期公告制度

　　D. 欠税公告的具体办法由国家税务总局制定

　　【参考答案】ABD

　　【答案解析】依据《欠税公告办法（试行)》（国家税务总局令第9号公布，国家税务总局令第44号修订）。

　　9. 关于税收保全和强制执行措施涉及的主体的范围，下列说法正确的有(　　)。

　　A. 税收保全措施只能对从事生产、经营的纳税人行使

　　B. 税收保全措施可以对纳税人、扣缴义务人、纳税担保人行使

　　C. 税收强制执行措施可以对纳税人、扣缴义务人、纳税担保人行使

　　D. 《中华人民共和国税收征收管理法》第三十八条、第四十条、第四十二条所称个人所扶养家属是指与纳税人共同居住生活的配偶、直系亲属以及无生活来源并由纳税人扶养的其他亲属

【参考答案】ACD

【答案解析】根据《中华人民共和国税收征收管理法实施细则》第六十条的规定,《中华人民共和国税收征收管理法》第三十八条、第四十条、第四十二条所称个人所扶养家属,是指与纳税人共同居住生活的配偶、直系亲属及无生活来源并由纳税人扶养的其他亲属。

10. 关于银行账号,下列说法正确的有( )。

A. 从事生产、经营的纳税人应当自开立基本存款账户或者其他存款账户起 15 日内,向主管税务机关以口头或书面方式报告

B. 从事生产、经营的纳税人应当自开立基本存款账户或者其他存款账户起 15 日内,向主管税务机关书面报告其全部账号

C. 从事生产经营的纳税人银行账号发生变化的,应当自变化之日起 15 日内,向主管税务机关书面报告

D. 纳税人的银行账号发生变化的,纳税人的开户银行应当自变化之日起 15 日内,向税务机关书面报告

【参考答案】BC

【答案解析】根据《中华人民共和国税收征收管理法实施细则》第十七条的规定,从事生产、经营的纳税人应当自开立基本存款账户或者其他存款账户之日起 15 日内,向主管税务机关书面报告其全部账号;发生变化的,应当自变化之日起 15 日内,向主管税务机关书面报告。

11. 纳税人、扣缴义务人对税务机关所作出的决定,依法享有( )和请求国家赔偿等权利。

A. 陈述权、申辩权   B. 申请行政复议

C. 提起行政诉讼   D. 拒绝履行决定

【参考答案】ABC

【答案解析】根据《中华人民共和国税收征收管理法》第八条的规定,纳税人、扣缴义务人对税务机关所作出的决定,享有陈述权、申辩权;依法享有申请行政复议、提起行政诉讼、请求国家赔偿等权利。

12. 纳税人、扣缴义务人有下列( )情形,须向税务机关报告。

A. 扣缴义务人依法履行代扣、代收税款义务时,纳税人拒绝的

B. 纳税人有合并、分立情形的

C. 欠缴税款数额较大的纳税人在处分其不动产或者大额资产之前

D. 纳税人放弃到期债权的

【参考答案】ABC

【答案解析】根据《中华人民共和国税收征收管理法》第四十八条的规定,纳税人有合并、分立情形的,应当向税务机关报告,并依法缴清税款。第四十九条规定,欠缴税款数额较大的纳税人在处分其不动产或者大额资产之前,应当向税务机关报告。

根据《中华人民共和国税收征收管理法实施细则》第九十四条的规定,纳税人拒绝代扣、代收税款的,扣缴义务人应当向税务机关报告,由税务机关直接向纳税人追缴税款、滞纳金;纳税人拒不缴纳的,依照《中华人民共和国税收征收管理法》第六十八条的规定执行。

13. 纳税人分立时未缴清税款的,下列说法正确的有(　　　)。

A. 税务机关有权向分立后的任何一个纳税人追缴全部税款

B. 税务机关只能向其中的一个追缴税款

C. 税务机关可以向分立后的所有纳税人追缴税款

D. 税务机关不能同时向分立后的所有纳税人追缴税款

【参考答案】AC

【答案解析】根据《中华人民共和国税收征收管理法》第四十八条的规定,纳税人有合并、分立情形的,应当向税务机关报告,并依法缴清税款。纳税人合并时未缴清税款的,应当由合并后的纳税人继续履行未履行的纳税义务;纳税人分立时未缴清税款的,分立后的纳税人对未履行的纳税义务应当承担连带责任。

14. 纳税人有下列情况之一的,税务机关不得加收滞纳金。(　　　)

A. 纳税人因有特殊困难,不能按期缴纳税款的

B. 经批准延期缴纳税款的期限内

C. 因税务机关的责任,致使纳税人未缴或者少缴税款的

D. 因纳税人计算错误等失误,未缴或者少缴税款的

【参考答案】BC

【答案解析】根据《中华人民共和国税收征收管理法实施细则》第四十二条的规定,税务机关应当自收到申请延期缴纳税款报告之日起20日内作出批准

或者不予批准的决定；不予批准的，从缴纳税款期限届满之日起加收滞纳金。

根据《中华人民共和国税收征收管理法》第五十二条的规定，因税务机关的责任，致使纳税人、扣缴义务人未缴或者少缴税款的，税务机关在 3 年内可以要求纳税人、扣缴义务人补缴税款，但是不得加收滞纳金。

15. 纳税人有下列情形之一的，税务机关可要求其提供纳税担保。（   ）

A. 纳税人因有特殊困难，不能按期缴纳税款的

B. 纳税人有逃避纳税义务的行为，并在限期缴纳税款的期限内有明显转移其应纳税商品的迹象

C. 欠缴税款的纳税人或者他的法定代表人需要出境的

D. 纳税人同税务机关在纳税上发生争议时，需要申请行政复议的

【参考答案】BCD

【答案解析】根据《中华人民共和国税收征收管理法》第三十八条的规定，税务机关有根据认为从事生产、经营的纳税人有逃避纳税义务行为的，可以在规定的纳税期之前，责令限期缴纳应纳税款；在限期内发现纳税人有明显的转移、隐匿其应纳税的商品、货物及其他财产或者应纳税的收入的迹象的，税务机关可以责成纳税人提供纳税担保。

16. 税收保全措施适用于（   ）。

A. 临时从事经营的纳税人　　　　B. 扣缴义务人

C. 从事生产、经营的纳税人　　　D. 纳税担保人

【参考答案】AC

【答案解析】根据《中华人民共和国税收征收管理法》第三十八条的规定，税务机关有根据认为从事生产、经营的纳税人有逃避纳税义务行为的，可以在规定的纳税期之前，责令限期缴纳应纳税款；在限期内发现纳税人有明显的转移、隐匿其应纳税的商品、货物及其他财产或者应纳税的收入的迹象的，税务机关可以责成纳税人提供纳税担保。如果纳税人不能提供纳税担保，经县以上税务局（分局）局长批准，税务机关可以采取下列税收保全措施……

17. 税收强制执行措施适用于（   ）。

A. 从事生产、经营的纳税人　　　B. 扣缴义务人

C. 纳税担保人　　　　　　　　　D. 税务行政处罚当事人

【参考答案】ABCD

【答案解析】根据《中华人民共和国税收征收管理法》第四十条的规定，从事生产、经营的纳税人、扣缴义务人未按照规定的期限缴纳或者解缴税款，纳税担保人未按照规定的期限缴纳所担保的税款，由税务机关责令限期缴纳，逾期仍未缴纳的，经县以上税务局（分局）局长批准，税务机关可以采取下列强制执行措施……

18. (   )情形下，行政机关可以当场收缴罚款。

A. 当场做出 20 元以下的罚款

B. 不当场收缴事后难以执行

C. 交通不便地区当事人提出当场缴纳

D. 行政机关认为应当当场收缴

【参考答案】ABC

【答案解析】根据《中华人民共和国行政处罚法》第四十七条的规定，有下列情形之一的，执法人员可以当场收缴罚款：（1）依法给予 20 元以下的罚款的。（2）不当场收缴事后难以执行的。

19. 受到税务行政处罚的当事人依法享有的权利包括(   )。

A. 陈述权   B. 申辩权

C. 申请复议或提起行政诉讼权   D. 赔偿权

【参考答案】ABCD

【答案解析】根据《中华人民共和国税收征收管理法》第八条的规定，纳税人、扣缴义务人对税务机关所作出的决定，享有陈述权、申辩权；依法享有申请行政复议、提起行政诉讼、请求国家赔偿等权利。

20. 听证应公开举行，但涉及(   )的除外。

A. 国家秘密   B. 商业秘密   C. 个人隐私   D. 个人请求

【参考答案】ABC

【答案解析】听证应公开举行，但涉及国家秘密、商业秘密、个人隐私的除外。

21. 虚开发票行为包括(   )。

A. 为他人开具与实际经营业务情况不符的发票

B. 让他人为自己开具与实际经营业务情况不符的发票

C. 介绍他人开具与实际经营业务情况不符的发票

D. 为自己开具与实际经营业务情况不符的发票

【参考答案】ABCD

【答案解析】根据《中华人民共和国发票管理办法》第二十二条的规定，任何单位和个人不得有下列虚开发票行为：（1）为他人、为自己开具与实际经营业务情况不符的发票；（2）让他人为自己开具与实际经营业务情况不符的发票；（3）介绍他人开具与实际经营业务情况不符的发票。

22. 纳税人满意度调查分为( )。

A. 全面调查   B. 专项调查

C. 日常调查   D. 个别调查

【参考答案】ABC

【答案解析】纳税人满意度调查分为全面调查、专项调查和日常调查。

23. 税务机关对涉税专业服务机构采取的监管措施包括( )。

A. 建立行政登记   B. 实名制管理

C. 业务信息采集   D. 信用评价

【参考答案】ABCD

【答案解析】依据《涉税专业服务监管办法（试行）》（国家税务总局公告 2017 年第 13 号发布）第七条、第八条、第九条、第十一条。

24. 根据纳税服务投诉产生的原因，纳税服务投诉大致可以分为( )。

A. 对服务态度的投诉   B. 对服务质效的投诉

C. 对服务制度的投诉   D. 对侵害纳税人合法权益的投诉

【参考答案】ABD

【答案解析】依据《国家税务总局关于修订〈纳税服务投诉管理办法〉的公告》（国家税务总局公告 2019 年第 27 号）第九条。

三 判断题

1. 《中华人民共和国税收征收管理法》第五十二条所称纳税人的失误，是指非主观故意的计算公式运用错误及明显的笔误。 ( )

【参考答案】正确

2. 根据《中华人民共和国税收征收管理法》第八十六条的规定，违反税收法律、行政法规应当给予行政处罚的行为，在 5 年内未被发现的，不再给予行政处罚。这一期限从税务违法行为发生之日起计算；违法行为有连续或继续状态的，从行为终了之日起计算。　　　　　　　　　　　　（　　）

【参考答案】正确

3. 《中华人民共和国税收征收管理法》规定的行政处罚，罚款额在 2000 元以下的，可以由税务所决定。　　　　　　　　　　　　　　　　（　　）

【参考答案】正确

4. 《中华人民共和国税收征收管理法》及其实施细则所规定期限的最后 1 日是法定休假日的，以休假日期满的次日为期限的最后 1 日；在期限内有超过 3 日以上法定休假日的按休假日天数顺延。　　　　　　　　　（　　）

【参考答案】正确

5. 《中华人民共和国税收征收管理法》所称存款，包括独资企业投资人、企业合伙人、个体工商户的储蓄存款及股东资金账户中的股票和资金等。（　　）

【参考答案】错误

【答案解析】根据《中华人民共和国税收征收管理法实施细则》第七十二条的规定，《中华人民共和国税收征收管理法》所称存款，包括独资企业投资人、合伙企业合伙人、个体工商户的储蓄存款及股东资金账户中的资金等。

6. 2019 年 6 月 15 日，某贸易公司法人代表王某要求到美国考察，税务机关发现该公司还有欠税，税务机关可以要求其提供纳税担保，如不提供担保，又不缴清欠税的，可以通知出境管理机关阻止其出境。　　　　　　　（　　）

【参考答案】正确

7. 从事生产、经营的纳税人账户发生变化的，应当自变化之日起 30 日内，向主管税务机关书面报告，并办理变更税务登记。　　　　　　　（　　）

【参考答案】错误

【答案解析】根据《中华人民共和国税收征收管理法实施细则》第十七条的规定，从事生产、经营的纳税人应当自开立基本存款账户或者其他存款账户之日起 15 日内，向主管税务机关书面报告其全部账号；发生变化的，应当自变化之日起 15 日内，向主管税务机关书面报告。

8. 当纳税人既有应退税款又有欠缴税款时，税务机关可以将应退税款和利息先抵扣欠缴税款；抵扣后尚有余额的，由税务机关决定抵顶纳税人下期

应纳税款或退还纳税人。 （ ）

【参考答案】错误

【答案解析】根据《中华人民共和国税收征收管理法实施细则》第七十九条的规定，当纳税人既有应退税款又有欠缴税款的，税务机关可以将应退税款和利息先抵扣欠缴税款；抵扣后有余额的，退还纳税人。

9. 当税收收入任务完成之后，税务机关可以延缓征收税款。 （ ）

【参考答案】错误

【答案解析】根据《中华人民共和国税收征收管理法》第二十八条的规定，税务机关依照法律、行政法规的规定征收税款，不得违反法律、行政法规的规定开征、停征、多征、少征、提前征收、延缓征收或者摊派税款。

10. 对查封的商品、货物或者其他财产，税务机关可以指令被执行人负责保管，保管责任由税务机关承担。 （ ）

【参考答案】错误

【答案解析】根据《中华人民共和国税收征收管理法实施细则》第六十七条的规定，对查封的商品、货物或者其他财产，税务机关可以指令被执行人负责保管，保管责任由被执行人承担。

11. 对法律、行政法规没有规定负有代扣、代收税款义务的单位和个人，税务机关可以根据工作需要要求其履行代扣、代收税款义务。 （ ）

【参考答案】错误

【答案解析】根据《中华人民共和国税收征收管理法》第三十条的规定，扣缴义务人依照法律、行政法规的规定履行代扣、代收税款的义务。对法律、行政法规没有规定负有代扣、代收税款义务的单位和个人，税务机关不得要求其履行代扣、代收税款义务。

12. 对经责令限期缴纳税款，逾期仍不缴纳的从事生产、经营的纳税人，税务机关可依法采取强制执行措施。 （ ）

【参考答案】正确

13. 对纳税人欠缴的税款，税务机关可以在 3 年内追征，特殊情况的，可延长到 5 年。 （ ）

【参考答案】错误

【答案解析】依据《中华人民共和国税收征收管理法》第五十二条第三

款规定。

14. 对税务机关依法进行的税务检查，纳税人不得拒绝，并应如实反映情况、提供有关资料，不得隐瞒。 （　　）

【参考答案】正确

15. 加收滞纳金的起止时间，为纳税人、扣缴义务人发生税款滞纳之日起至纳税人、扣缴义务人实际缴纳或者解缴税款之日止。 （　　）

【参考答案】正确

16. 减税、免税申请既可采取书面形式，也可采取口头形式。 （　　）

【参考答案】错误

【答案解析】依据《中华人民共和国税收征收管理法》第三十三条的规定。

17. 经设区的市、自治州以上税务局局长批准，税务机关可以将纳税人、扣缴义务人当年的账簿、记账凭证、报表和其他有关资料调回税务机关检查，并在3个月内退还。 （　　）

【参考答案】错误

【答案解析】根据《中华人民共和国税收征收管理法实施细则》第八十六条的规定，税务机关行使《中华人民共和国税收征收管理法》第五十四条第（一）项职权时，可以在纳税人、扣缴义务人的业务场所进行；必要时，经县以上税务局（分局）局长批准，可以将纳税人、扣缴义务人以前会计年度的账簿、记账凭证、报表和其他有关资料调回税务机关检查，但是税务机关必须向纳税人、扣缴义务人开付清单，并在3个月内完整退还；有特殊情况的，经设区的市、自治州以上税务局局长批准，税务机关可以将纳税人、扣缴义务人当年的账簿、记账凭证、报表和其他有关资料调回检查，但是税务机关必须在30日内退还。

18. 经县以上税务局（分局）局长批准，凭全国统一格式的检查存款账户许可证明，税务机关可以查询税务案件涉嫌人员的储蓄存款。 （　　）

【参考答案】错误

【答案解析】根据《中华人民共和国税收征收管理法》第五十四条第（六）项的规定，经县以上税务局（分局）局长批准，凭全国统一格式的检查存款账户许可证明，查询从事生产、经营的纳税人、扣缴义务人在银行或者其他金融机构的存款账户。税务机关在调查税收违法案件时，经设区的市、自治州以上税务局（分局）局长批准，可以查询案件涉嫌人员的储蓄存款。

19. 纳税信用评价结果的确定和发布遵循谁评价、谁确定、谁发布的原则。 （　　）

【参考答案】正确

四　简答题

1. 什么是税收保全措施？

【参考答案】根据《中华人民共和国税收征收管理法》第三十八条的规定，税务机关有根据认为从事生产、经营的纳税人有逃避纳税义务行为的，可以在规定的纳税期之前，责令限期缴纳应纳税款；在限期内发现纳税人有明显的转移、隐匿其应纳税的商品、货物及其他财产或者应纳税的收入的迹象的，税务机关可以责成纳税人提供纳税担保。如果纳税人不能提供纳税担保，经县以上税务局（分局）局长批准，税务机关可以采取下列税收保全措施：

（1）书面通知纳税人开户银行或者其他金融机构冻结纳税人的金额相当于应纳税款的存款；

（2）扣押、查封纳税人的价值相当于应纳税款的商品、货物或者其他财产。

纳税人在前款规定的限期内缴纳税款的，税务机关必须立即解除税收保全措施；限期期满仍未缴纳税款的，经县以上税务局（分局）局长批准，税务机关可以书面通知纳税人开户银行或者其他金融机构从其冻结的存款中扣缴税款，或者依法拍卖或者变卖所扣押、查封的商品、货物或者其他财产，以拍卖或者变卖所得抵缴税款。

个人及其所扶养家属维持生活必需的住房和用品，不在税收保全措施的范围之内。

2. 什么是税收强制执行措施？

【参考答案】根据《中华人民共和国税收征收管理法》第四十条的规定，从事生产、经营的纳税人、扣缴义务人未按照规定的期限缴纳或者解缴税款，纳税担保人未按照规定的期限缴纳所担保的税款，由税务机关责令限期缴纳，逾期仍未缴纳的，经县以上税务局（分局）局长批准，税务机关可以采取下列强制执行措施：

（1）书面通知其开户银行或者其他金融机构从其存款中扣缴税款；

（2）扣押、查封、依法拍卖或者变卖其价值相当于应纳税款的商品、货物或者其他财产，以拍卖或者变卖所得抵缴税款。

税务机关采取强制执行措施时，对前款所列纳税人、扣缴义务人、纳税担保人未缴纳的滞纳金同时强制执行。

个人及其所扶养家属维持生活必需的住房和用品，不在强制执行措施的范围之内。

3. 纳税人在履行纳税义务过程中，依法享有哪些权利？

【参考答案】纳税人在履行纳税义务过程中，依法享有下列权利：①知情权；②保密权；③税收监督权；④纳税申报方式选择权；⑤申请延期申报权；⑥申请延期缴纳税款权；⑦申请退还多缴税款权；⑧依法享受税收优惠权；⑨委托税务代理权；⑩陈述与申辩权；⑪对未出示税务检查证和税务检查通知书的拒绝检查权；⑫税收法律救济权；⑬依法要求听证的权利；⑭索取有关税收凭证的权利。

4. 纳税人在纳税过程中负有哪些义务？

【参考答案】依照宪法、税收法律和行政法规的规定，纳税人在纳税过程中负有以下义务：①依法进行税务登记的义务；②依法设置账簿、保管账簿和有关资料及依法开具、使用、取得和保管发票的义务；③财务会计制度和会计核算软件备案的义务；④按照规定安装、使用税控装置的义务；⑤按时、如实申报的义务；⑥按时缴纳税款的义务；⑦代扣、代收税款的义务；⑧接受依法检查的义务；⑨及时提供信息的义务；⑩报告其他涉税信息的义务。

五 论述题

办税服务厅作为税务部门对外服务的窗口，既是涉税事项最集中、征纳互动最频繁、纳税人诉求最直接的场所，也是各类矛盾问题和风险隐患易发的场所，如何全面预防和妥善处置办税服务厅突发事件？

【参考答案】办税服务厅突发事件，是指突然发生、影响办税服务厅正常办税秩序，造成生命财产损失，危害公共安全，需要采取应急处置措施予以应对的事件。

（1）办税服务厅的突发事件，大致可以分为以下3类：

①办税秩序类。由于税收政策和管理程序调整等造成的办税服务厅滞留人员激增并影响正常办税秩序的突发事件。

②系统故障类。由于计算机软件、硬件及网络系统等升级或其他突发故障，影响工作正常运行的突发事件。

③其他类。因公共安全、自然灾害等造成办税服务厅无法正常办理涉税业务的各类突发事件。

（2）办税服务厅突发事件应坚持预防为主。

①预防和应急准备。作为面向纳税人服务的基层税务机关，特别是要从制度上预防办税服务厅突发事件的发生，及时消除风险隐患。

预防和应急准备工作包括：组织准备、编制预案、资源准备、培训演练等。

②监测和预警。各级税务机关应建立办税服务厅突发事件分析预警机制，运用信息化手段，加强突发事件风险排查，实现办税服务厅动态监控。突发事件发生时，首先发现的税务工作人员为第一知情人，办税服务厅负责人为第一处置人。第一知情人应及时向第一处置人和应急工作领导小组报告，确保应急预案及时启动。

（3）办税服务厅突发事件应对策略。提高对突发事件的反应、处置和舆情控制能力，采取有效措施，综合运用调解、行政、法律等多种手段，把不良影响和损失降到最低。

①办税秩序类突发事件的应对策略。办税秩序类突发事件包括办税拥堵和现场冲突两种。应针对不同情况进行及时处置。

A. 办税拥堵的应对策略。办税服务厅发生排队拥堵时，值班领导应及时做好现场秩序的维护和拥堵原因识别。通过增加导税人员、调整窗口功能、增设办税窗口、增辟等候休息区等方式，引导或分流办税人员，防止出现秩序混乱的情况。发生严重拥堵时，办税服务厅负责人应及时报告办税服务厅应急工作领导小组。

B. 现场冲突的应对策略。办税服务厅发生人员冲突时，值班领导应第一时间介入，引导相关人员到安静场所进行沟通。认真倾听，安抚相关人员的情绪，并对相关人员的抱怨或投诉妥善进行处理，避免冲突升级。当相关人员情绪失控时，要做好隔离和疏散工作，必要时向公安部门报案并做好现场处置。办税服务厅工作人员要加强自我保护、自我克制，避免与办税人员发生肢体冲突。税务机关要妥善处理后续事宜并进行舆情监控。

②系统故障类突发事件的应对策略。由于计算机软件、硬件，电力或网络系统等升级或突发故障等原因导致涉税业务不能正常办理时，办税服务厅负责人应第一时间上报突发事件应急领导小组，并启动应急预案。办税服务厅应配合有关技术部门尽快解决，并做好现场秩序维护和办税人员的解释疏导工作。利用显示屏、公告栏、电话、短信、微信等方式提醒纳税人合理安排办税时间。对短时间内不能解决故障的，通过手工处理或提供延时或预约服务等方式，待故障修复后及时为纳税人办理相关事宜。

③其他类突发事件的应对策略。涉及公共安全、自然灾害等其他类突发事件发生时，第一处置人应在第一时间报告相关部门及应急工作领导小组。同时在当地政府统一领导下，按照相关应急预案积极部署应对。

A. 群体性事件处置。办税服务厅发生群体性事件时，办税服务厅负责人应立即报告办税服务厅应急工作领导小组，启动应急预案，必要时及时向当地公安机关报警，并配合公安部门做好现场处置。工作人员应尽快组织办税服务厅内其他纳税人撤离现场，安排人员保护重要岗位和重要资料。

B. 其他突发事件处置。当地震发生时，办税服务厅负责人应按照《国家突发公共事件总体应急预案》和《国家地震应急预案》相关要求，指挥办税服务厅内人员紧急疏散、有序撤离、检查伤情、稳定情绪，及时向办税服务厅应急工作领导小组负责人报告。

当洪涝灾害发生时，办税服务厅负责人应按照《国家突发公共事件总体应急预案》相关要求，要迅速组织办税服务厅内人员安全转移，在有安全保障的前提下切断电源，及时向办税服务厅应急工作领导小组负责人报告。

当火灾发生时，办税服务厅负责人应及时发出火灾信息并立即向消防部门报警，同时向办税服务厅应急工作领导小组负责人报告。火灾初起，办税服务厅负责人在有安全保障的前提下切断电源，组织人员使用消防器材灭火，抢救重要涉税资料，迅速引导办税服务厅内人员有序撤离、逃生。

（4）办税服务厅突发事件事后管理

办税服务厅突发事件发生后，应按照税务系统舆情管理相关要求和程序，依法依规做好信息发布。未经许可，任何个人不得擅自发布事件相关信息。突发事件结束后，应及时将事件相关情况报上级主管税务机关备案，并总结经验教训，加强防范，完善应急预案。

对在处置工作中预警及时、处置妥善，有效保障生命财产安全的单位和个人，应依据相关规定给予表彰和奖励。对在工作中玩忽职守、处置不当，导致事件发生或扩大，造成重大损失或恶劣影响的单位和个人，应依照相关规定，视其情节和危害程度，给予党纪政纪处分或移交司法机关处理。

第二篇 通用业务

第十章 法律基础知识

>> 知识架构

	法的基本范畴及法律体系	4个知识点
	法的创制及适用	2个知识点
法理及行政法基础	依法治国建设社会主义法治国家	3个知识点
	税务行政法律关系与税务行政行为	6个知识点
	"三项制度"推行	3个知识点
	税务行政许可	2个知识点
税务行政执法	税务行政处罚	4个知识点
	税务行政强制	4个知识点
	相关税收保障措施	2个知识点
	证据概述	2个知识点
税务行政执法证据	证据的提取和固定	2个知识点
	证据的审查	3个知识点
	涉税犯罪类型	2个知识点
税收的刑法保障	危害税收征管罪立案标准	5个知识点
	涉嫌危害税收征管犯罪案件的移送	3个知识点
	税务行政复议	5个知识点
税务行政法律救济	税务行政应诉工作	5个知识点
	税务行政赔偿	5个知识点
	公务员基本权利义务及其责任	4个知识点
税收执法者及其责任	税收执法责任制和税收执法过错责任追究	3个知识点
	税收违法违纪及其法律责任	3个知识点
	税务职务犯罪及其刑事法律责任	4个知识点

法律基础知识

　　依法治国是我国的基本方略，要做好税务工作，首先要对涉税相关法律有所掌握，可以说，涉税法律基础知识是各个岗位税务干部都需要掌握的基本知识。为帮助税务干部进一步了解涉税相关法律知识的内容，我们对这部分内容进行了梳理。本章主要介绍了法理及行政法基础知识，包括法的基本范畴及法律体系、法的创制及适用、依法治国建设社会主义法治国家、税务行政法律关系与税务行政行为等内容，并对"三项制度"的相关内容进行了阐述。还介绍了税务行政执法中涉及的税务行政许可、税务行政处罚、税务行政强制以及相关税收保障措施的具体情况。针对近年来行政案件中出现问题比较频繁的证据，专门对税务行政执法证据的提取、固定和审查等司法行政规定进行了介绍。最后，对税务行政复议、税务行政应诉工作、税务行政赔偿等税务行政法律救济方式的注意点进行了阐述。另外，对公务员法、税收执法责任制的基本知识、涉嫌危害税收征管犯罪以及税务职务犯罪等情况进行了阐述。

>> 第一节
法理及行政法基础

一　法的基本范畴及法律体系

【知识点1】　法的概念

　　法是由国家制定或认可，并由国家强制力保证实施的行为规范的总和，它通过设定人们的权利和义务，来规范和调整人们之间的交互行为，从而确认、保护和发展一定的社会关系和社会秩序。

　　广义的"法律"是指法律的整体，包括宪法、法律、行政法规、部门规章、地方性法规、地方政府规章等；狭义的法律仅指全国人民代表大会及其常务委员会制定的规范性文件。

【知识点2】　法的特征

　　法的特征包括：规范性、国家意志性、国家强制性、普遍性。

法律规范的行为模式主要有 3 种：一是可为模式，表示人们可以怎样行为；二是应为模式，表示人们应当或必须怎样行为；三是勿为模式，表示禁止人们怎样行为。

法律规范体现国家意志，法表现为什么形式，其规范的内容如何，均由国家意志决定。

法与道德规范等其他社会规范不同，它的强制性体现为国家强制性，即以国家强制力作为后盾，由国家强制力保障实施。

法的普遍性，是指法作为一般的行为规范在国家权力管辖范围内具有普遍适用的效力和特性。一是效力对象的广泛性。在一国范围之内，任何人的合法行为都应受法的保护，任何人的违法行为，也都应受法的制裁。二是效力的重复性。这是指法不能为一人或一事而制定，它在有效期内，对人们的行为具有反复适用的效力。

【知识点 3】 法的作用

法的作用，是指法作为一种社会规范，对人们的行为和社会生活所产生的影响和结果。主要包括法的规范作用和法的社会作用。

法的规范作用是法自身表现出来的，对人们的行为或社会关系可能的影响。可以分为：指引作用、评价作用、预测作用、教育作用和强制作用。

法的社会作用，是指法在实现一定的社会目的和任务的过程中所发挥的作用。概括起来法的社会作用主要表现为：禁止专横，制止暴力，维护社会秩序与和平；控制和解决社会纠纷和争端；促进社会价值目标的实现等。

对法的作用既不能夸大，也不能忽视；要认识到法既不是无用的，也不是万能的。

【知识点 4】 法的渊源

我国的正式法的渊源有：宪法、法律、行政法规、地方性法规、部门规章和地方政府规章等。

宪法，是国家的根本大法，是我国法的主要渊源。宪法由国家最高权力机关——全国人民代表大会制定和修改，由全国人大常委会负责解释，具有最高的法律效力。一切法律、行政法规、地方性法规、自治条例和单行条例、规章都不得同宪法相抵触。

法律，即由全国人大及其常委会制定的规范性法律文件。可划分为基本法律和基本法以外的法律，基本法律由全国人大制定和修改，包括刑事、民事、国家机构和其他的基本法律；基本法以外的其他法律由全国人大常委会制定。法律的效力仅次于宪法，而高于其他国家机关制定的法规、规章等。

行政法规，是指国家最高行政机关即国务院根据宪法和法律而制定的关于国家行政管理活动的规范性法律文件，行政法规的效力仅次于宪法和法律。

地方性法规，是我国地方的人民代表大会及其常委会所制定的适用于本行政区域的一类规范性法律文件。根据我国立法法的相关规定，省、自治区、直辖市的人民代表大会及其常务委员会以及设区的市的人民代表大会及其常务委员会有权依法制定地方性法规。地方性法规不得与宪法、法律、行政法规相冲突，但其效力高于下级地方性法规、同级和下级政府规章。

自治条例和单行条例，民族自治地方的人民代表大会有权依照当地民族的政治、经济和文化的特点，制定自治条例和单行条例，在不违背法律或者行政法规基本原则的前提下，对法律和行政法规的规定作出变通规定，在本民族自治区域适用。

部门规章，由国务院部委和直属机构制定，在全国范围内发生效力。部门规章的效力低于宪法、法律和行政法规，与地方政府规章之间具有同等效力，在各自的权限范围内施行。如若部门规章之间、部门规章与地方政府规章之间对同一事项的规定不一致时，由国务院作出裁决。

地方政府规章，制定主体是省、自治区、直辖市和设区的市、自治州的人民政府。政府规章不得与宪法、法律、行政法规、上级和本级地方法规、上级政府规章相冲突。政府规章在本区域内有效。

国际条约，是两个或两个以上国家或国际组织之间缔结的确定其相互关系中权利和义务的各种协议。国际条约属于国际法范畴，不属于国内法，但对缔结或加入条约的国家自身以及国内的个人和单位都有法的约束力，这些条约在我国也是一种正式法源。

二 法的创制及适用

【知识点 1】 法的制定和实施

法的制定，是指一定的国家机关依照法定的职权和程序，制定、修改和废止法律和其他规范性法律文件的活动。广义上的立法概念与法律制定的含义是相同的，泛指一切有权的国家机关依法制定各种规范性法律文件的活动；狭义上的立法仅指国家最高权力机关及其常设机关依法制定、修改和废止宪法和法律的活动。

法的实施，是指法在社会生活中的运用和实现的活动和过程。具体来说就是通过执法、司法、守法以及法律监督等途径，把法律规范中规定的权利义务关系转化为现实生活中的权利义务关系，使法从抽象的行为模式变成人们的具体行为。以法的实施主体和内容为标准，法的实施的基本方式有：法的执行、法的适用、法的遵守和法律监督。

【知识点 2】 法的适用规则

执法机关和司法机关将法律规定应用于实际工作和案件时，就要考虑如何适用法律。适用法律时要注意法的效力等级，即法律位阶。法律位阶是指不同国家机关制定的规范性法律文件在法律渊源体系中所处的效力等级，可以分为上位法、下位法和同位法。

法律规范冲突时主要遵循以下 3 种适用规则：上位法优先适用于下位法，新法优先适用于旧法和特别法优先适用于一般法，特别法优于一般法。

上位法优先适用于下位法，是不同位阶的法律渊源之间出现冲突时适用法律的规则。下位法的规定应当符合上位法，不得与上位法相矛盾、相抵触。

新法优于旧法，是同一位阶的法律渊源之间发生冲突时公认的适用规则。执法、司法活动中在选择适用的法律规范时，需要考虑什么情况下适用新的法律规范，什么情况下适用原有的法律规范。

法的生效时间通常有 2 种方式：一是自公布之日起生效；二是明文规定生效时间。第二种是最常见的生效方式，即在法律中明确规定本法发生法律效力的时间。

法的效力终止或法的废止，是指法的效力消灭，不再加以适用的情形。法的终止分为明示终止和默示终止。明示终止是指具有立法权的国家机关通过明确的方式宣布某一法律失去效力。通常有两种情形：一是新法取代旧法，并同时宣布旧法失效；二是有关机关颁发文件，宣布某个或某些法律废止。默示终止也有两种情形：一是对同一问题新法作出了不同于旧法的规定，而新法生效后，旧法并未明示终止，对于新发生的事项，按照"新法优于旧法"规则适用新法，原有规范不再执行；二是法律本身规定的有效期届满，自行废止。

法律溯及力，是指新的法律生效后，对其生效前所发生的事件和行为是否适用的问题。如果适用，新法就具有溯及力，如果不能适用，则说明新法不具有溯及力。法一般不应当被赋予溯及力，这是法的溯及力问题中的一个基本原则。

特别法优于一般法也是同一位阶的法律渊源之间出现冲突时的适用规则。一般法是对一般人、一般事或在更大范围内有效的法律规范；特别法是相比较而言，人或事或地域或时间更为特定化的法律规范。如果对同一事项的处理，特别法的规定与一般法的规定不一致时，按照"特别法优于一般法"的规则处理。

三 依法治国建设社会主义法治国家

【知识点1】 社会主义法治的总目标

2014年10月20日至23日，中国共产党第十八届四中全会在北京召开，全会审议并通过了《中共中央关于全面推进依法治国若干重大问题的决定》，确立了建设中国特色社会主义法治体系，建设社会主义法治国家的总目标。

党的四中全会专题讨论依法治国问题，在党的历史上是第一次，反映了中国共产党对依法治国的高度重视，预示着我国法治建设进入一个全面深化、攻坚克难的新阶段。

我国社会主义法治的总目标是：建设中国特色社会主义法治体系，建设社会主义法治国家。在中国共产党领导下，坚持中国特色社会主义制度，贯彻中国特色社会主义法治理论，形成完备的法律规范体系、高效的法治实施体系、严密的法治监督体系、有力的法治保障体系，形成完善的党内法规体系，坚持依法治国、依法执政、依法行政共同推进，坚持法治国家、法治政府、法治社会一体建设，实现科学立法、严格执法、公正司法、全民守法，促进国家治理体系和治理能力现代化。

【知识点 2】 依法治国必须坚持的五大基本原则

依法治国必须坚持的五大基本原则是：

（1）坚持中国共产党的领导。党的领导是中国特色社会主义最本质的特征，是社会主义法治最根本的保证。

（2）坚持人民主体地位。人民是依法治国的主体和力量源泉，社会主义法治确认和落实人民当家作主的地位，以保障人民根本权益为出发点和落脚点。

（3）坚持法律面前人人平等。平等是社会主义法律的基本属性。任何组织和个人都必须尊重宪法法律权威，都必须在宪法法律范围内活动，都必须依照宪法法律行使权力或权利、履行职责或义务，不得有超越宪法法律的特权。

（4）坚持依法治国和以德治国相结合。国家和社会治理需要法律和道德共同发挥作用。既重视发挥法律的规范作用，又重视发挥道德的教化作用，实现法律和道德相辅相成、法治和德治相得益彰。

（5）坚持从中国实际出发。中国特色社会主义道路、理论体系、制度是全面推进依法治国的根本遵循。建设依法治国必须从我国基本国情出发，不盲目照搬外国法治理念和模式。

【知识点 3】 依法治国的六项基本任务

依法治国的六项基本任务是：

（1）完善以宪法为核心的中国特色社会主义法律体系，加强宪法实施。

（2）深入推进依法行政，加快建设法治政府。

（3）保证公正司法，提高司法公信力。

（4）增强全民法治观念，推进法治社会建设。

（5）加强法治工作队伍建设。

（6）加强和改进党的领导。

四 税务行政法律关系与税务行政行为

【知识点1】 税务行政法律关系的概念

税务行政法律关系，是指由税法设立并受税法规范和调整的税务机关与其税务行政相对人之间的权利义务关系。

税务行政法律关系的特征包括：①税务行政法律关系中，有一方当事人必须是税务机关。②税务行政法律关系中，税务行政机关与其行政相对人之间的权力义务具有不对等性，主要表现为行政主体在作出行政行为时，无需征得行政相对人的同意；行政主体作出的生效的行政行为，行政相对人必须履行；行政诉讼中主要由行政机关负举证责任。③税务行政法律关系中，税务行政机关与行政相对人之间的权利义务是法定的，税务行政机关与其相对人必须依法享有权利与承担义务。

【知识点2】 税务行政法律关系的要素

税务行政法律关系的要素包括主体、客体和内容。

税务行政主体主要是各级税务机关，它是指依法享有国家征税权，能够以自己的名义进行税务行政管理活动，并独立承担由此产生的法律责任的税务行政组织，包括各级税务机关和法律、法规授权的税务机构。

税务行政相对人，是指在税务行政法律关系中被税务行政主体管理的一方当事人，即与税务行政主体相对应的，受行政权力作用或行政行为约束的另一方主体。

【知识点3】 税务行政法律关系的内容

税务行政法律关系的内容，是指税务行政法律关系主体在税务行政法律关系中所享有的权利和所承担的义务。税务行政法律关系的内容是连接税务行政法律关系主体之间的纽带。既包括税务行政主体的权力与义务，也包括税务行政相对人的权利与义务。

税务行政职权主要表现为：行政立法权、行政决策权、行政决定权、行政命令权、行政制裁权、行政强制权、行政司法权等。税务行政主体的职权是国家征税权的具体表现形式。

税务行政相对人的权利，是指税务行政法律关系中的税务行政相对人，依照税法规定享有的为一定行为或不为一定行为的资格。即税务行政相对人可以选择是否为一定行为，也可以自动放弃。

税务行政关系的客体，是指税务行政法律关系主体的权利义务所指向的标的、目标或对象，包括物和行为两大类。

【知识点4】 税务行政行为的概念

税务行政行为，是指税务行政主体为实现国家税务行政管理目的所实施的具有法律意义并产生法律效果的活动。

税务行政行为的主体是税务行政主体。税务机关的工作人员，其在职权范围之内以税务机关名义行使行政职权时，作出的行为也属于税务行政行为。

税务行政行为的目的是为了履行国家税务行政管理的职责，实现国家税务行政管理的目标。

税务行政行为的表现形式是行使税务行政权力，是国家行政权的直接体现。

税务行政行为是具有法律意义、产生行政法律效果的行为。具有法律意义是指法律明确规定了该税务行政行为实施的法律依据。产生的法律效果是指能够产生法律上规定的状态或结果。

【知识点5】 税务行政行为的分类

以行政行为的对象是否特定为标准，行政行为分为抽象行政行为与具体行政行为。抽象行政行为，是指行政主体以不特定的人或事为管理对象，制定具有普遍约束力的规范性文件的行政行为。具体行政行为，是指行政主体在行政管理过程中，针对特定的人或事采取具体措施的行为，其行为的内容和结果将直接影响某一个人或组织的权利或义务，其最突出的特点就是行为对象的特定化和具体化。

以行政行为的适用与效力作用的对象范围为标准，行政行为分为内部行政行为与外部行政行为。内部行政行为，是指行政主体在内部行政组织管理过程中所作出的只对行政组织内部产生法律效力的行政行为。外部行政行为，是指行政主体在对社会实施行政管理过程中，针对公民、法人或其他组织作出的行政行为。

以行政行为受法律约束的程度为标准，行政行为分为羁束行政行为与自由裁量行政行为。羁束行政行为，是指法律规范对行政行为的范围、条件、标准、方式、程序等作了较详细、具体、明确规定的行政行为。自由裁量行政行为，是指法律规范仅对行为目的、行为范围等作出原则性的规定，而将行为具体条件、标准、幅度、方式等留给行政主体自行选择、决定的行政行为。

以行政主体是否可以主动作出行政行为为标准，行政行为分为依职权的行政行为与依申请的行政行为。依职权行政行为，是指行政行为依据法律设定或授予的职权，无需相对方的申请而主动实施的行政行为。依申请的行政行为，是指行政主体必须根据相对方的申请才能实施的行政行为，未经对方的请求，行政主体不能主动作出行政行为。

以行政行为是否应当具备一定的法定形式为标准，行政行为分为要式行政行为与非要式行为。要式行政行为，是指必须具备某种法定形式或遵守法定程序才能成立生效的行政行为。非要式行政行为，是指无须一定方式和程序，无论采取何种形式都可以成立的行政行为。

【知识点6】 税务行政行为的生效要件

即时生效，是指税务行政行为一经作出立即生效，在这种情况下，税务行政行为成立的时间就是生效时间。

受领生效，是指税务机关的税务行政行为必须经行政相对人受领相关法律文书后方能生效。

附条件生效，是指税务行政行为的生效附有一定期限或条件，当期限来到或条件满足时，税务行政行为才能够生效。

五 "三项制度"推行

【知识点1】 三项制度的内容

三项制度，是指行政执法公示制度、行政执法全过程记录制度和重大执法决定法制审核制度。

行政执法公示制度，是指行政机关在行政执法事前、事中和事后3个环节，依法及时主动向行政相对人和社会公开有关行政执法信息的活动。

　　行政执法全过程记录制度，是指行政机关采用文字、音像记录的形式，对税务执法的启动、调查取证、审核决定、送达执行等全部过程进行记录，并全面系统归档保存，实现执法全过程留痕和可回溯管理的活动。

　　重大执法决定法制审核制度，是指行政机关作出重大执法决定前，由法制审核机构对决定的合法性进行审核的活动。

【知识点2】 全面推行三项制度的意义

　　全面推行三项制度是对促进严格规范公正文明执法，具有基础性、整体性、突破性作用的制度创新。

　　全面推行三项制度是服务税收工作主题、主业、主线的实践创新。

　　全面推行三项制度是对国家税收利益、行政相对人合法权益、税务干部正当权益进行一体保护的价值创新。

【知识点3】 推行三项制度的工作要求

　　行政执法公示工作坚持基础信息与专项信息相结合，规范公示内容。坚持统一平台与多元渠道相结合，规范公示载体。坚持事前事中事后相结合，规范公示环节。坚持分工负责与统一发布相结合，规范公示流程。

　　行政执法全过程记录工作注重完善文字记录、注重严格记录归档、注重规范音像记录、注重发挥记录作用。

　　重大执法决定法制审核工作着力实化审核主体、着力量化审核范围、着力细化审核内容、着力优化审核程序。

>> 第二节
税务行政执法

一 税务行政许可

【知识点1】 行政许可的基本知识

　　行政许可是国家管理社会经济事务的一种有效手段，是行政机关根据公民、法人或者其他组织的申请，经依法审查，准予其从事特定活动的行为。

行政许可是依申请的行政行为，行政许可是要式行政行为，行政许可是授益性行政行为，行政许可是外部行政行为，行政许可的内容是国家一般禁止的活动。

行政许可分为一般许可、特许、认可、核准等，并针对不同许可的特点有不同程序。

行政许可的基本原则包括：合法性原则、公开公平公正原则、便民原则、救济原则及信赖保护原则。

【知识点2】 税务行政许可

税务行政许可，是指税务机关根据纳税人或者其他当事人的申请，经依法审查，准予其从事特定税务活动的行为。

税务行政许可由具有行政许可权的税务机关在法定权限内实施，各级税务机关下属的事业单位一律不得实施行政许可。税务机关是否具有行政许可权，由设定税务行政许可的法律、法规确定。没有法律、法规的规定，税务机关不得委托其他机关实施税务行政许可。

税务行政许可的实施程序一般包括：公示许可事项、提出申请、受理审查、审查、变更与延续。

申请人申请材料存在可以当场更正的错误的，应当告知并允许申请人当场更正。申请材料不齐全或者不符合法定形式的，应当当场或者在5日内一次告知申请人需要补正的全部内容，逾期不告知的，自收到申请材料之日起即为受理。

听证不是作出税务行政许可决定的必经程序，但是对于下列事项，税务机关应当举行听证：①法律、法规、规章规定实施税务行政许可应当听证的事项；②税务机关认为需要听证的其他涉及公共利益的许可事项；③税务行政许可直接涉及申请人与他人之间重大利益关系的事项。

作出许可决定的期限有3种情形：一是当场作出许可决定；二是行政机关应当自受理行政许可申请之日起20日内作出行政许可决定，20日内不能作出决定的，经本行政机关负责人批准，可以延长10日，并应当将延长期限的理由告知申请人；三是行政许可采取统一办理或者联合办理、集中办理的，办理的时间不得超过 45 日。

税务行政许可有有效期限的，被许可人需要延续依法取得的行政许可的有效期的，应当在该行政许可有效期届满 30 日前向作出行政许可决定的行政机关提出申请。

税务行政许可所依据的法律、法规修改或废止，或者准予行政许可所依据的客观情况发生重大变化的，为了公共利益的需要，税务机关可以依法变更或者撤回已经生效的税务行政许可。对被依法撤回的税务行政许可，税务机关应当依法办理相关注销手续。

三 税务行政处罚

【知识点 1】 税务行政处罚的概念及特征

税务行政处罚，是指税务行政处罚主体依法对行政相对人违反税收征管制度和税收征管秩序的行为所实施的制裁。

税务行政处罚的主体是拥有处罚权的税务机关。拥有处罚权的行政机关或者法律、法规授权的组织，才可以实施行政处罚。

税务行政处罚的对象是行政相对人。

税务行政处罚的前提是行政相对人实施了税收违法行为，这表明行政处罚是行政相对人因违法而承担的一种行政责任，不是刑事责任或民事责任。

税务行政处罚是税务机关依法作出的一种具体行政行为，具有惩治和制裁性质。

【知识点 2】 税务行政处罚的基本原则

处罚法定原则。公民、法人或其他组织的人身和财产权利非经法定程序不受剥夺或限制。行政处罚是因行政相对人违法而对其人身自由、经营活动和财产权利的一种限制，所以实施处罚时必须严格遵循法定原则。税务行政处罚法定原则主要包含处罚依据法定、处罚主体法定、处罚权限法定和处罚程序法定等。

处罚公正、公开原则。行政处罚遵循公正、公开的原则。设定和实施行政处罚必须以事实为依据，与违法行为的事实、性质、情节及社会危害程度相当。对违法行为给予行政处罚的规定必须公布；未经公布的，不得作为行政处罚的依据。

处罚与教育相结合原则，是指设定和实施行政处罚既要体现对违法行为的制裁，又要贯彻教育违法者自觉守法的精神，实现制裁与教育的双重功能。

保障相对人权利原则。纳税人在行政处罚过程中享有知情权、陈述权和申辩权等；在处罚决定作出后，当事人如对处罚决定不服，则享有依法提起行政复议、行政诉讼和申请国家赔偿等权利。

职能分离原则。在行政机关内部运用分权原则，要求行政机关将其内部的某些相关职能加以分离，使之分属于不同的机构或不同的工作人员掌管或行使，以便在行政机关内部建立起相互制约机制，控制权力专断。税务行政处罚领域的职能分离原则主要体现在以下方面：

（1）税务机关对涉税违法行为的调查机构与审理机构分离。

（2）作出罚款决定的税务机关与收缴罚款的机构分离。

（3）税务处罚案件听证主持人与调查、检查人员分离。

（4）行政机关执法人员当场作出的处罚决定应向所属行政机关备案等。

行政处罚不免除民事责任、不取代刑事责任原则。税务机关依法对涉税违法行为给予的行政处罚，并不免除施害方对第三方应承担的民事赔偿责任，也不能取代其应承担的刑事责任。需要移交司法机关的，税务机关要依法将案件进行移交。

【知识点3】 税务行政处罚的种类及设定

行政处罚法将处罚种类归纳总结为7种，包括：警告；罚款；没收违法所得、没收非法财物；责令停产停业；暂扣或者吊销许可证、执照；行政拘留；法律、行政法规规定的其他行政处罚。

目前法律、法规、规章明确的税务行政处罚的种类有：罚款；没收非法财物、没收违法所得；停止办理出口退税权以及吊销发票准印证四种。

法律可以设定各种行政处罚，且限制人身自由的行政处罚只能由法律设定；行政法规可以设定除限制人身自由以外的其他种类的行政处罚；地方性法规可以设定除限制人身自由和吊销企业营业执照以外的行政处罚；部门规章和地方政府规章可以设定警告或者一定数量罚款的行政处罚。

税收规范性文件虽不能设定税务行政处罚，却可以在上位法对行政处罚设定的基础上，进一步细化和完善。不过无论如何细化和完善，都不能突破上位法设定的行政处罚的种类、范围和幅度。

【知识点4】 税务行政处罚注意事项

当前税务行政处罚的主体包括：各级税务局、税务分局、税务所和省以下税务局的稽查局。

税务行政处罚的相对人也就是受处罚的对象，既可以是纳税人、扣缴义务人，也可以是纳税担保人和其他税务行政相对人，依法享有知情权、陈述权和申辩权、申请听证权、拒绝不正当处罚的权利、其他法定权利。

对当事人的同一个违法行为，不得给予2次以上罚款的行政处罚。

下列3种情形可免于处罚：①违法行为超过处罚时效，不予处罚。②未满14周岁的未成年人和精神病人在不能辨认或不能控制自己行为时实施的行为，不予处罚。③违法行为轻微并及时纠正，未造成危害后果的，不予处罚。

从轻、减轻处罚的情形。在下列情形下可以从轻或减轻处罚：①主动消除或者减轻违法行为危害后果的；②受他人胁迫有违法行为的；③配合行政机关查处违法行为有立功表现的；④已满14周岁不满18周岁的人有违法行为的；⑤其他依法从轻或者减轻行政处罚的。

违法行为在2年内未被发现的，不再给予行政处罚。法律另有规定的除外。

违反税收法律、行政法规应当给予行政处罚的行为，在5年内未被发现的，不再给予行政处罚。

三 税务行政强制

【知识点1】 行政强制的概念和原则

行政强制，是指法定的行政强制主体为维持公共秩序或为履行已经生效的行政决定，而对行政相对人的人身、财产或行为采取强制性措施的具体行政行为。

行政强制分为行政强制措施与行政强制执行。行政强制措施一般是行政机关在行政决定作出前所采取的强制手段，行政强制执行则是在行政决定作出后，为了执行和实现行政决定内容所采取的强制手段；行政强制措施都是暂时性的，而行政强制执行是终局性的。

行政强制遵循合法性原则、合理性原则、教育与强制相结合原则、权利救济原则。

【知识点2】 行政强制的种类和设定

行政强制措施，是指行政机关在行政管理过程中，为制止违法行为、防止证据损毁、避免危害发生、控制危险扩大等情形，依法对公民的人身自由实施暂时性限制，或者对公民、法人或者其他组织的财物实施暂时性控制的行为。

行政强制措施的种类包括：限制公民人身自由，查封场所、设施或者财物，扣押财物，冻结存款、汇款以及其他行政强制措施等。

行政强制措施由法律设定；尚未制定法律且属于国务院行政管理职权事项的，行政法规可以设定除限制人身自由和冻结存款、汇款以及应当由法律规定的行政强制措施以外的行政强制措施；地方性法规只有在尚未制定法律、行政法规，且属于地方性事务的，才可以设定查封、扣押措施。法律、法规以外的其他规范性文件不得设定行政强制措施。

行政强制执行，是指行政机关或者行政机关申请人民法院对不履行行政决定的公民、法人或者其他组织依法强制履行义务的行为。

行政强制执行的方式包括：加处罚款或者滞纳金；划拨存款、汇款；拍卖或者依法处理查封、扣押的场所、设施或者财物；排除妨碍、恢复原状；代履行以及其他强制执行方式等。

行政强制执行由法律设定。

【知识点3】 行政强制注意事项

实施行政强制措施应当遵循一定的外部程序和内部程序，基本规定如下：①实施前须向行政机关负责人报告并经批准；②由两名以上行政执法人员实施；③出示执法身份证件；④通知当事人到场；⑤当场告知当事人采取行政强制措施的理由、依据及当事人依法享有的权利、救济途径；⑥听取当事人的陈述和申辩；⑦制作现场笔录；⑧现场笔录由当事人和行政执法人员签名或者盖章，当事人拒绝的，在笔录中予以注明；⑨当事人不到场的，邀请见证人到场，由见证人和行政执法人员在现场笔录上签名或者盖章。

行政机关实施查封、扣押措施，查封、扣押的期限不得超过 30 日；情况复杂的，经行政机关负责人批准，可以延长，但是延长期限不得超过 30 日。

当事人没有违法行为；查封、扣押的场所、设施或者财物与违法行为无关；行政机关对违法行为已经作出处理决定不再需要采取行政强制措施；查封、扣押期限已经届满以及其他不再需要采取行政强制措施的，作出查封、扣押的行政机关应当立即解除行政强制措施。

行政机关作出强制执行决定前，除紧急情况即时适用强制以外，应当事先以书面形式催告当事人履行义务。

行政强制执行决定书应当直接送达当事人。当事人拒绝接收或者无法直接送达当事人的，应当按照《中华人民共和国民事诉讼法》的有关规定送达。行政机关采用公告方式送达强制执行文书时，要适用民事诉讼法满 60 日方视为送达的期限规定。

行政机关依法作出金钱给付义务的行政决定，当事人逾期不履行的，行政机关可以依法加处罚款或者滞纳金。加处罚款或者滞纳金的数额不得超出金钱给付义务的数额。

【知识点4】 税务行政强制执行

《中华人民共和国行政强制法》和《中华人民共和国税收征收管理法》《中华人民共和国税收征收管理法实施细则》的规定相冲突时，原则上按照《中华人民共和国行政强制法》的规定执行；《中华人民共和国行政强制法》规定法律、法规另有规定除外的事项，按照《中华人民共和国税收征收管理法》《中华人民共和国税收征收管理法实施细则》的规定执行；《中华人民共和国行政强制法》规定法律另有规定除外的事项，按照《中华人民共和国税收征收管理法》的规定执行。

税收保全措施的手段一般是查封、扣押和冻结，税务行政强制执行的方式是扣缴和拍卖、变卖，但这并不妨碍税务机关在实施强制执行前，先行采取查封、扣押手段限制相对人的财产，然后再进行依法拍卖、变卖处理。

税务行政强制执行会产生一定数额的费用，比如扣押、查封、保管、拍卖、变卖等费用，拍卖或者变卖所得应该先扣除相关费用后，再按照税款、滞纳金、罚款和加处罚款顺序进行清偿。清偿后剩余部分应当在 3 日内退还被执行人。税务机关因查封、扣押而产生的保管费用，依据《中华人民共和国行政强制法》的规定由行政机关承担。

四 相关税收保障措施

【知识点 1】 税收保全措施

《中华人民共和国税收征收管理法》第三十七条规定的税收保全措施。该保全措施针对的对象是未按照规定办理税务登记的从事生产、经营的纳税人以及临时从事经营的纳税人，对于办理了税务登记的纳税人和非生产、经营的纳税人这两类对象不适用该规定。这是第三十七条与第三十八条和第五十五条规定的保全之间的主要区别。

保全措施的标的范围包括纳税人开始生产、经营以来至税务机关检查前的所有应纳税款、滞纳金；保全的手段主要是扣押；主要程序：税务机关核定纳税人的应纳税额，并责令缴纳——纳税人不缴纳的——税务机关依法实施保全。

《中华人民共和国税收征收管理法》第三十八条规定的税收保全被定位为税收征管中的保全措施，实施时注意以下要点：①保全的对象是已办理税务登记的从事生产、经营的纳税人。②保全的标的范围是纳税人当期的应纳税款，不包含滞纳金。③保全的手段包括冻结、扣押、查封。④在法定的纳税期以前实施，也称"期前保全"。⑤程序要求：税务机关有根据认为纳税人有逃避纳税义务行为——责令限期缴纳应纳税款——在限期内发现纳税人有明显转移、隐匿其应纳税的商品、货物以及其他财产或者应纳税的收入迹象的——责成纳税人提供纳税担保——纳税人不提供纳税担保的——经县以上税务局长批准，依法实施保全。⑥该项保全必须经县以上税务局（分局）局长批准。

《中华人民共和国税收征收管理法》第五十五条的规定被定位为税务

检查中的保全措施，实施时要注意以下要点：①保全的对象是从事生产、经营的纳税人。②保全的适用前提条件：发生在税务机关对从事生产经营的纳税人以前纳税期进行纳税检查过程中，发现纳税人有逃避纳税义务行为，并有明显的转移、隐匿其应纳税的商品、货物以及其他财产或者应纳税的收入的迹象为前提。针对的是从事生产经营的纳税人以前纳税期至税务检查实施前的税款、滞纳金。③经县以上税务局（分局）局长批准方可采取保全措施。

【知识点2】 针对税款的强制执行

《中华人民共和国税收征收管理法》第三十七条、第三十八条规定的税收强制执行，两者有区别。一是对象不同。依据《税收征收管理法》第三十七条实施的强制执行，对象是未办理税务登记的从事生产、经营的纳税人以及临时从事经营的纳税人；依据第三十八条实施的强制执行，对象是办理了税务登记的从事生产、经营的纳税人。二是强制的方式不同。依据《税收征收管理法》第三十七条实施的强制执行，只能由税务机关依法拍卖或者变卖所扣押的商品、货物，以拍卖或者变卖所得抵缴税款；依据第三十八条实施的强制执行，税务机关可以书面通知纳税人开户银行或者其他金融机构从其冻结的存款中扣缴税款，也可依法拍卖或者变卖所扣押、查封的商品、货物或者其他财产，以拍卖或者变卖所得抵缴税款。

《中华人民共和国税收征收管理法》第四十条规定的税收强制执行：一是适用对象包括各种未按规定期限缴纳税款或解缴税款的从事生产经营的纳税人、扣缴义务人，以及未按规定期限履行担保义务的纳税担保人；二是强制执行的手段包括扣缴存款；扣押、查封、依法拍卖、变卖商品、货物或其他财产，以拍卖或变卖所得抵缴税款和滞纳金；三是需要先责令相对人限期缴纳，逾期未缴的才能实施强制执行；四是应当经县以上税务局（分局）局长的批准。

《中华人民共和国税收征收管理法》第五十五条规定的税收强制执行，税务机关对从事生产、经营的纳税人进行纳税检查，作出处理决定后，纳税人不按决定书补缴税款、滞纳金的，税务机关可以实施强制执行。该项强制执行可以在税收保全后实施，也可以直接实施。在实施该项强制执行时，也应按照《中华人民共和国税收征收管理法》第四十条规定的权限由县以上税务局（分局）局长进行批准。

>> 第三节
税务行政执法证据

 **一 证据概述**

【知识点1】 举证责任

被告对作出的具体行政行为负有举证责任，应当在收到起诉状副本之日起10日内，提供据以作出被诉具体行政行为的全部证据和所依据的规范性文件。被告不提供或者无正当理由逾期提供证据的，视为被诉具体行政行为没有相应的证据。

原告或者第三人提出其在行政程序中没有提出的反驳理由或者证据的，经人民法院准许，被告可以在第一审程序中补充相应的证据。

在诉讼过程中，被告及其诉讼代理人不得自行向原告和证人收集证据。

原告可以提供证明被诉具体行政行为违法的证据。原告提供的证据不成立的，不免除被告对被诉具体行政行为合法性的举证责任。

【知识点2】 举证期限

原告或者第三人应当在开庭审理前或者人民法院指定的交换证据之日提供证据。因正当事由申请延期提供证据的，经人民法院准许，可以在法庭调查中提供。逾期提供证据的，视为放弃举证权利。

原告或者第三人在第一审程序中无正当事由未提供而在第二审程序中提供的证据，人民法院不予接纳。

对当事人无争议，但涉及国家利益、公共利益或者他人合法权益的事实，人民法院可以责令当事人提供或者补充有关证据。

证据的提取和固定

【知识点1】 提供证据的要求

当事人向人民法院提供书证的，应当符合下列要求：①提供书证的原件，原本、正本和副本均属于书证的原件。提供原件确有困难的，可以提供与原件核对无误的复印件、照片、节录本；②提供由有关部门保管的书证原件的复制件、影印件或者抄录件的，应当注明出处，经该部门核对无异后加盖其印章；③提供报表、图纸、会计账册、专业技术资料、科技文献等书证的，应当附有说明材料；④被告提供的被诉具体行政行为所依据的询问、陈述、谈话类笔录，应当有行政执法人员、被询问人、陈述人、谈话人签名或者盖章。

当事人向人民法院提供物证的，应当符合下列要求：①提供原物。提供原物确有困难的，可以提供与原物核对无误的复制件或者证明该物证的照片、录像等其他证据；②原物为数量较多的种类物的，提供其中的一部分。

当事人向人民法院提供计算机数据或者录音、录像等视听资料的，应当符合下列要求：①提供有关资料的原始载体。提供原始载体确有困难的，可以提供复制件；②注明制作方法、制作时间、制作人和证明对象等；③声音资料应当附有该声音内容的文字记录。

当事人向人民法院提供证人证言的，应当符合下列要求：①写明证人的姓名、年龄、性别、职业、住址等基本情况；②有证人的签名，不能签名的，应当以盖章等方式证明；③注明出具日期；④附有居民身份证复印件等证明证人身份的文件。

被告向人民法院提供的现场笔录，应当载明时间、地点和事件等内容，并由执法人员和当事人签名。当事人拒绝签名或者不能签名的，应当注明原因。有其他人在现场的，可由其他人签名。

当事人向人民法院提供的在中华人民共和国领域外形成的证据，应当说明来源，经所在国公证机关证明，并经中华人民共和国驻该国使领馆认证，或者履行中华人民共和国与证据所在国订立的有关条约中规定的证明手续。

【知识点2】 证据的调取

有下列情形之一的，人民法院有权向有关行政机关以及其他组织、公民调取证据：①涉及国家利益、公共利益或者他人合法权益的事实认定的；②涉及依职权追加当事人、中止诉讼、终结诉讼、回避等程序性事项的。

原告或者第三人不能自行收集，但能够提供确切线索的，可以申请人民法院调取下列证据材料：①由国家有关部门保存而须由人民法院调取的证据材料；②涉及国家秘密、商业秘密、个人隐私的证据材料；③确因客观原因不能自行收集的其他证据材料。

人民法院不得为证明被诉具体行政行为的合法性，调取被告在作出具体行政行为时未收集的证据。

三 证据的审查

【知识点1】 证据的审查概述

应当根据案件的具体情况，从以下方面审查证据的合法性：①证据是否符合法定形式；②证据的取得是否符合法律、法规、司法解释和规章的要求；③是否有影响证据效力的其他违法情形。

应当根据案件的具体情况，从以下方面审查证据的真实性：①证据形成的原因；②发现证据时的客观环境；③证据是否为原件、原物，复制件、复制品与原件、原物是否相符；④提供证据的人或者证人与当事人是否具有利害关系；⑤影响证据真实性的其他因素。

【知识点2】 不能作为定案依据的证据

下列证据材料不能作为定案依据：①严重违反法定程序收集的证据材料；②以偷拍、偷录、窃听等手段获取侵害他人合法权益的证据材料；③以利诱、欺诈、胁迫、暴力等不正当手段获取的证据材料；④当事人无正当事由超出举证期限提供的证据材料；⑤在中华人民共和国领域以外或者在中华人民共和国香港特别行政区、澳门特别行政区和台湾地区形成的未办理法定证明手续的证据材料；⑥当事人无正当理由拒不提供原件、原物，又无其他证据印证，且对方当事人不予认可的证据的复制件或者复制品；⑦被当事人或者他人进行技术处理而无法辨明真伪的证据材料；⑧不能正确表达意志的证人提供的证言；⑨不具备合法性和真实性的其他证据材料。

以违反法律禁止性规定或者侵犯他人合法权益的方法取得的证据，不能作为认定案件事实的依据。

被告在行政程序中依照法定程序要求原告提供证据，原告依法应当提供而拒不提供，在诉讼程序中提供的证据，人民法院一般不予采纳。

下列证据不能作为认定被诉具体行政行为合法的依据：①被告及其诉讼代理人在作出具体行政行为后或者在诉讼程序中自行收集的证据；②被告在行政程序中非法剥夺公民、法人或者其他组织依法享有的陈述、申辩或者听证权利所采用的证据；③原告或者第三人在诉讼程序中提供的、被告在行政程序中未作为具体行政行为依据的证据。

复议机关在复议程序中收集和补充的证据，或者作出原具体行政行为的行政机关在复议程序中未向复议机关提交的证据，不能作为人民法院认定原具体行政行为合法的依据。

【知识点3】 证据的证明力

证明同一事实的数个证据，其证明效力一般可以按照下列情形分别认定：①国家机关以及其他职能部门依职权制作的公文文书优于其他书证；②鉴定结论、现场笔录、勘验笔录、档案材料以及经过公证或者登记的书证优于其他书证、视听资料和证人证言；③原件、原物优于复制件、复制品；④法定鉴定部门的鉴定结论优于其他鉴定部门的鉴定结论；⑤法庭主持勘验所制作的勘验笔录优于其他部门主持勘验所制作的勘验笔录；⑥原始证据优于传来证据；⑦其他证人证言优于与当事人有亲属关系或者其他密切关系的证人提供的对该当事人有利的证言；⑧出庭作证的证人证言优于未出庭作证的证人证言；⑨数个种类不同、内容一致的证据优于一个孤立的证据。

以有形载体固定或者显示的电子数据交换、电子邮件以及其他数据资料，其制作情况和真实性经对方当事人确认，或者以公证等其他有效方式予以证明的，与原件具有同等的证明效力。

在庭审中一方当事人或者其代理人在代理权限范围内对另一方当事人陈

述的案件事实明确表示认可的，人民法院可以对该事实予以认定。但有相反证据足以推翻的除外。

在行政赔偿诉讼中，人民法院主持调解时当事人为达成调解协议而对案件事实的认可，不得在其后的诉讼中作为对其不利的证据。

在不受外力影响的情况下，一方当事人提供的证据，对方当事人明确表示认可的，可以认定该证据的证明效力；对方当事人予以否认，但不能提供充分的证据进行反驳的，可以综合全案情况审查认定该证据的证明效力。

下列证据不能单独作为定案依据：①未成年人所作的与其年龄和智力状况不相适应的证言；②与一方当事人有亲属关系或者其他密切关系的证人所作的对该当事人有利的证言，或者与一方当事人有不利关系的证人所作的对该当事人不利的证言；③应当出庭作证而无正当理由不出庭作证的证人证言；④难以识别是否经过修改的视听资料；⑤无法与原件、原物核对的复制件或者复制品；⑥经一方当事人或者他人改动，对方当事人不予认可的证据材料；⑦其他不能单独作为定案依据的证据材料。

>> 第四节
税收的刑法保障

一　涉税犯罪类型

【知识点1】　危害税收征管罪总体特征

从犯罪主体角度分析，既有特殊主体又有一般主体，既包括自然人也包括单位。依据刑法规定，除抗税罪外，单位均可以构成其他危害税收征管犯罪。

从犯罪主观方面分析，在主观上均为故意犯罪，且是直接故意，过失不能构成危害税收征管罪各罪。

从犯罪目的看，基本上都是牟利性犯罪：有的是为了不缴、少缴、骗取税款；有的是为了利用发票获取非法利益。

从罚则上看，刑法对危害税收征管犯罪普遍规定了罚金刑或者没收财产刑。

【知识点2】 涉税犯罪主要罪名

逃税罪，是指纳税人、扣缴义务人采用欺骗、隐瞒方式进行虚假纳税申报或不申报，逃避缴纳、解缴税款的行为。逃税行为情节严重，达到刑法规定的追究刑事责任标准的，作为逃税罪追究刑事责任。

抗税罪，是指以暴力、威胁方法拒不缴纳税款的行为。抗税罪是危害税收征管中手段最恶劣、影响最坏的行为。它会直接危害税务人员的人身安全。抗税罪也是危害税收征管犯罪中唯一涉及侵犯人身权利的犯罪，是一种行为犯罪。

逃避追缴欠税罪，是指纳税人欠缴应纳税款，并采取转移或者隐匿财产的手段，致使税务机关无法追缴欠缴的税款，数额较大，应受刑罚处罚的行为。

骗取出口退税罪，是指采取以假报出口等欺骗手段，骗取国家出口退税款，数额较大，应受刑罚处罚的行为。虚开增值税专用发票、用于骗取出口退税、抵扣税款发票罪是指违反国家发票管理制度和国家税收经济秩序，为他人虚开、为自己虚开、让他人为自己虚开、介绍他人虚开增值税专用发票或者虚开用于骗取出口退税、抵扣税款的其他发票，情节严重、税款数额较大、依法应受刑罚处罚的行为。

虚开增值税专用发票、用于骗取出口退税、抵扣税款发票罪，是指违反国家发票管理制度和国家税收经济秩序，为他人虚开、为自己虚开、让他人为自己虚开、介绍他人虚开增值税专用发票或者虚开用于骗取出口退税、抵扣税款的其他发票，情节严重、依法应受刑罚处罚的行为。

虚开发票罪，是指虚开增值税专用发票、用于骗取出口退税、抵扣税款发票以外的其他发票，情节严重、依法应受处罚的行为。虚开发票罪与虚开增值税专用发票、用于骗取出口退税、抵扣税款发票罪的区别，主要体现在虚开发票的类型不同，虚开增值税专用发票、用于骗取出口退税、抵扣税款发票罪限于虚开具有增值税抵扣功能和用于出口退税的发票，而虚开发票罪包括除上述三类发票外的其他各种发票。

伪造、出售伪造的增值税专用发票罪，是指非法印制、复制或者使用其他方法伪造增值税专用发票或者非法销售、倒卖伪造的增值税发票的行为。增值税专用发票依法应由国家税务总局审批的企业印制，其他单位或者个人私自印制的，或者通过其他方式制作假发票的，即构成伪造。

非法出售增值税专用发票罪，是指违反国家税收管理制度和发票管理法规，将增值税专用发票出售的行为。增值税专用发票是增值税抵扣税款的凭证，是计征增值税的依据。增值税专用发票由国家税务机关依照规定发售，只限于增值税的一般纳税人领购使用。除此之外，任何单位和个人不得出售。

非法购买增值税专用发票、购买伪造的增值税专用发票罪，是指违反国家发票管理法规，非法购买增值税专用发票或者购买伪造的增值税专用发票的行为。

持有伪造的发票罪是明知是伪造的发票而持有，且持有数量较大的行为。

二　危害税收征管罪立案标准

【知识点1】　逃税罪立案标准

纳税人采取欺骗、隐瞒手段进行虚假纳税申报或者不申报逃避缴纳税款数额较大并且占应纳税额10%以上的即构成此罪，有数额和比例的双重要求。

扣缴义务人采取欺骗、隐瞒手段进行虚假报告或不报告，不缴或者少缴已扣、已收税款，数额较大的即可构成此罪，且没有比例的限制。

《最高人民检察院　公安部关于公安机关管辖的刑事案件立案追诉标准的规定（二）》（公通字〔2010〕23号）中将"数额较大"界定为"5万元"。

【知识点2】　抗税罪立案标准

抗税罪的立案标准主要包括：

（1）造成税务工作人员轻微伤以上的。

（2）给税务工作人员及其亲友的生命、健康、财产等造成损害为威胁，抗拒缴纳税款的。

（3）聚众抗拒缴纳税款的。

（4）以其他暴力、威胁方法拒不缴纳税款的。

【知识点3】 逃避追缴欠税罪立案标准

在客观上应当同时具备4个条件：一是必须有违反税收法规，欠缴应纳税款的事实；二是必须有采取转移或隐匿财产的手段以逃避追缴的行为；三是必须致使税务机关无法追缴欠缴的税款；四是无法追缴的税款数额需达法定的量刑标准，即1万元以上。

数额在1万元以上10万元以下的，处3年以下有期徒刑或者拘役，并处欠缴税款1倍以上5倍以下罚金；数额在10万元以上的，处3年以上7年以下有期徒刑，并处欠缴税款1倍以上5倍以下罚金。单位犯本罪的，实行双罚制。

【知识点4】 骗取出口退税罪立案标准

"数额较大"即骗取国家出口退税款5万元以上。

认定本罪时需要注意的是，纳税人缴纳税款后，采取假报出口或者其他欺骗手段，骗取所缴纳税款的，依照逃税罪的规定定罪处罚；骗取税款超过所缴纳的税款部分，依照骗取出口退税罪定罪处罚。

【知识点5】 其他罪的立案标准及注意点

虚开增值税专用发票或者虚开用于骗取出口退税、抵扣税款的其他发票，虚开的税款数额在1万元以上或者致使国家税款被骗数额在5000元以上的，应予追诉。"虚开的税款数额"和"国家税款被骗数额"成为衡量是否构成该罪的标准。只要其中1个达到法定数额，就可立案侦查。

虚开发票情节严重的，处2年以下有期徒刑、拘役或者管制，并处罚金。情节特别严重的，处2年以上7年以下有期徒刑，并处罚金。

非法出售增值税专用发票的行为。主要包括2种情况：第一，出售主体不合法，即除税务机关及其有关工作人员之外的任何单位和个人有出售行为的，如一般纳税人正常途径购买增值税专用发票后又出售的，即为非法出售。第二，购买主体不合法，即有权出售的税务机关及其工作人员，明知购买人不符合购买条件而予以出售的，亦属于非法出售。

非法购买增值税专用发票或者购买伪造的增值税专用发票后又虚开或者

出售的，不能数罪并罚，而是购买行为被后行为所吸收，分别依照虚开增值税专用发票罪、伪造或者出售伪造的增值税专用发票罪和非法出售增值税专用发票罪的规定定罪处罚。

持有伪造的发票的行为，并非都要追究刑事责任，"数额较大"作为持有伪造的发票罪的构成要件之一。只有达到"数额较大"的程度，才可以作为犯罪处理。

 涉嫌危害税收征管犯罪案件的移送

【知识点1】 移送的基本规定

违法行为构成犯罪的，行政机关必须将案件移送司法机关，依法追究刑事责任。

纳税人、扣缴义务人有违反《中华人民共和国税收征收管理法》第六十三条、第六十五条、第六十六条、第六十七条、第七十一条规定的行为涉嫌犯罪的，税务机关应当依法移交司法机关追究刑事责任。税务人员徇私舞弊，对依法应当移交司法机关追究刑事责任的不移交，情节严重的，依法追究刑事责任。

行政执法机关对应当向公安机关移送的涉嫌犯罪案件，应当立即指定2名或者2名以上行政执法人员组成专案组专门负责，核实情况后提出移送涉嫌犯罪案件的书面报告，报经本机关正职负责人或者主持工作的负责人审批。

行政执法机关正职负责人或者主持工作的负责人应当自接到报告之日起3日内作出批准移送或者不批准移送的决定。决定批准的，应当在24小时内向同级公安机关移送；决定不批准的，应当将不予批准的理由记录在案。

【知识点2】 移送的注意事项

行政执法机关对应当向公安机关移送的涉嫌犯罪案件，不得以行政处罚代替移送。

行政执法机关向公安机关移送涉嫌犯罪案件前已经作出的警告，责令停产停业，暂扣或者吊销许可证、暂扣或者吊销执照的行政处罚决定，不停止执行。

行政执法机关对公安机关决定立案的案件，应当自接到立案通知书之日起3日内将涉案物品以及与案件有关的其他材料移交公安机关，并办结交接手续；法律、行政法规另有规定的，依照其规定。

依照行政处罚法的规定，行政执法机关向公安机关移送涉嫌犯罪案件前，已经依法给予当事人罚款的，人民法院判处罚金时，依法折抵相应罚金。

【知识点3】 移送的法律责任

行政执法机关违反规定，逾期不将案件移送公安机关的，由本级或者上级人民政府，或者实行垂直管理的上级行政执法机关，责令限期移送，并对其正职负责人或者主持工作的负责人根据情节轻重，给予记过以上的行政处分；构成犯罪的，依法追究刑事责任。

行政执法机关违反规定，对应当向公安机关移送的案件不移送，或者以行政处罚代替移送的，由本级或者上级人民政府，或者实行垂直管理的上级行政执法机关，责令改正，给予通报；拒不改正的，对其正职负责人或者主持工作的负责人给予记过以上的行政处分；构成犯罪的，依法追究刑事责任。

>> 第五节
税务行政法律救济

一 税务行政复议

【知识点1】 税务行政复议概述

税务行政复议，是指纳税人及其他当事人认为税务机关及其工作人员作出的税务具体行政行为侵犯其合法权益，依法向税务行政复议机关提出审查该具体行政行为的申请，由复议机关对该具体行政行为的合法性和适当性进行审查并作出决定的制度和活动。

行政机关是代表国家行使行政管理职权的法定机关，其具体行政行为一经作出，就具有法律的确定力、拘束力和执行力，在没有被有权机关依法定程序否定其效力前，不停止具体行政行为的执行。

禁止不利变更，是指行政复议机关在审查具体行政行为的合法性和适当性过程中，禁止作出对行政复议申请人较原具体行政行为更为不利的行政复议决定。

除非法律另有规定，对引起争议的具体行政行为一般只经一级复议机关复议。申请人对复议决定不服，原则上不能再向其他复议机关申请复议，但可以向人民法院提起行政诉讼。如果申请人在法定期限内不向法院起诉，复议决定即产生终局的法律效力。

行政复议机关审查案件，原则上通过书面方式审查；行政复议机构根据申请人要求或者认为必要时，可以听取申请人、被申请人和第三人的意见，并可以向有关组织和人员调查了解情况；对重大、复杂的案件，申请人提出要求或者复议机构认为必要时，可以采取听证的方式审查。

【知识点2】 税务行政复议受案范围规定

税务行政复议的受案范围主要包括：

（1）征税行为。包括确认纳税主体、征税对象、征税范围、减税、免税、退税、抵扣税款、适用税率、计税依据、纳税环节、纳税期限、纳税地点和税款征收方式等具体行政行为，征收税款、加收滞纳金，扣缴义务人、受税务机关委托的单位和个人作出的代扣代缴、代收代缴、代征行为等。

（2）行政许可、行政审批行为。

（3）发票管理行为，包括发售、收缴、代开发票等。

（4）税收保全措施、强制执行措施。

（5）行政处罚行为，包括：罚款；没收财物和违法所得以及停止出口退税权行为。

（6）不依法履行职责的行为，包括：颁发税务登记；开具、出具完税凭证、外出经营活动税收管理证明；行政赔偿；行政奖励以及其他不依法履行职责的行为。

（7）资格认定行为。

（8）不依法确认纳税担保行为。

（9）政府信息公开工作中的具体行政行为。

（10）纳税信用等级评定行为。

（11）通知出入境管理机关阻止出境行为。

（12）其他具体行政行为。

（13）纳税人对税务机关作出的征税行为不服时，必须先依照税务机关根据法律、法规确定的税额、期限，先行缴纳或者解缴税款和滞纳金，或者提供相应的担保，才能提出行政复议申请。对其他具体行政行为不服以及要求税务机关依法履行法定职责未按规定履行的，可直接申请行政复议。

（14）申请人认为税务机关的具体行政行为所依据的下列规定不合法，在对具体行政行为申请行政复议时，可一并向复议机关提出对该有关规定的审查申请，申请人对具体行政行为提出行政复议申请时不知道该具体行政行为所依据的规定的，可以在行政复议机关作出行政复议决定以前提出对该规定的审查申请：①国家税务总局和国务院其他部门的规定；②其他各级税务机关的规定；③地方各级人民政府的规定；④地方人民政府工作部门的规定。

【知识点3】 税务行政复议的管辖

对各级税务局的具体行政行为不服的，向其上一级税务局申请行政复议。

对计划单列市税务局的具体行政行为不服的，向国家税务总局申请行政复议。

对税务所（分局）、各级税务局的稽查局的具体行政行为不服的，向其所属税务局申请行政复议。

对两个以上税务机关共同作出的具体行政行为不服的，向共同上一级税务机关申请行政复议；对税务机关与其他行政机关共同作出的具体行政行为不服的，向其共同上一级行政机关申请行政复议。

对被撤销的税务机关在撤销以前所作出的具体行政行为不服的，向继续行使其职权的税务机关的上一级税务机关申请行政复议。

对税务机关作出逾期不缴纳罚款加处罚款的决定不服的，向作出行政处罚决定的税务机关申请行政复议。但是对已处罚款和加处罚款都不服的，一并向作出行政处罚决定的税务机关的上一级税务机关申请行政复议。

【知识点4】 税务行政复议的参加人

申请人，是指对税务机关作出的税务具体行政行为不服，依据法律、法规的规定，以自己的名义向行政复议机关提起复议申请的纳税人、扣缴义务人、纳税担保人等税务行政相对人。

合伙企业申请行政复议的，应当以核准登记的企业为申请人，由执行合伙事务的合伙人代表该企业参加行政复议；其他合伙组织申请行政复议的，由合伙人共同申请行政复议；不具备法人资格的其他组织申请行政复议的，由该组织的主要负责人代表该组织参加行政复议，没有主要负责人的，由共同推选的其他成员代表该组织参加行政复议。

股份制企业的股东大会、股东代表大会、董事会认为税务具体行政行为侵犯企业合法权益的，可以以企业的名义申请行政复议。

有权申请行政复议的公民死亡的，其近亲属可以申请行政复议；有权申请行政复议的公民为无行为能力人或者限制行为能力人，其法定代理人可以代理申请行政复议。

有权申请行政复议的法人或者其他组织发生合并、分立或终止的，承受其权利义务的法人或者其他组织可以申请行政复议。

行政复议期间，申请人以外的公民、法人或者其他组织与被审查的税务具体行政行为有利害关系的，也可以向行政复议机关申请作为第三人参加行政复议。

非具体行政行为的行政管理相对人，但其权利直接被该具体行政行为所剥夺、限制或者被赋予义务的公民、法人或其他组织，在行政管理相对人没有申请行政复议时，可以单独申请行政复议。

同一行政复议案件申请人超过5人的，应当推选1名至5名代表参加行政复议。申请人可以委托1名至2名代理人参加行政复议。

在税务行政复议中，公民、法人或者其他组织对税务机关的具体行政行为不服申请税务行政复议的，作出具体行政行为的税务机关是被申请人。

对扣缴义务人的扣缴税款行为不服的，以主管该扣缴义务人的税务机关为被申请人；对代征行为不服的，以作出委托的税务机关为被申请人。对税务机关与法律、法规授权的组织共同作出的具体行政行为不服的，以税务机关和该组织为共同被申请人；对税务机关与其他组织以共同名义作出具体行政行为不服的，以税务机关为被申请人。对依照法律、法规和规章规定而经上级税务机关批准作出具体行政行为不服的，以批准机关为被申请人。对经重大税务案件审理程序作出的决定不服的，以审理委员会所在税务机关为被申请人。对税务机关设立的派出机构、内设机构或者其他组织未经法律、法规授权而以自己名义作出的具体行政行为不服的，以税务机关为被申请人。

税务行政复议中的第三人，是指因与被申请复议的具体行政行为有利害关系而参加到行政复议中的公民、法人或其他组织。第三人可以自己名义参加复议，也可以委托 1 名至 2 名代理人参加行政复议。

【知识点 5】 行政复议程序

申请人可以在知道税务机关作出具体行政行为之日起 60 日内提出行政复议申请。因不可抗力或者被申请人设置障碍等原因耽误法定申请期限的，申请期限的计算应当扣除被耽误时间。申请期限按以下情况计算：①当场作出具体行政行为的，自具体行政行为作出之日起计算。②载明具体行政行为的法律文书直接送达的，自受送达人签收之日起计算。③载明具体行政行为的法律文书邮寄送达的，自受送达人在邮件签收单上签收之日起计算；没有邮件签收单的，自受送达人在送达回执上签名之日起计算。④具体行政行为依法通过公告形式告知受送达人的，自公告规定的期限届满之日起计算。⑤税务机关作出具体行政行为时未告知申请人，事后补充告知的，自该申请人收到 税务机关补充告知的通知之日起计算。⑥被申请人能够证明申请人知道具体行政行为的，自证据材料证明其知道具体行政行为之日起计算。税务机关作出具体行政行为，依法应当向申请人送达法律文书而未送达的，视为该申请人不知道该具体行政行为。

申请人对税务机关作出的征税行为不服的，必须依照税务机关根据法律、法规确定的税额、期限，先行缴纳或者解缴税款和滞纳金，或者提供相应的担保，才可以在缴清税款和滞纳金之日起或者所提供的担保得到作出具体行政行为的税务机关确认之日起 60 日内提出行政复议申请。申请人依照行政复议法的规定申请税务机关履行法定职责，税务机关未履行的，有履行期限规定的，自履行期限届满之日起计算，没有履行期限规定的，自税务机关收到申请满 60 日起计算。

税务行政复议机关收到复议申请以后，应当在 5 日内审查，决定是否受理。对不符合规定的税务行政复议申请，决定不予受理，并书面告知申请人。

对不属于该税务机关受理的行政复议申请，应当告知申请人向有关行政复议机关提出。税务行政复议机关收到行政复议申请以后未按照规定期限审查并作出不予受理决定的，视为受理。

行政复议机构应当自受理行政复议申请之日起 7 日内将复议申请书副本或者行政复议申请笔录复印件发送被申请人。被申请人应当自收到复议申请书副本或行政复议申请笔录复印件之日起 10 日内提出书面答复，并提交当初作出具体行政行为的证据、依据和其他有关材料。被申请人拒不提供具体行政行为的证据、依据及有关材料的，视为没有举证，要承担具体行政行为被撤销的风险；在行政复议过程中，被申请人不得自行向申请人和其他有关组织或个人收集证据。

税务行政复议活动中止的具体情形包括：①作为申请人的公民死亡，其近亲属尚未确定是否参加行政复议的；②作为申请人的公民丧失参加行政复议的能力，尚未确定法定代理人参加行政复议的；③作为申请人的法人或者其他组织终止，尚未确定权利义务承受人的；④作为申请人的公民下落不明或者被宣告失踪的；⑤申请人、被申请人因不可抗力，不能参加行政复议的；⑥行政复议机关因不可抗力原因暂时不能履行工作职责的；⑦案件涉及法律适用问题，需要有权机关作出解释或者确认的；⑧案件审查需要以其他案件的审理结果为依据，而其他案件尚未审结的；⑨其他需要中止行政复议的情形。

行政复议终止情形包括：①申请人要求撤回行政复议申请，行政复议机构准予撤回的；②作为申请人的公民死亡，没有近亲属，或者其近亲属放弃行政复议权利的；③作为申请人的法人或者其他组织终止，其权利义务的承受人放弃行政复议权利的；④申请人与被申请人依照《税务行政复议规则》第八十七条的规定，经行政复议机构准许达成和解的；⑤行政复议申请受理以后，发现其他行政复议机关已经先于本机关受理，或者人民法院已经受理的。依照行政复议中止情形①、②、③中止行政复议，满 60 日行政复议中止的原因未消除的，行政复议终止。

按照自愿、合法的原则，申请人和被申请人在行政复议机关作出行政复议决定以前可以达成和解，行政复议机关也可以调解。具体事项包括：①行使自由裁量权作出的具体行政行为，如行政处罚、核定税额、确定应税所得率等；②行政赔偿；③行政奖励；④存在其他合理性问题的具体行政行为。申请人与被申请人在行政复议决定作出前自愿达成和解协议，经行政复议机构准许后终止行政复议，但申请人不得以同一事实和理由再次申请行政复议；行政复议机关可以按照自愿、合法的原则进行调解。

税务行政复议机关应当在收到复议申请之日起 60 日内，根据事实和法律，对有争议的具体行政行为的合法性和适当性进行审查，依法作出复议决定或作出相应处理。

二 税务行政应诉工作

【知识点 1】 行政诉讼的概念和特征

在行政诉讼中，人民法院主要审查行政行为的合法性；原告请求对行政行为所依据的规章以下的规范性文件进行审查的，审查其合法性。但行政诉讼的合法性审查原则不是绝对的，行政处罚明显不当，或者其他行政行为涉及对款额的确定、认定确有错误的，人民法院可以判决变更。

行政诉讼主要审查被告作出的行政行为是否合法，被告应当就其行政行为合法有效承担举证责任。

原告不能以起诉为由停止履行原行政行为所确定的义务和责任，被告有权在行政诉讼期间开展执行工作。但在有些情况下可以裁定停止执行，主要包括：①被告认为需要停止执行的；②原告或者利害关系人申请停止执行，人民法院认为该行政行为的执行会造成难以弥补的损失，并且停止执行不损害国家利益、社会公共利益的；③人民法院认为该行政行为的执行会给国家利益、社会公共利益造成重大损害的；④法律、法规规定停止执行的。

人民法院审理行政案件，不适用调解。行政权的行使往往具有羁束性，行政机关也不能任意处分，因而行政诉讼中不适用调解。但行政赔偿、补偿以及行政机关行使法律、法规规定的自由裁量权的案件可以调解。

【知识点 2】 税务行政诉讼的受案范围

税务行政诉讼的受案范围，是指人民法院审理税务行政争议的范围，即公民、法人或者其他组织对税务机关的哪些行政行为不服可以向人民法院提起税务行政诉讼。与税务工作关联性较强的行政诉讼范围有：对暂扣或者吊销许可证和执照、责令停产停业、没收违法所得、没收非法财物、罚款、警告等行政处罚不服的；对限制人身自由或者对财产的查封、扣押、冻结等行政强制措施和行政强制执行不服的；申请行政许可，行政机关拒绝或者在法定期限内不予答复，或者对行政机关作出的有关行政许可的其他决定不服的；对征收、征用决定及其补偿决定不服的；申请行政机关履行保护人身权、财产权等合法权益的法定职责，行政机关拒绝履行或者不予答复的；认为行政机关违法集资、摊派费用或者违法要求履行其他义务的；认为行政机关侵犯其他人身权、财产权等合法权益的。

公民、法人或者其他组织认为行政行为所依据的国务院部门和地方人民政府及其部门制定的规章以外的规范性文件不合法，在对行政行为提起诉讼时，可以一并请求对该规范性文件进行审查。人民法院在审理行政案件中，发现上述规范性文件不合法的，不作为认定行政行为合法的依据，并向制定机关提出处理建议。

【知识点3】 税务行政诉讼管辖

一般案件由基层法院管辖。

中级人民法院管辖对国务院部门或者县级以上地方人民政府所作的行政行为提起诉讼的案件；海关处理的案件；本辖区内重大、复杂的案件；其他法律规定由中级人民法院管辖的案件。

高级、最高人民法院管辖本辖区内重大、复杂的第一审行政诉讼案件。

行政案件一般由最初作出行政行为的行政机关所在地人民法院管辖。

经复议的案件，可以由最初作出行政行为所在地法院管辖，也可以由复议机关所在地人民法院管辖。

对限制人身自由的行政强制措施不服而提起诉讼的，由被告所在地或原告所在地管辖。原告所在地包括原告户籍所在地、经常居住地和被限制人身自由地。

因不动产提起诉讼的，由不动产所在地人民法院专属管辖。两个以上人民法院都有管辖权的案件，原告可以选择其中一个人民法院 提起诉讼。原告向两个以上有管辖权的人民法院提起诉讼的，由最先立案的人民法院管辖。

【知识点4】 税务行政诉讼参加人

税务行政行为的相对人以及其他与行政行为有利害关系的公民、法人或其他组织，有权作为原告提起行政诉讼。有权提起诉讼的公民死亡，其近亲属可以作为原告提起税务行政诉讼。有权提起诉讼的法人或者其他组织终止，承受其权利的法人或者其他组织可以作为原告提起税务行政诉讼。

一般情况下，作出争议行政行为的税务机关是被告。特殊情况下，按以下方法规定被告：①经复议的案件，复议机关决定维持原行政行为的，作出原行政行为的行政机关和复议机关是共同被告；复议机关改变原行政行为的，复议机关是被告。②复议机关在法定期限内未作出复议决定，公民、法人或者其他组织起诉原行政行为的，作出原行政行为的行政机关是被告；起诉复议机关不作为的，复议机关是被告。③2个以上行政机关作出同一行政行为的，共同作出行政行为的行政机关是共同被告。④行政机关委托的组织所作的行政行为，委托的行政机关是被告。⑤行政机关被撤销或者职权变更的，继续行使其职权的行政机关是被告。

公民、法人或者其他组织同被诉行政行为有利害关系但没有提起诉讼，或者同案件处理结果有利害关系的，可以作为第三人申请参加诉讼，或者由人民法院通知参加诉讼。人民法院判决第三人承担义务或者减损第三人权益的，第三人有权依法提起上诉。

【知识点5】 税务行政诉讼程序

当事人起诉必须符合下列条件：一是原告必须是行政行为的相对人以及其他与行政行为有利害关系的公民、法人或者其他组织。二是有明确的被告。三是有具体的诉讼请求和事实根据。四是属于人民法院受案范围和受诉人民法院管辖。

行政诉讼的起诉期限一般为6个月内，自知道或者应当知道作出行政行为之日起计算。经复议而不服复议决定，起诉期限为收到复议决定书之日起15日。复议机关逾期不作决定的，起诉原行政行为的，起诉期限为复议期满之日起15日；起诉复议机关不作为的，可以在复议期满之日起15日内向人民法院提起诉讼。行政机关未告知起诉权利或期限的，按最长诉讼时效执行。最长诉讼时效为：因不动产提起诉讼的案件自行政行为作出之日起 20 年，其他案件自行政行为作出之日起 5 年。因不可抗力或者其他不属于其自身的原因耽误起诉期限的，被耽误的时间不计算在起诉期限内。

行政诉讼的判决的方式包括：判决驳回原告诉讼请求；判决撤销或者部分撤销行政行为、重新作出行政行为；判决限期履行法定职责和履行给付义务；判决变更原行政行为；判决确认原行政行为无效；判决责令被告采取补救措施并承担赔偿责任；判决确认原行政行为违法但不撤销原行政行为。

符合下列条件的第一审行政案件，事实清楚、权利义务关系明确、争议不大的，可以适用简易程序：①被诉行政行为是依法当场作出的；②案件涉及款额 2000 元以下的；③属于政府信息公开案件的。其他案件，当事人各方同意适用简易程序的，也可以适用简易程序。人民法院在审理过程中，发现案件不宜适用简易程序的，裁定转为普通程序。发回重审、按照审判监督程序再审的案件不适用简易程序。适用简易程序审理的行政案件，由审判员一人独任审理，并应当在立案之日起 45 日内审结。

当事人不服人民法院第一审判决的，有权在判决书送达之日起 15 日内向上一级人民法院提出上诉。当事人不服人民法院第一审裁定的，有权在裁定书送达之日起 10 日内向上一级人民法院提起上诉。逾期不提起上诉的，人民法院的第一审判决或者裁定发生法律效力。人民法院审理上诉案件应当在收到上诉状之日起 3 个月内作出终审裁判。

三 税务行政赔偿

【知识点1】 税务行政赔偿概述

税务行政赔偿，是指税务机关和税务机关工作人员违法行使税收征管职权，对公民、法人和其他组织的合法权益造成损害的，由国家承担赔偿责任，并由税务机关具体履行义务的一项法律制度。

税务行政机关及其税务人员在行使行政职权时有下列侵犯财产权情形之一的，受害人有取得赔偿的权利：①违法实施罚款等行政处罚的；②违法对财产采取查封、扣押、冻结等税收保全措施或强制执行措施的；③造成财产损害的其他违法行为。

【知识点2】 税务行政赔偿的构成要件

侵权主体是行使国家税收征管职权的税务机关及其工作人员。

必须是税务机关及其工作人员行使税收征管职权的行为。

必须是行使税收征管职权的行为具有违法性。

必须有公民、法人和其他组织的合法权益受到损害的事实。

必须是违法行为与损害后果有因果关系。

【知识点3】 赔偿范围

违反国家税法规定作出征税行为损害纳税人合法财产权的征税行为。

违反国家法律作出税务行政处罚行为损害纳税人合法财产权的。

违法作出责令纳税人提供纳税保证金或纳税担保行为给纳税人的合法财产造成损害的。

违法作出税收保全措施给纳税人的合法财产权造成损害的。

违法作出通知出入境管理机关阻止纳税人出境给纳税人的合法权益造成损害的。

违法作出税收强制执行措施造成纳税人合法财产权损害的。

违法拒绝颁发税务登记证、审批认定为一般纳税人、发售发票或不予答复造成纳税人合法财产权损害的。

【知识点4】 受理时限

赔偿请求人请求税务行政赔偿的时效为2年，自税务行政人员行使职权时的行为被依法确认为违法之日起计算。

赔偿请求人在赔偿请求时效的最后6个月内，因不可抗力或者其他障碍不能行使请求权的，时效中止。从中止时效的原因消除之日起，赔偿请求时效期间继续计算。

【知识点5】 赔偿方式和标准

赔偿方式，是指国家承担赔偿责任的各种形式。依据《中华人民共和国国家赔偿法》规定，国家赔偿以支付赔偿金为主要方式，赔偿义务机关能够通过返还财产或者恢复原状实施国家赔偿的，应当返还财产或者恢复原状。

侵犯公民人身自由的，每日赔偿金按照国家上年度职工日平均工资计算。

造成公民身体伤害的，应当支付医疗费、护理费，以及赔偿因误工减少的收入。减少的收入每日赔偿金按照国家上年度职工日平均工资计算，最高限额为国家上年度职工平均工资的 5 倍。

造成部分或者全部丧失劳动能力的，应当支付医疗费、护理费等，以及残疾赔偿金，最高额为国家上年度职工平均工资的 10 倍，全部丧失劳动能力的为国家上年度职工平均工资的 20 倍，造成全部丧失劳动能力的，对其抚养的无劳动能力的人，还应当支付生活费。

造成死亡的，应当支付死亡赔偿金、丧葬费，总额为国家上年度职工平均工资的 20 倍。对死者生前抚养的无劳动能力的人，还应当支付生活费。

上述规定的生活费发放标准参照当地民政部门有关生活救济的规定办理。被抚养的人是未成年人的，生活费给付至 18 周岁为止；其他无劳动能力的人，生活费给付至死亡时为止。

违反征收税款，加收滞纳金的，应当返还税款及滞纳金。违法对应予出口退税而未退税的，由赔偿义务机关办理退税。处罚款、没收非法所得或者违反国家规定征收财物、摊派费用的，返还财产。查封、扣押、冻结财产的，解除对财产的查封、扣押、冻结，造成财产损坏或者灭失的，应当恢复原状或者给付相应赔偿金。应当返还的财产损坏的，能恢复原状的恢复原状，不能恢复原状的，按照损害程序给付赔偿金。应当返还财产丢失的，给付相应的赔偿金。财产已经拍卖的，给付拍卖所得的款项。对财产权造成损害的，按照直接损失给予赔偿。

按照《中华人民共和国国家赔偿法》和国家赔偿费用管理办法的规定，税务行政赔偿费用列入各级财政预算，由各级财政按照财政管理体制分级负担。

>> 第六节
税收执法者及其责任

一 公务员基本权利义务及其责任

【知识点1】 基本概念

公务员，是指依法履行公职、纳入国家行政编制、由国家财政负担工资福利的工作人员。

公务员的管理，坚持公开、平等、竞争、择优的原则，依照法定的权限、条件、标准和程序进行。坚持监督约束与激励保障并重的原则。

公务员的任用，坚持德才兼备、以德为先，坚持五湖四海、任人唯贤，坚持事业为上、公道正派，突出政治标准，注重工作实绩。

国家对公务员实行分类管理，提高管理效能和科学化水平。公务员就职时应当依照法律规定公开进行宪法宣誓。

公务员应当具备下列条件：①具有中华人民共和国国籍；②年满18周岁；③拥护中华人民共和国宪法，拥护中国共产党领导和社会主义制度；④具有良好的政治素质和道德品行；⑤具有正常履行职责的身体条件和心理素质；⑥具有符合职位要求的文化程度和工作能力；⑦法律规定的其他条件。

公务员应当履行下列义务：①忠于宪法，模范遵守、自觉维护宪法和法律，自觉接受中国共产党领导；②忠于国家，维护国家的安全、荣誉和利益；③忠于人民，全心全意为人民服务，接受人民监督；④忠于职守，勤勉尽责，服从和执行上级依法作出的决定和命令，按照规定的权限和程序履行职责，努力提高工作质量和效率；⑤保守国家秘密和工作秘密；⑥带头践行社会主义核心价值观，坚守法治，遵守纪律，恪守职业道德，模范遵守社会公德、家庭美德；⑦清正廉洁，公道正派；⑧法律规定的其他义务。

公务员享有下列权利：①获得履行职责应当具有的工作条件；②非因法定事由、非经法定程序，不被免职、降职、辞退或者处分；③获得工资报酬，享受福利、保险待遇；④参加培训；⑤对机关工作和领导人员提出批评和建议；⑥提出申诉和控告；⑦申请辞职；⑧法律规定的其他权利。

【知识点2】 监督与惩戒

对公务员监督发现问题的，应当区分不同情况，予以谈话提醒、批评教育、责令检查、诫勉、组织调整、处分。对公务员涉嫌职务违法和职务犯罪的，应当依法移送监察机关处理。

公务员执行公务时，认为上级的决定或者命令有错误的，可以向上级提出改正或者撤销该决定或者命令的意见；上级不改变该决定或者命令，或者要求立即执行的，公务员应当执行该决定或者命令，执行的后果由上级负责，公务员不承担责任；但是，公务员执行明显违法的决定或者命令的，应当依法承担相应的责任。

公务员因违纪违法应当承担纪律责任的，依照本法给予处分或者由监察机关依法给予政务处分；违纪违法行为情节轻微，经批评教育后改正的，可以免予处分。

对同一违纪违法行为，监察机关已经作出政务处分决定的，公务员所在机关不再给予处分。

处分分为：警告、记过、记大过、降级、撤职、开除。对公务员的处分，应当事实清楚、证据确凿、定性准确、处理恰当、程序合法、手续完备。

公务员在受处分期间不得晋升职务、职级和级别，其中受记过、记大过、降级、撤职处分的，不得晋升工资档次。

受处分的期间为：警告，6个月；记过，12个月；记大过，18个月；降级、撤职，24个月。受撤职处分的，按照规定降低级别。

公务员受开除以外的处分，在受处分期间有悔改表现，并且没有再发生违纪违法行为的，处分期满后自动解除。解除处分后，晋升工资档次、级别和职务、职级不再受原处分的影响。但是，解除降级、撤职处分的，不视为恢复原级别、原职务、原职级。

【知识点3】 申诉控告

公务员对涉及本人的下列人事处理不服的，可以自知道该人事处理之日起 30 日内向原处理机关申请复核；对复核结果不服的，可以自接到复核决定之日起 15 日内，按照规定向同级公务员主管部门或者作出该人事处理的机关的上一级机关提出申诉；也可以不经复核，自知道该人事处理之日起 30 日内直接提出申诉：①处分；②辞退或者取消录用；③降职；④定期考核定为不称职；⑤免职；⑥申请辞职、提前退休未予批准；⑦不按照规定确定或者扣减工资、福利、保险待遇；⑧法律、法规规定可以申诉的其他情形。

对省级以下机关作出的申诉处理决定不服的，可以向作出处理决定的上一级机关提出再申诉。

受理公务员申诉的机关应当组成公务员申诉公正委员会，负责受理和审理公务员的申诉案件。

公务员对监察机关作出的涉及本人的处理决定不服向监察机关申请复审、复核的，按照有关规定办理。

原处理机关应当自接到复核申请书后的 30 日内作出复核决定，并以书面形式告知申请人。受理公务员申诉的机关应当自受理之日起 60 日内作出处理决定；案情复杂的，可以适当延长，但是延长时间不得超过 30 日。

复核、申诉期间不停止人事处理的执行。公务员不因申请复核、提出申诉而被加重处理。

【知识点4】 法律责任

公务员辞去公职或者退休的，原系领导成员、县处级以上领导职务的公务员在离职 3 年内，其他公务员在离职 2 年内，不得到与原工作业务直接相关的企业或者其他营利性组织任职，不得从事与原工作业务直接相关的营利性活动。

公务员辞去公职或者退休后有违反前款规定行为的，由其原所在机关的同级公务员主管部门责令限期改正；逾期不改正的，由县级以上市场监管部门没收该人员从业期间的违法所得，责令接收单位将该人员予以清退，并根据情节轻重，对接收单位处以被处罚人员违法所得 1 倍以上 5 倍以下的罚款。

二 税收执法责任制和税收执法过错责任追究

【知识点1】 税收执法责任制的基本内容

税收执法责任制是依法确定执法主体资格，明确执法责任，规范执法程序，考核执法质量，追究执法过错责任的一种执法监督制度，是行政执法责任制的重要组成部分。

税收执法责任由岗位职责、工作规程、评议考核和过错责任追究 4 部分构成。其中岗位职责是基础，工作规程是关键，评仪考核是保障。4 部分内容有机结合，相互衔接。

岗位职责就是将税收征管流程内的征收、管理、稽查等执法工作，细化为具体对执法岗位及各级税务机关负责人的职权责任和具体标准的确认。岗位职责以事定岗、以岗定责、权责相当。

工作规程就是执法人员履行岗位职责必须遵守的规定和操作程序。工作规程要明确工作步骤、顺序、时限、形式和标准。

评议考核是通过内部考核、外部评议执法人员的执法行为，以执法质量作为考核依据的评价方法。

过错责任追究是对因过失或者故意造成税收执法过错行为的责任人给予经济惩戒和行政处理。

过错责任追究应当按照税务总局的统一规定实施，对过错责任人员应当给予行政处分或者应当追究刑事责任的，不适用应依照现行法律、法规、规章的规定执行。

【知识点2】 税收执法过错责任追究

税收执法过错责任是指税务执法人员在执行职务过程中，因故意或者过失导致执法行为违法而应承担的责任。税收执法过错责任追究则是指税务机关依法给予税收执法过错责任人的行政处理和经济惩戒。

税收执法过错责任追究有以下特征：一是税收执法过错责任追究从性质上讲是一种行政纪律责任追究。二是税收执法过错责任追究，是税务机关实施的内部行政纪律责任追究途径之一，税务机关还有其他机制对其工作人员追究行政纪律责任。三是对过错责任人员应当给予行政处分，追究行政法律责任的，或者应当追究刑事责任的，依照其他法律、行政法规及规章的规定执行，不属于这里所称的税收执法过错责任追究的范围。

税收执法过错责任追究的形式，包括行政处理和经济惩戒 2 种方式。

行政处理是对存在税收执法过错的责任人，实施批评教育、责令作出书面检查、通报批评、责令待岗、取消执法资格等惩戒措施。批评教育的处理形式要书面记载并附卷。责令待岗期限为 1 ~ 6 个月，待岗人员需接受适当形式的培训后方可重新上岗。取消执法资格期限为 1 年，被取消执法资格人员需接受适当形式的培训后方可重新取得执法资格。

经济惩戒是对存在税收执法过错的责任人，实施扣发一定数额的奖金或岗位津贴的措施。

【知识点 3】 责任追究机制

税收执法过错责任追究的实施主体是县级以上税务局，其他税务机关不负责实施税收执法过错责任追究。对执法过错行为的调查和对过错责任的初步定性由各级税务机关具备执法督察工作职能的部门负责。

因承办人的个人原因造成执法过错的，由承办人承担全部过错责任；承办人为两人或两人以上的，根据过错责任大小分别承担主要责任、次要责任；承办人的过错行为经过批准的，由承办人和批准人共同承担责任，批准人承担主要责任，承办人承担次要责任；因承办人弄虚作假导致批准错误的，由承办人承担全部过错责任；承办人的过错行为经复议维持的，由承办人和复议人员共同承担责任，其中复议人员承担主要责任，承办人承担次要责任；执法过错行为由集体研究决定的，主要领导承担主要责任，其他人员承担次要责任。

税务执法人员因以下原因导致执法过错的不予追究责任。执行上级机关的答复、决定、命令、文件，导致执法过错的；行为人因所适用的法律、行政法规、规章的规定不明确，导致执法过错的；在集体研究中申明保留不同意见的；因不可抗力导致执法过错的。

执法过错责任人主动承认过错并及时纠正错误、有效阻止危害结果发生、挽回影响的；经领导批准同意后实施，导致执法过错的，可以从轻或者减轻责任。过错行为情节显著轻微，没有造成危害后果的，可以对责任人免予追究。

 税收违法违纪及其法律责任

【知识点 1】 责任的主体

有税收违法违纪行为的单位，其负有责任的领导人员和直接责任人员，以及有税收违法违纪行为的个人，应当承担纪律责任。

下列人员有税收违法违纪行为的，由任免机关或者监察机关按照管理权限依法给予处分：①行政机关公务员；②法律、法规授权的具有公共事务管理职能的组织中从事公务的人员；③行政机关依法委托从事公共事务管理活动的组织中从事公务的人员；④企业、事业单位、社会团体中由行政机关任命的人员。法律、行政法规、国务院决定和国务院监察机关、国务院人力资源社会保障部门制定的处分规章对税收违法违纪行为的处分另有规定的，从其规定。

【知识点2】 责任追究

税务机关及税务人员有下列行为之一的，对有关责任人员，给予警告或者记过处分；情节较重的，给予记大过或者降级处分；情节严重的，给予撤职处分：①违反法定权限、条件和程序办理开业税务登记、变更税务登记或者注销税务登记的；②违反规定发放、收缴税控专用设备的；③违反规定开具完税凭证、罚没凭证的；④违反法定程序为纳税人办理减税、免税、退税手续的。

税务机关及税务人员有下列行为之一的，对有关责任人员，给予记过或者记大过处分；情节较重的，给予降级或者撤职处分；情节严重的，给予开除处分：①违反规定发售、保管、代开增值税专用发票以及其他发票，致使国家税收遭受损失或者造成其他不良影响的；②违反规定核定应纳税额、调整税收定额，导致纳税人税负水平明显不合理的。

税务机关及税务人员有下列行为之一的，对有关责任人员，给予警告或者记过处分；情节较重的，给予记大过或者降级处分；情节严重的，给予撤职处分：①违反规定采取税收保全、强制执行措施的；②查封、扣押纳税人个人及其所扶养家属维持生活必需的住房和用品的。

税务机关及税务人员有下列行为之一的，对有关责任人员，给予记过或者记大过处分；情节较重的，给予降级或者撤职处分；情节严重的，给予开除处分：①对管辖范围内的税收违法行为，发现后不予处理或者故意拖延查处，致使国家税收遭受损失的；②徇私舞弊或者玩忽职守，不征或者少征应征税款，致使国家税收遭受损失的。

税务机关及税务人员违反规定要求纳税人、扣缴义务人委托税务代理，或者为其指定税务代理机构的，对有关责任人员，给予记过或者记大过处分；情节较重的，给予降级或者撤职处分；情节严重的，给予开除处分。

税务机关领导干部的近亲属在本人管辖的业务范围内从事与税收业务相关的中介活动，经劝阻其近亲属拒不退出或者本人不服从工作调整的，给予记过或者记大过处分；情节较重的，给予降级或者撤职处分；情节严重的，给予开除处分。

税务人员有下列行为之一的，对有关责任人员，给予记过或者记大过处分；情节较重的，给予降级或者撤职处分；情节严重的，给予开除处分：①在履行职务过程中侵害公民、法人或者其他组织合法权益的；②滥用职权，故意刁难纳税人、扣缴义务人的；③对控告、检举税收违法违纪行为的纳税人、扣缴义务人以及其他检举人进行打击报复的。

税务机关及税务人员有下列行为之一的，对有关责任人员，给予记过或者记大过处分；情节较重的，给予降级或者撤职处分；情节严重的，给予开除处分：①索取、接受或者以借为名占用纳税人、扣缴义务人财物的；②以明显低于市场的价格向管辖范围内纳税人购买物品的；③以明显高于市场的价格向管辖范围内纳税人出售物品的；④利用职权向纳税人介绍经营业务，谋取不正当利益的；⑤违反规定要求纳税人购买、使用指定的税控装置的。

税务机关私分、挪用、截留、非法占有税款、滞纳金、罚款或者查封、扣押的财物以及纳税担保财物的，对有关责任人员，给予记大过处分；情节较重的，给予降级或者撤职处分；情节严重的，给予开除处分。

税务机关及税务人员有下列行为之一的，对有关责任人员，给予记过或者记大过处分；情节较重的，给予降级或者撤职处分；情节严重的，给予开除处分：①隐匿、毁损、伪造、变造税收违法案件证据的；②提供虚假税务协查函件的；③出具虚假涉税证明的。

有下列行为之一的，对有关责任人员，给予警告或者记过处分；情节较重的，给予记大过或者降级处分；情节严重的，给予撤职处分：①违反规定作出涉及税收优惠的资格认定、审批的；②未按规定要求当事人出示税收完税凭证或者免税凭证而为其办理行政登记、许可、审批等事项的；③违反规定办理纳税担保的；④违反规定提前征收、延缓征收税款的。

有下列行为之一的，对有关责任人员，给予记过或者记大过处分；情节较重的,给予降级或者撤职处分;情节严重的,给予开除处分:①违反法律、行政法规的规定,摊派税款的;②违反法律、行政法规的规定,擅自作出税收的开征、停征或者减税、免税、退税、补税以及其他同税收法律、行政法规相抵触的决定的。

不依法履行代扣代缴、代收代缴税款义务,致使国家税款遭受损失的,对有关责任人员,给予记过或者记大过处分;情节较重的,给予降级或者撤职处分;情节严重的,给予开除处分。

未经税务机关依法委托征收税款,或者虽经税务机关依法委托但未按照有关法律、行政法规的规定征收税款的,对有关责任人员,给予警告或者记过处分;情节较重的,给予记大过或者降级处分;情节严重的,给予撤职处分。

有下列行为之一的,对有关责任人员,给予记大过处分;情节较重的,给予降级或者撤职处分;情节严重的,给予开除处分:①违反规定为纳税人、扣缴义务人提供银行账户、发票、证明或者便利条件,导致未缴、少缴税款或者骗取国家出口退税款的;②向纳税人、扣缴义务人通风报信、提供便利或者以其他形式帮助其逃避税务行政处罚的;③逃避缴纳税款、抗税、逃避追缴欠税、骗取出口退税的;④伪造、变造、非法买卖发票的;⑤故意使用伪造、变造、非法买卖的发票,造成不良后果的。税务人员有前款第②项所列行为的,从重处分。

【知识点3】 其他规定

受到处分的人员对处分决定不服的,可以依照《中华人民共和国行政监察法》《中华人民共和国公务员法》《行政机关公务员处分条例》等有关规定申请复核或者申诉。

任免机关、监察机关和税务行政主管部门建立案件移送制度。任免机关、监察机关查处税收违法违纪案件,认为应当由税务行政主管部门予以处理的,应当及时将有关案件材料移送税务行政主管部门。税务行政主管部门应当依法及时查处,并将处理结果书面告知任免机关、监察机关。

税务行政主管部门查处税收管理违法案件,认为应当由任免机关或者监察机关给予处分的,应当及时将有关案件材料移送任免机关或者监察机关。

任免机关或者监察机关应当依法及时查处，并将处理结果书面告知税务行政主管部门。

有税收违法违纪行为，应当给予党纪处分的，移送党的纪律检查机关处理。涉嫌犯罪的，移送司法机关依法追究刑事责任。

四　税务职务犯罪及其刑事法律责任

【知识点1】　税务职务犯罪的概念

广义上的税务职务犯罪，是指税务人员在执法过程中，利用自己所掌握的税收执法权或行政管理权，以牺牲国家或集体权益为手段，为个人或他人谋取私利，应受刑法处罚的行为。包括其他国家机关工作人员和其他社会团体、企（事）业单位中依照法律法规或组织章程等从事公务的人员都可能出现的犯罪行为，如贪污受贿、挪用公款等。狭义的税务职务犯罪，即严格意义上的税务职务犯罪指只有税务工作人员才有可能发生的犯罪行为。

狭义的税务职务犯罪，专指《中华人民共和国刑法》规定的只能由税务人员构成的职务犯罪，包括两个罪名：徇私舞弊不征、少征税款罪和徇私舞弊发售发票、抵扣税款、出口退税罪。

【知识点2】　税务职务犯罪的成因

思想根源。理想信念动摇、法纪观念淡薄是产生职务犯罪的根本原因。

体制、制度根源。目前，我们国家的经济已经基本完成向社会主义市场经济转型的巨大转变，但是管理体制中的一些制度还不完善，使社会抑制职务犯罪的机制在一定程度上有所削弱，从而增强了那些意志比较薄弱的税务干部的侥幸心理和投机心理，利用职务之便实施犯罪。

法制根源。我国现行法制对预防税务职务犯罪还存在许多缺陷：一是在预防环节的立法相当薄弱，缺乏超前性和预见性，对一般税收违法行为的发生以及一般税收违法行为转化为税务职务犯罪的抑制性不强。二是现行税收法律、法规中对罚款规定的弹性过大，导致税收执法自由裁量权和随意性过大。三是税务部门内部的执法制约机制不够健全。

【知识点3】 税务职务犯罪的表现形式

占有型职务犯罪。这类犯罪人员利用职务上的便利，将国家税款或公款据为己有，使国家利益遭受重大损失，构成挪用公款罪、贪污罪、私分国有资产罪。具体表现有：收税不开票，开大头小尾票、贪污税款、异地转移税款、从中谋取非法利益予以私分，中饱私囊，将公款、公物占为己有。

渎职型职务犯罪。这类犯罪人员在工作中严重不尽职、不负责，导致国家税款严重流失。具体表现为：收人情税、关系税，超越权限减免税收，不符合一般纳税人认定标准的擅自认定，不该停业、废业的办理停业废业；玩忽职守，致使国家税收少征漏征，误退、多退；违反执法程序，超越职权，滥用税收保全、税收强制执行措施，不该查封、扣押的违法查扣，严重侵犯纳税人的权利，造成严重政治影响。

交易型职务犯罪。这类犯罪人员利用工作职务作为交换资本，以权谋私，以税谋私，具体表现为利用税务检查、违法违章处罚、人事管理等权利索贿受贿、收受礼品礼金或有价证券，严重影响公务活动；利用职务之便向纳税人或下级机关私人开支的费用；以各种名义和借口向所管辖的纳税人借钱借物，借交通工具和通讯工具；收受或索要纳税人礼品、礼金和证券。

徇私舞弊型职务犯罪。这类犯罪人员往往出于个人的不法或不正当目的，以这种徇私舞弊的行为，损害国家和人民利益，具体表现为：工作责任心差，随心所欲，徇私枉法，不能尽职尽责，该收不收，该查不查，少征或不征税款。

【知识点4】 税务职务犯罪的预防

加大教育力度，营造预防税务职务犯罪的浓厚氛围。要始终不渝、坚持不懈地开展思想政治工作，在每个税务干部的思想上筑起反腐倡廉、恪尽职守的防火墙，让大家在思想上不想犯法。

进一步健全完善各种工作制度，完善监督制约机制。必须要用制度来规范税收执法权力和行政管理权力，在税收征收、管理、稽查各个工作环节，明晰工作标准，健全和完善工作制度，从税务登记，一般纳税人认定，发票出售，税款缴纳，户籍巡查，税收检查、审理、执行，以及税款入库等各个方面实行规范管理；在行政事务管理方面从车辆管理、基建招标及物品采购登记等方面进一步完善并严格执行各项规章制度。

查处案件，惩治腐败。查处也是一种预防，是对税务职务犯罪的特殊预防。对税务违法犯罪的查处，既惩治了腐败问题，维护了党纪国法的严肃性，又能起到警示作用，达到威慑效果。

>> 习题演练

单项选择题

1. （　　）是国家的根本大法，是我国法的主要渊源。

A. 民法　　　　B. 刑法　　　　C. 宪法　　　　D. 党章

【参考答案】C

【答案解析】宪法是我国的根本大法，具有最高的法律效力。一切法律、行政法规、地方性法规、自治条例和单行条例、规章都不得同宪法相抵触。

2. 税务行政相对人是税务行政法律关系要素中的（　　）。

A. 客体　　　　B. 主体　　　　C. 内容　　　　D. 对象

【参考答案】B

【答案解析】税务行政相对人是在税务行政法律关系中被税务行政主体管理的一方当事人，即与税务行政主体相对应的，受行政权力作用或行政行为约束的另一方主体。

3. 以行政行为的对象是否特定为标准，行政行为可分为（　　）。

A. 抽象行政行为与具体行政行为

B. 内部行政行为与外部行政行为

C. 羁束行政行为与自由裁量行政行为

D. 依职权的行政行为与依申请的行政行为

【参考答案】A

【答案解析】以行政行为的适用与效力作用的对象范围为标准，行政行为分为内部行政行为与外部行政行为。以行政行为受法律约束的程度为标准，行政行为分为羁束行政行为与自由裁量行政行为。以行政主体是否可以主动作出行政行为为标准，行政行为分为依职权的行政行为与依申请的行政行为。以行政行为的对象是否特定为标准，行政行为分为抽象行政行为与具体行政行为。

4. 违反税收法律、行政法规应当给予行政处罚的行为，在（　　）年内未被发现的，不再给予行政处罚。

A. 2　　　　　　B. 3　　　　　　C. 5　　　　　　D. 10

【参考答案】C

【答案解析】违法行为在 2 年内未被发现的，不再给予行政处罚。但是违反税收法律、行政法规应当给予行政处罚的行为，在 5 年内未被发现的，不再给予行政处罚。

5. 行政机关采用公告方式送达强制执行文书时，要适用民事诉讼法满（　　）日方视为送达的期限规定。

A. 30　　　　　　B. 60　　　　　　C. 90　　　　　　D. 15

【参考答案】B

【答案解析】根据《中华人民共和国民事诉讼法》的规定，公告满 60 日视为送达。

6. 复议机关在复议程序中收集和补充的证据，或者作出原具体行政行为的行政机关在复议程序中未向复议机关提交的证据，（　　）作为人民法院认定原具体行政行为合法的依据。

A. 可以　　　　　B. 不能　　　　　C. 视情况　　　　D. 应该

【参考答案】B

【答案解析】根据《中华人民共和国行政诉讼法》的规定，以原行政行为本身作为人民法院认定原具体行政行为合法的依据。

7. （　　）是危害税收征管犯罪中唯一涉及侵犯人身权利的犯罪，是一种行为犯。

A. 逃税罪　　　　　　　　　　B. 逃避追缴欠税罪

C. 抗税罪　　　　　　　　　　D. 骗取出口退税罪

【参考答案】C

【答案解析】抗税罪是以暴力、威胁方法拒不缴纳税款的行为。抗税罪是危害税收征管罪中手段最恶劣、影响最坏的行为。它会直接危害税务人员的人身安全。

8. 逃税罪的立案标准是( )。

A. 纳税人采取欺骗、隐瞒手段进行虚假纳税申报或者不申报

B. 逃避缴纳税款数额较大并且占应纳税额 10% 以上

C. 同时符合选项 A、B 条件

D. 符合选项 A、B 条件之一

【参考答案】C

【答案解析】纳税人采取欺骗、隐瞒手段进行虚假纳税申报或者不申报，逃避缴纳税款数额较大并且占应纳税额 10% 以上的即构成逃税罪，有数额和比例的双重要求。

9. 中级人民法院对以下行政案件没有管辖权的是( )。

A. 对县级以上地方人民政府所作的行政行为提起诉讼的案件

B. 海关处理的案件

C. 本辖区内重大、复杂的案件

D. 涉及专利权纠纷的案件

【参考答案】D

【参考答案】选项 D 应由基层人民法院管辖。

10. 2 个以上人民法院都有管辖权的案件，可以选择其中 1 个人民法院提起诉讼的主体是( )。

A. 原告   B. 被告   C. 法院   D. 原告和被告

【参考答案】A

【答案解析】根据《中华人民共和国行政诉讼法》的规定，由原告选择人民法院提起诉讼。

11. 税收执法责任由岗位职责、工作规程、评议考核和过错责任追究四部分构成。下列说法错误的是( )。

A. 岗位职责是基础   B. 工作规程是关键

C. 评议考核是保障   D. 过错责任追究是表现

【参考答案】D

【答案解析】没有选项 D 的说法。

12. 税收执法过错责任追究的实施主体是( )以上税务局，其他税务机关不负责实施税收执法过错责任追究。

A. 市级 　　　　B. 县级 　　　　C. 乡级 　　　　D. 省级

【参考答案】B

【答案解析】按照规定，县级以上税务局行政责任追究职责。

13. 未经税务机关依法委托征收税款，或者虽经税务机关依法委托但未按照有关法律、行政法规的规定征收税款的，情节严重的，对有关责任人员，给予( )处分。

A. 警告 　　　　B. 记过 　　　　C. 撤职 　　　　D. 开除

【参考答案】C

【答案解析】未经税务机关依法委托征收税款，或者虽经税务机关依法委托但未按照有关法律、行政法规的规定征收税款的，对有关责任人员，给予警告或者记过处分；情节较重的，给予记大过或者降级处分；情节严重的，给予撤职处分。

14. 对税务所（分局）、各级税务局的稽查局的具体行政行为不服的，向( )申请行政复议。

A. 所属税务局 　　　　　　　　　B. 所属税务局的上级税务局

C. 原行为单位 　　　　　　　　　D. 当地人民政府

【参考答案】A

【答案解析】按照税务行政复议规则，应向所属税务局申请行政复议。

15. 税收保全措施的手段，一般不包括( )。

A. 查封 　　　　B. 拍卖 　　　　C. 扣押 　　　　D. 冻结

【参考答案】B

【答案解析】税收保全措施的手段一般是查封、扣押和冻结，税务行政强制执行的方式是扣缴和拍卖、变卖。

二　多项选择题

1. 法的特征包括( )。

A. 规范性 　　B. 国家意志性 　　C. 国家强制性 　　D. 普遍性

【参考答案】ABCD

【答案解析】以上4个选项都是法的基本特征。

2. 下列关于行政许可的说法，正确的有(   )。

A. 行政许可是依申请的行政行为   B. 行政许可是要式行政行为

C. 行政许可是授益性行政行为   D. 行政许可是外部行政行为

【参考答案】ABCD

【答案解析】行政许可是国家管理社会经济事务的一种有效手段，是行政机关根据公民、法人或者其他组织的申请，经依法审查，准予其从事特定活动的行为，以上说法都是行政许可的特征。

3. 税务行政处罚的基本原则有(   )。

A. 处罚法定原则   B. 处罚公正、公开原则

C. 处罚与教育相结合原则   D. 职能统一原则

【参考答案】ABC

【答案解析】在行政机关内部运用分权原则，要求行政机关将其内部的某些相关职能加以分离，使之分属于不同的机构或不同的工作人员掌管或行使，以便在行政机关内部建立起相互制约机制，控制权力专断，因此选项D错误。

4. 目前法律、法规、规章明确的税务行政处罚的种类有(   )。

A. 警告   B. 没收非法财物、没收违法所得

C. 停止办理出口退税权   D. 吊销发票准印证

【参考答案】BCD

【答案解析】税务行政处罚的种类有：罚款；没收非法财物、没收违法所得；停止办理出口退税权以及吊销发票准印证4种，因此选项A不选。

5. 行政强制措施的种类包括(   )。

A. 限制公民人身自由   B. 查封场所、设施或者财物

C. 冻结存款、汇款   D. 加处罚款或者滞纳金

【参考答案】ABC

【答案解析】加处罚款或者滞纳金是行政强制执行。

6. 当事人向人民法院提供证人证言的，应当符合的要求有(   )。

A. 写明证人的姓名、年龄、性别、职业、住址等基本情况

B. 有证人的签名，不能签名的，应当以盖章等方式证明

C. 注明出具日期

D. 附有居民身份证复印件等证明证人身份的文件

【参考答案】ABCD

【答案解析】4个选项都是人民法院对提供证人证言的要求。

7. 下列证据不能单独作为定案依据的有（　　）。

A. 与一方当事人有亲属关系或者其他密切关系的证人所作的对该当事人有利的证言

B. 未成年人所作的证言

C. 应当出庭作证而无正当理由不出庭作证的证人证言

D. 无法与原件、原物核对的复制件或者复制品

【参考答案】ACD

【答案解析】选项B应为未成年人所作的与其年龄和智力状况不相适应的证言。

8. 税务行政复议由复议机关对该具体行政行为的（　　）进行审查并作出决定。

A. 合法性　　　　B. 真实性　　　　C. 合理性　　　　D. 正当性

【参考答案】AC

【答案解析】税务行政复议，是指纳税人及其他当事人认为税务机关及其工作人员作出的税务具体行政行为侵犯其合法权益，依法向行政复议机关提出审查该具体行政行为的申请，由复议机关对该具体行政行为的合法性和合理性进行审查并作出决定的制度和活动。

9. 税务行政复议活动中止的具体情形包括（　　）。

A. 作为申请人的公民死亡，其近亲属尚未确定是否参加行政复议的

B. 作为申请人的公民丧失参加行政复议的能力，尚未确定法定代理人参加行政复议的

C. 作为申请人的法人或者其他组织终止，尚未确定权利义务承受人的

D. 作为申请人的公民下落不明或者被宣告失踪的

【参考答案】ABCD

【答案解析】4个选项都是税务行政复议活动中止的情形。

10. 以下关于行政诉讼被告的说法，正确的有(　　)。

A. 经复议的案件，作出原行政行为的行政机关和复议机关是共同被告

B. 复议机关在法定期限内未作出复议决定，公民、法人或者其他组织起诉原行政行为的，作出原行政行为的行政机关是被告

C. 2个以上行政机关作出同一行政行为的，共同作出行政行为的行政机关是共同被告

D. 行政机关委托的组织所作的行政行为，委托的行政机关是被告

【参考答案】BCD

【答案解析】经复议的案件，复议机关决定维持原行政行为的，作出原行政行为的行政机关和复议机关是共同被告；复议机关改变原行政行为的，复议机关是被告。

11. 下列关于执法过错责任的说法，正确的有(　　)。

A. 因承办人的个人原因造成执法过错的，由承办人承担全部过错责任

B. 承办人为2人或2人以上的，根据过错责任大小分别承担主要责任、次要责任

C. 承办人的过错行为经过批准的，由承办人和批准人共同承担责任，批准人承担主要责任，承办人承担次要责任

D. 因承办人弄虚作假导致批准错误的，由承办人承担全部过错责任

【参考答案】ABCD

【答案解析】4个选项都符合执法责任制的规定。

12. 以下关于强制执行费用的说法，正确的有(　　)。

A. 税务行政强制执行会产生一定数额的费用，应该先扣除相关费用后，再按照税款、滞纳金、罚款和加处罚款顺序进行清偿

B. 清偿后剩余部分应当在3日内退还被执行人

C. 税务机关因查封、扣押而产生的保管费用，由行政机关承担

D. 税务机关因查封、扣押而产生的保管费用，由行政相对方承担

【参考答案】ABC

【答案解析】根据《中华人民共和国行政强制法》的规定，税务机关因查封、扣押而产生的保管费用，由行政机关承担。

13. 原告或者第三人不能自行收集，但能够提供确切线索的，可以申请人

民法院调取下列证据材料的情形有(　　)。

A. 由国家有关部门保存而须由人民法院调取的证据材料

B. 涉及国家利益、公共利益或者他人合法权益的事实认定的

C. 涉及国家秘密、商业秘密、个人隐私的证据材料

D. 确因客观原因不能自行收集的其他证据材料

【参考答案】ACD

【答案解析】涉及国家利益、公共利益或者他人合法权益的事实认定属于人民法院有权向有关行政机关以及其他组织、公民调取证据的情形。

14. 税务行政赔偿的构成要件包括(　　)。

A. 侵权主体是行使国家税收征管职权的税务机关及其工作人员

B. 必须是税务机关及其工作人员行使税收征管职权的行为

C. 必须有公民、法人和其他组织的合法权益受到损害的事实

D. 必须是违法行为与损害后果有因果关系

【参考答案】ABCD

【答案解析】根据相关规定,4个选项都正确。

三　判断题

1. 法律溯及力,是指新的法律生效后,对其生效前所发生的事件和行为是否适用的问题。如果适用,新法就不具有溯及力,如果不能适用,则说明新法具有溯及力。　　　　　　　　　　　　　　　　　(　　)

【参考答案】错误

【答案解析】应为如果适用,新法就具有溯及力,如果不能适用,则说明新法不具有溯及力。

2. 税务行政关系的客体是指税务行政相对人。　　　　(　　)

【参考答案】错误

【答案解析】税务行政关系的客体,是指税务行政法律关系主体的权利义务所指向的标的、目标或对象,包括物和行为两大类。

3. 听证是作出税务行政许可决定的必经程序。　　　　(　　)

【参考答案】错误

【答案解析】根据税务行政许可的相关规定，听证不是作出税务行政许可决定的必经程序。

4. 对当事人的同一个违法行为，不得给予两次以上的行政处罚。（　　）

【参考答案】错误

【答案解析】对当事人的同一个违法行为，不得给予两次以上罚款的行政处罚。

5. 行政强制措施，是指行政机关或者行政机关申请人民法院对不履行行政决定的公民、法人或者其他组织依法强制履行义务的行为。　　　（　　）

【参考答案】错误

【答案解析】行政强制措施，是指行政机关在行政管理过程中，为制止违法行为、防止证据损毁、避免危害发生、控制危险扩大等情形，依法对公民的人身自由实施暂时性限制，或者对公民、法人或者其他组织的财物实施暂时性控制的行为。题干是行政强制执行的定义。

6. 原告提供的证据不成立的，不免除被告对被诉具体行政行为合法性的举证责任。　　　　　　　　　　　　　　　　　　　　　　（　　）

【参考答案】正确

7. 虚开发票罪是指虚开增值税专用发票、用于骗取出口退税、抵扣税款发票，情节严重，依法应受处罚的行为。　　　　　　　　（　　）

【参考答案】错误

【答案解析】虚开发票罪，是指虚开增值税专用发票、用于骗取出口退税、抵扣税款发票以外发票的行为。

8. 公民、法人或者其他组织同被诉行政行为有利害关系但没有提起诉讼，或者同案件处理结果有利害关系的，可以作为第三人申请参加诉讼，或者由人民法院通知参加诉讼。　　　　　　　　　　　　　　　　（　　）

【参考答案】正确

9. 赔偿请求人请求税务行政赔偿的时效为 3 年，自税务行政人员行使职权的时点起计算。　　　　　　　　　　　　　　　　　　　（　　）

【参考答案】错误

【答案解析】赔偿请求人请求税务行政赔偿的时效为 2 年，自税务行政人员行使职权时的行为被依法确认为违法之日起计算。

10. 公务员定期考核的结果分为优秀、称职、基本称职和不称职四个等次。（　　　）

【参考答案】正确

四 简答题

1. 我国社会主义法治的总目标是什么？

【参考答案】我国社会主义法治的总目标是建设中国特色社会主义法治体系，建设社会主义法治国家。在中国共产党领导下，坚持中国特色社会主义制度，贯彻中国特色社会主义法治理论，形成完备的法律规范体系、高效的法治实施体系、严密的法治监督体系、有力的法治保障体系，形成完善的党内法规体系，坚持依法治国、依法执政、依法行政共同推进，坚持法治国家、法治政府、法治社会一体建设，实现科学立法、严格执法、公正司法、全民守法，促进国家治理体系和治理能力现代化。

2. 请简述三项制度的内容。

【参考答案】三项制度，是指行政执法公示制度、行政执法全过程记录制度和重大执法决定法制审核制度。行政执法公示制度，是指行政机关在行政执法事前、事中和事后三个环节，依法及时主动向行政相对人和社会，公开有关行政执法信息的活动。行政执法全过程记录制度，是指行政机关采用文字、音像记录的形式，对税务执法的启动、调查取证、审核决定、送达执行等全部过程进行记录，并全面系统归档保存，实现执法全过程留痕和可回溯管理的活动。重大执法决定法制审核制度是指行政机关作出重大执法决定前，由法制审核机构对决定的合法性进行审核的活动。

五 论述题

请结合岗位实际，谈谈税务职务犯罪如何预防？

【参考答案】（1）加大教育力度，营造预防税务职务犯罪的浓厚氛围。要始终不渝、坚持不懈地开展思想政治工作，在每个税务干部的思想上筑起反腐倡廉、恪尽职守的防火墙，让大家在思想上不想犯法。

（2）进一步健全完善各种工作制度，完善监督制约机制。必须要用制度来规范税收执法权力和行政管理权力，在税收征收、管理、稽查各个工作环节，明晰工作标准，健全和完善工作制度，从税务登记，一般纳税人认定，发票出售，税款缴纳，户籍巡查，税收检查、审理、执行，以及税款入库等各个方面实行规范管理；在行政事务管理方面从车辆管理，基建招标及物品采购登记等方面进一步完善并严格执行各项规章制度。

（3）查处案件，惩治腐败。查处也是一种预防，是对税务职务犯罪的特殊预防。对税务违法犯罪的查处，既惩治了腐败问题，维护了党纪国法的严肃性，又能起到警示作用，达到威慑效果。

第二篇　通用业务

第十一章　财会知识

>> **知识架构**

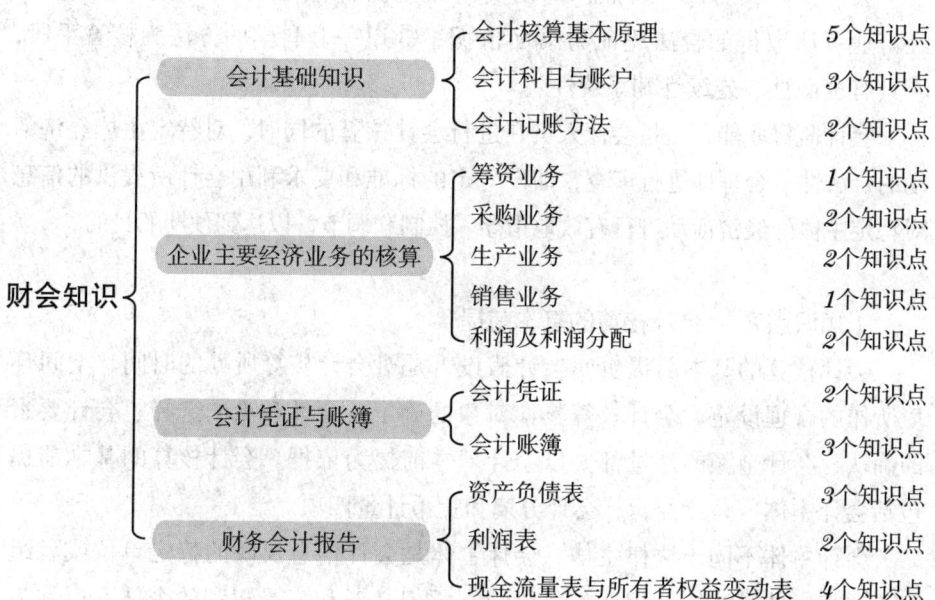

財会知识
- 会计基础知识
  - 会计核算基本原理　　5个知识点
  - 会计科目与账户　　3个知识点
  - 会计记账方法　　2个知识点
- 企业主要经济业务的核算
  - 筹资业务　　1个知识点
  - 采购业务　　2个知识点
  - 生产业务　　2个知识点
  - 销售业务　　1个知识点
  - 利润及利润分配　　2个知识点
- 会计凭证与账簿
  - 会计凭证　　2个知识点
  - 会计账簿　　3个知识点
- 财务会计报告
  - 资产负债表　　3个知识点
  - 利润表　　2个知识点
  - 现金流量表与所有者权益变动表　　4个知识点

>> **第一节**
会计基础知识

一　**会计核算基本原理**

【知识点1】 会计的基本概念

　　会计是以货币为主要计量单位，反映和监督特定会计主体经济活动的一种经济管理工作。

　　会计的职能，是指会计在经济管理活动中所具有的内在功能。主要表现在两个方面：一是对经济活动进行会计核算；二是对经济活动实行会计监督。

会计核算职能，是指会计以货币为主要计量单位，通过确认、计量、记录、报告等环节，对特定主体的经济活动进行记账、算账、报账，为各方面提供会计信息的功能。它是会计最基本的职能，也称作会计反映职能。

会计核算具有以下特点：①以货币为主要计量单位；②以实际发生的经济业务所取得的合法凭证为书面依据；③以一套科学的方法为核算手段；④具有全面性、连续性和系统性。

会计监督职能，是指会计人员在进行会计核算的同时，对特定主体经济活动的合法性、合理性进行审查，即以一定的标准和要求利用会计所提供的信息对特定主体的经济活动进行有效地指导、控制和调节，以达到预期的目的。

【知识点2】 会计核算的基本前提

会计核算的基本前提也叫会计假设，是对会计核算所处的时间、空间环境所作的合理设定。会计核算具体对象的确定、会计政策的选择、会计要素的确认、会计金额的计量都要以会计基本前提为依据。会计核算的基本前提包括会计主体、持续经营、会计分期和货币计量四项。

会计主体不同于法律主体。会计主体是会计信息反映的特定单位或者组织，法律主体是法律上承认的可以独立承担义务和享受权利的个体，也称为法人。法律主体往往是会计主体，任何一个法人都要按规定开展会计核算，会计主体不一定是法律主体。一个法律主体可以有多个会计主体，一个会计主体也可以有多个法律主体。

持续经营是指会计主体的经营活动将按照现在的规模和状态继续经营下去，不会停业，也不会大规模削减业务。它所持有的资产将按照预定的目的在正常的经营过程中被耗用、出售或转让，它所承担的债务也将会如期偿还。

会计分期是指将一个企业持续的生产经营活动划分为一个个连续的、长短相同的期间，又称会计期间。会计年度通常以"一年"为标准。如果企业营业周期长于一年的，也可以以"长于一年的一个营业周期"为会计年度。

国家统一会计制度规定，企业的会计核算以人民币为记账本位币。业务收支以人民币以外的货币为主的企业，可以选定其中一种货币作为记账本位币，但是在编制财务会计报告时应当折算为人民币，境外企业向国内报送报表时应折算为人民币反映。

【知识点3】 会计核算的其他知识

企业会计的确认、计量和报告应当以权责发生制为基础。权责发生制要求，凡是当期已经实现的收入和已经发生或应当负担的费用无论款项是否收付，都应当作为当期的收入和费用，计入利润表；凡是不属于当期的收入和费用，即使款项已在当期收付，也不应当作为当期的收入和费用。

会计信息质量要求是对企业财务报告中所提供会计信息质量的基本要求，是对会计信息使用者决策应具备的基本特征。包括可靠性、相关性、可理解性、可比性、实质重于形式、重要性、谨慎性和及时性八项。

计量属性，是指企业在将符合确认条件的会计要素登记入账并列报于会计报表及其附注时，应当按照规定的计量标准和计量方法进行计量，确定其金额的基础。计量属性包括历史成本、重置成本、可变现净值、现值和公允价值五种。

【知识点4】 会计的要素

会计要素是根据交易或者事项的经济特征所确定的财务会计对象的基本分类，是会计核算对象的具体化。会计要素包括资产、负债、所有者权益、收入、费用和利润。以上6项会计要素中，资产、负债、所有者权益是资金运动在某一时点处于相对静止状态时的表现；收入、费用、利润是资金运动在一定时期处于运动状态时的表现。

会计要素通过会计报表列报，资产负债表要素反映企业的财务状况，包括资产、负债和所有者权益要素；利润表要素反映企业的经营成果，包括收入、费用和利润要素。

【知识点5】 会计等式

$$资产 = 权益$$

该等式表明资产与权益之间的平衡关系。资产与权益是同一资金的两个方面，相互依存，对立统一。资产表现为各种经济资源，权益表现为对资产的权力（即产权），包括所有者权益和债权人权益；有一定数额的资产，必然有相应数额的权益，反之亦然；资产和权益金额恒等；任何经济业务的发生都不会破坏资产与权益的平衡关系。资产与权益的恒等关系是复式记账法的理论基础，也是编制资产负债表的依据。

$$资产 = 负债 + 所有者权益$$

该等式表明企业在某一特定日期所拥有的各种资产及投资人与债权人对企业资产的要求权，是静态和时点财务指标体系。

$$收入 - 费用 = 利润$$

该等式表明企业在一定会计期间实现的营业收入、发生的营业成本、费用及形成的经营成果，是动态和时期财务指标体系，是编制利润表的基础。

$$资产 + 利润 = 负债 + 所有者权益 + （收入 - 费用）$$

该等式表明企业财务状况及经营成果之间的相互关系，财务状况反映某一日期资产的存量，经营成果反映一定期间资产的增量。

二 会计科目与账户

【知识点1】 会计科目的概念和意义

会计科目是对会计要素的具体内容进行分类核算的项目，会计科目可简称为科目。

会计科目是复式记账的基础。复式记账要求每一笔经济业务在两个或两个以上相互联系的账户中进行登记，以反映资金运动的来龙去脉。

会计科目是编制记账凭证的基础。记账凭证是确定所发生的经济业务应计入哪个科目以及分门别类登记账簿的依据。

会计科目为成本计算和财产清查提供了前提条件。通过会计科目的设置，有助于成本核算，使各种成本计算成为可能；而通过账面记录与实际结存的核对，又为财产清查、保证账实相符提供了必要条件。

会计科目为编制会计报表提供了方便。会计报表是提供会计信息的主要载体，为了保证会计信息的质量及其提供的及时性，会计报表中的许多项目与会计科目名称是一致的，并根据会计科目的本期发生额或余额填列。

【知识点2】 会计科目的内容和级次

会计科目按其所归属的会计要素不同，分为资产类、负债类、所有者权益类、成本类、损益类五大类，执行企业会计准则的企业还包括共同类。每一大类会计科目可按一定标准再分为各个具体科目，构成了会计科目的内容。会计科目一般由国家统一会计制度做出统一规定，会计科目的内容说明各会计科目之间的横向联系。

会计科目按其提供信息的详细程度及其统驭关系不同，可以分为总分类科目和明细分类科目，形成了会计科目之间的级次。总分类科目也称总账科目或一级科目，它是对会计对象的具体内容进行总括分类，提供总括信息的会计科目。明细分类科目是对总分类科目作进一步分类，提供更详细更具体的会计信息的科目。

企业在不违反会计准则中确认、计量和报告规定的前提下，可以根据本单位的实际情况自行增设、分拆、合并会计科目。企业不存在的交易或者事项，可不设置相关会计科目。

会计科目编号供企业填制会计凭证、登记会计账簿、查阅会计账目、采用会计软件系统参考，企业可结合实际情况自行确定会计科目编号。

【知识点3】 会计账户的概念和结构

会计账户是根据会计科目设置的，具有一定格式和结构，用于分类反映会计要素增减变动情况及其结果的载体。设置账户是会计核算的重要方法之一。

同会计科目的分类相对应，账户也分为总分类账户和明细分类账户。根据总分类科目设置的账户称为总分类账户，根据明细分类科目设置的账户称为明细分类账户。

账户的结构是指账户的格式。根据会计等式，企业各项经济业务的发生引起的资金变动尽管错综复杂，但从数量上看，就是两种情况：增加和减少。因此，账户的基本结构分左右两方，分别记录经济业务的增加额或减少额。至于哪一方登记增加，哪一方登记减少，取决于所记录经济业务的内容和账户的性质以及所采用的记账方法。在借贷记账法下，账户的左方称为"借方"，账户右方称为"贷方"。账户的基本结构称为"T"型账户或"丁"型账户。

期末余额＝期初余额＋本期增加发生额－本期减少发生额

账户按用途和结构分类，可分为：盘存账户、资本账户、结算账户、期间账户、跨期摊配账户、集合分配账户、成本计算账户、调整账户八类账户。

三 会计记账方法

【知识点1】 记账方法的种类

记账方法是将发生的经济业务，根据一定的记账原理和记账规则，运用特定的计量手段，利用文字和数字记录将其登记到账户中去的方法。记账方法在会计史上经历了由单式记账法发展到复式记账法的过程。

单式记账法是对发生的每一项经济业务只在一个账户中作单方面记录的方法。复式记账法是对发生的每一项经济业务都以相等的金额在两个或两个以上相互联系的账户中同时进行登记的方法。

复式记账法与单式记账法相比，具有以下两个显著的优点：一是能够全面反映经济业务内容和资金运动的来龙去脉；二是能够进行试算平衡，便于查账和对账。

【知识点2】 借贷记账法

借贷记账法，是以"借""贷"为记账符号，以"有借必有贷，借贷必相等"为记账规则的一种复式记账方法。

借贷记账法以"借"和"贷"为记账符号。为了便于记账，采用复式记账法时，对所设立的账户，都要固定记账方向。表示记账方向的记号，就是记账符号。记账符号是区分各种复式记账法的重要标志。

借贷记账法下，账户的借贷两方按相反方向记录经济业务，即对于每一个账户来说，如果规定借方用来记录经济业务的增加额，那么该账户的贷方一定是用来记录减少额；如果规定贷方用来记录经济业务的增加额，那么该账户的借方一定是用来记录减少额。究竟账户的哪一方用来记录增加额或减少额，要根据账户的性质和经济业务的内容来确定。

账户的余额、本期发生额之间的关系，可用以下公式表示：

期末借方余额 = 期初借方余额 + 本期借方发生额 - 本期贷方发生额

期末贷方余额 = 期初贷方余额 + 本期贷方发生额 - 本期借方发生额

借贷记账法下账户结构的特点可以归纳为：账户统一分为借方和贷方。

借方一律在左方，贷方一律在右方，一切账户都用借和贷来代表账户结构中的两个部位。

借贷记账法的记账规则是"有借必有贷，借贷必相等"。在运用借贷记账法记账时，对每项经济业务，既要记录一个（或几个）账户的借方，又要记录另一个（或几个）账户的贷方，即"有借必有贷"；记录一个（或几个）账户的借方的金额必然等于记录另一个（或几个）账户的贷方的金额，即"借贷必相等"。

>> 第二节
企业主要经济业务的核算

 **筹资业务**

【知识点】 筹资业务的主要账户

"实收资本"账户属于所有者权益类账户，用来核算投资人投入企业的资本。企业实际收到投资人投入的资产时，登记在该账户的贷方，投资人收回投资时登记在该账户的借方，账户余额在贷方表示投入企业的资本总额。

"资本公积"账户属于所有者权益类账户，用来核算企业收到投资者出资超出其在注册资本或股本中所占的份额以及直接计入所有者权益的利得和损失等。

"银行存款"账户属于资产类账户，用来核算企业存入银行或其他金融机构的各种存款。该账户借方登记企业银行存款的增加，贷方登记银行存款的减少，期末借方余额反映企业实际存在银行或其他金融机构的款项。

"固定资产"账户属于资产类账户，用来核算企业固定资产的原值。固定资产是指为生产商品、提供劳务、出租或经营管理而持有的，使用寿命超过一个会计年度的有实物形态的资产，具体包括房屋、建筑物、机器、机械、运输工具以及其他与生产、经营有关的设备、器具、工具等。

"短期借款"账户属于负债类账户，核算企业向银行或其他金融机构等借入的期限在 1 年以下（含 1 年）的各种借款。该账户贷方登记短期借款的增加，借方登记短期借款的减少，即偿还借款，期末账户余额在贷方，表示尚未偿还的短期借款金额。

"交易性金融资产"账户属于资产类账户，用来核算企业为短期获利所持有的债券投资、股票投资、基金投资等投资资产。该账户借方登记交易性金融资产的增加，贷方登记因投资转让而减少的交易性金融资产，本账户期末余额在借方，反映企业持有的交易性金融资产的价值。

核算企业准备长期持有的权益性投资。长期股权投资，是指投资方对被投资单位实施控制、重大影响的权益性投资，以及对其合营企业的权益性投资。

采购业务

【知识点 1】 采购业务的主要账户

"在途物资"账户属于资产类账户，用来核算企业购入材料、商品等物资的采购成本。该账户借方登记购入物资（材料、商品）时支付的买价及采购费用，贷方登记已完成验收入库手续，验收入库的各种物资的实际成本，期末余额在借方，反映企业尚未验收入库的材料或商品等的采购成本。

"原材料"账户属于资产类账户，用来核算企业库存的各种材料，包括原料及主要材料、辅助材料、外购半成品（外购件）、修理用备件（备品备件）、包装材料、燃料等的实际成本或计划成本。该账户的借方登记各种已验收入库材料的实际成本或计划成本，贷方登记库存材料发出、领用的实际成本或计划成本，期末余额在借方，表示企业库存各种材料的实际成本或计划成本。

"应付账款"账户属于负债类账户，用来核算企业因购买材料、商品，接受劳务等经营活动应支付的款项。该账户贷方登记应付账款的增加，借方登记已偿还的欠款，一般期末余额在贷方，反映尚未支付的应付账款。

"应交税费"账户属于负债类账户，用来核算企业按照税法等规定计算应交纳的各种税费，包括增值税、消费税、企业所得税、资源税、土地增值税、城市维护建设税、房产税、城镇土地使用税、车船税、教育费附加、矿产资源补偿费等。企业代扣代缴的个人所得税等，也通过该账户核算。企业缴纳的印花税、耕地占用税以及其他不需要预计应缴数的税金，不在该账户中核算。

"其他应收款"账户属于资产类账户，用来核算企业除应收账款、应收票据、预付账款等以外的其他各种应收、暂付款项，具体包括备用金、应收的各种赔款、罚款，应向职工收取的各种垫付款项。

"管理费用"账户属于损益类账户，用来核算企业为组织和管理企业生产经营所发生的管理费用。

【知识点2】 采购成本

企业购入物资的采购成本由下列各项组成：买价；运杂费（包括运输费、装卸费、保险费、仓储费等）；运输途中的合理损耗；入库前的挑选整理费用（包括挑选整理中发生的工、费支出和必要的损耗，并减去回收的下脚废料价值）；购买物资负担的税金和其他费用。

组成物资采购成本的各项支出中，除买价之外，凡属于由多种物资共同负担的采购成本，应按物资的重量或买价等标准确定分摊比例，分摊计入各种物资的采购成本。

采购费用分配率＝采购费用总额÷物资总重量（或买价总额）

某种物资应分摊的采购费用＝该种物资重量（或买价）×采购费用分配率

三 生产业务

【知识点1】 生产业务主要账户

"生产成本"账户属于成本类账户，用来核算工业企业生产各种产品（包括产成品、自制半成品等）所发生的各项生产费用，并据此计算产品实际生产成本。该账户借方登记本月发生的生产成本，贷方登记应结转的完工产品的实际生产成本，期末余额在借方，表示尚未完工的在产品成本。

"制造费用"账户属于成本类账户，用来核算工业企业为生产产品和提供劳务而发生的各项间接费用，包括车间管理人员的职工薪酬、折旧费、办公费、水电费、机物料消耗、劳动保护费、季节性和修理期间的停工损失等。该账户借方登记本月发生的各种制造费用，贷方登记分配结转应由各产品负担的制造费用，月末一般无余额。

"库存商品"账户属于资产类账户，用来核算企业库存的各种商品的成本。包括库存的外购商品、自制产品等。"库存商品"账户借方登记本月增加的外购商品或已完工并验收入库的产品成本，贷方登记发出的商品（产品）成本结转金额，月末账户余额在借方，表示企业库存商品（产品）的结存金额。

"累计折旧"账户属于资产类账户，它是"固定资产"账户的备抵调整账户，用来核算企业固定资产的累计折旧。固定资产可以在多个会计期间为企业带来效益，并且在使用过程中不改变其原有实物形态，根据固定资产的这一特点，会计核算中将固定资产的取得成本通过折旧的方式逐期分摊计入各个会计期间。

"应付职工薪酬"账户属于负债类账户，用来核算企业根据有关规定应付给职工的各种薪酬。本账户贷方登记企业职工薪酬的提取，借方登记企业实际支付的职工薪酬，期末贷方余额，反映企业应付未付的职工薪酬。该账户可按"工资""职工福利""社会保险费""住房公积金""工会经费""职工教育经费""非货币性福利""辞退福利""股份支付"等项目进行明细核算。

"财务费用"账户属于损益类账户，用来核算企业为筹集生产经营所需资金等而发生的筹资费用，包括利息支出（减利息收入）、汇兑损益以及相关的手续费等。财务费用发生时计入该账户的借方，期末，应将本账户借方归集的费用从其贷方全部转入"本年利润"账户的借方，结转后期末没有余额。

【知识点2】 产品生产成本的计算

在计算产品成本时，一般把各种生产费用划分成4个成本项目：①直接材料，是指构成产品实体的原材料以及有助于产品形成的主要材料和辅助材料。②燃料和动力，是指直接用于产品生产的燃料和动力。③直接人工，是指直接从事产品生产的工人的职工薪酬。④制造费用，是指企业为生产产品和提供劳务而发生的各项间接费用，包括企业生产部门（如生产车间）发生的水电费、固定资产折旧、无形资产摊销、管理人员的职工薪酬、劳动保护费、国家规定的有关环保费用、季节性和修理期间的停工损失等。

$$制造费用分配率 = 制造费用总额 ÷ 生产工人工资（或生产工时等）总额$$
$$某产品应分配的制造费用 = 某产品生产工人工资（或生产工时等）×$$
$$制造费用分配率$$

四　销售业务

【知识点】 销售业务的主要账户

"主营业务收入"账户属于损益类账户，用来核算企业在销售商品、提供劳务等日常活动中取得的主营业务收入。该账户的贷方登记销售商品（产品）、提供劳务等所实现的收入，借方登记销售退回冲减的收入，期末将贷方归集的销售收入本期发生额转入"本年利润"账户的贷方，结转后该账户期末无余额。

"主营业务成本"账户属于损益类账户，用来核算企业确认收入时应结转的商品成本。该账户借方登记已经销售的商品（产品）成本或提供劳务结转的成本等，期末将借方归集的主营业务成本本期发生额转入"本年利润"账户的借方，结转后该账户期末无余额。

"税金及附加"属于损益类账户，用来核算企业经营活动中应该缴纳的相关税费，包括消费税、城市维护建设税、资源税和教育费附加等。该账户借方登记按规定计算确定的与经营活动相关的税费，贷方登记期末转入"本年利润"账户的本期借方发生额，结转后期末无余额。

"其他业务收入"账户属于损益类账户，用来核算企业确认的日常活动中其他经营活动实现的收入，包括出租资产的租金收入，销售不需用原材料收入等。该账户的贷方登记其他业务所实现的收入，借方登记期末转入"本年利润"账户的本期贷方发生额，结转后期末无余额。

"其他业务成本"账户属于损益类账户，用来核算企业确认的其他经营活动所发生的支出，包括销售材料的成本、出租固定资产的折旧额等。该账户的借方登记其他业务所发生的支出，贷方登记期末转入"本年利润"账户的本期借方发生额，结转后期末无余额。

"销售费用"属于损益类账户，用来核算企业销售商品、提供劳务过程中发生的各种费用，包括保险费、包装费、展览费和广告费、商品维修费、预计产品质量保证损失、运输费、装卸费等，以及为销售本企业商品而专设的销售机构（含销售网点、售后服务网点等）的职工薪酬、业务费、折旧费等经营费用。企业发生的与专设销售机构相关的固定资产修理费用等后续支出，也在本账户核算。

"应收账款"账户属于资产类账户，用来核算企业因销售商品、提供劳务等经营活动形成的应收取的款项。该账户的借方登记销售商品、提供劳务尚未收取款项而引起的应收账款增加数，贷方登记已从购货单位或接受劳务单位收回的应收账款数，期末余额一般在借方，表示企业尚未收回的账款。

五 利润及利润分配

【知识点1】 基本概念

利润，是企业在一定会计期间实现的经营成果。利润包括收入减去费用后的净额、直接计入当期利润的利得和损失等，它是企业生产经营活动的经济效益和资金使用效果的一种综合反映，同时也是税务机关向企业征收企业所得税时计算应纳税所得额的参照基础。

利润分配是指企业根据国家规定和投资者的决议，对净利润进行的分配。根据《中华人民共和国公司法》的规定，企业对净利润进行分配，要按照一定的顺序进行。首先弥补以前年度亏损，其次提取法定盈余公积金，再次按有关协议或决议分配投资者利润，余下的部分形成未分配利润，结转至以后年度再进行分配。企业按规定提取的盈余公积金和剩余的未分配利润统称为"留存收益"。

【知识点2】 基本账户

"本年利润"账户属于所有者权益类账户，用来核算企业当期实现的净利润（或发生的净亏损）。该账户的贷方登记由"主营业务收入""其他业务收入""营业外收入""投资收益"等损益类账户转来的本期发生额，借方登记由"主营业务成本""税金及附加""其他业务成本""销售费用""管理费用""财务费用""营业外支出""所得税费用"等损益类账户转来的本期发生额，平时该账户如为贷方余额，表示企业本年累计实现的净利润，如为借方余额，表示本年累计发生的亏损额。年末，应将"本年利润"账户的余额结转至"利润分配——未分配利润"账户，结转后该账户无余额。

"所得税费用"账户属于损益类账户，用来核算企业确认的应从当期利润总额中扣除的所得税费用。期末，应将本账户借方登记的发生额从贷方转入"本年利润"账户的借方，结转后该账户无余额。

"营业外收入"账户属于损益类账户，用来核算企业非日常活动中发生的各项利得，主要包括非流动资产处置利得、非货币性资产交换利得、债务重组利得、政府补助、盘盈利得、捐赠利得等。该账户的贷方登记企业发生的各项利得，期末，应将该账户发生额全部转入"本年利润"账户的贷方，结转后无余额。

"营业外支出"账户属于损益类账户，用来核算企业非日常活动中发生的各项损失，包括非流动资产处置损失、非货币性资产交换损失、债务重组损失、捐赠支出、非常损失、盘亏损失等。该账户的借方登记企业发生的各项损失，期末，应将该账户发生额全部转入"本年利润"账户的借方，结转后无余额。

"投资收益"账户属于损益类账户，用来核算企业确认的投资收益或投资损失。该账户贷方登记企业当期取得的投资收益，借方登记当期发生的投资损失，期末应将该账户的余额转入"本年利润"账户，结转后期末无余额。

"利润分配"账户属于所有者权益类账户，用来核算企业利润分配的过程和分配结果。该账户借方登记已分配的利润金额和年末从"本年利润"账户转来的年度内发生的亏损金额；贷方登记弥补的亏损额和年末从"本年利润"账户转来的年度内实现的净利润额，期末如果余额在贷方，表示累计未分配的利润，如果余额在借方，表示累计未弥补的亏损。

"盈余公积"账户属于所有者权益账户，用来核算企业从净利润中提取的盈余公积。该账户贷方登记盈余公积的提取，借方登记因使用而减少的盈余公积金，期末余额在贷方，表示盈余公积的结余金额。

"应付股利"账户属于负债类账户，用来核算企业经权力机构决议确定分配的利润（如果是上市公司，经董事会或股东大会决议确定分配的现金股利在"应付股利"科目核算）。该账户贷方登记应分配的利润，借方登记利润的发放数，期末余额在贷方，表示应付未付给投资者的利润。

>> 第三节
会计凭证与账簿

一 会计凭证

【知识点1】 会计凭证的基本概念

会计凭证是用来记录经济业务，明确经济责任，作为记账依据的书面证明。填制和审核会计凭证，是会计核算的基本方法之一，也是会计核算工作的起点。

会计凭证按照编制的程序和用途不同，分为原始凭证和记账凭证。原始凭证的主要作用在于记录经济业务，明确经济责任。记账凭证的主要作用在于确定会计分录，作为登账的依据。

记账凭证是会计人员根据审核无误的原始凭证，按照经济业务事项的内容加以归类，并据以确定会计分录后所填制的会计凭证，它是登记账簿的直接依据。

【知识点2】 凭证的种类

原始凭证按照来源不同，分为外来原始凭证和自制原始凭证。外来原始凭证指在经济业务发生或完成时，从其他单位或个人直接取得的原始凭证。自制原始凭证指由本单位内部经办业务的部门和人员，在执行或完成某项经济业务时填制的、仅供本单位内部使用的原始凭证。

原始凭证按照填制手续及内容不同，分为一次凭证、累计凭证和汇总凭证。一次凭证指一次填制完成、只记录一笔经济业务的原始凭证。一次凭证是一次有效的凭证。累计凭证指在一定时期内多次记录发生的同类型经济业务的原始凭证。累计凭证是多次有效的原始凭证。汇总凭证指对一定时期内反映经济业务内容相同的若干张原始凭证，按照一定标准综合填制的原始凭证。

原始凭证按照格式不同，分为通用凭证和专用凭证。通用凭证指由有关部门统一印制、在一定范围内使用的具有统一格式和使用方法的原始凭证。专用凭证指由单位自行印制、仅在本单位内部使用的原始凭证。

记账凭证按内容不同，分为收款凭证、付款凭证和转账凭证。在实际工作中，规模小、业务简单的单位，也可以使用一种格式的通用记账凭证。收款凭证是指用于记录现金和银行存款收款业务的会计凭证。付款凭证是指用于记录现金和银行存款付款业务的会计凭证。转账凭证是指用于记录不涉及现金和银行存款业务的会计凭证。通用记账凭证是指不分收款、付款及转账业务，而将所有的经济业务统一编号，在统一格式的凭证中进行记录的会计凭证。

记账凭证按填列方式不同，分为复式凭证、单式凭证和汇总记账凭证。复式凭证是指将每一笔经济业务事项所涉及的全部会计科目及其发生额均在同一张记账凭证中反映的一种凭证。单式凭证是指每一张记账凭证只填列经济业务事项所涉及的一个会计科目及其金额的记账凭证。填列借方科目的称为借项凭证，填列贷方科目的称为贷项凭证。单式凭证不是单式记账法，仍是复式记账法的应用。汇总记账凭证是指对一定时期内反映经济业务内容相同的若干张原始凭证，按照一定标准综合填制的记账凭证。

二 会计账簿

【知识点1】 会计账簿的基本概念

会计账簿，是指由一定格式的账页组成的，以经过审核的会计凭证为依据，全面、系统、连续地记录各项经济业务的簿籍。

设置和登记账簿，是编制会计报表的基础，是连接会计凭证与会计报表的中间环节。各单位应当按照国家统一的会计制度的规定和会计业务的需要设置会计账簿。

账簿与账户的关系，是形式和内容的关系。账户存在于账簿之中，账簿中的每一账页就是账户的存在形式和载体，没有账簿，账户就无法存在；账簿序时、分类地记载经济业务，是在个别账户中完成的。因此，账簿只是一个外在形式，账户才是它的真实内容。

【知识点2】 会计账簿的种类

账簿按其用途不同，可分为序时账簿、分类账簿和备查账簿。

序时账簿。序时账簿又称日记账，是按照经济业务发生或完成时间的先后顺序逐日逐笔进行登记的账簿。在我国大多数单位一般只设现金日记账和银行存款日记账。

分类账簿。分类账簿是对全部经济业务事项按照会计要素的具体类别而设置的分类账户进行登记的账簿。按照总分类账户分类登记经济业务事项的是总分类账簿，简称总账。按照明细分类账户分类登记经济业务事项的是明细分类账簿，简称明细账。分类账簿提供的核算信息是编制会计报表的主要依据。

备查账簿。备查账簿简称备查簿，是对某些在序时账簿和分类账簿等主要账簿中都不予登记或登记不够详细的经济业务事项进行补充登记时使用的账簿。

按账页格式的不同，账簿可以分为两栏式、三栏式、多栏式和数量金额式。

两栏式账簿。两栏式账簿是指只有借方和贷方两个基本金额栏目的账簿。普通日记账和转账日记账一般采用两栏式。

三栏式账簿。三栏式账簿是设有借方、贷方和余额三个基本栏目的账簿。各种日记账、总分类账以及资本、债权、债务明细账都可采用三栏式账簿。

多栏式账簿。多栏式账簿是在账簿的两个基本栏目借方和贷方按需要分设若干专栏的账簿。收入、费用、本年利润明细账一般均采用这种格式的账簿。

数量金额式账簿。数量金额式账簿的借方、贷方和余额三个栏目内，都分设数量、单价和金额三小栏，借以反映财产物资的实物数量和价值量。原材料、库存商品、产成品等明细账一般采用数量金额式账簿。

账簿按其外形特征不同可分为订本账、活页账和卡片账。

订本账。订本账是启用之前就已将账页装订在一起，并对账页进行连续编号的账簿。这种账簿一般适用于总分类账、现金日记账、银行存款日记账。

活页账。活页账是在账簿登记完毕之前并不固定装订在一起，而是装在活页账夹中。当账簿登记完毕之后（通常是一个会计年度结束之后），才将账页予以装订，加具封面，并给各账页连续编号。装订编号后，不得再抽换账页。各种明细分类账一般采用活页账形式。

卡片账。卡片账是将账户所需格式印刷在硬卡上。严格说，卡片账也是一种活页账，只不过它不是装在活页账夹中，而是装在卡片箱内。在我国，单位一般只对固定资产的核算采用卡片账形式，也有少数企业在材料核算中使用材料卡片。

【知识点3】 会计账簿启用规则

各单位应当按照国家统一会计制度的规定和会计业务的需要设置会计账簿。会计账簿包括总账、明细账、日记账和其他辅助性账簿。

现金日记账和银行存款日记账必须采用订本式账簿。不得用银行对账单或者其他方法代替日记账。

实行会计电算化的单位，用计算机打印的会计账簿必须连续编号，经审核无误后装订成册，并由记账人员和会计机构负责人、会计主管人员签字或者盖章。

>> 第四节
财务会计报告

一 资产负债表

【知识点1】 资产负债表的基本概念

资产负债表是反映企业在某一特定日期的财务状况的会计报表。

资产负债表以"资产＝负债＋所有者权益"会计等式为基础，反映企业某一特定日期（如月末、季末、年末等）关于企业资产、负债、所有者权益及其相互关系的信息。

资产负债表列报应当如实反映企业在资产负债表日所拥有的资源、所承担的负债以及所有者所拥有的权益。资产负债表应当按照资产、负债和所有者权益三大类别分类列报。

【知识点2】 资产负债表的内容

企业资产负债表中的资产类至少应当单独列示反映下列信息的项目：①货币资金；②以公允价值计量且其变动计入当期损益的金融资产；③应收款项；④预付款项；⑤存货；⑥被划分为持有待售的非流动资产及被划分为持有待售的处置组中的资产；⑦可供出售金融资产；⑧持有至到期投资；⑨长期股权投资；⑩投资性房地产；⑪固定资产；⑫生物资产；⑬无形资产；⑭递延所得税资产。

企业资产负债表中的负债类至少应当单独列示反映下列信息的项目：①短期借款；②以公允价值计量且其变动计入当期损益的金融负债；③应付款项；④预收款项；⑤应付职工薪酬；⑥应交税费；⑦被划分为持有待售的处置组中的负债；⑧长期借款；⑨应付债券；⑩长期应付款；⑪预计负债；⑫递延所得税负债。

企业资产负债表中的所有者权益类至少应当单独列示反映下列信息的项目：①实收资本（或股本）；②资本公积；③盈余公积；④未分配利润。

【知识点3】 资产负债表的格式

资产负债表采用账户式的格式，即左侧列报资产方，右侧列报负债方和所有者权益方，且资产负债表中的资产各项目的合计等于负债和所有者权益各项目的合计。

为了便于报表使用者比较不同时点资产负债表的数据，掌握企业财务状况的变动情况及发展趋势，企业需要提供比较资产负债表。资产负债表应就各项目再分为"年初余额"和"期末余额"两栏分别填列。

资产负债表的作用主要体现在以下4个方面：①通过编制资产负债表，

可以反映企业资产的构成及其状况，分析企业在某一日期所拥有的经济资源及其分布情况。②通过编制资产负债表，可以反映企业某一日期的负债总额及其结构，分析企业目前与未来需要支付的债务数额。③通过编制资产负债表，可以反映企业所有者权益的情况，了解企业现有的投资者在企业资产总额中所占的份额。④通过资产负债表，可以帮助报表使用者全面了解企业的财务状况及其发展趋势，分析企业的债务偿还能力和营利能力等，从而为未来的经济决策提供参考信息。

二 利润表

【知识点1】 利润表的内容和格式

利润表是反映企业在一定会计期间的经营成果的会计报表，反映了企业经营业绩的主要来源和构成。

利润表遵循了"收入－费用＝利润"这一会计恒等式的要求，把企业在某一特定会计期间实现的收入、发生的费用和实现的利润反映出来。

企业利润表至少应当单独列示反映下列信息的项目，但其他会计准则另有规定的除外：营业收入；营业成本；税金及附加；管理费用；销售费用；财务费用；投资收益；公允价值变动损益；资产减值损失；非流动资产处置损益；所得税费用；净利润；其他综合收益；各项目分别扣除所得税影响后的净额；综合收益总额。

利润表一般采用多步式的格式，即通过对当期的收入、费用、支出项目按性质加以归类，按利润形成的主要环节列示一些中间性利润指标，便于使用者理解企业经营成果的不同来源。

通过提供利润表，可以反映企业在一定会计期间收入、费用、利润（或亏损）的数额、构成情况，帮助财务报表使用者全面了解企业的经营成果，分析企业的获利能力及盈利增长趋势，从而为其作出经济决策提供依据。

【知识点2】 利润表的填报

"营业收入"项目，反映企业经营主要业务和其他业务所确认的收入总额。根据"主营业务收入""其他业务收入"科目的发生额分析填列。

"营业成本"项目,反映企业经营主要业务和其他业务发生的实际成本总额。根据"主营业务成本""其他业务成本"科目的发生额分析填列。

"税金及附加"项目,反映企业经营业务应负担的消费税、城市维护建设税、资源税、土地增值税和教育费附加等。根据"税金及附加"科目的发生额分析填列。

"销售费用"项目,反映企业在销售商品过程中发生的包装费、广告费等费用和为销售本企业商品而专设的销售机构的职工薪酬、业务费等经营费用。根据"销售费用"科目的发生额分析填列。

"管理费用"项目,反映企业为组织和管理生产经营发生的管理费用。根据"管理费用"科目的发生额分析填列。

"财务费用"项目,反映企业筹集生产经营所需资金等而发生的筹资费用。根据"财务费用"科目的发生额分析填列。

"资产减值损失"项目,反映企业各项资产发生的减值损失。根据"资产减值损失"科目发生额分析填列。

"公允价值变动收益"项目,反映企业交易性金融资产、交易性金融负债,以及采用公允价值模式计量的投资性房地产等公允价值变动形成的应计入当期损益的利得或损失。根据"公允价值变动损益"科目的发生额分析填列。如为损失,以"-"号填列。

"投资收益"项目,反映企业以各种方式对外投资所取得的收益。如为损失,以"-"号填列。企业持有的交易性金融资产处置和出售时,处置收益部分应当自"公允价值变动损益"项目转出,列入本项目。根据"投资收益"科目的发生额分析填列。

"营业外收入""营业外支出"项目,反映企业发生的与其经营活动无直接关系的各项收入和支出。根据"营业外收入""营业外支出"科目的发生额分析填列。

"利润总额"项目,反映企业实现的利润总额。如为亏损总额,以"-"号填列。

"所得税费用"项目,反映企业根据所得税准则确认的应从当期利润总额中扣除的所得税费用。根据"所得税"科目的发生额分析填列。

"净利润"项目,反映企业实现的净利润。

"其他综合收益"项目，反映企业根据其他会计准则规定未在当期损益中确认的各项利得和损失。具体分为"以后会计期间不能重分类进损益的其他综合收益项目"和"以后会计期间在满足规定条件时将重分类进损益的其他综合收益项目"两类，并以扣除所得税影响后的净额列报。

"综合收益总额"项目，反映企业净利润与其他综合收益的合计金额。

现金流量表与所有者权益变动表

【知识点1】 现金流量表的基本概念

现金流量表是反应一定时期内（如月度、季度或年度）企业经营活动、投资活动和筹资活动对其现金及现金等价物所产生影响的财务报表。现金流量表是原先财务状况变动表或者资金流动状况表的替代物。它详细描述了由公司的经营、投资与筹资活动所产生的现金流。

现金流量表的主要作用是决定公司短期生存能力，特别是缴付账单的能力。它是反映一家公司在一定时期现金流入和现金流出动态状况的报表。其组成内容与资产负债表和损益表相一致。通过现金流量表，可以概括反映经营活动、投资活动和筹资活动对企业现金流入流出的影响，对于评价企业的实现利润、财务状况及财务管理，要比传统的损益表提供更好的基础。

【知识点2】 现金流量表的主要项目填列

销售商品和提供劳务收到的现金基本填列公式为：

本项目金额＝营业收入＋销项税额＋（应收账款期初余额－

应收账款期末余额）＋（应收票据期初余额－

应收票据期末余额）＋（预收账款期末余额－

预收账款期初余额）－坏账准备的调整金额－

票据转让的调整金额－其他特殊项目的调整金额

营业收入的填列。根据新的企业会计准则，营业收入为利润表第一项。但有的营业收入不会形成现金流量：用库存商品发放职工薪酬、用库存商品对外投资、用库存商品进行债务重组及非货币性资产交换等，新会计准则确认为主营业务收入。用材料对外投资、用材料进行债务重组和非货币性资产交换等，新会计准则确认为其他业务收入。这些项目都应从营业收入项目中扣除。

销项税额这个项目应根据应交增值税明细账填列。贷方发生额减去借方发生额的差额。在新会计准则的处理下：工程领用本厂商品，用本厂商品发放职工薪酬、用本厂商品和材料对外投资、非货币性资产交换、债务重组等产生的销项税额，既不会产生现金流量，也不会形成应收账款，应从销项税额中扣除。

应收账款期初余额减去期末余额。应收票据期初余额减去期末余额。这两个项目根据资产负债表应收账款项目和应收票据项目填列。但只是假定期初大于期末余额的差额最终会形成现金流量。在新会计准则下需要根据有关情况进行调整。期末余额应加上由于债务重组减少的金额和应收账款转让换取非货币性资产减少的金额，也应加上由于应收账款让售（带追索权的）产生的利息费用和损失。

预收账款期末余额减去期初余额。本项目根据资产负债表项目的期末余额和期初余额填列。在新会计准则情况下，无法支付的预收账款批准转销后变成营业外收入，不会形成营业收入，因而应追回，才是正确的现金流量。

坏账准备的调整金额。本项目根据坏账准备明细账贷方当期计提的金额填列。在新会计准则情况下，由于所有的应收款项都可以计提坏账准备，应收利息、应收股利、预付账款的坏账准备应剔除，只包括应收账款和应收票据计提的坏账准备。

票据贴现的调整金额。在现实中流通转让的商业汇票主要是不带息的银行承兑汇票，而且主要不是贴现给银行而是转让给其他企业，因而一般不存在贴现利息。但贴现用于支付应付账款和购货的票据也在本项减去。

购买商品和接受劳务支付的现金基本填列公式为：

本项目金额＝营业成本＋进项税额＋（应付账款期初余额－

应付账款期末余额）＋（应付票据期初余额－

应付票据期末余额）＋（预付账款期末余额－

预付账款期初余额）＋（存货期末余额－

存货期初余额）－职工薪酬调整项目＋

坏账准备调整项目－其他特殊事项调整项目

营业成本。本项目根据利润表项目填列，为主营业务成本和其他业务成本之和。在新会计准则情况下，用本厂产品对外投资、工程领用本厂产品、用本厂材料对外投资、债务重组、非货币性交换产生的主营业务成本、其他业务成本等应予以剔除，分别计入投资活动引起的现金流出量。

进项税额。本项目根据应交增值税明细账借方分析填列。借方的出口退税、进项税额转出应予以减除。债务重组、非货币性交换产生的进项税额不应包括在内。

应付账款期初余额减应付账款期末余额。应付票据期初余额减应付票据期末余额。这两个项目根据资产负债表期初期末余额填列。当期确实无法支付批准转入营业外收入的应付账款、应付票据应加回。通过债务重组方式冲减应付账款、应付票据由于没有减少现金流量，也应加回。

预付账款期末余额减去预付账款期初余额。本项目根据资产负债表期初期末余额填列。当期计提的坏账准备应予以加回。若预付账款中含有预付的工程款，应予以剔除。

存货期末余额减去存货期初余额。本项目根据资产负债表中期末期初余额填列。由于存货业务的复杂性，在填列现金流量表时需要调整的项目相对比较多，调整时应注意：①当期计提的存货跌价准备应予以加回。②代理业务资产和代理业务负债应相互抵销后填列。③当期盘亏、毁损、发生非正常损失的存货应予以加回。④通过债务重组、非货币性交换得到的存货，由于没有引起现金流出，在计算现金流出量时应予以减除。⑤当期盘盈、工程物资转入等增加的存货计算时也应予以剔除。

职工薪酬的调整项目。期末生产成本、自制半成品、库存商品明细账中的职工薪酬，尽管已经支付现金，由于需要在现金流量表中单列，因此应从存货项目中扣除。本项目可以根据已售商品成本和未售成本的比例分配薪酬。

坏账准备调整项目。由于预付账款也计提坏账准备，故应予以加回。

【知识点3】 所有者权益变动表的基本概念

所有者权益变动表是反映构成所有者权益的各组成部分当期的增减变动情况的报表。

通过所有者权益变动表，既可以为报表使用者提供所有者权益总量增减变动的信息，也能为其提供所有者权益增减变动的结构性信息，特别是能够让报表使用者理解所有者权益增减变动的根源。

所有者权益变动表各项目均需填列"本年金额"和"上年金额"两栏。所有者权益表变动表"上年金额"栏内各项数字，应根据上年度所有者权益变动表"本年金额"内所列数字填列。上年度所有者权益变动表规定的各个项目的名称和内容同本年度不一致的，应对上年度所有者权益变动表各项目的名称和数字按照本年度的规定进行调整，填入所有者权益变动表的"上年金额"栏内。所有者权益变动表"本年金额"栏内各项数字一般应根据"实收资本（或股本）""资本公积""盈余公积""利润分配""库存股""以前年度损益调整"科目的发生额分析填列。

【知识点4】 所有者权益变动表的主要项目

（1）"上年年末余额"项目，反映企业上年资产负债表中实收资本（或股本）、资本公积、盈余公积、未分配利润的年末余额。

（2）"净利润"项目，反映企业当年实现的净利润（或净亏损）金额，并对应列在"未分配利润"栏。

（3）"其他综合收益"项目，反映企业当年直接计入所有者权益的利得和损失金额。

（4）"所有者投入和减少资本"项目，反映企业当年所有者投入的资本和减少的资本。其中："所有者投入资本"项目，反映企业接受投资者投入形成的实收资本（或股本）和资本溢价或股本溢价，并对应列在"实收资本"和"资本公积"栏。

（5）"利润分配"下各项目，反映当年对所有者（或股东）分配的利润（或股利）金额和按照规定提取的盈余公积金额，并对应列在"未分配利润"和"盈余公积"栏。其中："提取盈余公积"项目，反映企业按照规定提取的盈余公积。"对所有者（或股东）的分配"项目，反映对所有者（或股东）分配的利润（或股利）金额。

（6）"所有者权益内部结转"下各项目，反映不影响当年所有者权益总额的所有者权益各组成部分之间当年的增减变动，包括资本公积转增资本

（或股本）、盈余公积转增资本（或股本）、盈余公积弥补亏损等项金额。其中："资本公积转增资本（或股本）"项目，反映企业以资本公积转增资本或股本的金额。"盈余公积转增资本（或股本）"项目，反映企业以盈余公积转增资本或股本的金额。"盈余公积弥补亏损"项目，反映企业以盈余公积弥补亏损的金额。

>> 习题演练

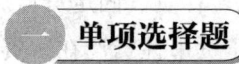

1. 企业会计的确认、计量和报告应当以（　　）为基础。

A. 权责发生制　　B. 收付现实制　　C. 预算执行制　　D. 收付统一制

【参考答案】A

【答案解析】权责发生制，是指凡是当期已经实现的收入和已经发生或应当负担的费用无论款项是否收付，都应当作为当期的收入和费用，计入利润表；凡是不属于当期的收入和费用，即使款项已在当期收付，也不应当作为当期的收入和费用。

2. "短期借款"账户属于负债类账户，核算企业向银行或其他金融机构等借入的期限在（　　）的各种借款。

A. 1 年以下（不含 1 年）　　　　B. 2 年以下（含 2 年）

C. 2 年以下（不含 2 年）　　　　D. 1 年以下（含 1 年）

【参考答案】D

【答案解析】短期借款的期限是 1 年以下（含 1 年）。

3. 投资方对被投资单位实施控制、重大影响的权益性投资，以及对其合营企业的权益性投资，指的是（　　）。

A. 交易性金融资产　　　　　　　B. 长期股权投资

C. 短期股权投资　　　　　　　　D. 金融资产

【参考答案】B

【答案解析】以上表述是长期股权投资的定义。

4. 下列选项中，不属于行政单位财务报表的是(　　)。

A. 利润表   B. 收入支出表

C. 资产负债表   D. 财政拨款收入支出表

【参考答案】A

【答案解析】行政单位没有《利润表》。

5. 以下不形成资产基金的资产项目是(　　)。

A. 应收账款   B. 存货   C. 预付账款   D. 在建工程

【参考答案】A

【答案解析】资产基金科目核算行政单位的预付账款、存货、固定资产、在建工程、无形资产、政府储备物资、公共基础设施等非货币性资产在净资产中占用的金额。

6. 编制会计报表的基础，连接会计凭证与会计报表的中间环节是(　　)。

A. 设置和登记账簿   B. 设置会计科目

C. 编制现金流量表   D. 确定会计核算制度

【参考答案】A

【答案解析】会计账簿，是指由一定格式的账页组成的，以经过审核的会计凭证为依据，全面、系统、连续地记录各项经济业务的簿籍。设置和登记账簿，是编制会计报表的基础，是连接会计凭证与会计报表的中间环节。

7. 资产负债表是反映企业在(　　)的财务状况的会计报表。

A. 某一特定阶段   B. 一个年度内

C. 某一特定日期   D. 半年内

【参考答案】C

【答案解析】资产负债表反映的是一个时点的情况。

8. 企业资产负债表中的所有者权益类不单独列示以下(　　)项目。

A. 实收资本   B. 资本公积   C. 盈余公积   D. 已分配利润

【参考答案】D

【答案解析】所有者权益类不单独列示已分配利润。

9. 下列关于会计账簿启用规则的说法，不正确的是(　　)。

A. 各单位应当按照国家统一会计制度的规定和会计业务的需要设置会计账簿

B. 实行会计电算化的单位，用计算机打印的会计账簿必须连续编号，经审核无误后装订成册

C. 可以用银行对账单或者其他方法代替日记账

D. 由记账人员和会计机构负责人、会计主管人员签字或者盖章

【参考答案】C

【答案解析】现金日记账和银行存款日记账必须采用订本式账簿，不得用银行对账单或者其他方法代替日记账。

10. 下列关于会计分期的说法，错误的是(　　)。

A. 会计分期是一个个连续的期间

B. 会计分期是长短相同的期间

C. 会计年度通常以"1年"为标准

D. 如果企业营业周期长于1年的，仍以"1年"为标准

【参考答案】D

【答案解析】也可以以"长于1年的一个营业周期"为会计年度。

11. 国家统一会计制度规定，企业的会计核算以(　　)为记账本位币。

A. 人民币　　　　B. 美元　　　　C. 欧元　　　　D. 日元

【参考答案】A

【答案解析】人民币是我国会计核算的本位币。

12. 会计信息质量要求是对企业财务报告中所提供会计信息质量的基本要求，是对会计信息使用者决策应具备的基本特征。不包括下列选项中的(　　)。

A. 可靠性　　　　B. 相关性　　　　C. 直接性　　　　D. 可比性

【参考答案】C

【答案解析】基本特征包括可靠性、相关性、可理解性、可比性、实质重于形式、重要性、谨慎性和及时性八项，不包括直接性。

13. 一次凭证、累计凭证和汇总凭证是原始凭证按照(　　)不同进行的分类。

A. 来源　　　　　　　　　　B. 格式

C. 主体　　　　　　　　　　D. 填制手续及内容

【参考答案】D

【答案解析】原始凭证按照填制手续及内容不同，分为一次凭证、累计凭

证和汇总凭证。

14. "应交税费"账户属于(　　)账户，用来核算企业按照税法等规定计算应交纳的各种税费。

A. 负债类　　　　B. 资产类　　　　C. 成本类　　　　D. 损益类

【参考答案】A

【答案解析】"应交税费"账户属于负债类账户。

15. "税金及附加"属于损益类账户，用来核算企业经营活动中应该缴纳的相关税费，其中不包括(　　)。

A. 营业税　　　　B. 消费税　　　　C. 资源税　　　　D. 增值税

【参考答案】D

【答案解析】增值税不在此科目核算。

16. 利润，是企业在(　　)实现的经营成果。

A. 某一特定阶段　　　　　　　　B. 一定会计期间

C. 某一特定日期　　　　　　　　D. 1 年内

【参考答案】B

【答案解析】利润反映的是一定会计期间的情况。

17. 会计账簿不包括以下账簿中的(　　)。

A. 总账　　　　B. 明细账　　　　C. 日记账　　　　D. 成本账

【参考答案】D

【答案解析】会计账簿包括总账、明细账、日记账和其他辅助性账簿。

18. 为了便于报表使用者比较不同时点资产负债表的数据，掌握企业财务状况的变动情况及发展趋势，企业需要提供(　　)。

A. 比较资产负债表　　　　　　　B. 资产负债表

C. 利润表　　　　　　　　　　　D. 现金流量表

【参考答案】A

【答案解析】企业需要为使用者提供的是比较资产负债表。

19. 下列关于现金流量表的说法，不正确的是(　　)。

A. 主要作用是决定公司短期生存能力，特别是缴付账单的能力

B. 它是反映一家公司在一定时期现金流入和现金流出动态状况的报表

C. 其组成内容与资产负债表和损益表相一致

D. 现金流量表和传统的损益表基本一样

【参考答案】D

【答案解析】通过现金流量表，可以概括反映经营活动、投资活动和筹资活动对企业现金流入流出的影响，对于评价企业的实现利润、财务状况及财务管理，要比传统的损益表提供更好的基础。

20. 下列关于所有者权益变动表的说法，不正确的是(　　)。

A. 各项目可只填列"本年金额"栏目

B. 所有者权益表变动表"上年金额"栏内各项数字，应根据上年度所有者权益变动表"本年金额"内所列数字填列

C. 上年度所有者权益变动表规定的各个项目的名称和内容同本年度不一致的，应对上年度所有者权益变动表各项目的名称和数字按照本年度的规定进行调整，填入所有者权益变动表的"上年金额"栏内

D. 所有者权益变动表"本年金额"栏内各项数字一般应根据"实收资本(或股本)""资本公积""盈余公积""利润分配""库存股""以前年度损益调整"科目的发生额分析填列

【参考答案】A

【答案解析】各项目均需填列"本年金额"和"上年金额"两栏。

多项选择题

1. 会计核算的基本前提包括(　　)。

A. 会计主体　　　B. 持续经营　　　C. 会计分期　　　D. 货币计量

【参考答案】ABCD

【答案解析】会计核算的基本前提也叫会计假设，是对会计核算所处的时间、空间环境所作的合理设定。会计核算具体对象的确定、会计政策的选择、会计要素的确认、会计金额的计量都要以会计基本前提为依据。会计核算的基本前提包括会计主体、持续经营、会计分期和货币计量四项。

2. 会计要素通过会计报表列报，资产负债表要素反映企业的财务状况，包括(　　)等要素。

A. 资产　　　　　B. 负债　　　　　C. 所有者权益　　D. 利润

【参考答案】ABC

【答案解析】利润是利润表的要素。

3. 行政单位会计核算的目标有(   )。

A. 向会计信息使用者提供与单位财务状况、预算执行情况等有关的会计信息

B. 反映单位各项资金活动及受托责任的履行情况

C. 帮助会计信息使用者进行管理、监督和决策

D. 提高资金使用效益

【参考答案】ABC

【答案解析】行政单位会计核算目标是向会计信息使用者提供与行政单位财务状况、预算执行情况等有关的会计信息,反映行政单位受托责任的履行情况,有助于会计信息使用者进行管理、监督和决策。

4. 下列选项属于"应付职工薪酬"科目核算内容的有(   )。

A. 基本工资   B. 奖金   C. 津贴补贴   D. 社会保险费

【参考答案】ABCD

【答案解析】以上都属于"应付职工薪酬"科目核算。

5. 会计科目按其所归属的会计要素不同进行分类,包括(   )。

A. 资产类   B. 负债类   C. 总分类   D. 明细分类

【参考答案】AB

【答案解析】总分类科目和明细分类科目是会计科目按其提供信息的详细程度及其统驭关系不同进行的分类。

6. 企业购入物资的采购成本包括(   )。

A. 运杂费（包括运输费、装卸费、保险费、仓储费等）

B. 运输途中的合理损耗

C. 入库前的挑选整理费用（包括挑选整理中发生的工、费支出和必要的损耗,并减去回收的下脚废料价值）

D. 购买物资负担的税金和其他费用

【参考答案】ABCD

【答案解析】4个选项都是采购成本的内容。

7. 留存收益包括(   )。

A. 资本公积   B. 盈余公积   C. 未分配利润   D. 所有者权益

【参考答案】BC

【答案解析】根据《中华人民共和国公司法》的规定，企业对净利润进行分配，要按照一定的顺序进行。首先弥补以前年度亏损，其次提取法定盈余公积金，再其次按有关协议或决议分配投资者利润，余下的部分形成未分配利润，结转至以后年度再进行分配。企业按规定提取的盈余公积金和剩余的未分配利润统称为"留存收益"。

8. 账簿按其用途不同，可分为（   ）。

A. 数量金额式账簿　　　　　　B. 序时账簿

C. 分类账簿　　　　　　　　　D. 备查账簿

【参考答案】BCD

【答案解析】序时账簿、分类账簿和备查账簿是按用途进行的分类。

9. 必须采用订本式账簿的是（   ）。

A. 总分类账　　　　　　　　　B. 明细账

C. 现金日记账　　　　　　　　D. 银行存款日记账

【参考答案】ACD

【答案解析】总分类账、现金日记账和银行存款日记账必须采用订本式账簿。

10. 资产负债表应当按照（   ）等大类别分类列报。

A. 资产　　　B. 负债　　　C. 所有者权益　　D. 资本

【参考答案】ABC

【答案解析】资产负债表列报应当如实反映企业在资产负债表日所拥有的资源、所承担的负债以及所有者所拥有的权益，应当按照资产、负债和所有者权益三大类别分类列报。

11. 企业资产负债表中的负债类至少应当单独列示反映（   ）。

A. 短期借款　　B. 预收款项　　C. 递延所得税　　D. 长期应付款

【参考答案】ABD

【答案解析】递延所得税属于资产项目。

12. 下列关于利润表基本科目的表述，正确的有（   ）。

A. "营业收入"项目，反映企业经营主要业务和其他业务所确认的收入总额。根据"主营业务收入""其他业务收入"科目的发生额分析填列

B. "营业成本"项目，反映企业经营主要业务和其他业务发生的实际成本总额。根据"主营业务成本""其他业务成本"科目的发生额分析填列

C. "税金及附加"项目，反映企业经营业务应负担的营业税、消费税、城市维护建设税、资源税、土地增值税和教育费附加等。根据"税金及附加"科目的发生额分析填列

D. "销售费用"项目，反映企业在销售商品过程中发生的包装费、广告费等费用和为销售本企业商品而专设的销售机构的职工薪酬、业务费等经营费用。根据"销售费用"科目的发生额分析填列

【参考答案】ABCD

【答案解析】4个选项都符合相关科目的规定。

13. 以下关于会计核算特点的说法，正确的有(   )。

A. 以货币为主要计量单位

B. 以实际发生的经济业务所取得的合法凭证为书面依据

C. 以一套科学的方法为核算手段

D. 具有全面性、连续性和系统性

【参考答案】ABCD

【答案解析】4个选项都是会计核算的特点。

14. 会计监督职能，是指会计人员在进行会计核算的同时，对特定主体经济活动的(   )进行审查，以达到预期的目的。

A. 合法性　　　　B. 全面性　　　　C. 合理性　　　　D. 正当性

【参考答案】AC

【答案解析】会计监督职能对特定主体经济活动的合法性、合理性进行审查。

15. 记账凭证按内容不同，分为收款凭证、付款凭证和转账凭证。在实际工作中，规模小、业务简单的单位，也可以使用一种格式的通用记账凭证。以下表述，正确的有(   )。

A. 收款凭证是指用于记录现金和银行存款收款业务的会计凭证

B. 付款凭证是指用于记录现金和银行存款付款业务的会计凭证

C. 转账凭证是指用于记录不涉及现金和银行存款业务的会计凭证

D. 通用记账凭证是指不分收款、付款及转账业务，而将所有的经济业务统一编号，在统一格式的凭证中进行记录的会计凭证

【参考答案】ABCD

【答案解析】4个选项都符合记账凭证的特点。

16. 下列关于活页账的说法，正确的有(   )。

A. 活页账是在账簿登记完毕之前并不固定装订在一起，而是装在活页账夹中

B. 当账簿登记完毕之后（通常是半个会计年度结束之后）才将账页予以装订

C. 装订时要给各账页连续编号

D. 装订编号后，不得再抽换账页

【参考答案】ACD

【答案解析】通常是1个会计年度结束之后，才将账页予以装订。

17. 下列关于会计主体的说法，正确的有(   )。

A. 会计主体不同于法律主体

B. 法律主体往往是会计主体

C. 会计主体不一定是法律主体

D. 一个法律主体可以有多个会计主体，一个会计主体也可以有多个法律主体

【参考答案】ABCD

【答案解析】4个选项都符合会计主体的说法。

18. 计量属性是指企业在将符合确认条件的会计要素登记入账并列报于会计报表及其附注时，应当按照规定的计量标准和计量方法进行计量，确定其金额的基础。计量属性包括(   )。

A. 历史成本   B. 重置成本

C. 可变现净值   D. 现值和公允价值

【参考答案】ABCD

【答案解析】4个选项都是计量的基本属性。

19. 以下关于会计等式的说法，正确的有(   )。

A. 资产 = 权益

B. 资产 = 负债 + 所有者权益

C. 收入 − 费用 = 利润

D. 资产 + 费用 = 负债 + 所有者权益 + 收入

【参考答案】ABCD

【答案解析】4个选项都是基本会计等式。

20. 下列关于"固定资产"账户的说法，正确的有(　　　)。

A. 属于资产类账户，用来核算企业固定资产的原值

B. 固定资产是指为生产商品、提供劳务、出租或经营管理而持有的

C. 使用寿命超过12个月的有实物形态的资产

D. 具体包括房屋、建筑物、机器、机械、运输工具以及其他与生产、经营有关的设备、器具、工具等

【参考答案】ABD

【答案解析】固定资产是使用寿命超过一个会计年度的有实物形态的资产。

 **判断题**

1. 账户的基本结构分左右两方，分别记录经济业务的增加额或减少额，左方登记增加，右方登记减少。　　　　　　　　　　　　　　　　(　　)

【参考答案】错误

【答案解析】哪一方登记增加，哪一方登记减少，取决于所记录经济业务的内容和账户的性质以及所采用的记账方法。

2. 单式记账法是对发生的每一项经济业务都以相等的金额在两个或两个以上相互联系的账户中同时进行登记的方法。　　　　　　　　　　(　　)

【参考答案】错误

【答案解析】单式记账法是对发生的每一项经济业务只在一个账户中作单方面记录的方法。以上是复式记账法的定义。

3. 借贷记账法的记账规则是"有借必有贷，借贷必相等"。　　　(　　)

【参考答案】正确

4. "主营业务收入"账户属于损益类账户，用来核算企业在销售商品、提供劳务等日常活动中取得的主营业务收入。　　　　　　　　　　　(　　)

【参考答案】正确

5. "所得税费用"账户属于损益类账户，用来核算企业确认的应从当期

利润总额中扣除的所得税费用。期末结转后如果余额在借方，表示累计未弥补的亏损。 （ ）

【参考答案】错误

【答案解析】期末，应将本账户借方登记的发生额从贷方转入"本年利润"账户的借方，结转后该账户无余额。

6. 利润表是反映企业在某一特定时期的经营成果的会计报表，反映了企业经营业绩的主要来源和构成。 （ ）

【参考答案】错误

【答案解析】反映的是一定会计期间而不是某一特定时期的情况。

7. 所有者权益变动表是反映构成所有者权益的各组成部分当期的增减变动情况的报表。 （ ）

【参考答案】正确

8. 卡片账是将账户所需格式印刷在硬卡上。严格说，卡片账也是一种活页账。 （ ）

【参考答案】正确

9. 两栏式账簿是指只有明细和总额两个基本金额栏目的账簿。普通日记账和转账日记账一般采用两栏式。 （ ）

【参考答案】错误

【答案解析】两栏式账簿是只有借方和贷方两个基本金额栏目的账簿。

10. 会计凭证是用来记录经济业务，明确经济责任，作为记账依据的书面证明。 （ ）

【参考答案】正确

四 简答题

1. 在计算产品成本时，一般把生产费用划分为哪些成本项目？

【参考答案】（1）直接材料，是指构成产品实体的原材料以及有助于产品形成的主要材料和辅助材料。

（2）燃料和动力，是指直接用于产品生产的燃料和动力。

（3）直接人工，是指直接从事产品生产的工人的职工薪酬。

（4）制造费用，是指企业为生产产品和提供劳务而发生的各项间接费用，包括企业生产部门（如生产车间）发生的水电费、固定资产折旧、无形资产摊销、管理人员的职工薪酬、劳动保护费、国家规定的有关环保费用、季节性和修理期间的停工损失等。

2. 请简述账簿与账户的关系。

【参考答案】账簿和账户是形式和内容的关系。账户存在于账簿之中，账簿中的每一账页就是账户的存在形式和载体，没有账簿，账户就无法存在；账簿序时、分类地记载经济业务，是在个别账户中完成的。因此，账簿只是一个外在形式，账户才是它的真实内容。

五 论述题

资产负债表是反映企业在某一特定日期的财务状况的主要会计报表，请论述资产负债表的作用有哪些？

【参考答案】资产负债表的作用主要体现在以下 4 个方面：第一，通过编制资产负债表，可以反映企业资产的构成及其状况，分析企业在某一日期所拥有的经济资源及其分布情况。第二，通过编制资产负债表，可以反映企业某一日期的负债总额及其结构，分析企业目前与未来需要支付的债务数额。第三，通过编制资产负债表，可以反映企业所有者权益的情况，了解企业现有的投资者在企业资产总额中所占的份额。第四，通过资产负债表，可以帮助报表使用者全面了解企业的财务状况及其发展趋势，分析企业的债务偿还能力和营利能力等，从而为未来的经济决策提供参考信息。

第二篇 通用业务

第十二章 税收信息化

>> **知识架构**

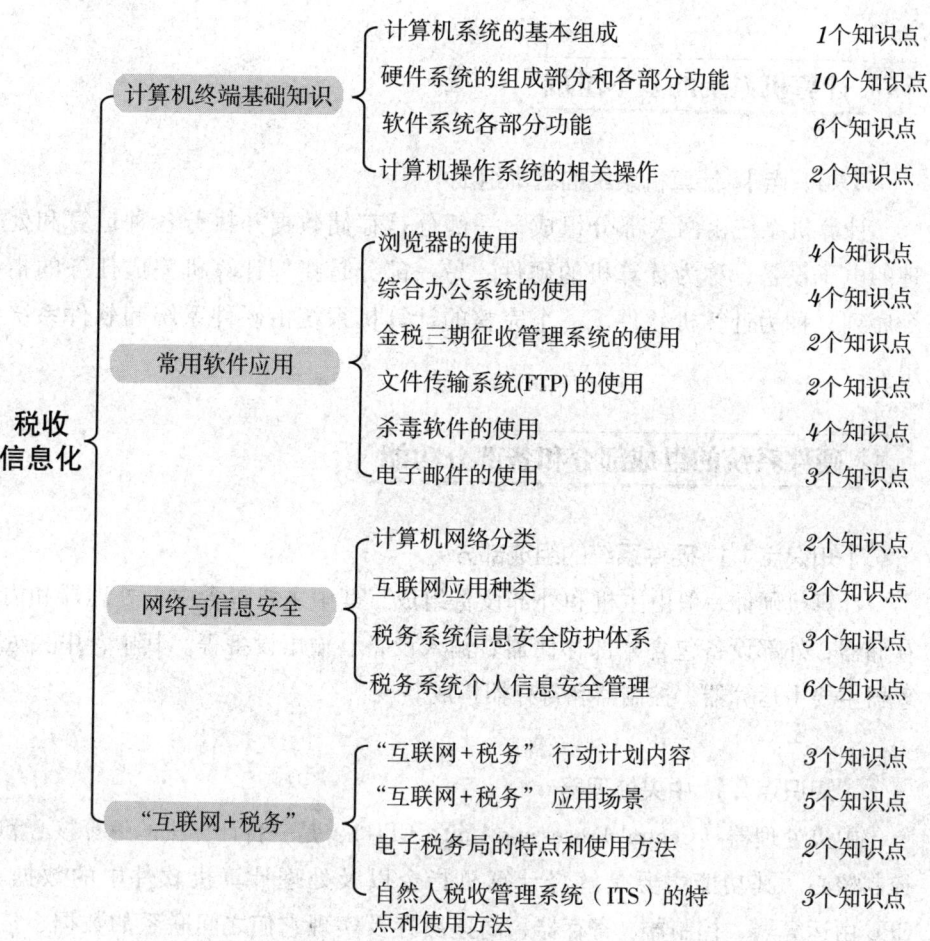

税收
信息化

计算机终端基础知识
- 计算机系统的基本组成 — 1个知识点
- 硬件系统的组成部分和各部分功能 — 10个知识点
- 软件系统各部分功能 — 6个知识点
- 计算机操作系统的相关操作 — 2个知识点

常用软件应用
- 浏览器的使用 — 4个知识点
- 综合办公系统的使用 — 4个知识点
- 金税三期征收管理系统的使用 — 2个知识点
- 文件传输系统(FTP)的使用 — 2个知识点
- 杀毒软件的使用 — 4个知识点
- 电子邮件的使用 — 3个知识点

网络与信息安全
- 计算机网络分类 — 2个知识点
- 互联网应用种类 — 3个知识点
- 税务系统信息安全防护体系 — 3个知识点
- 税务系统个人信息安全管理 — 6个知识点

"互联网+税务"
- "互联网+税务"行动计划内容 — 3个知识点
- "互联网+税务"应用场景 — 5个知识点
- 电子税务局的特点和使用方法 — 2个知识点
- 自然人税收管理系统（ITS）的特点和使用方法 — 3个知识点

>> 第一节
计算机终端基础知识

一 计算机系统的基本组成

【知识点】 计算机系统的基本组成

计算机系统由两大部分组成，一部分是存储数据并执行各种运算和处理的电子设备，称为计算机的硬件；另一部分是指挥计算机完成任务的指令序列，称为计算机软件。一个完整的计算机系统由硬件系统和软件系统组成。

二 硬件系统的组成部分和各部分功能

【知识点1】 硬件系统的组成部分

计算机硬件一般由主机和外部设备组成，其中主机包含中央处理器和内存储器，外部设备包含外部存储器、输入设备、输出设备等。其中，中央处理器主要由运算器、控制器和寄存器构成。

【知识点2】 中央处理器

中央处理器（Central Processing Unit，CPU），是一台计算机的运算核心和控制核心。其功能主要是解释计算机指令以及处理计算机软件中的数据。CPU由运算器、控制器、寄存器、高速缓存及实现它们之间联系的数据、控制及状态的总线构成。

【知识点3】 内存

内存（Memory）也被称为内部存储器，其作用是暂时存放CPU中的运算数据，以及与硬盘等外部存储器交换的数据。只要计算机在运行中，CPU就会把需要运算的数据调到内存中进行运算，当运算完成后再将结果传送出来，内存的运行决定了计算机的运行。

【知识点4】 硬盘

硬盘属于外部存储器，由金属磁片制成，利用磁片的记忆功能存储数据，存储到磁片上的数据不论是在开机状态，还是关机状态，都不会丢失。硬盘接口有 IDE、SATA、SCSI 等，其中 SATA 接口最普遍。

固态硬盘是固态驱动器（Solid State Disk，SSD）的俗称，固态硬盘是用固态电子存储芯片阵列而制成的硬盘。固态硬盘具有以下优点：①启动快。②读取延迟极小。③相对固定的读取时间。④基于 DRAM 的固态硬盘写入速度极快。⑤无噪声。⑥低容量的基于闪存的固态硬盘在工作状态下能耗和发热量较低，但高端或大容量产品能耗仍较高。⑦不会发生机械故障，也不怕碰撞、冲击、振动。⑧工作温度范围更大。⑨低容量的固态硬盘比同容量硬盘体积小、重量轻。

固态硬盘不足：价格昂贵，与普通硬盘相比在价格方面没有任何优势；另外固态硬盘容量小，无法满足大量存储数据的需求。

【知识点5】 电源

电源是将 220V 交流电转换为计算机使用的 5V、12V、3.3V 直流电，其性能的好坏直接影响到其他设备工作的稳定性，进而会影响整机的稳定性。

【知识点6】 主板

主板是计算机各个部件工作的一个平台，主板把计算机的各个部件紧密连接在一起，各个部件通过主板进行数据传输，主板工作的稳定性影响着整机工作的稳定性。

声卡是组成多媒体计算机必不可少的一个硬件设备，其作用是当发出播放命令后，将声音数字信号转换成模拟信号送到音箱上发出声音。

显卡在工作时与显示器配合输出图形和文字，显卡的作用是将计算机系统所需要显示的信息进行转换驱动，并向显示器提供行扫描信号，控制显示器的正确显示，是连接显示器和个人计算机主板的重要元件，是"人机对话"

的重要设备之一。

网卡是工作在数据链路层的网路组件，是局域网中连接计算机和传输介质的接口。网卡的作用是充当计算机与网线之间的桥梁，是用来建立局域网并连接到互联网的重要设备之一。在整合型主板中常把声卡、显卡、网卡部分或全部集成在主板上。

【知识点7】 光驱

光驱是计算机用来读写光碟内容的设备，也是在台式机和笔记本便携式计算机里比较常见的一个部件。光驱可分为 CD – ROM 驱动器、DVD 光驱（DVD – ROM）、康宝（COMBO）和刻录机。

【知识点8】 常见输出设备

显示器有大有小，有薄有厚，品种多样，其作用是把计算机处理完的结果显示出来。它是一个输出设备，是计算机必不可少的部件之一，分为 CRT、LCD、LED 三大类，常见接口有 VGA、DVI 和 HDMI 3 类。

音箱是一种输出设备，其作用是把音频电能转换成相应的声能，并把它辐射到空间中。

通过打印机可以把计算机中的文件打印到纸上，它是重要的输出设备之一。打印机主要有针式打印机、喷墨打印机、激光打印机三种主流产品，各具优点，可满足用户不同的需求。

【知识点9】 常见输入设备

键盘是主要的输入设备，通常为 104 键或 105 键，用于实现文字、数字、字符等的输入。

鼠标。当人们移动鼠标时，计算机屏幕上就会有一个箭头指针跟着移动，快速地在屏幕上定位，它是人们使用计算机不可缺少的部件之一。键盘鼠标接口有 PS/2、USB、无线 3 种。

视频设备。常见的视频设备包括摄像头、扫描仪、数码相机、数码摄像机、电视卡等，用于处理视频信号。

【知识点 10 】 其他存储设备

存储卡是利用闪存（Flash Memory）技术存储电子信息的存储器，一般应用在数码相机、掌上电脑、MP3、MP4 等小型数码产品中作为存储介质，样子小巧，犹如一张卡片，所以称为闪存卡。根据不同的生产厂商和不同的应用，闪存卡有 Smart Media（SM 卡）、Compact Flash（CF 卡）、Multi Media Card（MMC 卡）、Secure Digital（SD 卡）、Memory Stick（记忆棒）、TF 卡等多种类型，这些闪存卡虽然外观、规格各不同，但是技术原理都是相同的。

闪存卡本身并不能被计算机直接辨认，读卡器就是一个两者的沟通桥梁。读卡器（Card Reader）可用于很多种存储卡，如 Compact Flash 或 Smart Media 或 Microdrive 存储卡等。作为存储卡的信息存取装置，读卡器使用 USB1.1/USB2.0 传输界面，支持热拔插。与普通 USB 设备一样，只需将读卡器插入计算机的 USB 端口，然后插入存储卡就可以使用了。读卡器按照速度划分有 USB1.1、USB2.0 和 USB3.0；按用途划分有单一读卡器和多合一读卡器。

三 软件系统各部分功能

【知识点 1 】 软件系统的组成部分

所谓计算机软件，是指为方便使用计算机和提高使用效率而组织的程序以及用于开发、使用和维护的有关文档。软件可分为系统软件和应用软件两大类。

【知识点 2 】 系统软件

系统软件由一组控制计算机系统并管理其资源的程序组成，其主要功能包括启动计算机，存储、加载和执行应用程序，对文件进行排序、检索，将程序语言翻译成机器语言等。实际上，系统软件可以看作用户与计算机的接口，它为应用软件和用户提供了控制、访问硬件的手段，这些功能主要由操作系统完成。此外，编译系统和各种工具软件也属此类，它们从另一方面辅助用户使用计算机。

【知识点3】 操作系统

操作系统是管理、控制和监督计算机软件、硬件资源协调运行的程序系统，由一系列具有不同控制和管理功能的程序组成，它是直接运行在计算机硬件上的、最基本的系统软件，是系统软件的核心。操作系统是计算机发展中的产物，它的主要用途有两个：一是方便用户使用计算机，是用户和计算机的接口。二是统一管理计算机系统的全部资源，合理组织计算机工作流程，以便充分、合理地发挥计算机的效率。

操作系统通常应包括下列5大功能模块：

（1）处理器管理。当多个程序同时运行时，解决处理器（CPU）时间的分配问题。

（2）作业管理。将完成某个独立任务的程序及其所需的数据称为一个作业。作业管理的任务主要是为用户提供一个使用计算机的界面使其方便地运行自己的作业，并对所有进入系统的作业进行调度和控制，尽可能高效地利用整个系统的资源。

（3）存储器管理。为各个程序及其使用的数据分配存储空间，并保证它们互不干扰。

（4）设备管理。根据用户提出的使用设备请求进行设备分配，同时还能随时接收设备的请求（称为中断），如要求输入信息。

（5）文件管理。主要负责文件的存储、检索、共享和保护，为用户提供文件操作的便利性。

操作系统的种类繁多，依其功能和特性可分为批处理操作系统、分时操作系统和实时操作系统等；依同时管理用户数的多少可分为单用户操作系统和多用户操作系统。

PC操作系统随着PC（Personal Computer，个人计算机）硬件技术的发展而发展的，经历了一个从简单到复杂的过程。主要的操作系统有以下几种。

DOS是美国微软公司发行的字符界面磁盘操作系统，它通过命令方式来管理系统。它对磁盘信息进行的管理和使用都是以文件为单位的MS－DOS版本很多，DOS在IBM PC兼容机市场上占有举足轻重的地位，常见的是MS－DOS 6.22版本。

Windows 1.0 是 Windows 系列的第一个产品，于 1985 年 11 月开始发行。Windows 1.0 是微软公司第一次对个人计算机操作平台尝试使用用户图形界面。Windows 1.0 基于 MS‒DOS 操作系统。

1995 年 8 月发行的 Windows 95 带来了更强大、更稳定、更实用的桌面图形用户界面，同时也结束了桌面操作系统间的竞争。

Windows 10 是由美国微软公司开发的应用于计算机和平板电脑的操作系统，于 2015 年 7 月 29 日发布正式版。Windows 10 操作系统在易用性和安全性方面有了极大的提升，除了针对云服务、智能移动设备、自然人机交互等新技术进行融合外，还对固态硬盘、生物识别、高分辨率屏幕等硬件进行了优化完善与支持。

【知识点4】 语言处理系统（翻译程序）

计算机编码，即二进制编码，是计算机内字母或数字的表示形式。人和计算机交流信息使用的语言称为计算机语言或称程序设计语言。计算机语言通常分为机器语言、汇编语言和高级语言三类。

机器语言是一种指令集的体系。这种指令集被称之为机器码，是电脑的 CPU 可直接解读的数据。在计算机上运行高级语言程序就必须配备程序语言翻译程序。

翻译的方法有以下两种：一种称为"解释"。它调用机器配备的程序语言"解释程序"，在运行高级语言源程序时，逐条把该语言的源程序语句进行解释和执行，它不保留目标程序代码，即不产生可执行文件。这种方式速度较慢，每次运行都要经过"解释"，边解释边执行。另一种称为"编译"。它调用相应语言的编译程序，把源程序变成目标程序（以 .OBJ 为扩展名），然后再用连接程序，把目标程序与库文件相连接形成可执行文件。尽管编译的过程复杂一些，但它形成的可执行文件（以 .exe 为扩展名）可以反复执行，速度较快。运行程序时只要键入可执行程序的文件名，再按 Enter 键即可。对源程序进行解释和编译任务的程序分别叫作编译程序和解释程序。例如，FORTRAN、COBOL、PASCAL 和 C 等高级语言使用时需有相应的编译程序；BASIC、LISP 等高级语言使用时需用相应的解释程序。

【知识点5】 数据库管理系统

数据库，是指按照一定联系存储的数据集合，可为多种应用共享。数据库管理系统（Data Base Management System，DBMS）是能够对数据库进行加工、管理的系统软件。其主要功能是建立、消除、维护数据库及对库中数据进行各种操作。数据库系统主要由数据库（DB）、数据库管理系统（DBMS）以及相应的应用程序组成。数据库系统不但能够存放大量的数据，更重要的是能迅速、自动地对数据进行检索、修改、统计、排序、合并等操作，以得到所需的信息。这一点是传统的文件柜无法做到的。

【知识点6】 应用软件

为解决各类实际问题而设计的程序系统称为应用软件，与系统软件相对应。从其服务对象的角度又可分为通用软件、专用软件、中间件三类。应用软件可以拓宽计算机系统的应用领域，放大硬件的功能。

税务系统常见的通用软件有 Microsoft Office 系列软件、WPS 办公软件、360 安全卫士、360 杀毒软件等。

专用软件是为专业用途提供服务的软件，常见的专业软件有财务软件、图像处理软件、多媒体处理软件等。税务系统使用的综合办公系统、人事管理系统、金税三期管理系统等都属于专用软件的范畴。

中间件是一种独立的系统软件或服务程序，分布式应用软件借助这种软件可在不同的技术之间共享资源。中间件位于客户机/服务器的操作系统之上，管理计算机资源和网络通信，是连接两个独立应用程序或独立系统的软件。税务系统常用的中间件主要有 Oracle 公司的 Web Logic、IMB 公司的 Web Sphere MQ 及 Sun 公司的 Tomcat 等。

四 计算机操作系统的相关操作

【知识点1】 Windows 7 日常操作处理

1. 开机"假死"的处理

首先，最好不要安装各种所谓的 Windows 7 精简、优化版本。

其次，使用优化软件要适度，不要轻易更改系统核心设置。

最后，如果是在超频的时候发现出现这样的问题，尝试降低一下外频、内存的频率，或者先暂时不要超频看看能否解决问题。

2. 不定时莫名其妙"假死"的处理

首先，更新一下硬件的驱动，主要是显卡、主板以及网卡的驱动，最好是安装已通过微软公司认证的 WHQL 驱动；

其次，系统默认的电源管理计划有三种：节能、平衡和高性能，要把里面的时间设置成 0。

3. 打开含有大量缩略图的文件夹"崩溃"的处理

打开任意一个文件，把右上角"视图"更改为"小图标"。然后点击"组织"，选择"文件夹和搜索选项"，在"查看"设置中把"始终显示图标，从不显示缩略图"勾选上即可。

4. 复制文件时"崩溃"的处理

首先，可以先关闭文件缩略图之后再进行复制；

其次，还可以把一些快捷方式添加到开始菜单里面，然后再去掉添加到开始菜单里的快捷方式，之后再进行复制粘贴，或许会解决问题。

【知识点 2】 Windows 10 日常操作处理

1. 无限重启

右键此电脑，点击属性，点击左侧的高级系统设置，在弹出的系统属性窗口中切换到高级选项卡，点击"启用和故障恢复"栏中的设置，在"系统失败"栏中取消勾选"自动重新启动"保存即可。如果还不行的话，按下 win + R，在命令窗口中输入"msconfig"打开系统设置界面，切换到"常规"选项卡，勾选"诊断启动"点击确定重启电脑，如果还不行，就关闭快速启动功能。

2. 不能使用打印机

在设置应用中选择"更新与安全"，在恢复中点击立即重启，选择"疑难解答→高级选项→启动设置"，再选择"禁用驱动强制签名"点击重启即可。我们在使用过程中也会碰到"无法连接到打印机"的问题，问题出在系统设置上，打开控制面板→管理工具→服务，找到"Print Spooler"，双击这个服务，在属性菜单的常规子菜单中，将启动类型设置为自动，并在服务状态中点击启动，保存即可。

3. 无法与 Windows XP 直接共享

在 Windows 10 系统桌面，右键点击"开始"按钮，在弹出菜单中选择"运行"对话框，在打开的运行窗口中，输入命令 gpedit. msc，然后点击"确定"按钮，在打开的本地组策略编辑器窗口中，依次展开：计算机配置→Windows 设置→安全设置折叠→本地策略→安全选项。这时在右侧窗口中找到"网络访问：本地账户的共享和安全模型"一项，双击该项后打开其属性窗口，在这里点击下拉菜单，选择"仅来宾，对本地用户进行身份验证，其身份为来宾"菜单项，同样在安全选项窗口中，再找到"账户：来宾账户状态"一项，双击该项后打开其属性窗口，选择"已启用"菜单项，点击"确定"按钮，接着再依次点击"计算机配置→Windows 设置→安全设置→本地策略→用户权限分配"，在右侧窗口中找到"从网络访问此计算机"策略，双击该策略，打开其属性窗口，接着点击"添加用户或组"按钮，在打开的选择用户或组窗口中输入用户名 guest，然后点击右侧的"检查名称"，即可自动填写其全部路径，最后点击"确定"按钮，回到上面的属性窗口后，可以看到Guest 用户名已添加到用户组中，在用户权限分配菜单下，可以找到"拒绝从网络访问这台计算机"策略，双击策略后，可以打开其属性窗口，这时选择中上面的"Guest"用户名，然后点击"删除"按钮，把该用户名删除。这样重新启动电脑后，XP 系统就可以访问 Windows 10 系统了。

>> 第二节
常用软件应用

浏览器的使用

【知识点 1】 浏览器的概念

网页浏览器（Web browser），常被简称为浏览器，是一种用于检索并展示万维网信息资源的应用程序。这些信息资源可为网页、图片、影音或其他内容，它们由统一资源标志符标志。信息资源中的超链接可使用户方便地浏览相关信息。网页浏览器虽然主要用于使用万维网，但也可用于获取专用网络中网页服务器之信息或文件系统内之文件。主流网页浏览器有 Mozilla Firefox、Internet Explorer、Microsoft Edge、Google Chrome 等。

【知识点2】 浏览器的组成

浏览器一般由 7 个模块组成，用户界面、浏览器引擎、渲染引擎、网络、js 解释器、UI 后端、数据持久化存储。

【知识点3】 浏览器内核

浏览器内核通常认为是浏览器所采用的渲染引擎，渲染引擎决定了浏览器如何显示网页的内容以及页面的格式信息。主流浏览器的内核有以下几种。

（1）Trident（IE 内核）：Trident 内核代表产品 Internet Explorer，又称其为 IE 内核。使用 Trident 内核的浏览器有 IE、傲游、世界之窗浏览器、Avant、猎豹安全浏览器、360 极速浏览器、百度浏览器等。Trident 的优点是占有率高，缺点是和 W3C 标准脱节，对真正的网页标准支持不是很好，同时存在许多安全 Bug。Window10 发布后，IE 使用了新内核 Edge 引擎。

（2）Gecko 是一款开源的网页排版引擎，使用 Gecko 内核的浏览器有 Firefox、Netscape。优点就是功能强大、丰富，可以支持很多复杂网页效果和浏览器扩展接口，缺点是消耗很多的资源，速度较慢。

（3）Webkit 是苹果的 Safari 浏览器使用的内核。使用 Webkit 内核的浏览器有 Apple Safari、Symbian 手机浏览器、Android 默认浏览器、傲游浏览器 3。优点就是 Webkit 拥有清晰的源码结构、极快的渲染速度，缺点是对网页代码的兼容性较低，会使一些编写不标准的网页无法正确显示。

Blink 是由 Google 和 Opera Software 开发的浏览器排版引擎。现在 Chrome 内核是 Blink。Blink 其实是 webkit 的分支。

（4）Presto 是一个由 Opera Software 开发的浏览器排版引擎，Presto 内核被称为公认的浏览网页速度最快的内核，同时也是处理 JS 脚本最兼容的内核，能在 Windows、Mac 及 Linux 操作系统下完美运行。

【知识点 4】 IE 浏览器的使用

浏览器兼容性。很多程序或软件是基于低版本的浏览器开发的，当在高版本浏览器中打开该程序或软件时，如果不使用兼容模式，就不能运行或是使用。IE 浏览器的兼容性设置，点击"工具"选项，在下拉菜单中，选择"兼容性视图设置"选项。进入兼容性视图设置之后，填入所需要设置兼容模式的网址，点击添加。

可信站点设置。打开 IE 浏览器，点击 Internet 选项，在弹出的界面点击安全，选中"受信任的站点"，点击旁边的"站点"。在弹出的"受信任的站点"窗口，输入地址，点击"添加"按钮，如果网址不是 HTTPS 类型，则将网站列表下"对该区域中的所有站点要求服务器验证"前面的复选框取消勾选，点击关闭。最后，回到 Internet 选项窗口，直接点击"确定"即可，设置完成。

安全区设置。IE 包含了四个安全区域：Internet、本地 Intranet、可信站点、受限站点，系统默认的安全级别分别为中、中低、高和低。通过"工具/Internet 选项"菜单打开选项窗口，切换至"安全"标签页，建议每个安全区域都设置为默认的级别，然后把本地的站点，限制的站点放置到相应的区域中，并对不同的区域分别设置。把该站点放入对应安全区域的操作步骤如下：通过"工具/Internet 选项"菜单打开选项窗口；点击"安全"标签页，点选相应的安全区域；点击"站点"按钮，在弹出的窗口中，输入要添加的网址，添加到列表中即可。

Cookie 安全。Cookie（或 Cookies）指某些网站为了辨别用户身份、进行 session 跟踪而储存在用户本地终端上的数据。用户可以改变浏览器的设置，以使用或者禁用 Cookies。设置方法：点击工具—Internet 选项—隐私页，调节滑块或者点击"高级"，进行设置。

分级审查。通过设置分级审查功能，可帮助用户控制计算机可访问的 Internet 信息内容的类型。设置方法：通过"工具/Internet 选项"菜单打开选项窗口；切换至"内容标签页"，在分级审查区域中单击"启用"按钮；在弹出的"内容审查程序"窗口中，点"分级"标签页将"分级级别"调到最低，也就是零；点"许可站点"标签页，添加网址单击"始终"按钮将保证该网站，用同样的办法加入网站；按"确定"按钮创建监护人密码。重新启动 IE 后，分级审查生效。IE 11 的分级审查可以打开组策略 – 理模板 – Windows 组件 – Internet explorer – 内容页 – 在"Internet 选项"上显示"内容审查程序"，该方法适合计算机本身有组策略功能。

 综合办公系统的使用

【知识点1】 综合办公系统概述

税务综合办公信息系统是金税三期系统的重要组成部分，是税务行政管理系统的核心子系统，包含了文件管理、信息服务、工作安排、信访管理、督查督办、会议管理、信息采编、宣传管理等业务模块。

税务综合办公信息系统首次登录需完成以下设置：添加可信站点；浏览器设置 active 控件启用；安装文档处理器；关闭弹出窗口阻止程序。

【知识点2】 通用功能

收回：用于收回已发送的各类信息，满足收回的条件是收件人尚未阅览收到的信息。收回不记录在流程跟踪中，并且收回只用于本级信息收回，不能用于上、下级信息收回。

退回：可以把已接收的信息退回给上一环节的发件人。退回记录在流程跟踪中，除文件管理外，退回功能只适用于本级，不适用于上、下级退回。

流程跟踪：在业务办理过程中，记录每个业务的全部流转过程，包括发件人、收件人、到达时间、环节名称等。通过流程跟踪可以避免出现手工办理过程中的文档积压等现象。

办结：当业务办理完毕后，对其进行办结，来区分正在办理和已经办理完的业务。办结后的条目自动从待办工作列表中消失，可以通过已办工作列表中查阅已办结的工作。办结后的业务不能再进行编辑处理操作。可以通过"收回"功能，对已办结的业务继续处理。

【知识点3】 文件管理

收文管理：用于办理收到的需要阅知、答复、批复、贯彻落实执行的文件。对文件进行登记编号、拟办、批办等，需要办文的，转入发文管理或内部文件管理。

发文管理：按照公文处理办法的规定，处理需要印发的单位内外的正式文件、便函、其他文件等。可以对文件进行拟稿、审核、会签、核稿、签发、登记编号、排版、封发等。

内部文件管理：内部文件，是指在单位内部进行运转，不需要印发的文件。其流程基本与发文一致。

档案管理：按照国家档案管理有关规定，对税务部门具有价值的工作记录进行归档、标引、分类管理。

【知识点4】 文件查询

发文查询：可以根据标题关键字、发文字号、文件内容查询本部门或本单位发出的文件。

收文查询：可以根据标题关键字、发文字号、文件内容查询本部门或本单位收到的文件。

三 金税三期征收管理系统的使用

【知识点1】 金税三期征收管理系统概述

金税三期系统是我国税收管理信息系统工程的总称。围绕"一个平台、两级处理、三个覆盖、四个系统"的总体目标而建立。一个平台，是指包含网络硬件和基础软件的统一的技术基础平台；两级处理，是指依托统一的技术基础平台，逐步实现数据信息在总局和省局集中处理；三个覆盖，是指应用内容逐步覆盖所有税种、税收工作重要环节、各级税务局并与有关部门联网；四个系统，是指通过业务重组、优化和规范，逐步形成一个以征管业务系统为主，包括行政管理、外部信息和决策支持在内的四大应用系统软件。

【知识点2】 登录设置

首次登录使用金税三期征收管理系统需要设置可信站点、关闭弹出窗口阻止程序，并安装相关控件。使用用户名、默认密码登录后，需要将默认密码修改为符合安全规格的密码。

四 文件传输系统（FTP）的使用

【知识点1】 FTP 基本概念

文件传输协议（File Transfer Protocol，FTP）是用于在网络上进行文件传输的一套标准协议。FTP 是基于 TCP 协议的，属于网络传输协议的应用层。FTP 客户与服务器之间要建立双重连接，一个是控制连接，另一个是数据连接。FTP 的两个端口分别是数据端口（TCP 的 20 端口）和控制端口（TCP 的 21 端口）。数据端口用于在客户端和服务器之间传输数据流；控制端口用于传输控制流，并且是命令通向 FTP 服务器的进口。FTP 有两种使用模式：主动模式和被动模式。主动模式要求客户端和服务器端同时打开并且监听一个端口以创建连接。在这种情况下，客户端由于安装了防火墙会产生一些问题，所以创立了被动模式。被动模式只要求服务器端产生一个监听相应端口的进程，这样就可以绕过客户端安装了防火墙的问题。

【知识点2】 FTP 的使用

常用的 FTP 工具有 FileZilla、FLASHFTP、LEAPFTP、CuteFTP、8UFTP 等软件。

如需登录 FTP，可以在本地计算机上安装 FTP 软件，安装完成后，通过"站点管理器"添加站点，输入 FTP 服务器的 IP 地址，输入用户名、密码，就可以连接 FTP 服务器，然后可以进行文件的上传和下载。

五 杀毒软件的使用

【知识点1】 病毒和木马的概念

计算机病毒是编制者在计算机程序中插入的破坏计算机功能或者数据的代码，能影响计算机使用，能自我复制的一组计算机指令或程序代码。计算机病毒具有传播性、隐蔽性、感染性、潜伏性、可继发性、表现性或破坏性等特征。计算机病毒按病毒存在的媒体可分为网络病毒、文件病毒和引导型病毒。计算机病毒按寄生方式分，可分为引导型病毒、文件型病毒和混合型病毒。

木马，是指隐藏在正常程序中的一段具有特殊功能的恶意代码，是具备破坏和删除文件、发送密码、记录键盘等特殊功能的后门程序。木马其实是计算机黑客用于远程控制计算机的程序，将控制程序寄生于被控制的计算机系统中，里应外合，对被感染木马程序的计算机实施操作。木马通常被认为是病毒的一种，与一般病毒的主要区别是病毒具有感染性，而木马一般不具有感染性。另外病毒发作会被察觉到，而木马在后台工作难以察觉。因此将木马从病毒中独立出来，称为木马程序。

【知识点2】 电脑感染病毒的症状

电脑感染病毒的主要症状有：莫名其妙死机；突然重新启动或无法启动；程序不能运行；磁盘坏簇无故增多；磁盘空间变小；系统启动变慢；数据和程序丢失；出现异常的声音、音乐或出现一些无意义的画面问候语等显示；正常的外设使用异常，如打印出现问题，键盘输入的字符与屏幕显示不一致等；异常要求用户输入口令。

【知识点3】 杀毒软件

杀毒软件，也称反病毒软件或防毒软件，是用于消除电脑病毒、木马程序和恶意软件等计算机威胁的一类软件。杀毒软件通常集成监控识别、病毒扫描和清除、自动升级、主动防御等功能，有的杀毒软件还带有数据恢复、防范黑客入侵、网络流量控制等功能，是计算机防御系统的重要组成部分。

360天擎终端安全管理系统是360面向政府、企业、金融、军队、医疗、教育、制造业等大型企事业单位推出的集防病毒与终端安全管控于一体的解决方案。360天擎终端安全管理系统，以大数据技术为支撑、以可靠服务为保障，它能够为用户精确检测已知病毒木马、未知恶意代码，有效防御APT攻击，并提供终端资产管理、漏洞补丁管理、安全运维管控、网络安全准入、移动存储管理、终端安全审计、XP盾甲防护诸多功能。目前税务系统广泛使用360天擎终端安全管理系统。

市场上常见的杀毒软件品牌有金山、瑞星、360、卡巴斯基、诺顿等。

【知识点 4 】 杀毒软件的使用

选择合适的杀毒软件。杀毒软件种类繁多，各有优缺点，要结合自身和电脑的情况，选用合适的杀毒软件。例如卡巴斯基和诺顿杀毒软件功能强大，防御性能好，但是占用系统资源较大，而且需要付费；360 杀毒软件功能齐全，内存占用不高，并且是免费的；金山杀毒软件内存占用小，也是免费的。

不要在一台电脑上同时安装两款及以上杀毒软件。杀毒软件安全级别会有冲突，会造成卡机、无法上网，甚至无法启动等情况。

养成定期查杀病毒的习惯。安装了杀毒软件，如果不能定期查杀病毒，那么杀毒软件的作用就会大打折扣。

及时更新病毒库。长时间不更新病毒库，会造成新出现的病毒无法查杀的问题。

对从网络下载的资源和外部拷贝过来的数据，应该先查杀病毒，再使用。

有些不是病毒的程序会被杀毒软件误报，比如一些盗版软件的注册机（用来自动生成注册码的程序）。

六　电子邮件的使用

【知识点 1 】 电子邮件的概念

电子邮件是一种用电子手段提供信息交换的通信方式，是互联网应用最广的服务。电子邮件的内容可以是文字、图像、声音等多种形式。人们可以通过电子邮件方便地在世界各地进行远程沟通交流。

【知识点 2 】 Outlook 的使用

Outlook 是微软办公软件套装的组件之一，它对 Windows 系统自带的 Outlook express 的功能进行了扩充。Outlook 的功能很多，可以用它来收发电子邮件、管理联系人信息、记日记、安排日程、分配任务。目前最新版为 Outlook 2019。

Outlook 具体使用方法如下：

（1）邮件定时发送。登录 Outlook 邮箱账号后，依次单击新建电子邮件—

选项—延迟传递，在弹出的属性界面中，单击"传递不早于"，即可设置发送时间。

（2）邮件分类。大量邮件来往时，可以指定邮件收发规则，将邮件归档处理。打开"规则和通知"，新建规则，可选择按照发件人或收件人、主题中包含某些词语、标记的重要性敏感度等条件来筛选出对应的邮件，查看邮件时选择对应的文件夹即可。

（3）时间管理。Outlook 的企业版用户可直接使用日历共享功能，个人版用户可以查看对方的日历安排，如果收到对方的日历邮件，也可以进行日历时间安排共享。打开 Outlook "日历"，电子邮件日历，即可发送自己的日历。

【知识点3】 预防垃圾邮件

避免泄露邮件地址。邮件地址不要轻易告诉别人，朋友之间互相留信箱地址时可采取图片方式替代文字方式。

利用邮件服务提供商的邮件管理、过滤功能。用户可通过设置过滤器中的邮件域名、邮件主题、来源、长度等规则对邮件进行过滤。

利用邮件服务提供商的"黑名单"功能。一旦发现同一个邮件地址给您发送垃圾邮件，登录邮箱设置"黑名单"或"拒收该地址"即可避免收到对方发的垃圾邮件。

其他有益的方法。如使用反垃圾邮件的专门软件；不回复收到的垃圾邮件；收到垃圾邮件后，及时举报和反馈垃圾邮件；使用服务好的邮箱软件；多个邮箱分工使用等。

>> 第三节
网络与信息安全

一 计算机网络分类

【知识点1】 计算机网络概念
计算机网络是把分散的、具有独立功能的计算机系统通过通信设备和通信线路互相连接起来，在特定的通信协议和网络系统软件的支持下，彼此互相通信并共享资源的系统。

计算机网络按逻辑功能分为通信子网与资源子网。资源子网由主机、终端及软件等组成，提供访问网络和处理数据的能力；通信子网由网络节点、通信链路及信号变换器等组成，负责数据在网络中的传输与通信控制。

【知识点2】 计算机网络分类

按网络覆盖的范围大小可分为局域网、城域网和广域网。局域网（Local Area Network，LAN）覆盖地理范围一般在几千米内。城域网（Metropolitan Area Network，MAN）的使用范围是一个城市，它是适应多种业务、多种网络协议及多种数据传输速率的网络连接。广域网（Wide Area Network，WAN）使用范围通常为几十到几千千米，是长距离传输数据的网络连接。

按网络拓扑结构可分为总线型网络、星型网络、环形网络、树型网络和网状网络。

按信号频带占用方式可分为基带网和宽带网。

按网络的数据传输与交换系统的所有权可分为专用网和公用网。公用网是由国家电信部门组建、经营管理、提供公众服务的网络；专用网由一个政府部门、行业或一个公司等组建经营，未经许可其他部门和单位不得使用。

按通信介质可分为有线网和无线网。有线网是采用同轴电缆、双绞线、光纤等物理介质来传输数据的网络；无线网是采用卫星、微波、电磁波等无线形式来传输数据的网络。

二 互联网应用种类

【知识点1】 互联网应用的概念

互联网（Internet），是指网络与网络之间所串连成的庞大网络。这些网络以一组通用的协定相连，形成逻辑上的单一巨大国际网络。

互联网应用通常指在互联网上运行的各类网络应用程序。互联网应用的特征在于其互联网特性，部署在互联网的公众平台上，针对互联网的特性，在系统架构设计上考虑其可扩展性，来满足互联网平台访问用户多面临的压力。此外，互联网应用的安全性尤其重要，互联网应用必须要做针对性的设计。

【知识点2】 互联网应用的分类

互联网应用按其载体可以分为传统互联网应用和移动互联网应用。传统互联网应用即 PC 互联网应用，依靠传统计算机连接的互联网运行的各类网络应用程序。移动互联网应用，即手机互联网应用，依靠移动通信和互联网结合为一体的移动互联网运行的各类网络应用程序。

【知识点3】 常见的互联网应用

互联网金融：指传统金融机构与互联网企业利用互联网技术和信息通信技术实现资金融通、支付、投资和信息中介服务的新型金融业务模式。互联网金融有网络支付、网上银行、数字货币等。目前常见的第三方支付平台有支付宝、微信支付，很多银行都有相对应的网上银行和手机银行，数字货币有比特币、以太币等。

即时通信：能即时发送或接收互联网消息的应用软件。目前，即时通信软件已经发展成集交流、资讯、娱乐、搜索、电子商务、办公协作和企业客户服务等为一体的综合化信息平台。目前常见的即使通信软件有微信、QQ、钉钉、Skype 、MSN 等。

搜索引擎：根据用户的需求，运用一定的算法和特定策略从互联网中检索出信息反馈给用户的检索技术。搜索引擎运用了网络爬虫技术、检索排序技术、网页处理技术、大数据处理技术、自然语言处理技术等。

网络游戏：以互联网为传输媒介，以游戏运营商服务器和用户计算机为处理终端，以游戏客户端软件为信息交互窗口的旨在实现娱乐、休闲、交流和取得虚拟成就的具有可持续性的个体性多人在线游戏。

网络新闻：以网络为载体的新闻，具有快速、多面化、多渠道、多媒体、互动等特点。突破了传统的新闻传播概念，在视、听、感方面给受众全新的体验。

网上购物：通过互联网检索商品信息，并通过电子订购单发出购物请求，然后填上私人支票账号或信用卡的号码，厂商通过邮购的方式发货，或是通过快递公司送货上门。

视频网站：互联网用户在线浏览发布和分享视频作品的网络媒体。

电子邮件：用电子手段提供信息交换的通信方式，通过网络的电子邮件系统，用户可以快速、便捷地与世界上任何一个角落的网络用户联系。

微博：基于用户关系信息分享、传播以及获取的通过关注机制分享简短实时信息的广播式的社交媒体、网络平台，用户可以通过 PC、手机等终端接入，以文字、图片、视频等多媒体形式，实现信息的即时分享、传播互动。

移动互联网的应用领域主要有手机游戏、移动音乐、移动 IM、手机视频、手机支付等。

税务系统信息安全防护体系

【知识点1】 网络安全

访问控制。税务系统多使用虚拟局域网（Virtual Local Area Network，VLAN）技术，防止跨部门之间的非法网络访问，在局域网与骨干网络边界处部署了防火墙、入侵检测、病毒网关等，一定程度实现了访问控制。

内外网隔离。物理隔离，是指内部网络与外部网络在物理上没有相互连接的通道，两个系统在物理上完全独立。物理隔离技术主要有用户级物理隔离和网络级物理隔离。

病毒防范。税务系统网络安装了 360 天擎终端管理系统，病毒代码库的更新采用统一升级、统一管理，统一分发到计算机终端。

【知识点2】 应用安全

身份认证。税务信息系统的身份认证大都基于操作系统或数据块管理系统的账号和口令，应用系统也采用基于账号和口令的身份认证技术。

访问控制。税务信息系统一般通过对账号进行授权，并通过账号进行访问控制。授权遵循"最小化"原则，并且禁止共用账户、使用别人账户，对调离、离岗、退休等人员及时收回账户权限。

数据安全保护。采用访问控制限制不同用户对信息的访问、使用和处理，实现对信息的安全保护。

安全审计。部署日志审计系统，收集操作系统、网络设备和安全设备等系统日志，并对日志进行关联分析。

【知识点3】 物理安全

建设符合安全标准的数据中心。建设不间断运行、常年控制温度的空调系统和通风系统，配备机房报警系统，建设机房消防系统，为机房配备符合规格的灭火器材等。

建设完善的监控系统。实时对机房重点部位或全方位进行24小时视频监控；运用大量的报警设备；采用门禁系统等等。

启用不间断电源、发电机。使用不间断电源（UPS）供电、发电机组供电来保证机房供电稳定。

进行冗余备份。对重要数据库服务器、应用服务器和网络设备等重要设施进行了冗余备份，提高设备和系统的可靠性和可用性。

机构组织建设。各级税务机关建立"信息安全领导小组"等相应的机构负责安全问题，制定安全规则制度。

四 税务系统个人信息安全管理

【知识点1】 移动存储介质管理

移动存储介质主要包括 U 盘、移动硬盘、可刻录光盘、手机、MP3、MP4、MD 卡、SD 卡，以及各类闪存磁盘（Flash Disk）产品等。在税务系统，可以采用安全 U 盘等方式，避免内外网病毒交叉感染和数据泄密。

【知识点2】 病毒防护

计算机终端使用360天擎终端安全管理系统，定时对使用的计算机进行全面查杀病毒，及时更新病毒库，对外来移动存储先查杀病毒，再使用。

【知识点3】 计算机终端管理

对个人的计算机终端，设置符合规定的系统开机密码，在离开计算机终端时，可以选择关机、注销或者启用"恢复时使用密码保护"的屏保。

【知识点4】 数据安全管理

妥善保管工作中使用的敏感数据，不得泄露纳税人相关税收数据，禁止在外网上使用电子邮箱、即时通信工具等不安全的方式传输敏感数据。

【知识点5】 应用权限管理

根据授权使用税务系统内部应用系统，禁止使用公用账户，不得借用他人账户操作，应按照最小化原则初始化权限。

【知识点6】 引起违规外联的情形

税务专网计算机连接智能手机：连接手机无线热点；连接手机蓝牙；连接手机网络。

税务专网计算机接入无线传输设备：接入无线上网卡；接入无线网络接收器。

税务专网计算机维修：专网计算机终端接入互联网；专网计算机需要还原GHOST系统，原GHOST系统有违规外联记录，还原后数据上报，造成违规外联。

税务专网设备连接其他网络：专网计算机通过代理服务器连接其他网络，造成违规外联；未按规定采取安全防护措施与当地电子政务外网直接连接，造成违规外联。

>> 第四节
"互联网 + 税务"

 "互联网 + 税务" 行动计划内容

【知识点1】 总体要求

指导思想：充分运用互联网思维，引入云计算技术，发挥大数据优势，推进物联网应用，始终重视纳税服务，不断激发管理活力，拓展税收服务新领域，打造便捷办税新品牌，建设电子税务新生态，引领税收工作新变革。

基本原则：坚持科技引领、创新驱动，立足自我变革与外部融合并举，前瞻开拓与稳步推进并重，统筹基础平台建设，整合信息技术资源，打造税收治理新格局。

行动目标：推动互联网创新成果与税收工作深度融合，着力打造全天候、全方位、全覆盖、全流程、全联通的智慧税务生态系统，促进纳税服务进一步便捷普惠、税收征管进一步提质增效、税收执法进一步规范透明、协作发展进一步开放包容。到2020年，形成线上线下融合、前台后台贯通、统一规范高效的电子税务局，为税收现代化奠定坚实基础，为服务国家治理提供重要保障。

【知识点2】 重点行动

5大板块：社会协作、办税服务、发票服务、信息服务和智能应用。

20项重点行动：众包互助、创意空间、应用广场、在线受理、申报缴税、便捷退税、自助申领、移动开票、电子发票、发票查验、发票摇奖、监督维权、信息公开、数据共享、信息定制、智能咨询、税务学堂、移动办公、涉税大数据、涉税云服务。

【知识点3】 基础保障

优化业务管理：调整法规制度；优化办税流程；简化办税资料；制定信息共享及获取机制。

提升技术保障：完善标准规范；严格安全要求；强化基础平台；拓展应用支撑。

积极借助社会力量。

 "互联网＋税务" 应用场景

【知识点1】 社会协作板块应用场景

1."互联网＋众包互助"

以税务机关主导，纳税人自我管理、志愿互助的理念，引入互联网众包协作模式，建立交流平台，调动纳税人积极性，鼓励纳税人相互解答涉税问题，将纳税人发展为"大众导税员"。充分发挥第三方公共社交平台作用，利用即时通信工具用户基数大、使用快捷等特点，设立特定用户群，由税务人员管理，方便纳税人相互交流，形成良好的办税咨询互助机制。

2. "互联网＋创意空间"

通过网站、主流社交工具等途径，建立面向纳税人、税务人、社会公众的创意空间，征集运用互联网改进税收工作的创新项目和创意点子，博采众长，营造开放包容的环境。借势用户创新、大众创新、开放创新的大潮，激发市场主体和社会各界参与"互联网＋税务"的热情，降低创新成果转化门槛，形成协作共创的良好生态。

3. "互联网＋应用广场"

税务总局建设纳税人软件应用广场，开辟官方软件发布渠道，供纳税人免费下载使用。建立统一审核和发布制度，兼容并蓄，为各级税务机关和社会力量开发的纳税人软件提供发布途径和展示平台。促进各地区应用软件资源共享，减少重复开发建设，提升互联网税务应用整体水平。

开发便民办税工具箱，统一纳税人办税登录入口，通过网上办税导航工具，为纳税人提供统一、准确、清晰的办税指引。开发和推广报表生成、在线申报、税款计算等办税工具，与税收政策调整同步升级和发布。开发移动离境退税辅助工具，为境外游客办理离境退税提供便捷指引。

【知识点2】 办税服务板块应用场景

1. "互联网＋在线受理"

适应推进"三证合一""一照一码"登记制度改革的需要，实现纳税人通过互联网对自身基础信息的查询、更新和管理，网上办理临时税务登记和扣缴义务人登记，开放税务登记信息网上查验。为纳税人提供认定、优惠办理等事项的网上申请、资料提交、办理进度查询等服务，实现在线办结，对备案类优惠事项，以多种形式提供简洁便利的网上备案。

在满足安全技术规范和纳税人涉税信息保密的前提下，将涉税查询业务向移动终端应用和第三方平台上延伸。通过及时便捷的涉税查询，让纳税人感受到办税业务有迹可循、有处可查，随时随地掌握办税进度，提高税收工作透明度。

2. "互联网＋申报缴税"

为纳税人提供便捷高效的网上申报纳税平台，实现申报纳税网上办理全覆盖和资料网上采集全覆盖。拓展多种申报方式，实现纳税人多元化申报。在保障安全的前提下，将操作简便、流程简洁的申报功能拓展到移动互联网实现。通过互联网推送方式，在税款征收和稽查执行环节，向未在规定时限内缴纳税款或查补税款的纳税人进行催报催缴。

拓展互联网税款缴纳渠道，支持银行转账、POS 机、网上银行、手机银行、第三方支付等多种税款缴纳方式，保障纳税人支付环境安全。借助银行等金融机构的第三方信息，探索自然人实名认证、在线开户，逐步通过互联网实现面向自然人的个人所得税、车船税申报纳税等业务。

3. "互联网＋便捷退税"

适应新业态，以互联网理念改造退税流程，打通外部申请与内部审批流程的衔接，实现退税业务办理电子化、网上一站式办结。优化出口退税和一般退税流程，提供网上申请、单证审核和业务办理进度的跟踪。

4. "互联网＋自助申领"

依托互联网平台，创新发票领购形式，提供发票网上申领服务，实现发票自动验旧，引入现代物流服务配送纸质发票，打造线上与线下相结合的发票服务新体系。

优化纳税人税收证明办理，提供完税证明、中国税收居民身份证明等各类税收证明的网上办理，支持通过互联网平台和自助办税终端开具打印，实现税收证明的在线真伪查验。

【知识点3】 发票服务板块应用场景

1. "互联网＋移动开票"

利用移动互联网高效便捷优势，推进随时随地开具发票。以增值税发票系统升级版为基础，深化数字证书与移动技术的融合，实现纳税人利用手机等掌上设备开具增值税发票，开创移动互联网开票新时代，服务"大众创业、万众创新"。

2. "互联网＋电子发票"

适应现代信息社会和税收现代化建设需要，以增值税发票系统升级版为基础，利用数字证书、二维码等技术，制定统一的电子发票数据文件规范，保障电子发票的安全性。吸收社会力量提供电子发票打印、查询等服务，推动电子发票在电子商务及各领域的广泛使用，提高社会信息化应用水平。探索推进发票无纸化试点，降低发票使用和管理成本，逐步实现纸质发票到电子发票的变革。

3. "互联网＋发票查验"

建立全国统一的发票查验云平台，全面实现全国发票一站式云查验服务。提供网页、移动应用、微信、短信等多渠道查验服务，让社会公众和广大纳税人随时、随地、随需查验发票，提升社会公众对发票的认知度和信任度，遏制虚假发票，维护正常的税收秩序和社会经济运行秩序。

4. "互联网＋发票摇奖"

重构有奖发票，将有奖发票"搬"上互联网，让信息多跑路、群众少跑腿，与社会力量合作，支持传统金融账户和微信钱包、支付宝钱包等新兴互联网金融账户，改变有奖发票手工操作的不便。通过移动终端"扫一扫"等方式，提供发票即时摇奖、即时兑奖、奖金即时转入金融账户的新模式，提升用户的抽奖体验和参与感，调动消费者索要发票的积极性，促进税法遵从。

【知识点4】 信息服务板块应用场景

1. "互联网＋监督维权"

提供纳税信用等级情况互联网查询，定期通过互联网站向社会公布稽查案件公告、"黑名单"信息、执法程序等，形成有效的监督制约机制。实现纳税人满意度评价线上线下全覆盖，为纳税人提供便捷的评价渠道。充分利用互联网开展调查工作，面向纳税人及社会公众征集对税收工作的需求、意见和建议，以多元化形式提高参与度和有效性。

拓展纳税人投诉维权方式，使纳税人可随时随地举报投诉，对投诉举报事项的处理情况实时跟踪，并对受理结果进行评价，提高税收工作的透明度。

2. "互联网 + 信息公开"

推进和完善网上涉税信息公开，为纳税人提供标准统一、途径多样、及时有效的涉税信息公开查询手段，推进政务公开，及时发布税收法规等信息。优化税务门户网站界面体验，通过门户网站以及微博、微信、短信、QQ、税企邮箱等渠道，为纳税人提供多元化、全方位的税收宣传，增强税收宣传的时效性、针对性。建立全国统一的税收法规库，完善信息发布平台和发布机制，实现各渠道税法宣传内容更新及时、口径统一、准确权威。

3. "互联网 + 数据共享"

加强与有关部门、社会组织、国际组织的合作，扩大可共享数据范围，丰富数据共享内容，让纳税人和税务人充分感受到互联网时代数据资源共享带来的便利。整合纳税人基本信息、申报和发票等数据，满足部门间的信息共享需要，促进政府部门社会信用、宏观经济、税源管理等涉税信息共享。收集各类数据资源，归集整理、比对分析，实现数据的深度增值应用，提高税收治理能力。与金融机构互动，依据纳税人申请，将纳税信用与信贷融资挂钩，信用互认，为企业特别是小微企业融资提供信用支持。

推进数据开放，通过互联网渠道逐步向社会开放税务部门非涉密脱敏数据信息和部分业务系统数据查询接口，与各类主体分享税收大数据资源。

4. "互联网 + 信息定制"

针对不同行业、不同类型的纳税人实施分类差异化推送相关政策法规、办税指南、涉税提醒等信息，提供及时有效的个性化服务。提供涉税信息网上订阅服务，按需向用户提供信息和资讯。基于税收风险管理，向特定纳税人推送预警提示，让纳税人及时了解涉税风险，引导自查自纠。

【知识点5】 智能应用板块应用场景

1. "互联网 + 智能咨询"

通过网站、手机 APP、第三方沟通平台等渠道，实现 12366 纳税服务热线与各咨询渠道的互联互通和信息共享。扩大知识库应用范围，将 12366 知识库系统扩展提升为支撑各咨询渠道的统一后台支持系统，提高涉税咨询服务的准确性和权威性。探索开发智能咨询系统，应用大数据、人工智能等技术，自动回复纳税人的涉税咨询，逐步实现自动咨询服务与人工咨询服务的有机结合，提升纳税咨询服务水平。

2. "互联网+税务学堂"

建设功能完备、渠道多样的网上税务学堂，与实体培训相结合，实现面向纳税人和税务干部的线上线下培训辅导。提供在线学习、课件下载、数字图书馆、互动问答、课程计划、预约报名、教学评估等各项功能。利用网站、手机、即时通信软件等形式与纳税人互动交流，实现全方位、多层次纳税辅导。

3. "互联网+移动办公"

充分运用移动互联网，在保证信息安全的基础上，将税务干部的办公平台由税务专网向移动终端延伸。探索移动办公，以互联网思维驱动税务内部管理、工作流程、工作方式的转变，满足不同人员、不同岗位便捷获取信息、及时办理公务的需求，提升行政效能。

利用移动终端，实现主动推送税收收入分析、收入进度，提升组织收入能力；实现税务内部各系统涉税数据、涉税事项和通过互联网收集的涉税情报的整合，跟踪管理重点关注企业，提升征管和税源管理能力；实现税务稽查、督查各类人员实时查询税务内部系统信息，综合利用现场数据和情报数据，完成内部审批程序，现场出具相关执法文书，提升税收执法监督能力；实现舆情信息的主动推送，提升风险应对能力；实现不受时间、空间限制在线处理公文，推动执行监督、绩效考核、人才培养的痕迹化和数字化管理，提升行政管理能力；实现对信息系统运维监控平台的访问，实时接收日常运维告警，及时处理简单的突发故障，提升信息系统运维能力。

4. "互联网+涉税大数据"

将手工录入等传统渠道采集的数据和通过互联网、物联网等新兴感知技术采集的数据以及第三方共享的信息，有机整合形成税收大数据。运用大数据技术，开发和利用好大数据这一基础性战略资源，支撑纳税服务、税收征管、政策效应分析、税收经济分析等工作，优化纳税服务，提高税收征管水平，拓展税收服务国家治理的新领域。

在互联网上收集、筛选、捕捉涉税数据和公开信息，通过分析挖掘，为纳税人提供更精准的涉税服务，为税源管理、风险管理、涉税稽查、调查取证等工作提供信息支持。通过舆情监控，对纳税人需求和关注及时了解，及时采取应对措施，提高税收工作的针对性和有效性。

5. "互联网 + 涉税云服务"

在保证系统和信息安全的前提下，充分利用社会云计算资源，采用购买社会服务的方式，与云服务商合作，在面向社会公众的云计算平台上部署用户多、访问量大的互联网应用系统。

通过整合、优化和新建的方式，将传统基础设施体系的改造与云计算平台的建设结合，搭建标准统一、新老兼顾、稳定可靠的税务系统内部基础设施架构，逐步形成云计算技术支撑下的基础设施管理、建设和维护的新体系，提高基础设施对应用需求的响应周期，降低成本，为"互联网 + 税务"的各项行动提供高效的基础设施保障。

三　电子税务局的特点和使用方法

【知识点 1】　电子税务局的特点

电子税务局的特点主要包括：

（1）提高办税效率，降低征纳双方的成本。电子税务局突破了实体税务局时间、空间的限制，纳税人可以足不出户，享受 7×24 小时不间断的纳税服务。用影像资料、电子数据替代了过去的纸质资料，降低了征纳双方的成本。

（2）推动了税务公开，更好促进依法治税。纳税人可以通过电子税务局发起办税流程，随时了解事项办理情况。办税流程和办税事项通过电子税务局实现了透明化和公开化。

（3）有利于税务部门决策的科学化、民主化。电子税务局使用互联网技术和数据库技术，使税务部门获取信息资源的能力比实体税务局得到了很大的提高，可以获取更多的数据信息用于决策。并且为税务部门加强与公众的交流提供了极为顺畅、便捷的通道。

（4）有利于纳税知识的宣传普及。传统的实体电子税务局通常采用发放纸质的税务资料、举办各类税务知识培训班和面对面进行宣传咨询等方式，传播的受众较小，使用的成本也比较高。电子税务局通过链接门户网站的信息公开、新闻动态、政策文件、纳税服务、互动交流等模块，方便纳税人获取相关咨询和信息。

【知识点2】 电子税务局的使用

登录路径。可以通过域名地址登录各省的电子税务局，将电子税务局的地址收藏以便以后使用。各省税务局的门户网站一般也会有该省电子税务局的链接。登录后，首先进行环境检测，在下载区下载安装所需的控件和组件。

注册及登录。电子税务局的注册有2种方式：一种是在线注册；另一种是到所在地税务机关的办税大厅注册。电子税务局常用登录方式有CA数字证书登录、手机号码登录、短信登录、证件号码登录等方式。

业务办理。各省的电子税务局页面设置不尽相同，但主要业务功能类似。电子税务局支持纳税人日常办理综合信息报告、发票使用、税费申报与缴纳、税收减免、证明开具、税务行政许可、核定管理、一般退（抵）税管理、出口退税管理、增值税抵扣凭证管理、纳税信用、涉税专业服务机构管理、服务事项、风险管理等业务事项。

查询。纳税人可以查询相关的涉税信息，涵盖了办税进度及结果信息查询、发票信息查询、申报信息查询、缴款信息查询、欠税信息查询、优惠信息查询、个体工商户核定定额信息查询、证明信息查询、涉税中介机构信息查询、纳税信用状态信息查询、违法违章信息查询、历史办税操作查询、应申报清册查询、邮寄信息统计查询、物流信息查询、财务会计制度备案查询、失信行为查询等功能。

便捷功能。电子税务局为纳税人提供待办工作、服务提醒等模块，待办工作涵盖纳税人征期内未申报等待办事项，服务提醒包括纳税人申请发起涉税事项处理进度等。

互动与服务。纳税人可以通过电子税务局与税务机关进行在线交互，实现了互联互通。还可以通过电子税务局查看通知公告等信息，享受咨询辅导等服务，实现公众查询等功能。

四 自然人税收管理系统（ITS）的特点和使用方法

【知识点1】 自然人税收管理系统 （ITS） 概述

根据税务总局部署，原"金税三期个人所得税扣缴系统"升级为"自然人税收管理系统扣缴客户端"。

税务大厅端。面向税务人员的业务办理渠道，与金税三期系统统一门户，支持依申报的办税业务、依职权的日常管理业务办理。

扣缴客户端。面向扣缴单位办税人员的远程业务办理渠道，主要支持办税人员实名注册、个人所得税预扣预缴申报和缴税业务办理。

手机端。直接面向自然人纳税人的远程业务办理渠道，采用手机 APP 形式，主要支持个人实名注册、个人所得税预扣预缴申报和缴税业务办理。

网页端。直接面向自然人纳税人的远程业务办理渠道，与各省电子税务局集成，主要支持个人实名注册、个人所得税预扣预缴申报和缴税业务办理。

【知识点2】 自然人税收管理系统 （ITS） 客户端的使用

实名管理。自然人需要实名注册和登录，实名注册可以采用税务大厅注册码注册和人脸识别认证注册2种方式。

完善个人信息。包括个人信息、任职受雇信息、家庭成员信息、银行卡、安全中心。

专项附加扣除。大病医疗专项附加扣除；子女教育专项附加扣除；房贷利息专项附加扣除；房屋租金专项附加扣除；继续教育专项附加扣除；赡养老人专项附加扣除。

纳税申报。自然人的申报纳税分为2个部分：分类所得个人所得税自行申报和申报更正、作废。

【知识点3】 自然人税收管理系统 （ITS） 扣缴客户端的使用

人员信息采集。输入扣缴纳税人的个人信息，发送到自然人税收管理系统服务器端进行审核。审核通过的方可办理扣缴业务。

专项附加扣除。可以下载模板，把所有员工的专项附加扣除信息表导入到系统内。若员工自己通过 APP 端或 Web 端采集过专项抵扣信息的，可以通过单击"更新"按钮下载，无需再次报送。

预扣预缴申报。选择使用自动导入正常工资薪金数据向导，选择已采集过信息的员工，系统会自动带出已采集的专项附加扣除信息。

申报辅助功能。申报成功后，不管是否完成缴税，都可以进行"申报更正"。启动申报更正后，可以直接在原申报基础上进行修改。若该申报已经扣款，更正申报后多退少补，多交的税款至办税服务厅办理退税。

税款缴纳。本次申报成功后，点击立即缴款可以跳转至网上缴款菜单，获取相关的三方协议等信息，选中报表点击立即缴款可发起缴税业务。没有立即缴款的，在下次系统登录时，会弹出缴款的提醒。

>> 习题演练

 一 单项选择题

1. (　　) 不是中央处理器 CPU 组成部分。

A. 运算器　　　　　B. 存储器　　　C. 控制器　　　D. 寄存器

【参考答案】B

【答案解析】CPU 主要由运算器、控制器和寄存器构成。

2. 计算机软件，是指为方便使用计算机和提高使用效率而组织的程序以及用于开发、使用和维护的有关(　　)。

A. 源代码　　　　　B. 注释　　　　C. 文档　　　　D. 数据

【参考答案】C

【答案解析】计算机软件，是指为方便使用计算机和提高使用效率而组织的程序以及用于开发、使用和维护的有关文档。

3. 能直接被计算机识别的语言是(　　)。

A. 高级语言　　　　B. 汇编语言　　C. 低级语言　　D. 机器语言

【参考答案】D

【答案解析】机器语言可以被计算机直接识别。

4. "互联网＋发票查验"属于《"互联网＋税务"行动计划》(　　)板块的行动。

A. 社会协作　　　　B. 办税服务　　　C. 发票服务　　　D. 信息服务

【参考答案】C

【答案解析】"互联网＋发票查验"属于《"互联网＋税务"行动计划》中的发票服务板块。

5. 税务部门的应用系统对岗责授权应遵循(　　)原则。

A. 最大化　　　　　　　　　　　B. 相对较大化

C. 最小化　　　　　　　　　　　D. 相对较小化

【参考答案】C

【答案解析】应用系统对岗责授权应遵循最小化原则。

6. 计算机病毒是(　　)。

A. 编写出错的程序　　　　　　　B. 被损坏的程序

C. 一组特制的程序代码　　　　　D. 硬件故障

【参考答案】C

【答案解析】计算机病毒是编制者在计算机程序中插入的破坏计算机功能或者破坏数据，影响计算机使用并且能够自我复制的一组计算机指令或者程序代码。

7. 根据软件的功能和特点，计算机软件一般可分为(　　)。

A. 实用软件和管理软件　　　　　B. 编辑软件和服务软件

C. 管理软件和网络软件　　　　　D. 系统软件和应用软件

【参考答案】D

【答案解析】软件系统可分为系统软件和应用软件两大类。

8. 系统软件中的核心部分是(　　)。

A. 数据库管理系统　　　　　　　B. 操作系统

C. 各种工具软件　　　　　　　　D. 语言处理程序

【参考答案】B

【答案解析】操作系统是系统软件的核心部分。

9. 计算机内部用于处理数据和指令的编码是(　　)。

A. 十进制码　　　　B. 二进制码　　　C. ASCII 码　　　D. 汉字编码

【参考答案】B

【答案解析】计算机内部的编码都是二进制编码。

10. 计算机中的应用软件是指(　　　)。

A. 所有计算机上都应使用的软件

B. 能被各用户共同使用的软件

C. 专门为某一应用目的而编制的软件

D. 计算机上必须使用的软件

【参考答案】C

【答案解析】专门为某一应用目的而编制的软件称为应用软件。

11. 不属于税务部门常用的中间件的是(　　　)。

A. Web Logic   B. Tomcat

C. RedHat   D. Web SphereMQ

【参考答案】C

【答案解析】RedHat 是一种 Linux 操作系统。

12. 计算机操作系统不需要考虑的问题是(　　　)。

A. 计算机系统中硬件资源的管理

B. 计算机系统中软件资源的管理

C. 用户与计算机之间的接口

D. 语言编译器的设计实现

【参考答案】D

【答案解析】操作系统是管理、控制和监督计算机软件、硬件资源协调运行的程序系统，由一系列具有不同控制和管理功能的程序组成，它是直接运行在计算机硬件上的、最基本的系统软件，是用户与计算机之间的接口。

13. 下列属于计算机输入设备的是(　　　)。

A. 扫描仪   B. 打印机

C. 显示器   D. 音箱

【参考答案】A

【答案解析】扫描仪属于计算机输入设备，打印机、显示器、音箱均属于输出设备。

14. 下列不属于税务机关需要为纳税人保密的信息的是(　　　)。

A. 纳税人的税收违法行为信息　　　　B. 纳税人商业秘密

C. 纳税人个人隐私　　　　D. 纳税人开票信息

【参考答案】A

【答案解析】根据《纳税人涉税保密信息管理暂行办法》（国税发〔2008〕93 号发布）的规定，纳税人的税收违法行为信息不属于税务机关需要保密的信息。

15. 计算机病毒与其他程序一样，可以作为一段可执行代码而被存储和运行，下列选项中不属于计算机病毒特征的是(　　)。

A. 寄生性　　　　B. 自发性　　　　C. 传染性　　　　D. 潜伏性

【参考答案】B

【答案解析】计算机病毒具有寄生性、传染性、潜伏性、隐蔽性、破坏性、可触发性等特征。

16. 文件传输协议（File Transfer Protocol，FTP）是用于在网络上进行文件传输的一套标准协议。FTP 是基于(　　)协议的，属于网络传输协议的应用层。

A. TCP　　　　B. UDP　　　　C. IP　　　　D. HTTP

【参考答案】A

【答案解析】文件传输协议（File Transfer Protocol，FTP）是用于在网络上进行文件传输的一套标准协议。FTP 是基于 TCP 协议的，属于网络传输协议的应用层。

17. 满足互联网平台访问用户多面临的压力，互联网应用应当在系统架构设计上考虑其(　　)。

A. 开放性　　　　B. 安全性　　　　C. 可扩展性　　　　D. 开源性

【参考答案】C

【答案解析】互联网应用的特征在于其互联网特性，部署在互联网的公众平台上，针对互联网的特性，在系统架构设计上考虑其可扩展性，来满足互联网平台访问用户多面临的压力。

18. 下列浏览器模块中，通常被称为浏览器内核的是(　　)。

A. 浏览器引擎　　　　B. 渲染引擎

C. 数据持久化存储　　　　D. UI 后端

【参考答案】B

【答案解析】浏览器内核通常认为是浏览器所采用的渲染引擎，渲染引擎决定了浏览器如何显示网页的内容以及页面的格式信息。

19. 以下内核属于 IE 内核的是(　　　)。

A. Trident　　　　　B. Gecko　　　　　C. Webkit　　　　　D. Presto

【参考答案】A

【答案解析】Trident 内核代表产品为 Internet Explorer，又称其为 IE 内核。

20. FTP 使用 TCP 的(　　　)端口作为数据端口，用于在客户端和服务器端之间传输数据流。

A. 20　　　　　B. 21　　　　　C. 80　　　　　D. 81

【参考答案】A

【答案解析】FTP 使用 TCP 20 端口在客户端和服务器之间传输数据流。

二、多项选择题

1. 下列属于操作系统功能模块的有(　　　)。

A. 处理器管理　　　　B. 存储器管理　　　　C. 控制器管理　　　　D. 设备管理

【参考答案】ABD

【答案解析】操作系统通常应包括下列 5 大功能模块：①处理器管理；②作业管理；③存储器管理；④设备管理；⑤文件管理。

2. 下列属于《"互联网 + 税务"行动计划》五大板块内容的有(　　　)。

A. 社会协作　　　　B. 办税服务　　　　C. 发票服务　　　　D. 信息服务

【参考答案】ABCD

【答案解析】《"互联网 + 税务"行动计划》五大板块内容有社会协作、办税服务、发票服务、信息服务和智能应用。

3. 计算机硬件一般由主机和外部设备组成，其中外部设备包含(　　　)。

A. 中央处理器　　　　B. 外部存储器　　　　C. 输入设备　　　　D. 输出设备

【参考答案】BCD

【答案解析】计算机硬件一般由主机和外部设备组成，其中，主机包含中央处理器和内存存储器，外部设备包含外部存储器、输入设备、输出设备等。

4. 操作系统的种类繁多，依其功能和特性可分为(　　)。

A. 批处理操作系统　　　　　　　B. 分时操作系统

C. 实时操作系统　　　　　　　　D. 多用户操作系统

【参考答案】ABC

【答案解析】操作系统的种类繁多，依其功能和特性可分为批处理操作系统、分时操作系统和实时操作系统等；依同时管理用户数的多少可分为单用户操作系统和多用户操作系统。

5. 自然人税收管理系统（ITS）客户端实名注册方式包括(　　)。

A. 税务大厅注册码注册　　　　　B. 人脸识别认证注册

C. 身份证号码认证注册　　　　　D. 手机号码认证注册

【参考答案】AB

【答案解析】自然人需要实名注册和登录，实名注册可以采用税务大厅注册码注册和人脸识别认证注册两种方式。

6. 电子税务局的注册方式有(　　)。

A. CA 证书注册　　　　　　　　B. 在线注册

C. 所在地税务机关的办税大厅注册　　D. 短信注册

【参考答案】BC

【答案解析】电子税务局的注册方式有 2 种：一种是在线注册；另一种是到所在地税务机关的办税大厅注册。

7. 自然人税收管理系统（ITS）包括(　　)。

A. 网页端　　　　　　　　　　　B. 手机端

C. 扣缴客户端　　　　　　　　　D. 税务大厅端

【参考答案】ABCD

【答案解析】自然人税收管理系统（ITS）包括税务大厅端、扣缴客户端、手机端和网页端。

8. 计算机网络按网络拓扑结构可分为(　　)。

A. 总线型网络　　　B. 星型网络　　　C. 无线网络　　　D. 树型网络

【参考答案】ABD

【答案解析】计算机网络按网络拓扑结构可分为总线型网络、星型网络、环形网络、树型网络和网状网络。

9. 税务工作人员离开工作计算机时，应( )。

A. 激活带口令的屏幕保护   B. 注销

C. 关机   D. 关掉显示器电源

【参考答案】ABC

【答案解析】税务工作人员离开工作计算机时，应激活带口令的屏幕保护、注销或者关机。

10. 下列属于 Office 办公软件的是( )。

A. Word   B. Excel   C. Powerpoint   D. Photoshop

【参考答案】ABC

【答案解析】Word、Excel、Powerpoint（PPT）都属于 Office 系列办公软件，而 Photoshop 属于图像处理软件。

11. 应用软件从其服务对象的角度可分为( )。

A. 系统软件   B. 通用软件   C. 专用软件   D. 中间件

【参考答案】BCD

【答案解析】应用软件从其服务对象的角度又可分为通用软件、专用软件、中间件 3 类。

12. 目前，税务系统工作人员内网计算机终端常用的操作系统有( )。

A. Windows 7   B. Unix

C. Windows 10   D. AIX

【参考答案】AC

【答案解析】Windows 7、Windows 10 常用于个人计算机，Unix、AIX 主要用于大型机或小型机上。

13. 关于杀毒软件的使用，下列说法中正确的有( )。

A. 选择合适的杀毒软件

B. 为提高安全等级，在一台计算机上安装多个杀毒软件

C. 对从网络下载的资源和外部拷贝过来的数据，应该先查杀病毒，再使用

D. 及时更新病毒库，定期查杀病毒

【参考答案】ACD

【答案解析】不要在一台电脑上同时安装两款及以上杀毒软件。杀毒软件

安全级别会有冲突，会造成卡机、无法上网，甚至无法启动等情况。

14. 自然人税收管理系统（ITS）客户端中，完善个人信息模块包括（   ）。

A. 个人信息   B. 任职受雇信息

C. 银行卡   D. 家庭成员信息

【参考答案】ABCD

【答案解析】完善个人信息模块包括个人信息、任职受雇信息、家庭成员信息、银行卡、安全中心。

15. 电子税务局与传统实体税务局相比具有的优点包括（   ）。

A. 提高了办税的效率   B. 推动了税务公开

C. 提供个性化的服务   D. 增强了获取信息资源的能力

【参考答案】ABD

【答案解析】电子税务局与传统实体税务局相比具有以下特点：①提高办税效率，降低征纳双方的成本；②推动税务公开，更好促进依法治税；③有利于税务部门决策的科学化、民主化；④有利于纳税知识的宣传普及。

16. 下列互联网应用中，属于互联网金融的有（   ）。

A. 支付宝   B. 比特币   C. 手机银行   D. 腾讯QQ

【参考答案】ABC

【答案解析】互联网金融有网络支付、网上银行、数字货币等。

17. FTP有两种使用模式，分别为（   ）。

A. 代理模式   B. 主动模式   C. 被动模式   D. 数据模式

【参考答案】BC

【答案解析】FTP有2种使用模式：主动模式和被动模式。

18. 下列属于浏览器组成模块的有（   ）。

A. 浏览器引擎   B. 渲染引擎

C. 数据持久化存储   D. UI后端

【参考答案】ABCD

【答案解析】浏览器一般由7个模块组成：用户界面、浏览器引擎、渲染引擎、网络、JavaScript解释器、UI后端、数据持久化存储。

19. 电子税务局常用登录方式有（   ）。

A. CA数字证书登录   B. 手机号码登录

C. 短信登录   D. 证件号码登录

【参考答案】ABCD

【答案解析】电子税务局常用登录方式有 CA 数字证书登录、手机号码登录、短信登录、证件号码登录等。

20. 下列行动属于《"互联网＋税务"行动计划》中办税服务板块的有( )。

A. "互联网＋在线受理"   B. "互联网＋申报缴税"

C. "互联网＋移动开票"   D. "互联网＋自助申领"

【参考答案】ABD

【答案解析】《"互联网＋税务"行动计划》中办税服务板块包括"互联网＋在线受理""互联网＋申报缴税""互联网＋便捷退税""互联网＋自助申领"。

三 判断题

1. 在自然人税收管理系统（ITS）扣缴客户端申报成功后，没有完成缴税的，方可进行"申报更正"。   ( )

【参考答案】错误

【答案解析】不管是否完成缴税，都可以进行"申报更正"。启动申报更正后，可以直接在原申报基础上进行修改。若该申报已经扣款，更正申报后多退少补，多交的税款至办税服务厅办理退税。

2. 《"互联网＋税务"行动计划》的目标包括：到 2020 年，形成线上线下融合、前台后台贯通、统一规范高效全国集中的电子税务局。   ( )

【参考答案】错误

【答案解析】《"互联网＋税务"行动计划》的目标包括：到 2020 年，形成线上线下融合、前台后台贯通、统一规范高效的电子税务局。

3. 当收到垃圾邮件时，应回复对方不要再发邮件给自己以避免受到打扰。   ( )

【参考答案】错误

【答案解析】不回复收到的垃圾邮件。

4. 计算机网络按信号频带占用方式可分为总线型网络、星型网络、环形网络、树型网络和网状网络。 （　　）

【参考答案】错误

【试题解析】计算机网络按网络拓扑结构可分为总线型网络、星型网络、环形网络、树型网络和网状网络。

5. 税务干部小王下周要出差，为不影响工作开展，并报经部门领导同意，将自己的金税三期征管系统账号借给同部门的小李使用。 （　　）

【参考答案】错误

【答案解析】根据税务系统个人信息安全管理相关规定不得将金税三期征管系统账号借用他人。

6. 办公软件 Microsoft Office 属于系统软件。 （　　）

【参考答案】错误

【答案解析】办公软件 Microsoft Office 属于应用软件。

7. 税务内网电脑如果要通过无线设备连接到其他网络查看资料，必须先将内网断开，结束时要清除所有查看的资料信息。 （　　）

【参考答案】错误

【答案解析】税务专网与互联网物理隔离，不得将税务专网计算机终端随意接入互联网。

8. 税务工作人员离开工作计算机时，应激活带口令的屏幕保护或注销、关机。 （　　）

【参考答案】正确

9. 国家税务总局发出要求在 2018 年底前，在全国范围内推出统一规范的电子税务局，提供功能更加强大、办税更加便捷的网上办税服务厅。（　　）

【参考答案】正确

10. 计算机病毒按病毒的寄生方式可分为：网络型病毒、文件型病毒、引导型病毒。 （　　）

【参考答案】错误

【答案解析】计算机病毒按寄生方式可分为引导型病毒、文件型病毒和混合型病毒。

四 简答题

1. 简述《"互联网+税务"行动计划》中的"5大板块，20项行动"。

【参考答案】"5大板块，20项行动"是指：

（1）社会协作：①互联网+众包互助；②互联网+创意空间；③互联网+应用广场。

（2）办税服务：④互联网+在线受理；⑤互联网+申报缴税；⑥互联网+便捷退税；⑦互联网+自助申领。

（3）发票服务：⑧互联网+移动开票；⑨互联网+电子发票；⑩互联网+发票查验；⑪互联网+发票摇奖。

（4）信息服务：⑫互联网+监督维权；⑬互联网+信息公开；⑭互联网+数据共享；⑮互联网+信息定制。

（5）智能应用：⑯互联网+智能咨询；⑰互联网+税务学堂；⑱互联网+移动办公；⑲互联网+涉税大数据；⑳互联网+涉税云服务。

2. 在电子邮件使用过程中，如何预防垃圾邮件？

【参考答案】（1）避免泄露邮件地址。邮件地址不要轻易告诉别人，朋友之间互相留信箱地址时可采取图片方式替代文字方式。

（2）利用邮件服务提供商的邮件管理、过滤功能。用户可通过设置过滤器中的邮件域名、邮件主题、来源、长度等规则对邮件进行过滤。

（3）利用邮件服务提供商的"黑名单"功能。一旦发现同一个邮件地址给您发送垃圾邮件，登录邮箱设置"黑名单"或"拒收该地址"即可避免对方再给您发垃圾邮件。

（4）其他有益的方法。如使用反垃圾邮件的专门软件；不回复收到的垃圾邮件；收到垃圾邮件后，及时举报和反馈垃圾邮件；使用服务好的邮箱软件；多个邮箱分工使用等。

3. 在杀毒软件使用过程中，需要注意的方面有哪些？

【参考答案】（1）选择合适的杀毒软件。杀毒软件种类繁多，各有优缺点，要结合自身和电脑的情况，选用合适的杀毒软件。比如卡巴斯基和诺顿杀毒软件功能强大，防御性能好，但是占用系统资源较大，而且需要付费；

360 杀毒软件功能齐全，内存占用不高，并且是免费的；金山杀毒软件内存占用小，也是免费的。

（2）不要在一台电脑上同时安装两款及以上杀毒软件。杀毒软件安全级别会有冲突，会造成卡机、无法上网，甚至无法启动等情况。

（3）养成定期查杀病毒的习惯。安装了杀毒软件，如果不能定期查杀病毒，那么杀毒软件的作用就会大打折扣。

（4）及时更新病毒库。长时间不更新病毒库，会造成新出现的病毒无法查杀的问题。

（5）对从网络下载的资源和外部拷贝过来的数据，应该先查杀病毒，再使用。

（6）有些不是病毒的程序会被杀毒软件误报，比如一些盗版软件的注册机（用来自动生成注册码的程序）。

五　案例分析题

小李是基层税务分局的税务干部。某个工作日，小李正在工作计算机前处理税务数据，一家企业的财务人员过来报送资料，小李接过 U 盘，插入到工作电脑上，这时部门领导通知小李商量事情，小李让财务人员等一下，就匆忙去了领导办公室。小李回来后，发现手机电量不足，没有找到手机充电器，就直接通过 USB 线接入内网计算机充电。企业财务人员在等待时间，从小李电脑上看到其竞争对手的财务数据和其重要项目的相关资料，就央求小李复制一份电子数据，小李认为税务局应为企业财务数据保密，所以只将重要项目的相关资料拷贝给了财务人员。

（1）请问上述案例中，小李哪些行为不符合税务部门的安全规范？

（2）简述哪些行为能引起违规外联。

（3）论述如何做好税务数据的安全管理工作。

【参考答案】（1）税务干部离开工作计算机，应该启用带密码保护的屏保、注销或者关机；外部接入的移动存储，应该先查杀病毒，再使用；不得将智能手机接入专网计算机；税务机关应该为纳税人的税务数据、个人隐私、商业秘密等信息保密。

（2）引起违规外联的几种情形：①税务专网计算机连接智能手机：连接手机无线热点；连接手机蓝牙；连接手机网络；②税务专网计算机接入无线传输设备：接入无线上网卡；接入无线网络接收器；③税务专网计算机维修：专网计算机终端接入互联网；专网计算机需要还原 GHOST 系统，原 GHOST 系统有违规外联记录，还原后数据上报，造成违规外联；④税务专网设备连接其他网络：专网计算机通过代理服务器连接其他网络，造成违规外联；未按规定采取安全防护措施与当地电子政务外网直接连接，造成违规外联。

（3）可以从以下几个方面加强税务数据的安全管理工作：①各应用系统进行身份认证，应用系统的登录通过用户名、密码，密码需要不小于八位，数字与字母的组合；②访问控制，税务信息系统一般通过对账号进行授权，并通过账号进行访问控制；③授权遵循"最小化"原则，并且禁止公用账户，禁止使用他人账号，使用别人账户，对调离、离岗、退休等人员及时收回账户权限；④采用堡垒机等信息技术手段对数据访问进行控制；⑤部署日志审计系统，收集操作系统、数据库、应用系统等系统日志，并对日志进行关联分析。

《通用知识》 调查问卷

感谢您抽出宝贵时间，协助我们完成本次问卷调查。本次问卷旨在了解本书的使用情况，为后续修改完善本书内容，提高编写质量提供参考。感谢您的大力支持！

填写人姓名：	联系电话：
单位及所从事岗位：	
电子邮箱或其他联系方式：	

一、请对本书作出整体评价（请在相应选项后打"√"）。

A. 非常满意   B. 满意   C. 一般   D. 不满意

二、请列出具体错漏及需要修订的部分（可另附页）。

三、对本书内容、结构方面有何建议或意见？

四、请列出本书再版修订时需要注意的问题。

五、请列出其他有助于本书改进提高的意见或建议。

请将您对本书的意见和建议发送至邮箱：ywnlcs@163.com，或与 QQ：2676857559 联系。